La historia en la
literatura iberoamericana

La historia en la literatura iberoamericana

**Memorias del XXVI Congreso del
Instituto Internacional de
Literatura Iberoamericana**

Edición, compilación y prólogo de

Raquel Chang-Rodríguez

y

Gabriella de Beer

The City College of The City University of New York

Ediciones del Norte

Primera edición, 1989

Ediciones del Norte
P. O. Box A 130, Hanover, NH 03755

ISBN 0-910061-43-2

Índice

I. Mitos, médicos y utopías virreinales

II. Reelaboración del pasado colonial

III. Rebelión y revolución

IV. Diversos enfoques narrativos

V. Recuerdo, testimonio y biografía

VI. Revisiones y parodias

ix

Prólogo

Este volumen ofrece una selección de las comunicaciones inéditas leídas en el XXVI Congreso del Instituto Internacional de Literatura Iberoamericana que se realizó en Nueva York del 8 al 12 de junio de 1987 auspiciado por la División de Humanidades y el Departamento de Lenguas Romances de The City College de la City University of New York. El tema central del Congreso fue "Historia y ficción en la literatura iberoamericana", como explica Alfredo A. Roggiano en su presentación. Vale notar que para los propósitos de esta cita cultural, ambos términos se comprendieron en su forma más irrestricta. Elena Poniatowska y Luis Rafael Sánchez pronunciaron respectivamente el discurso inaugural y el de clausura, ambos recogidos aquí.

El estrecho vínculo entre historia y literatura es una constante de las letras iberoamericanas desde el encuentro de Europa y América. Durante el período colonial, escritores indoamericanos familiarizados con planteamientos teóricos europeos, sintieron la necesidad de explicar su cultura, de describir su modo de vida, de reafirmar su persona y pasado, de dar cuenta cómo la conquista y colonización habían trastornado y transformado a América. A su vez, los europeos establecidos en el Hemisferio Occidental describieron las maravillas americanas ora con lente medieval, ora con percepción renacentista. Al contar sus acciones, a menudo las engrandecían para conseguir recompensas y privilegios. Así, crónicas, historias, relaciones, cuentos, novelas y poemas épicos, líricos y satíricos recogen disímiles episodios donde la historia individual y colectiva se representa acudiendo a la descripción

de campañas guerreras, a la especial percepción de importaciones
culturales europeas por la población indígena, a la tradición oral, a
la biografía y al mito, para ofrecer una versión muy particularizada
de los acontecimientos.

No sorprende por eso observar con Fernando Aínsa y Trinidad
Barrera, cómo relatos de expediciones y naufragios en remotas
regiones, se emplean para fundamentar y explicar mitos como el de
la Ciudad de los Césares buscada en diversas partes del continente,
o el del país de las Amazonas, las mujeres guerreras "vistas" en
las márgenes del gran río que hoy lleva su nombre. Tampoco
causa sorpresa constatar, según explica Daniel R. Reedy, por qué
situaciones prosaicas—una epidemia de sarampión en Quito—pero
de gran impacto para la población general, se convierten en materia
poética, a la vez que sirven de base para tratados científicos donde
ya asoma el afán empírico que habría de caracterizar después a
la ciencia moderna. Este espíritu racionalista que exige cambio e
ilumina en Iberoamérica el siglo XVIII y buena parte del XIX,
dará lugar a proyectos promisorios—recordemos el anhelo de
José Gabriel Condorcanqui de restaurar el imperio incaico y la
consecuente censura de *Comentarios Reales de los Incas* por parte
de las autoridades españolas a raíz de esa rebelión de 1780—
influidos por las utopías clásicas y reconfigurados por pensadores
visionarios como José Joaquín Fernández de Lizardi. En este
sentido Luis Sáinz de Medrano Arce señala que en *El Periquillo
Sarniento* el escritor mexicano recrea la isla de Saucheofú de
acuerdo con los planteamientos de la *Utopía* de Tomás Moro.
De este modo Fernández de Lizardi readmite—recordemos los
Infortunios de Alonso Ramírez de Sigüenza y Góngora—a otro
componente del heterogéneo mosaico cultural iberoamericano, el
Asia. En efecto, siguiendo postulados neoclásicos, la isla ideal
habitada por gentes de rasgos asiáticos se ofrece como paradigma
del perfecto conglomerado social. No sorprende la representación
literaria de acontecimientos tan variados porque en ella observamos
el afán del autor, ora de provenencia culta, ora un simple soldado,
indio ladino o marginado esclavo, de configurar una realidad
cambiante, cuyo sentido último captaremos de modo más cabal a

través de las diversas recreaciones del devenir histórico convocadas
por la literatura.

La importancia de la historia colonial en las letras
iberoamericanas, se manifiesta en sus múltiples recreaciones
mayormente en la narrativa. En esta dirección vale notar con
Stephanie Merrim cómo al historiar la conquista de México,
William E. Prescott aprovechó las ideas de Hernán Cortés sobre
civilización y barbarie. Particularmente en la *Segunda carta-
relación*, el conquistador español puso gran empeño en mostrar
al emperador Moctezuma como soberano injusto, bárbaro en el
trato a sus súbditos e incapaz de ejercer su autoridad con firmeza,
pero contradictoriamente civilizado en cuanto a su alimentación,
vestimenta, alojamiento y diversión. Los propósitos de Cortés
son bien conocidos hoy día. Antes no se había reparado, sin
embargo, en el empleo que hace Prescott de los escritos de Cortés
al parangonar las exquisiteces de la corte azteca con los lujos
excesivos atribuidos por otros viajeros a las civilizaciones del
Oriente. Fija así la imagen de un Moctezuma a la vez bárbaro
y civilizado hasta el punto de lo afeminado, con todo el sentido
peyorativo que ello conllevaba. De este modo Prescott subvierte
los aspectos positivos de su presentación del soberano y devela
su naturaleza de hombre salvaje. El tema *civilización vis-à-vis
barbarie*, con los cambios que ha experimentado en el curso de la
historia cultural del continente, tiene una sostenida permanencia en
la literatura iberoamericana como bien ejemplifica su reelaboración
en el *Facundo* de Sarmiento.

La historia de México tal y como la reconstruyen entre
otros Cortés, Díaz del Castillo y Clavijero, le sirve de base
a Gertrudis Gómez de Avellaneda para documentar su novela
histórica *Guatimozín, último emperador de Méjico*. Explica Evelyn
Picon Garfield que la escritora cubana utiliza la figura de Hernán
Cortés para criticar las limitaciones socio-políticas tanto de la época
de la conquista como del siglo XIX. Al mismo tiempo, las acciones
del conquistador muestran la admiración que siente la Avellaneda
por las hazañas motivadas por la ambición, la gloria o la fama,
las cuales, en esa época, estaban fuera de alcance para una mujer.
Novela histórica y novela indianista, vista así *Guatimozín, último*

emperador de Méjico, también testimonia la marginación de la autora y las limitaciones impuestas a la mujer por la sociedad patriarcal.

En acuciosa búsqueda para darle sentido al presente a través del examen del pasado, Antonio Di Benedetto escribe *Zama*. Esta novela enmarcada en las postrimerías del siglo XVIII, combina, según señala Malva E. Filer, diversos espacios dialógicos para constituirse en texto pluridimensional donde el protagonista criollo, Diego de Zama, busca desesperadamente el significado de su vida para encontrarlo al aceptar su condición americana. En su representación de la historia virreinal, Di Benedetto crea un personaje en agónica lucha existencial. Este conflicto entronca a Zama con las inquietudes modernas y la búsqueda de las raíces más hondas de la historia y el ser americanos. Por su parte, en *El arpa y la sombra* Alejo Carpentier vuelve a la biografía de Cristóbal Colón y a la empresa americana del Almirante. Alicia Chibán apunta que la vida y hechos del descubridor son reestructurados en una curiosa confrontación de fuentes históricas que termina por desacralizar al Almirante, y ofrecer una versión más rica de su biografía y trabajos. Carpentier nos alerta entonces contra el relativismo de la historiografía, y nos insta, en un curioso juego textual de ocultamiento y mostración, a desplazarnos más allá de las apariencias, del simple dato, si queremos integrar el pasado correctamente. Si en torno a los protagonistas Diego de Zama y Cristóbal Colón, Di Benedetto y Carpentier reconstruyen a la vez que recuperan la historia americana, en el *Diario de Buenos Aires. 1806-1807*, Alberto M. Salas realiza una operación diversa. En esta obra, como explica Isaías Lerner, la historia contada por un personaje innominado, testigo de la invasión y ocupación de Buenos Aires por tropas inglesas, ocupa el centro del discurso. A la vez, el profuso despliegue de hechos cotidianos de diversa factura, se complementa con la voz de un narrador secundario o heterodiegético cuya intervención frecuentemente provoca un desajuste de códigos. *Diario de Buenos Aires. 1806-1807* desafía entonces la tradicional clasificación genérica para ofrecer una versión de los hechos atravesada por múltiples discursos.

En la literatura brasileña, el episodio histórico de la expulsión de los jesuitas de territorios cedidos por España a Portugal en el Tratado de Madrid (1750), ha servido de tema para diversas novelas. Quizá la más conocida sea *O tempo e o vento* de Érico Veríssimo. Más recientemente Deonísio da Silva ha aprovechado esta instancia histórica en *A cidade dos padres*, novela que se convierte en una reflexión sobre el ejercicio del poder. En el primer y el último capítulo, el general-presidente de la República en la época de la dictadura comenta con sus asesores el encarcelamiento de un escritor y los méritos de una obra suya, *Pombal se recorda*. En los otros capítulos se despliega la vida del ministro de João I de Portugal, tal y como se reconstruye en el relato comentado por el presidente y sus asesores. Regina Zilberman observa que la ruptura de la cronología, el empleo de documentación histórica verdadera y falsa, la alusión a personajes reales e inventados, le otorgan al relato una estructura caótica a la cual el lector le da coherencia cuando examina simultáneamente la figura de Pombal y el régimen autoritario del Brasil. *A cidade dos padres* articula y desarticula el pasado y el presente, la historia y la ficción, e insta al lector a participar tanto en el acto narrativo como en el devenir histórico.

Las rebeliones y revoluciones que han marcado la historia de Iberoamérica han entrado en la literatura para ser vituperadas o exaltadas por escritores de diferente ideología. Los múltiples enfoques ofrecidos por la recreación literaria han enriquecido la historia del continente contada ahora por una multitud de voces. Así, la rebelión de Antônio Conselheiro a fines del siglo XIX en el nordeste de Brasil es reconstruida y comprendida diversamente por Euclides da Cunha y Mario Vargas Llosa; asimismo, la Revolución Mexicana, como explica Arturo Azuela, es auscultada por la literatura para ofrecer una imagen ya heroica, ya denigratoria, de sus héroes históricos, de la sociedad que la produce, del pueblo que participa en su etapa bélica, para describir cómo los líderes se corrompen y las reformas se frustran. Sin duda, la Revolución es tema constante de la literatura mexicana.

Por otro lado, *Los siete locos* y *Los lanzallamas* de Roberto Arlt, presentan una propuesta revolucionaria mágica y fantasiosa que pretende obliterar a la emergente sociedad capitalista porteña. Rose Corral analiza en ambas novelas cómo Arlt logra que la realidad histórica se someta a la artística; al subvertir la historia, la verdad de la ficción descifra la crisis del mundo moderno. Del mismo modo, Myrna Solotorevsky estudia dos cuentos de Reinaldo Arenas de *Termina el desfile*, y explica que éstos configuran su propio referente más allá de la decepción con la Revolución Cubana: un mundo opresivo y nulificador de las posibilidades del ser. Por su parte, María Salgado ofrece un análisis de la obra de seis escritoras de la Segunda Promoción Poética de la Revolución Cubana e intenta delimitar los parámetros de esta producción en tanto su relación con la ideología del progreso cubano y la creación artística.

Historia de Mayta de Mario Vargas Llosa está fundamentada en un hecho histórico: una rebelión ocurrida en Jauja en 1958. En esta obra el escritor peruano, como le es característico, intenta dar una visión englobante de la realidad para así explicar el presente.   Según observa Roger Zapata, el autor no lo logra ya que Mayta y los otros revolucionarios son presentados como figuras monocromáticas, constantemente cínicas y carentes de principios.   Resulta entonces una novela monológica donde las diversas voces son controladas por el narrador y presentan exclusivamente su punto de vista. Las contradictorias perspectivas desde las cuales rebeliones y revoluciones son recreadas y auscultadas literariamente, remiten al papel clave desempeñado por los escritores en el proceso de configurar, de descifrar, de darle significado, a una historia tantas veces incoherente, repetitiva y pesadillezca.   La faz y el sentido de ese devenir han sido reconocidos por todos, no en una obra histórica, sino en *Cien años de soledad*, la magistral novela de Gabriel García Márquez.

La narrativa iberoamericana ha enfocado de modo central o periférico múltiples temas ora en cuentos y novelas que recogen hitos nacionales o continentales y por lo tanto han gozado de amplio reconocimiento, ora en obras menos difundidas y soslayadas por la crítica. *María*, del escritor colombiano Jorge Isaacs, es considerada la novela representativa del romanticismo hispanoamericano por razones harto comentadas. Dentro de la crítica de esta obra, la

presencia de África a través de los amores de Nay y Sinar, antes
de que ambos fueran apresados y escalvizados, ha sido considerada
como nota exótica, típica del período romántico. Carol Beane
resalta la importancia de la presencia africana en *María*, y explica
por qué y cómo la biografía de Nay y Sinar es aderezada y
utilizada por Isaacs para constituirse en discurso colonialista. Su
exposición convoca la historia personal y la colectiva, la de África e
Iberoamérica—continentes colonizados y explotados por Europa—,
a la vez que remite a las relaciones entre mayorías y minorías en
una sociedad multirracial y plurilingüe como la iberoamericana.
Antonio Sacoto, fundamentándose en Lucien Goldmann, estudia la
situación de la mujer a través de tres obras ecuatorianas menos
conocidas, *La emancipada, Carlota,* y *A la Costa.* Escritas por
representantes del liberalismo, la trama y conclusión de las novelas
muestran y denuncian la anquilosada estructura social y económica
que los liberales desean cambiar. La historia argentina y en especial
las consecuencias sociales y económicas de la política inmigratoria
iniciada en ese país a mediados del siglo XIX, proveen la base
histórica de *En la sangre* de Eugenio Cambaceres. Aída Apter
Cragnolino analiza esta obra y señala cómo el autor falla cuando
intenta aprovechar los postulados naturalistas, y produce entonces
un discurso donde predominan los prejuicios de raza y clase.

La narrativa de Carlos Fuentes ha representado diversos
episodios de la historia mexicana e iberoamericana. Recordemos,
por ejemplo, *La muerte de Artemio Cruz* donde desmitifica a los
antiguos revolucionarios, o *Terra Nostra* complejo mosaico que
convoca el pasado de Europa y América. *La cabeza de la hidra*,
novela de espionaje desarrollada parcialmente en México e Israel,
es una obra de menor envergadura que las mencionadas, pero
interesante por representar la primera incursión del autor en ese
género y por ofrecer personajes masculinos y femeninos de origen
judío manejándose en disyuntivas muy actuales. En esta obra,
Fuentes rompe con moldes tradicionales de caracterización que en
la narrativa iberoamericana han servido para describir, no sólo a
los personajes de ascendencia hebrea, sino de otros grupos que
conforman el mosaico cultural iberoamericano—negros, chinos,
japoneses—de acuerdo a los patrones y prejuicios tradicionales

de la cultura hegemónica. En este sentido, según comenta Ilán Stavans, Fuentes no sólo añade un 007 mexicano al género, sino que, al caracterizar de manera más compleja a personajes de ascendencia judía, nos ayuda a comprender en su instancia contemporánea, la idiosincrasia, el sentir y las experiencias de esta colectividad. Explica Joaquín Roy que *Gringo viejo*, otra novela de Fuentes, retoma y reconstruye la obra literaria y la biografía del periodista norteamericano Ambrose Bierce a partir de su desaparición en viaje a México. Verdadera y compleja red de vasos comunicantes, esta obra integra la biografía y los cuentos de Bierce, dos países y dos guerras—la de Secesión y la Revolución Mexicana de 1910—, en una enigmática novela donde el destino del protagonista es tan desconcertante como la historia del país que lo cautivó: "To be a Gringo in Mexico —ah, that is euthanasia!".

El recuerdo, el testimonio y la biografía son caminos a través de los cuales la literatura accede a la historia ya sea la remota, o la más próxima. Por eso Sylvia Molloy destaca las diferencias entre el discurso histórico y el literario a la vez que llama la atención sobre el papel clave del recuerdo en la ficción iberoamericana, y asimismo señala la importancia del *memorator* que evoca el pasado para reescribirlo a su manera. Estas transformaciones y proliferaciones textuales se hacen evidentes, por ejemplo, cuando William Luis coteja las diferentes versiones de la biografía del esclavo Juan Francisco Manzano para concluir que las correciones y alteraciones que introdujo Anselmo Suárez y Romero convierten el texto en una urgente protesta antiesclavista donde la fuga de Manzano adquiere aun más urgencia que en el original. Mireya Camurati explica cómo Borges, acudiendo a elementos históricos y a la propia biografía, recrea artísticamente un Buenos Aires muy singular, a menudo transformado en talismán contra el caos y los laberintos. Hugo Achugar y Keith McDuffie plantean posiciones teóricas que ayudan a enfocar de modo más específico las aportaciones y el significado del discurso testimonial. A su vez, Ester Gimbernat de González estudia *El lento rostro de la inocencia* de Edna Pozzi para resaltar la importancia de la literatura en períodos en que la historia—esto es, la historia oficial—ha sido silenciada o ha dejado testimonios poco confiables. Joseph Chrzanowski detalla la especial relación entre

vida y obra en Mario Vargas Llosa haciendo hincapié en la función
social de la literatura tal y como la concibe el escritor peruano.
Con frecuencia la literatura ha revisado y parodiado la historia
continental devolviéndonosla transida por la ironía, la hipérbole o el
humor. Siguiendo estas pautas, Carmen Ruiz Barrionuevo analiza
Ídolos Rotos para mostrar cómo Manuel Díaz Rodríguez replantea,
de acuerdo con postulados modernistas, el dilema histórico del
creador que se debate entre lo autóctono y lo foráneo dentro de
una sociedad indiferente; que tal disyuntiva rebasa los límites de
la literatura, lo ejemplifica bien la vida de César Moro y de César
Vallejo. Por su parte, Angela B. Dellepiane estudia dos obras de
Manuel Gálvez, *Hombres en soledad* y *Vida de Hipólito Yrigoyen*,
para determinar qué vínculos existen entre ellas y cómo detallan
la llegada al poder de la Unión Cívica Radical y justiprecian a sus
líderes.

En la producción literaria del Brasil en la época del llamado
"impasse cultural" de los años setenta, sobresale *Vencecavalo e o
outro povo* de João Ubaldo Ribeiro por ser obra representativa de
este trágico período histórico. Luiz Fernando Valente señala que
los cinco cuentos que integran esta colección se caracterizan por un
realismo que nos remite a hechos concretos, pero que a la vez son
desrealizados por el autor acudiendo a lo grotesco e hiperbólico.
De este modo los cuentos ofrecen una visión contestaria de la
historia oficial que va más allá del maniqueísmo que caracterizó a
algunas obras brasileñas de este período. Su parodia de la historia
y mitos del Brasil resulta en una devastadora anti-historia. Si
Vencecavalo e o outro povo de João Ubaldo Ribeiro se concentra
en una época reciente del acontecer histórico brasileño, *Vista del
amanecer en el trópico* de Guillermo Cabrera Infante presenta en
ciento veinticinco viñetas una revisión general de la historia cubana.
Ernesto Gil López destaca la importancia de este examen señalando
la doble estructuración de la obra, su tema central—la violencia—y
la compleja función del narrador.

Que los medios de comunicación modernos han penetrado
la literatura, lo ejemplifica bien *D*, donde José Balza reconstruye
la historia contemporánea de Venezuela a través del desarrollo
de la radio y la televisión. Según comenta Lyda Aponte de

Zacklin, la crónica de Gumilla y los cassettes, la recreación del
Orinoco y la vida que el río genera, la biografía del locutor y
la historia del país, se funden en un discurso que propone la
realidad del lenguaje y su verdad estética. Esa historia actual,
ahora del México contemporáneo, la desmenuza Federico Campbell
en *Pretexta* donde realiza a través de la ironía y la parodia,
como observa Adriana Méndez Rodena, un agudo examen de los
conceptos tradicionales de historia y ficción. Esta energía del
lenguaje que construye y destruye para producir en *La casa de los
espíritus* de Isabel Allende una novela dialógica, la estudia Elena
Reina cuando examina la estructura de esta obra que, al contrario
de *Pretexta*, le devuelve su autoridad a la escritura.

Las variadas perspectivas desde las cuales se enfocan en este
volumen obras de diversos períodos y modalidades, reafirman
la actualidad e importancia del binomio historia/ficción en las
letras continentales, a la vez que enriquecen el discurso crítico
que se ocupa de la vasta y heterogénea producción literaria de
Iberoamérica.

Reconocimientos. Los siguientes colegas participaron en sesiones
especiales, plenarias y encuentros que ampliaron el intercambio de
ideas más allá del tema general del congreso y trajeron a colación
otros debates críticos: Evelyn Picon Garfield, Alicia Borinsky,
David W. Foster, Angela B. Dellepiane, Magda Bogin, Rafael
Gutiérrez Girardot, Bella Jozef, László Scholz, Saúl Yurkievich,
Gregory Rabassa, Ivan A. Schulman, William Luis, Doris Sommer,
Aníbal González, Fernando Alegría, Rosario Ferré, Matías Montes
Huidobro, Luisa Valenzuela, José Balza, Roberto Echavarren,
Sylvia Molloy, Julio Ortega, Ricardo Piglia, Keith McDuffie,
Fernando Aínsa y Roberto González Echevarría.   Una sesión
especial y dos plenarias fueron auspiciadas por el Departamento
de Lenguas Romances, The City College de la City University
of New York; el New York Council for the Humanities patrocinó
otra sesión plenaria.   Gracias a la cooperación de Isaías Lerner
y Helene Anderson, respectivamente directores del Programa
Doctoral de Español, Graduate School and University Center de
la City University of New York, y el Departamento de Español y

Portugués de la New York University, una plenaria y un encuentro se llevaron a cabo en los recintos de estas instituciones. La publicación de estas Memorias no hubiera sido posible sin la ayuda de la administración y de profesores y estudiantes de The City College de la City University of New York que en diferentes etapas del proyecto nos brindaron su apoyo. En todo momento contamos con el cordial estímulo de Paul Sherwin, decano de la Facultad de Humanidades, y Antonio R. de la Campa, director del Departamento de Lenguas Romances. El Simon H. Rifkind Center for the Humanities nos ofreció el marco institucional para llevar adelante la labor editorial. René P. Garay nos ayudó en la corrección de los trabajos escritos en portugués. Entre nuestros estudiantes, Ana Rojas y Karalyn Schneider hicieron la transcripción del discurso de Elena Poniatowska utilizando el video de la sesión inaugural; Mayra Pérez y Julia Méndez se encargaron de preparar varias partes del manuscrito final y de la correspondencia con los autores. John Nitti, Sylvia Fernández y John O'Neill de la University of Wisconsin, recinto de Madison, guiaron nuestros pasos por el intrincado mundo de la publicación a base de medios electrónicos; con singular paciencia el profesor Nitti aclaró dudas e hizo sugerencias para facilitar esta etapa de la producción del libro; Sylvia Fernández y John O'Neill se encargaron de pasar a la computadora el manuscrito. Mitchell Codding de la Hispanic Society of America nos ayudó a seleccionar los grabados que ilustran el libro y pertenecen a los fondos de esa institutición. Frank Janney, director de Ediciones del Norte, acogió nuestro proyecto e inicia con *La historia en la literatura iberoamericana* una nueva serie de su prestigiosa casa editorial. A todos ellos, a los participantes en el XXVI Congreso, a los miembros de la mesa directiva del IILI, especialmente Alfredo A. Roggiano quien tanto nos alentó en las diferentes etapas de preparación del congreso, y a los autores de los trabajos recogidos en este volumen, va nuestro más sincero agradecimiento.

Raquel Chang-Rodríquez

Gabriella de Beer

Presentación del tema

Alfredo A. Roggiano

University of Pittsburgh

"Historia y ficción en la literatura iberoamericana" es el tema del XXVI Congreso del Instituto Internacional de Literatura Iberoamericana, y la elección no podía ser más oportuna y necesaria. Porque con el descubrimiento del Nuevo Mundo nace una nueva concepción de la historia, que, a su vez, precisamente por ese nuevo sentido de lo histórico, da fundamento a una nueva visión del mundo y del hombre, en el cual éste asume la responsabilidad de restituir a la condición humana su capacidad de reintegrarse libremente a su mundo, ser con él y legitimar el proceso de la historia. Ésta, según Francis Bacon, será un *Novum Organum* cuya episteme dará fundamento a un saber de hechos particulares y concretos (no de esencias o ideas abstractas), que se asumen como acontecimientos en un tiempo y en un espacio en los cuales el hombre queda incluido y es parte de su fijación y permanencia. Con lo cual hombre y cosmos, la función activa del ser y las realidades referenciales que le afectan, se integran como unidad de vida y creación, de historia y ficción, hasta entonces separadas por el dualismo clásico-medieval. El Renacimiento autoriza, así, una naturaleza de la historia que, desde su origen, ya quedaba propuesta como una ontología objetiva de lo verdadero, lo verídico, lo útil.

Como es sabido, Aristóteles asignó esta primera autoridad a la historia, cuando en su *Poética* la distinguió de la poesía y aseguró su función específica limitándola a la narración de los hechos tal como habían sucedido. Por oposición, la poesía es más amplia, filosófica y universal, porque cuenta o canta lo que pudiera suceder; es decir, finge, propone, crea una realidad que no ha sido, pero que puede ser. Así, hasta muy entrada la época moderna, la historia fue concebida como lo opuesto, cuando no lo rival, de la *poiésis*, causa *sine qua non* de la ficción. La historia era la ciencia, la verdad, y se exaltaba como "magistra vitae", según aseveraba Cicerón. Heródoto, Tucídides, Jenofonte, Plutarco, instalaron la historia en una funcionalidad pragmática, para que el pasado fuera modelo del presente y del futuro, como quería la *paideia* clásica. De esta manera, la historia quedaba implantada—digamos así—en las raíces del referente, como un compromiso de responsabilidad inalienable con las tradiciones nacionales y el patrimonio universal. Los sucesos ocurridos ponían a la humanidad en el camino de la historia, que se convertía en su guía inviolable. Inclusive, la historia se erigió en intérprete del quehacer del hombre, como individuo y como ser social, y al demarcarse rigurosamente la función específica de cada ciencia, se reservó para la historia lo que el pensamiento humano tenía de móvil y transitivo, la evolución indeterminada, el progreso, los procesos de la cultura—objetivos y subjetivos—, en los cuales se establecen las referencias y las nociones de valor. La historia cede a otras ciencias el patrimonio de la *phusei* y afirma, en lo posible, su autonomía en una *thesei* como dialéctica del ser y del tiempo, en un flujo de ciclos —*corsi e ricorsi*—, como la verdadera "ciencia nueva", desde Vico, y como interpretación ideológica, ya desde Voltaire al historicismo, concluyendo en la fijación paralizante de Hegel.

El romanticismo, con la nueva valoración del conocimiento sensible, desde Baumgarten a Fichte, inyecta nueva movilidad y sentido a la historia, al ponerla en trance de compartir el suceder del pasado con la vivencia del presente, que se ahondó con las concepciones irracionalistas del hombre y del mundo, desde Schelling a Kierkegaard o la "durée" bergsoniana. La historia enfrenta ahora su autoridad rectora con una toma de conciencia de sus propios límites. En las llamadas "edades clásicas", desde el siglo de Pericles al "Grand Siècle", que son las que exigen estabilidad y permanencia—razones de lo inamovible—la historia no conoció cuestionamientos, ni, por supuesto, detractores, y vivió engreída en su inviolada gloria, que se tenía por eterna. La historia había olvidado la otra cara de la realidad que le escamoteaba al sistema antropocéntrico privilegiado desde el Renacimiento a la finalidad sin fin del juicio kantiano. Y para rehabilitar su razón de ser más allá de la factualidad empírica, la historia da su paso de compromiso con el arte de la escritura y los móviles de la significación interna del hecho histórico, como lo ha probado Hayden White, entre otros. La historia empieza a ceder su confianza en la precisión cronológica, factual, geográfica y declarativa en favor de instancias más propias de lo verosímil, lo posible y hasta lo irreal.

Al descubrirse el Nuevo Mundo, la historia descubre también su "nuevo mundo", que no era histórico, pero que podría serlo, que iba a ser. La historia moderna fue, empezó a ser con la "invención de América", según la "trovata geniale" de O'Gorman. Y nuestra América, así inventada, da su paso hacia la historia, en anchuroso abrazo con la ficción. Fue un pacto con la cultura dominante y la noción de prestigio en la que la historia estaba soberanamente instalada, pero a condición de que, por lo menos algo de esa realidad que se buscaba someter (o destruir), se resistiera como esguince de salvación y continuidad. Aquí la situación de prestigio—de lo válido o lo valioso como verdadero y bueno del pensamiento clásico—será condición del pacto.

Recordemos que la poesía (de la que es parte fundamental la ficción) sufrió las incomprensiones y ataques de quienes hicieron la cultura oficial y el gobierno de esa cultura. "Los poetas mienten", decían los griegos de *La república* platónica, y con la mentira no se rige el destino de una nación. Por eso quedaban relegados a ser dirigidos, y si no obedecían, se los expulsaba de la comunidad activa de la Polis, como registra el célebre diálogo de Platón. Aunque es sabido que el filósofo-poeta, antes de invitar a los poseídos del *dáimon* a que fueran a entretener a las musas en el Parnaso o el Olimpo, decidió ceñirles la corona de mirtos en la frente, "menos pesada que el laurel del guerrero", exigido por quienes no serían memorables. Y fue Platón, el maestro de Aristóteles, quien pre-elaboró la noción de que la *poiésis*, la *fictio*,

hace una realidad más libre y universal y dejó establecido para
siempre que *la poesía es aquello que hace que una cosa que no es
sea (Fedón)*, precisamente porque el *dáimon* pone al poeta fuera
de sí con la ficción, que es la otra verdad, que no tiene la cultura
del poder porque se le va más allá del control del tiempo y del
espacio. Salida de un aquí y de un ahora que estaba limitado
al hecho acontecido y que la historia comprobaba y narraba como
memorias del pasado. La historia puede ser la vida de la memoria, y
no me opongo a ello, con la condición de que deponga su dictadura;
porque quien ejerce el poder ilimitado termina por anular, so
pretexto de una falacia intencional, la lógica de la razón, el orden, la
seguridad, el equilibrio sometido a la norma: Molière condenado
en nombre de Boileau; Baudelaire o Flaubert enjuiciados por el
establishment de una burguesía vigilante y opresora.

Por suerte, dicen los teóricos más ilusos, la historia no se
repite, y eso ya es una compensación. Porque la historia, para que
no se *re-tenga* a sí misma en el hecho concluido, debe entrar,
de alguna manera, en el río de Heráclito.   Un *panta rei* que
acoja el devenir como una realidad que incluya lo posible. Esto
admitido, volvamos a esa realidad *otra*: la que no amenaza nuestras
vidas, el acto vital como acción en la libertad: la poesía, y con
ella, la ficción. Hayden White ha insistido en el texto histórico
como "literary artifact" ("The Historical Text") con razones que
opone al tan cuestionado logocentrismo. Punto de partida para ese
camino que buscamos para un encuentro con la realidad de nuestra
América, donde, desde el descubrimiento, todo es ficción, desde la
concepción mágico-simbólica de las culturas pre-hispánicas hasta
el asombro enajenante del conquistador, quien se descubría en cada
cosa (animal, árbol, hombre, lo que fuera) tan pronto como tocara
la realidad como forma de lo desconocido. Colón no narraba lo
que veía, tocaba, experimentaba hechos, aconteceres, tal como
sucedían, o tal como eran, sino como podían ser a un testigo
visionario que vivía lo que nunca había visto, permanentemente
deslumbrado.   Y lo mismo podemos decir de la tan mentada
"Historia verdadera", de Bernal Díaz del Castillo, para quien lo
real queda cubierto por lo maravilloso, o *La Argentina*, de Barco
Centenera, en cuyo texto la ficción sepulta a la historia, o en aquel

primer "Romance" escrito en la zona del Río de la Plata, donde
Buenos Aires deja de ser una ciudad, sin más, para convertirse en
una devoradora de hombres, como siglos más tarde la Doña Bárbara
de nuestro casi contemporáneo Rómulo Gallegos, en el país de la
fictio compartido por García Márquez, donde hay hombres que
vuelan porque mueven sus colas.

Y no sólo porque el Nuevo Mundo nació con lo "real
maravilloso", a lo Carpentier, o con el "realismo mágico" de
una verdad sumergida y aflorante, como protestaba Miguel Ángel
Asturias, sino, simplemente, porque este Nuevo Mundo surge con
la visión del *verum factum*, principio gnoseológico que signa la
ontología del Renacimiento, abate la tiranía clásica—el didactismo
que controlaba al individuo—y proclama que el *uomo universale*
sólo podrá establecerse fuera de la analogía, creando una realidad
de lo disímil, con los inventos, los descubrimientos, las aventuras y
el riesgo: hombre arrojado a la búsqueda del mundo en su hacer, en
la libertad de la ficción. Este hombre vive una realidad que sólo se
conoce y tiene validez en la medida que se hace y no como *mímesis*
o copia de una realidad modelo, pre-instaurada, repetitiva, que
era la realidad del conocimiento clásico-medieval como prototipo
de la verdad histórica. Como en el río de Heráclito, en nuestra
América todo se hace mientras se deshace. Ese río que "durando
se destruye", exaltado por Neruda, se atiene a la "virtualidad que
puede suceder" del hallazgo propuesto por Borges y abre la "puerta
para salir a jugar" de Julio Cortázar. Recientemente Carlos Fuentes
ha hablado de una realidad pluralizada en función de la realidad-
novela. Respondiendo a la afirmación de Luis Alberto Sánchez
"América, novela sin novelistas", Fuentes parece indicar que el
novelista hispanoamericano debe asumir la realidad-historia-ficción
que nos demora en el pasado, para hacer, crear la verdad, esa
realidad-histórica, en la ficción novelesca.

Porque nuestra historia es una ficción en doble sentido: uno,
por la "invención de América" sobre la destrucción de su historia
y el agregado ficticio de otra historia, la que vino de afuera: de
Europa, de los EE. UU., o la que nos está llegando de Rusia, China,
Japón, entre muchos más; y otro, porque en nuestro continente
nunca la mentira tuvo mejor aliada que la ficción, ni la ficción

mejor realidad que la irrealidad. Si como quería Henri Bergson, "en arte a fuerza de irrealidades se logra lo real", convicción cara al Borges hacedor de Tlön o del Aleph, nuestra historia—la de Iberoamérica—tuvo a la ficción como realidad. Y en ella vivimos: historia que es ficción; ficción que es nuestra historia, que exige un proceso total de construcción en la "desconstrucción", sea dicho con el favor y perdón de Derrida. Y aquí podría concluir mis palabras de hoy. Pero me temo que dejo muy mal parada a la historia y sin autoridad, realidad reconocible, a la ficción. Por eso, por favor, permítaseme agregar unas palabritas más.

Porque ya no estamos en los tiempos de Kant, de la "finalidad sin fin" del arte, ni menos en el absoluto dominio del "conocimiento sensible", que, según Baumgarten era el fundamento de la estética, ni vivimos en el "spleen" baudeleriano, ni una "temporada" en un "infierno" irremediable, dicho sea en honor de Rimbaud, ni en la "Sehnsucht" de un romanticismo vagoroso, por más que sintamos nuestra "Weltschmerz"; ni en la "noia" leopardiana, aunque nos acose un impositivo "mal du siècle", ni en el mero "invencionismo" de la imagen en sí del Ultra, ni en el creacionismo que no reconoce ninguna realidad referencial, sino la pura realidad de las palabras, como si éstas nacieran del vacío o de la nada. No. En este Nuevo Mundo tenemos—lo admitamos o no—un Mundo Nuevo, que existe como una "virtualidad" que puede y debe suceder. Y no ha de ser una realidad ilusoria o ficticia, porque sí. La ficción—su *poiésis*—lo que haga que una cosa que no es sea: la del pensador, la del artista, la del político, la del economista, la del sociólogo, la del hombre de gobierno, ha de crear esa "historia verdadera" que aún no tenemos. Para ello—aunque esto suene a una abstracta utopía—la ficción ha de ser, no una falacia imaginaria, admitida artificialmente por incapacidad de resistencia al dominio y la imposición, sino nuestra verdadera y única *poiésis*: la que haga que lo que no somos sea. Así, historia y ficción se cumplirán en la acción, que hará, en "libertad creadora" (y no creo soñar con Bergson) nuestra existencia, que será nuestro mundo, nuestras vidas, nuestra cultura, nuestro arte, nuestra economía, nuestro gobierno propio: esa "inteligencia americana", tan ansiada por Alfonso Reyes, "en busca de nuestra expresión", como quería Pedro

Henríquez Ureña. La ficción no será ya una mentira, no podrá ser confundida con el engaño, y la historia—así lo espero—no dará ya más dictadores. A trabajar, escritores y críticos, profesores y gobernantes. Un compromiso ineludible con nosotros mismos, con Nuestra América, la soñada por Martí, será nuestra única verdad, sin limitaciones, ni exilios, ni terrorismos de la historia, y sin mentiras ni engaños de la ficción. Así opondremos a la "imaginación colonizada"[1] denunciada por Jean Franco, ese "otro idioma, que no sólo refleje, sino que pueda transformar la realidad", según pide Carlos Fuentes[2].

Notas

1.   Sobre este tema véase el iluminador libro de Noé Jitrik, *El escritor argentino, dependencia o libertad*.
2.   La proposición de Fuentes se encuentra en *Las buenas conciencias* (119) y sigue a Marx, quien había dicho: "Los filósofos sólo han *interpretado* el mundo en diversos modos, pero de lo que se trata es de cambiarlo" (60). También Bertolt Brecht asumió esta actitud activa y transformadora de la literatura y el arte, cuando dijo: "No se trata solamente de interpretar el mundo, sino de cambiarlo" (en van Ingen 80).

Obras citadas

Dietrich, Richard, ed. *Teoría e investigación históricas en la actualidad*. Madrid: Gredos, 1966.

Franco, Jean. *The Modern Culture of Latin America: Society and the Artist*. New York: Frederick A. Praeger, 1967.

Fuentes, Carlos. *Las buenas conciencias*. 3ª ed. México: Fondo de Cultura Económica, 1961.

Jitrik, Noé. *El escritor argentino, dependencia o libertad*. Buenos Aires: Candil, 1967.

Lefebvre, Jean-Maurice. *Estructura do discurso da poesía e da narrativa*. Coimbra: Livraria Almedina, 1975.

Marx, Carl. *Thesen über Feuerbach*. En *Über Kunst und Literatur*. Vol. 1. Frankfurt: Europaishe Verlaganstalt, 1968. 2 Vols.

Nelson, William. *Fact or Fiction. The Dilemma of the Renaissance Storyteller*. Cambridge: Harvard UP, 1973.

van Ingen, Ferdinand, ed. *Dichter und Leser*. Utrecht: Wolters-Noordhoff, 1972.

White, Hayden. "The Historical Text as Literary Artifact". *The Writing of History. Literary Form and Historical Understanding*. Ed. Robert H. Canary and Henry Kosicke. Madison: U of Wisconsin P, 1978. 41-62

La muerte de Jesusa Palancares

Elena Poniatowska

Jesusa Palancares murió en su casa, Sur 94, manzana 8, Lote 12, Tercera Sección B, Nuevo Paseo de San Agustín. Más allá del aeropuerto, más allá de Ecatepec. Murió el jueves 28 de mayo de 1987 a las siete de la mañana. En realidad, a Jesusa la llamaba yo Jose, Josefina Bórquez, pero cuando pensaba en ella pensaba Jesusa. Murió igual a sí misma: brava, soberbia, rabiosa, inconforme, desencantada. Corrió al cura, corrió al médico. Cuando éste último pretendió tomarle la mano dijo: "¿Qué es esa necedad de andarlo manoseando a uno?" Nunca le pidió nada a nadie; nunca supo lo que era la piedad para sí misma. Toda su vida fue de exigencia. Como creía en la reencarnación, pensó que esta vez había venido al mundo a pagar deudas por su mal comportamiento en vidas anteriores. Reflexionaba: "He de haber sido un hombre muy malo", porque para ella ser hombre era portarse mal.

Jesusa dijo un día antes de morirse: "Échenme a la calle a que me coman los perros; no gasten en mí; no quiero deberle nada a nadie". Ahora que ha muerto, ahora que está bajo tierra y que alcanzó camposanto, quisiera mecerla con las palabras de María Sabina, tomarla en brazos como a una niña, cobijarla con todo el amor que jamás recibió, entronizarla como a tantas mujeres que hacen la historia de mi país, México, y que México no acoge sino margina.

María Sabina en su serranía de Huautla de Jiménez, dentro de su choza ahumada que olía a tierra, a bosque humedecido, a

hierba recién cortada, en su choza rodeada de neblina en Oaxaca,
al oficiar la ceremonia de los hongos alucinógenos de la cual era
suma sacerdotisa, decía en uno de sus encantamientos a propósito
de sí misma, palabras dulces que se iban columpiando entre los
muros de su choza y que reivindicaban a las mujeres pobres del
mundo. Las decía cantándolas, meciéndose dentro de su huipil,
sonriendo sus miles arrugas. Las cantilenas bajaban de los árboles
de la sierra hasta la planicie, hasta la llamada civilización:

> Soy una mujer que llora,
> soy una mujer que habla,
> soy una mujer que da la vida,
> soy una mujer que golpea,
> soy una mujer espíritu,
> soy una mujer que grita.
> Soy Jesucristo,
> soy San Pedro,
> soy un santo,
> soy una santa,
> soy una mujer del aire,
> soy una mujer de luz,
> soy una mujer pájaro,
> soy la mujer Jesús,
> soy el corazón de la Virgen,
> soy el corazón de Nuestro Padre,
> soy el corazón del padre,
> soy la mujer que espera,
> soy la mujer que se esfuerza,
> soy la mujer de la victoria,
> soy la mujer del pensamiento,
> soy la mujer creadora,
> soy la mujer doctora,
> soy la mujer luna,
> soy la mujer intérprete,
> soy la mujer estrella,
> soy la mujer cielo.
> Oye luna,
> oye mujer Cruz del Sur,

oye estrella de la mañana.
Ven,
¿cómo podremos descansar?
Estamos fatigadas;
aún no llega el día.

En esa casa de Sur 94, Manzana 8, Lote 12, Tercera Sección, Nuevo Paseo de San Agustín, arriba en el techo, Jesusa armó su última morada. Con palitos, con ladrillos, con pedazos de tela. A pesar de que tenía una estufa, puso en el suelo un fogoncito y sobre un mecate colgó sus faldas que convirtió en cortina, una cortina con mucha tela que separaba su lecho del resto de la mínima habitación. Tenía su mesa de palo que le servía para planchar y para comer, y bajo la pata coja un ladrillo que la emparejaba. En un rinconcito, arrejuntó a todos sus santos, los mismos que vi en la otra vecindad y entre los cuales, el Santo Niño de Atocha, con su guaje y su canastita, su sombrero de tercer mosquetero con pluma y su prendedor de concha, esperaba, impávido, la adoración de los magos. Antes, las gallinas cacareaban adentro y las palomas se posaban sobre los trastes; ahora, fuera del cuarto, en un espacio de la azotea, Jesusa hizo que comenzara el campo. Puso una rejita que a mí siempre me pareció inservible, unos viejos alambres oxidados, una cubeta sin fondo—"pero todavía sirve la lámina de los lados"— a modo de valla o defensa, tablitas, palos de escoba, cualquier rama de árbol encontrada en la calle, y los amarró fuerte, y esos palos muy bien amarraditos cercaron por un lado a sus gallinas y por el otro lado a sus macetas, yerbabuena y té limón, manzanilla y cebollín, epazote y hierba santa. Había encallejonado el camino a su puerta como para dificultar su acceso, para que ella fuera la única dueña de la apertura, la única que pudiera franquear el paso; un camino estrecho para que nadie llegara directo y todos tuvieran que permanecer en la orilla, y sólo ella le abriera al sediento, al curioso, al maltrecho. Uno solo era el camino y ella su guardiana.

En México, la dignidad que tiene la gente del campo se degrada en las villa-miserias. Muy pronto avasalla el plástico y el naylon, la falta de baño, la basura que no es degradable y degrada, y la televisión comprada en abonos antes que el ropero o la silla. A diferencia de los demás, Jesusa transportó a la azotea un

pedazo de su Oaxaca y nada la avasalló. Cruzó sin chistar todos
los días esas grandes distancias del campesino que va a la labor:
dos y tres horas de camión para llegar a la Impresora Gálvez en
San Antonio Abad, dos o tres horas de regreso a la caída del sol,
cuando todavía pasaba a comprar la carne de sus gatos y el maíz de
sus gallinas. Una vez, tuvo una hemorragia en la calle y se sentó
en la banqueta. Fue el principio del fin. Alguien ofreció llevarla a
un puesto de socorro. No aceptó; se limpió como pudo; pero como
temió marearse de nuevo en el autobús y ensuciarlo, se vino a pie
bajo el sol, tapándose con su rebozo, desde la avenida San Antonio
Abad hasta Ecatepec. Imagino el esfuerzo desesperado que debió
costarle ese viaje. La veo bajo el sol avanzando ya fuera de sí, y
se me encoge el alma al pensar que era tan humilde y tan soberbia
(las dos caras de la misma moneda), para no pedir ayuda. A partir
de ese momento, Jesusa no volvió a ser la de antes. Le había
exigido demasiado a su envoltura humana; y ésta ya no daba de
sí: le falló. Su cuerpo de ochenta y siete años le advirtió "yo ya
no puedo, síguele tú". Y por más que Jesusa lo espoleaba, ya sus
órdenes erráticas no encontraban su camino. Terca, sin aliento,
se encerró en su cuarto. Sólo una vez quiso hacer partícipe a su
hijo adoptivo Lalo (Perico, en la novela) de una visión que había
tenido. Al asomarse a la ventana de su cuartito, en los postes de la
luz de la esquina había visto cuatro grandes crisantemos que venían
girando hacia ella. La visión le había llenado de luz la cuenca de
los ojos, la cuenca de su colchón ahondado por los años, la cuenca
de sus manitas morenas y dolorosas: "¿No los estás viendo tú,
Lalo?" "No, madre, no veo nada". Claro, espeso como era, Lalo
nunca vio más allá de sus narices. Esa noche, al notar que su
respiración se dificultaba, Lalo decidió bajar a Jose-Jesusa que ya
ni protestar pudo a la recámara que compartía con su esposa y la
acostó en una cama casi a ras del suelo, envuelta en trapos, bajo
una colcha gris, su cabeza cubierta con un paliacate que tapaba su
cabello ralo. Allí pegada al piso, Jesusa se fue empequeñeciendo,
ocupando cada vez menos espacio sobre la tierra. Y sólo una tarde
cuando se recuperó un poco lo interpeló: "¿Dónde me viniste a
tirar?".

En torno a su figura cada vez más esmirriada empezaron a
revolotear las sondas metidas por un médico de "allá de la otra
cuadra", que no se rasuraba, no se fajaba el pantalón, la boca blanda
y fofa, los labios perpetuamente ensalivados. Apenas recuperó un
poco de fuerza, Jesusa se las arrancó. Dejó de hablar y cuando
hacía su aparición el médico, cerraba los ojos a piedra y lodo. No
los volvió a abrir. Ya no tenía nada que ver sobre la tierra; ya no
quería tener que ver con nosotros, ni con nuestros ojos voraces, ni
con nuestras manos ávidas, ni con nuestro calor pegajoso, ni con
nuestras trampas, ni con nuestras mentes partidas como nueces,
nuestra solicitud de pacotilla. Que nos fuéramos a la chingada
como ella se estaba yendo, ahora que cada segundo la sumía más
dentro del catre, antecesor de su cajón de muertos.

Apenas si medía uno cincuenta y los años la fueron
empequeñeciendo, encorvándole los hombros, arrancándole a
puñados su hermoso pelo, aquel que hacía que la llamaran "la
reina Xochitl". Pero a mí siempre me gustaron sus dos trenzas
chincolas y entrecanas, su pelito blanco que se le rizaba en las
sienes, sobre la frente arrugada y cubierta de manchas de café.
También en las manos tenía esos grandes lunares. Decía que eran
del hígado; más bien, creo, eran del tiempo. Con el tiempo, los
hombres y las mujeres nos vamos cubriendo de cordilleras y de
zurcos, de hondonadas y desiertos. La Jesusa se parecía cada vez
más a la tierra: era un terrón que camina, un cántaro que se ha
secado al sol. "Me quedaron cuatro clavijas de dientes", y para
señalar los agujeros se llevaba a la boca sus dedos deformados por
la artritis.

Cuando iba a verla a la impresora Gálvez me ordenaba:

—Usted siéntese que está cansada.
—¿Y usted?
—Yo no, yo ¿por qué? Aquí me quedo de pie.

Los años amansaron a Jesusa. Cuando la conocí se pasaba
de rejega. Últimamente insistía en ofrecer asiento, en decir, "pase
usted, siéntese por favor", cuando antes espetaba:

—¿Qué se trae conmigo?
—Vine a platicar con usted.

—¿Conmigo? Mire, yo trabajo y si no trabajo no como.
No tengo campo de andar platicando.

Era verdad. Nadie le hacía falta. Se completaba a sí misma; se
completaba sola. Se bastaba. Le eran suficientes sus alucinaciones
o sus desilusiones, producto de su soledad. No creo que amara
la soledad hasta ese grado pero era demasiado soberbia para
confesarlo. Nunca le pidió nada a nadie. Hasta en la hora de
la muerte, rechazó. "No me toquen, déjenme en paz. ¿No ven
que no quiero que se me acerquen". Se trataba a sí misma como
animal maldito.

La conocí en los sesentas. Vivía cerca de Morazán y de
Ferrocarril Cintura, un barrio pobre de la ciudad de México, cuya
atracción principal era la Penitenciaría, llamada por mal nombre el
Palacio Negro de Lecumberri. El penal era lo máximo; en torno a
él pululaban las quesadilleras, los botes humeantes de los tamales,
de chile, de dulce, y de manteca, la señora de los sopes y las
garnachas calientitas, los licenciados barrigones de traje, corbata,
bigotito y portafolios, los papeleros, los autobuses, los familiares
de los presos y esos burócratas que siempre revolotean en torno a la
desgracia, los morbosos, los curiosos. Jesusa vivía bien cerca de la
"Peni" en una vecindad chaparrita con un pasillo central y cuartos
a los lados. Continuamente se oía el zumbido de una máquina de
coser. ¿O serían varias? Olía a húmedo, a fermentado. Cuando
llegaba, la portera gritaba: "Salga usted a detener el perro"; allí
venía Jesu-Jose con el ceño fruncido, la cabeza gacha a gritarle al
perro bravo: "Estate quieto, Satán, carajo, Satán, quieto, quieto",
y lo jalaba con una cadena a modo de estrangularlo mientras me
ordenaba: "Pase, pase, pero aprisita, camínele hasta mi cuarto".
El suyo estaba cerca de la entrada y le daba poco el sol. Todos
los muros se pudrían ensalitrados. A pesar de que el pasillo era
muy estrecho, los chiquillos sin calzones jugaban a echar carreras
y se asomaban a los cuartos vecinos. Jesusa les preguntaba:
"¿Quieren un taco aunque sea de sal? ¿No? Entonces no anden
parándose en las puertas, no son limosneros". En aquellos años
Jesusa no permanecía mucho tiempo en su vivienda porque salía
a trabajar temprano al taller "Impresora Gálvez", cuyo techo cayó
a tierra a raíz del terremoto. A partir de ese día Jesusa no fue

al taller con la frecuencia que la mantenía en pie, puesto que no había quien trabajara; ese rompimiento en su rutina resultó nefasto. Dejaba su cuarto cerrado a piedra y lodo, sus animales adentro asfixiándose, sus macetas también. En la imprenta hacía la limpieza, barría, recogía, trapeaba, lavaba los metales y se llevaba a su casa los overoles de los obreros y en muchas ocasiones su ropa más personal: camisas, calzones. Regresaba en la noche a alimentar a sus gatos, sus gallinas, su conejo, a regar sus plantas, a "escombrar su reguero".

A lo largo de diez años la vi cambiarse tres veces de casa. Uno de sus constantes siempre fue "la renta"; el otro, "la dueña" de la vecindad que amenazaba con aumentar la renta. Cada vez iba a dar más lejos porque la ciudad avienta a los pobres, los va sacando a las orillas, empujándolos a medida que se expande. Si la Jesusa vivía primero cerca de Lecumberri, en Consulado del Norte, en Iguarán, después se mudó—no fue para mejorarse—al cerro del Peñón y finalmente fue a dar hasta la carretera a Pachuca, por unas colonias llamadas Aurora, Tablas de San Agustín, San Agustín por Jardines que anuncian por medio de grandes carteles con flechas azules dirigidas hacia todos los rumbos de la tierra, drenaje con g, agua con h y luz con s. No hay drenage, ni hagua, ni lus.

Tampoco hay un árbol en esos llanos baldíos, ni un pedacito de pasto, ni una mata, salvo aquéllas traídas por los colonos y parecen el hongo mismo de Hiroshima y no son menos mortales porque transportan todos los desperdicios del mundo y sorben hasta el alma de la gente. Pero lo más terrible no es la montaña de basura sino el hedor, un olor dulzón a grasa fría, a excremento, un refrito de todos los malos olores de la tierra amasados juntos, que van acendrándose bajo el sol y a medida que transcurre el día se hace más intolerable.

Jesusa vivió sus últimos años en un cuartito de cuatro por cuatro construido para ella por su hijo adoptivo Perico, el mismo que la había abandonado. Cuando el muchacho se fue dejándola sola dice Jesusa que le dio tristeza:

Después de que él ganó su camino y se fue por donde le dio la gana, ya no volví a saber de él porque jamás me volví a parar a buscarlo. Yo nunca he tenido tristeza,

¿pa qué le digo? Me habla usted en chino porque yo no entiendo de tristeza. Yo no entiendo qué cosa es tristeza; yo lloro cuando tengo coraje, lloro porque no me puedo desquitar. Necesito desquitarme a mordidas, a como sea, lloro natural lo que es llorar. ¿Por qué me he de esconder si muy mis lágrimas, vaya? ¡pues qué!

—Un día que yo llegué me dijo usted que estaba triste.

—¿Cuándo le dije yo que estaba triste?

—Me dijo que era triste la vida que había llevado y que . . .

—¡Ah la vida! Pero no yo . . . La vida sí . . . La vida es pesada pero yo triste ¡no! Si ahora ya porque estoy muy vieja ya es ridículo, pero pregúntele a Lalo. A mí me gustaba cantar mucho, a grito abierto cantaba. Ahora ya no; ahora canto pero dentro de mí no más. Ya estoy muy vieja; ya serviría no más de risión. Pero cuando estaba joven fui muy alegre, cantaba mucho, pues seguro . . .

—¿Y ahora qué canta dentro de usted?

—Pues las mismas canciones que me supe, que me aprendí de muchacha, pero triste, yo nunca he sido triste y soy muy feliz solitita, aquí nomás yo solita, me muerdo solita, me rasguño muy solita, me caigo y me levanto y yo solita . . . Soy muy feliz sola. Nunca me ha gustado acompañada.

—¿Y qué cosas canta por dentro?

—Pues las canciones que yo aprendí de joven . . .

—¿Cuáles?

—Pues todas las que yo aprendí.

—Pero ¿cómo se llaman, "Amorcito corazón", "Farolito", "Noche de Ronda"?

—No, ésas son babosadas.

—Entonces ¿cuáles?

—Pues canciones verdaderas que se usaban antes . . .

—¿"La Feria de las flores"?   ¿"Allá en el Rancho Grande"? ¿"Los dos arbolitos"?

—¡Ah!, mugres también.

—Entonces ¿cuáles?

—Pues canciones antiguas no modernas.

—¿De la Revolución?

—Pues ni de la Revolución porque la dichosa "Adelita"
no es así. "La Adelita" es otra: le quitaron la mayor parte
y le acomodaron nomás lo que se les hizo bueno; pero ésa
no es la canción de la "Adelita" que es bastante larga.
—¿Usted se la sabe toda?
—Sí.
—¿Y nunca me la va a cantar?
—No.
—¿Por qué?
—Porque no . . .

Jesusa despotricaba contra la "modernidad", las costumbres de
hoy, las canciones que se oyen en el radio, la comida congelada, el
pescado refrigerado, los llamados adelantos. Antes todo era mejor.
Desconfiaba. "Yo no creo que la gente sea buena, la mera verdad,
no. Sólo Jesucristo y no lo conocí". Como lo dice bien Gerardo
de la Torre, "se coloca al margen de la ética de su tiempo, una
ética que ni entiende ni le interesa". No puede juzgar a la sociedad
porque ya la ha prejuzgado; allí donde no hay gente buena no hay
posibilidad de bien, por lo tanto es inútil intentarlo. Y en última
instancia: "Si haces el bien toparás con el malagradecimiento, con
la ingratitud. Para eso, mejor querer a los perros, a los gatos y
a los canarios". Jesusa, con toda su ignorancia y su superstición,
penetra en el meollo de la tragedia de nuestras sociedades: nadie
mira por los demás sino por sí mismo. Claro que eso no está bien,
pero quién es uno para poner remedio.
    Una cosa es la reflexión de Jesusa, su intención de dejar
hacer, dejar pasar y muy otra su condición humana, la ternura
y la compasión que oculta tras el ropaje de mujer áspera y bravera.
Así, después de mantener a Manuel el Robachicos ("No es que
lo quisiera mucho ni que me gustaran sus gustos, pero le tenía
compasión") y salir siempre malpagada, recoge en Ciudad Valles
a Rufino, quien le huye con los cuchillos de la matanza de cochinos
y la báscula. Más tarde recogerá a Perico-Lalo, huérfano, hijo de
una vecina y tratará de que vaya a la escuela y se instruya para
que se convierta en un hombre de bien. Pero Perico la deja y
vuelve después de quince años, cuando ya Jesusa es otra, vieja
y golpeada. Perico, con todo, recibe alojamiento. Sin embargo

Jesusa ya malicia: "Sé que está aquí por mis pertenencias . . ." —
las pertenencias ambicionadas: un ropero, un camastro, una vieja
máquina de coser, nos remiten, de paso, al grado de miseria que
aflige a los personajes— "no porque me quiere. Me acuesto, pero
no duermo. Siento coraje". Jesusa, como buen personaje popular,
responde a una moral maniquea: el que es bueno es bueno y el que
es malo es malo, pero como se impone el mal, los pocos buenos
de antes se vuelven maliciosos, lo cual es casi decir malos. Y así,
hallándose muy de vez en cuando con un bueno y chocando a cada
rato con los malos, transcurre la vida de Jesusa, mujer de pueblo,
soldadera, fabricanta, sirvienta, lavandera y mediunidad de la Obra
Espiritual.

Jesusa misma lo dijo en uno de los pasajes más nerviosos de
Hasta no verte Jesús mío, claro, ya escritos "literariamente":

> Y desde entonces todo fueron fábricas y fábricas y
> talleres y changarros y piqueras y pulquerías y cantinas y
> salones de baile y más fábricas y talleres y lavaderos y
> señoras fregonas y tortillas duras y dale con la bebedera
> del pulque, tequila y hojas en la madrugada para las
> crudas. Y amigas y amigos que no servían para nada,
> y perros que me dejaban sola por andar siguiendo a sus
> perras. Y hombres peores que perros del mal y policías
> ladrones y pelados abusivos. Y yo siempre sola, y el
> muchacho que recogí de chiquito y que se fue y me
> dejó más sola y me saludas y nunca vuelvas y no es por
> ahí María voltéate y yo como lazarina, encerrada en mi
> cazuela, y en la calle cada vez menos brava y menos
> peleonera porque me hice vieja y ya no se me calienta
> la sangre y se me acabaron las fuerzas y se me cayó el
> pelo y no más me quedaron unas clavijas por dientes,
> rascándome con mis uñas, pero ya ni uñas tengo de tantos
> uñeros que me salieron en la lavadera. Y aquí estoy ya
> nomás esperando a que den las cinco de la mañana porque
> ni siquiera duermo y nomás se me revela todo lo que pasé
> desde chiquilla, cuando anduve de guacha y sin guarache,
> haciéndole a la revolución como jugando a la gallina ciega,

recibiendo puros trancazos, cada vez más desmadejada en
esta "chingadera de vida".

Sin embargo, éste era sólo un momento de Jose-Jesusa porque
cuando olvidaba enojarse, asentía: "Aquí todos somos de Oaxaca,
por eso nos ayudamos". Los colonos se buscaban los unos a
los otros y en el pedacito de tierra tomado se reconocían por la
región de donde provienen; se ayudaban, o por lo menos no se
perjudicaban.

Si antes, para ir a ver a Jose tenía yo que cruzar las calles,
cuando la visité en su nuevo domicilio recorrí llano tras llano pelón
y sólo las llantas del coche levantaban un polvo gris que formaba
una nube; no había carretera, nada, sólo desierto. De pronto, lejos,
a la mitad de un llano vi un puntito negro y éste se convirtió en un
hombre acuclillado bajo el sol que calcinaba a medida que me fui
acercando. Pensé: "¿Qué le pasará a este pobre hombre? Ha de
estar enfermo". Sacando la cabeza por la ventanilla le pregunté:
"¿No se le ofre . . . ?" Me paré en seco. El hombre acuclillado
estaba defecando. Al arrancar el coche pensé en lo extraño de ese
hombre que había caminado quién sabe cuánto para defecar a la
mitad de la tierra, en cierta forma, sobre la cúspide del mundo. Se
lo conté a Jesusa y me miró irritada mientras comentaba: "Usted
siempre haciéndole a lo pendejo".

Jesusa, retadora miraba en torno suyo: "¿Ya vio? ¿Ya vio
todo lo que tengo que hacer, o es que usted me va a ayudar?"
Le respondí que sí. "Muy bien, pues meta usted los overoles en
gasolina". Entonces supe lo que era un overol. Agarré un objeto
duro, acartonado, tieso de mugre, con grandes manchas de grasa
y lo remojé en una palangana; de tan tieso no podía cubrirlo el
líquido; era un islote en medio del agua, una roca. Jesusa me
ordenó: "Mientras se remoja, saque usted las gallinas a asolear a
la banqueta". Así lo hice, pero las gallinas empezaron a cacarear
y a desperdigarse en la calle. Me asusté. "Las va a machucar
un coche. ¿Usted no sabe asolear gallinas?", me preguntó enojada.
"¿No vio el mecatito allá adentro, era para amarrarlas de las patas?"
Metió a sus pollas en un segundo y volvió a regañarme. "¿A
quién se le ocurre sacar las gallinas así como así?" Confundida
le pregunté: "¿En qué más puedo ayudarle?" Volvió a gritarme:

"Bueno, ¿y el overol qué?" Cuando pregunté "¿Y dónde está el lavadero?", la Jesusa me señaló una tablita acanalada de apenas diez o doce centímetros de ancho por veinte de largo y me dijo: "¿Qué lavadero ni que ojo de hacha; sobre esa tabla tállelo usted", y sacó de debajo de su cama un lebrillo. Me miró con sorna. Me era imposible tallar nada; el uniforme estaba tan tieso. Jesusa entonces exclamó: "¡Cómo se ve que usted es una rota, una catrina de esas que no sirven para nada!". Después reconoció que el overol debería pasarse otra noche en gasolina y, empujando la palangana llena bajo la cama, me ordenó: "Ahora vamos por la carne de mis animales". Le ofrecí mi volkswagencito. "No, aquí está en la esquina". Caminó aprisa, su monedero en la mano. En contraste con el silencio que había guardado conmigo mientras caminábamos, bromeó con el carnicero, le hizo fiestas y compró un montoncito miserable de pellejos envueltos en un papel de estraza e inmediatamente la emprendimos de regreso. En la vivienda los echó al suelo, y los gatos con una cola eléctrica se le aventaron encima. Los perros eran más torpes.

"Déjeme enchufar mi grabadora". Jesusa protestó: "Usted, ¿me va a pagar mi luz? No, ¿verdad? Me está robando la electricidad". Después cedió. "¿Dónde va usted a poner su animal? Tendré que mover este mugrero". Además, la grabadora era prestada. "¿Por qué anda usted con lo ajeno? ¿No le da miedo?" El miércoles siguiente quise aclarar un pasaje de su relato que había quedado oscuro: "Se lo conté la semana pasada". "Sí, pero no grabó la grabadora. Es que a veces no me doy cuenta si está grabando o no". "Pues ya no la traiga". Entonces me puse a escribir en un cuaderno y Jesusa se mofaba al ver mi letra: "Tantos años de estudio para salir con esos garabatos". De regreso a mi casa, en la noche, reconstruía lo que me había contado. Siempre tuve miedo que el día menos pensado me dijera, ya no venga, que me cortara. No le gustaba que me vieran los vecinos, que yo los saludara. Un día pregunté por las niñas sonrientes de la puerta. Jesusa, ya dentro de su cuarto, aclaró: "No les diga niñas, dígales putas. Sí, putitas; eso es lo que son, putitas". Un miércoles encontré a la Jesusa envuelta en un sarape chillón—rojo, amarillo, verdeperico— a grandes rayas escandalosas y acostada en su cama. Se levantó sólo para abrirme y volvió a tenderse bajo el sarape, tapada hasta la cabeza. Siempre la hallaba sentada frente al radio, en la oscuridad, como un tambachito de vejez y de soledad pero oyendo, avispada, crítica, ahora hasta el radio estaba apagado. "Dicen puras mentiras en esta casa, nomás dicen lo que les conviene". Cuando oyó que anuncian a Carranza en el radio le gritó:

> Maldito bandido . . . Cada gobierno vanagloria al que mejor le conviene. Ahora le dicen el Varón de Cuatro Ciénagas; y yo creo que es porque tenía el alma toda enlodada. Que ahora van a poner a Villa en letras de oro en un templo. ¿Cómo lo van a poner, si era un cochino matón, roba-vacas, arrastra mujeres? A mí esos revolucionarios me caen como patada en los . . . bueno como si yo tuviera huevos. Son puros bandidos, ladrones del camino real, amparados por la ley.

Jesusa ha muerto y me dejó sola.   Espero su próxima reencarnación con ansia. Ojalá y me toque antes de mi propia muerte. Y si no, ojalá la encuentre allá; y donde esté ojalá y pueda verla a la diestra de Dios padre, sus piernas de caminante cruzadas sobre una nubecita. Cuando vivía sobre la tierra, a la hora en que caía el sol, surgía otra vida, la de la Jesusa, la pasada y la que ahora revivía al contarla. Jesusa me informó que ésta era la tercera vez que venía a la tierra y que si ahora sufría era porque en la anterior reencarnación había sido reina:

> Yo estoy en la tierra pagando lo que debo, pero mi vida es otra; en realidad, el que vive en la tierra viene prestado, solamente está de paso: y cuando el alma se desprende del costal de huesos y de pellejos que a todos nos envuelve, cuando deja bajo tierra su materia, es cuando empieza a vivir. Nosotros los muertos, al revés volteados para que vea. Nos creemos vivos pero no lo estamos. Nada más venimos a la tierra en carne aparente a cumplir una misión; caminamos dándonos de topes y cuando Él nos llama a cuentas es cuando morimos en lo material. Muere la carne y la sepultan. El alma retorna al lugar de donde fue desprendida en el cielo. Como una estrella. Nosotros

reencarnamos cada treinta y tres años después de haber muerto.

Así, entre una muerte y otra, entre una venida a la tierra y otra, Jesusa inventaba la vida anterior e interior que le hacía tolerable su actual miseria. "Ahora me ve así, pero yo tenía mi vestido muy principal y Colombina y Pierrot me llevaban la cola porque yo era su soberana, ellos mis súbditos". Jesusa veía visiones, a Cristo de perfil bajando violeta por una cuesta, caminando con sus sandalias al borde de un precipicio, y después de esta visión, caía en el cuarto ahumado una lluvia de violetas y de pensamientos que floreaban su cabeza. Todavía poco antes de morir las vio, esos cuatro crisantemos como cuatro cirios que giraban hacia ella anunciándole el fin. Jesusa ha muerto; ya no puedo verla, no puedo escucharla; pero la siento dentro de mí, la revivo y me acompaña. Es a ella a quien invoco y evoco. Y repito bajito: "Soy la mujer luna, soy la mujer intérprete, soy la mujer estrella, soy la mujer cielo, soy conocida en el cielo. Dios me conoce; todavía hay santos. Oye luna, oye mujer Cruz del Sur, oye estrella de la mañana. Ven. ¿Cómo podremos descansar? Estamos fatigadas y aún no llega el día".

Fortunas y adversidades del escritor latinoamericano

Luis Rafael Sánchez

La noticia fue transmitida con una frialdad exacta, propia de la escuela de periodismo que invita a la práctica de la objetividad rigurosa en el cuento y en el recuento: el canalla Presidente Somoza se largó de Nicaragua en la compañía de catorce generales y siete cotorras. El múltiplo y el divisor se me hicieron, rápidamente, sospechosos. Y la sospecha se hizo, rápidamente, un acoso de preguntas temerarias.

¿Cuáles códigos, confiados a la complicidad inocentona de las siete cotorras, escoltaban a los catorce generales? ¿Cuántas numeraciones bancarias, posibilitadoras de mucho dinero en el exterior, se indoctrinaron a las siete cotorras en las vísperas de la fuga? ¿Tras cuántos sobornos de sopitas de pan anunciarían las siete cotorras los códigos numéricos que transportaban? ¿En cuáles notorios abusos incidirían los catorce generales si las siete cotorras no soltaban la preciosa información al reclamo dulce y sonsacador de "¿Cotorrita di?". ¿Les arrancarían las uñas como se las arrancaron a los insatisfechos durante la perversa noche somocista? ¿Las desplumarían a ritmo torturador? ¿Las sodomizarían para ostentar otra arma? ¿O los catorce integraban un tierno ramillete de hombrecitos aniñados que no querían abandonar sus mascotitas a la batahola democratizante que se avecinaba según la enemiga propaganda?

La noticia alborotó mi imaginación. Lo que no impidió que la variación posterior del mismo tema me duplicara el alboroto. Días después, la carta de un amigo colombiano copiaba el grito vengador

que la fuga del avieso Presidente Somoza produjo en una pared de
la bellísima Cali: "Somoza, Somoza, ahora sí que te liliputeaste".

Comenté a un peninsular, tratante de libros, de paso breve por
San Juan, que la imagen concitada por el desfile grandilocuente de
un dictador despreciado, catorce generales y siete cotorras por un
lado, y el grafito exultante por el otro, me quevedizaron el sueño.
Añadí que el casamiento de ambas informaciones, en un texto de
especulación y ruptura, podría interesarme, eventualmente. Tal
vez un ensayo con tintas negras. Tal vez una novela abufada de
nuestra América amarga atravesada por sus connotados hombres
ruines.   Tal vez unas alegorías ejemplares con los dictadores
legendarios como paseantes atípicos de la Disneylandia de Orlando,
paseo exterminador de su odiada herencia, su odiada invención
retardataria. El bandido Duvalier, el bandido Pinochet, el bandido
Stroessner, estrangulados por el perro Pluto, el pato Donald, el
ratón Miguelito, en una faena de gran guiñol y catarsis colectiva.
Tal vez unos furiosos retratos biográficos, contrastados por unas
inscripciones tersas como "Somoza, Somoza, ahora sí que te
liliputeaste". Apenas si pasaron dos semanas de la cháchara con el
tratante en libros cuando recibí la oferta de una editorial española
para adelantar el proyecto.

La ambigüedad del término proyecto, la resonancia entre
mafiosa y ascética del mismo, me libraba del trato previo con
género alguno. Naturalmente, una novela sería más que bienvenida
por el prestigio inmanente del novelar. Y por la noción extendida,
inexacta desde luego, de que la novela es la prueba de fuego
del escritor, su coronación como artífice de la palabra suspensa.
Naturalmente, un ensayo sería bien recibido por la madurez en
el discernimiento que se le adjudica a quien pesa sus reflexiones
contra el fiel de una balanza ajustada. Pero, lo que importaba,
realmente, era lo que yo tuviera que decir, lo que yo tuviera que
opinar. El compromiso único de la editorial española era con mi
posibilidad interpretativa, la hondura de mi asedio a la memoria
latinoamericana posesa por el veneno y la carcoma, mi cirugía a
la historia y . . . ficción de un continente que confunde la una con
la otra desde que el Gran Almirante Cristóbal Colón se rascó la
codicia y exclamó, en un castellano con acento, en un castellano

corrupto por el portugués y el genovés: "¡Todo lo que brilla es oro!"

Si subrayé, rabiosamente, el pronombre mí, el pronombre yo, no es por narcisismo, por arrogancia, y menos por la necia confianza en sus brillos precarios y estupidizantes. Estos, a la corta y a la larga, neurotizan y pasan por ebria genialidad lo que es sobria aplicación, tributo a la página sin poblar que interroga, paciente artesanía de quien asume el talento como una dramática conquista.

No, no era la transparencia de mi enorme creatividad, el alcance infinito de mis manejos prosodiales, mi escritura sin competencia y otras malversaciones de elogio, lo que interesaba a la editorial española. El empeño por una obra que no estaba hecha, tampoco asuntada a grandes rasgos ni bosquejada elementalmente, lo precipitaba mi condición de escritor inserto en las dificultades mayúsculas de una cultura fronteriza; escritor nativo de una geografía gobernada, sucesivamente por dos imperios; escritor alimentado, a la fuerza, por dos entendimientos pugnantes de la realidad—como el Arlequín de Goldoni.

Mas la explicación anterior no podía ser la única. La solicitud, a todo tren, de un texto aún por hacer la decidía, también, mi procedencia de la nación febril que es el Caribe. Multirracial nación, multisubdesarrollada nación, babélica nación que, desde los palcos distantes, se intuye como un escenario surtido por mulatos perezosos y negros ineptos que danzan su primitivismo bajo las palmeras. Quiero pensar que la tercera explicación para el atractivo inesperado de mi autoría era el reconocimiento frontal de mi identidad latinoamericana, su definitiva imposición contra viento, marea y otros amagos de tempestad. En cualquier caso, de cualquier manera, el empeño por contratar una obra archivada entre las mil y una obras que el escritor fantasea cada día, desbordaba persona, narcisismo y arrogancia. Yo era, simplemente, otro posible profeta de un dogma de redención llamado NUEVA LITERATURA LATINOAMERICANA.

Llama la atención de crédulos e irreverentes el traqueteo a que se ve sometido el escritor latinoamericano estos días y la recepción de sus opiniones como acontecimientos culturales—las opiniones firmes que conmueven por su persistencia en la dignidad y las opiniones patéticas que circulan por la avenida fácil del concepto domado. Llama la atención el montón de invitaciones que se le extienden para conferenciar, charlar, improvisar, incluso entretener en las universidades de postín, las asociaciones cívicas, las fundaciones políticas, los congresos sobre temas latinoamericanos; congresos cuya clientela potencia la muchedumbre si los encabeza un escritor con quites de torero o pases de artista del *rock*, un verdadero peje gordo, una celebridad.

Con la desfachatada perspicacia que es parte de su magisterio inventor, Gabriel García Márquez afirmó, en un congreso llevado a cabo en La Habana años atrás: "Hay un congreso institucional cuyas reuniones se suceden cada año en lugares tan apetecibles como Roma o Adelaida, o tan sorprendentes como Stavanger y Verdún, o en algunos que más bien parecen desafíos de crucigramas como Polyphénix o Knokke". Y añadió, con malignidad sublime e ironía demoledora que principiarían, si así él lo quisiera, el relato de un congresómano: "Un intelectual complaciente podría nacer dentro de un congreso y seguir madurándose en otros congresos sucesivos, sin más pausas que las necesarias para trasladarse del uno al otro, hasta morir de vejez en su congreso final".

Quien incurre en la crasa debilidad de citar a García Márquez debe incurrir en la debilidad crasa de citar a Mario Vargas Llosa, no por recurrencia sumisa a los ilustres letratenientes y sí por practicar la serena locura de la ecuanimidad. ¿No encarna García Márquez, según dictamina la simetría geopolítica que asola la república de las letras, la mitad del credo autorizado, el de la izquierda que avanza? ¿No encarna Mario Vargas Llosa, según el mismo dictamen, la mitad del credo restante, el de la derecha que conserva? Si se acude al funesto Diablo habrá que acudir al buen Dios con la venia del buen Sartre. Aunque el buen Dios respalde una que otra diablura. Aunque el Diablo se confiese, rece. No obstante, incurramos en la debilidad crasa ya que incurrimos en la crasa debilidad.

Con la cuota de humor paradójico que es parte integral de su magisterio inventor, Mario Vargas Llosa comentó, durante un congreso celebrado en Washington meses atrás, que los escritores latinoamericanos ya no éramos los parias tradicionales, las

sensibilidades prescindibles. Y con conturbaciones simpáticamente
fingidas, indicó los parias rehabilitados por la anfitriona fundación
Wheatland: siete escritores de Argentina, Brasil, Chile, Cuba,
México, Perú y Puerto Rico invitados a reflexionar sobre la
propia obra ante un público compuesto, exclusivamente, por unos
pares novedosos, John Updike y Joseph Brodsky, Hans Magnus
Ensensberger y Elizabeth Hardwick, Martin Esslin y Gregory
Rabassa, Robert Stone y Héctor Bianciotti, Michael Kruger y Peter
Ackroyd, Francis King y Andrej Bitov, entre otras "luminarias
refulgentes" como los nomina el dialecto galáctico que razona el
hecho literario; dialecto de estirpe farandulera que anexiona la
literatura a las perplejidades del *show business* y el escritor a los
gremios de los artistas de variedades, del *funny man* del *entertainer*.

    ¡Legados dialectales de Louella!   Siete *starlets, stars,*
superstars latinoamericanas de la fabulación y la reflexión
iconografiadas con *neon giggles* y *neon gossips* en la augusta
Biblioteca del Congreso. ¡Legados dialectales de Hedda! Siete
starlets, stars, superstars musicalizadas con *glossy dreams* de
carreras internacionales a través de la *Random House* y la
Gallimard, la *Mondadori*, y la *Grove Press*, la *Feltrinelli* y la
Suhrkamp Verlag. ¡Legados glamorosos del *Great Gatsby* con
cenas en las residencias de Mrs. David Bruce, de Mrs. Joseph
Kraft, de Mrs. Laughlin Phillips, de Mrs. George Stevens! Siete
starlets, stars, superstars y la constelación Octavio Paz que acaparó
los *flashes*, el palio y la alfombra, las interviús para el *Washington*
Post y el *Boston Globe*, los piropos de los traductores de las lenguas
vivas y las lenguas muertas. ¿Oí que las palabras de Octavio
Paz se imprimían en latín y en sánscrito, *sooner or later*, para
darles el gustazo soberano a quienes se resisten a la incantación
de su español memorable y suspiran por leerlo en una lengua que
destelurice?

    Los rechazos reincidentes, la inexistencia de financiamiento
para la impresión, las referencias escasas en la prensa, habituales
una vez, se transmutan de sopetón, en el lleva y trae actual y
ruidoso de escritores, en la disposición ciega a comprar un texto
sin urdir, en las prosperidades bajo la sombra de los magnates y
policy makers, en los reportajes a todo color en *Newsweek* y *Le*

Pointe, en los congresos que disciernen las actitudes creadoras y las posiciones políticas. Llama la atención, en fin, la fiebre que propaga la literatura latinoamericana contemporánea; fiebre que, de súbito, distingue al escritor como talismán o fetiche; fiebre que liquida toda clase de dividendos *urbi et orbi*.

El primero es el reconocimiento tumultuoso de que el escritor latinoamericano también se atraganta de sueños; también le pasa la cuenta a la mortalidad como sus pares en la redondez del planeta. El segundo es la admisión de que muchas obras a las que se restó importancia por su proveniencia modelan un hacer luminoso; criban un frenesí; son faena que no desmerece— las redondillas apertrechadas de ironía de sor Juana Inés de la Cruz, las brillanteces que estila José Eustasio Rivera en su novela cumbre, las demoliciones de la razón que penetra Horacio Quiroga, la intercesión divina por Marilyn Monroe a que se presta Ernesto Cardenal. El tercero, discutible para los castos y los remilgosos, es el debut hollywoodero del agente literario que sortea los manuscritos entre las casas editoriales, ajusta tiradas, liquida regalías, compromete traducciones, recata las neurosis de sus pupilos. Si la carrera de Norman Mailer la conduce el ojo polleto de Scott Meredith, la carrera de Isabel Allende la maneja el ojo catalán de Carmen Balcells.

Fiebre, síndrome, avalancha: cuando la sucesión imparable de obras capaces desmiente la reducción del acontecimiento a golpe fortuito, cuando la pléyade de más *stars* y más *superstars* desfasa el vocablo *boom*, cuando otros registros vocales y otros ámbitos repercuten con Fernando del Paso y Reinaldo Arenas, Antonio Skármeta y Ricardo Piglia, Ariel Dorfman y Sylvia Molloy, Gustavo Álvarez Gardeazábal y Osvaldo Soriano, Pedro Vergés y Luisa Valenzuela, entonces se toma por verdad irrefutable que la literatura latinoamericana de estos días es una convincente sorpresa sin fondo, que su construcción verbal desafía en cada nuevo texto— la explosión del amor que vocifera su nombre en *El beso de la mujer araña*, el voyeurismo clasista de *Un mundo para Julius*, la novela sin ficción de *La novela de Perón*, los estrabismos que corrigen las crónicas deslumbrantes de Carlos Monsiváis. Además, para rematar, la lectura de esos disímiles registros vocales produce un insólito placer.

El placer no es una categoría a la que se acude con frecuencia para saludar el efecto que la literatura provoca. El placer arrastra la fama de elemento que debilita el intelecto, pueriliza la razón, agria la razón, la trastorna. Y es tendencia requerirle a la literatura un poco de miramiento, astringencia, didactismo; requerirle que divorcie las conductas ejemplares de las conductas estrafalarias. Sin embargo, no se le solicita que conduzca a un estado de feliz asombro. Tampoco que inutilice, de raíz, cuanto dogma controla, sujeta. Los dogmas históricos. Los dogmas novísimos. Tampoco que investigue la circunstancia con una ludicidad aclaratoria, cervantina. Tampoco que obsequie al lector con la sensación de plenitud física que comunican los placeres.

Fiebre, síndrome, avalancha de talentos: el endose pleno a la literatura latinoamericana que se adentra en las zonas virginales de lo humano y patrocina, además, una crítica que esquiva el descripcionismo y la glosa e inaugura sistemas de opinar. Transparente o críptico, llano o ensoberbecido, procedente o majadero, gracioso o responsable: el menú crítico es abundante, ecléctico, en su disposición de señalar con tino, de intermediar con ciencia, de avalar la epifanía. Pero, sobre todo, dicha lectura seduce al lector que huye del realismo amodorrado, de la palabra mansa y opta por refugiarse en las texturas dinámicas que redefinen el arte de hacer novelas; un lector que discrimina, que reclama la superación de los barrotes que carcelan la fantasía, que compra los libros y los lee, los escruta y los comenta, y difunde sus complacencias y sus reservas a través de la inigualable *word of mouth*, la vasta red repetidora de Radio Bemba.

Porque hay un relevo en la nómina escrituraria, porque la crítica se deshace en reseñas aclamatorias, porque la legión de lectores se vuelve devota, la fiebre por la literatura latinoamericana crece mientras el síndrome y la avalancha arropan. Consecuencialmente, el escritor latinoamericano aumenta su presencia en las universidades de postín, las asociaciones cívicas, las fundaciones sectarias. Consecuencialmente, aumenta su influencia, aumenta su *ranking* y su *rating* en los dominios

movedizos de las letras. ¡Y de las armas! Que el aterrizaje
del escritor latinoamericano en los canales de televisión y la
trinchera partidista transforma su palabra oral en pertrecho, en
arma de predicador que agarró la verdad por el rabo eucarístico
de Mister Marx o el rabo excomulgante de Mister Jehová.
Consecuencialmente, el predicador unilateral invalida al confesor
piadoso y al oidor interesado. Consecuencialmente, la telegenia
y el *look*, la exaltación tribunicia y el *full close-up* desplazan el
único vínculo a preponderar entre el público y el escritor: el libro.

Del *ranking* bursátil a los *ratings* en las listas del *best-seller*,
de la membresía protagónica en jurados de cine de cachet a la
triple ración de incienso que le depara el socialismo de *boutique*,
del codeo demencial con los capitalistas que mandan y ordenan a
la animación del figureo. Yes, el escritor latinoamericano es una
vedette fenomenal cuyos encantos extraliterarios se reputan tanto o
más que su lucha con el ángel. Yes, la languidez decadentista
de uno, la incontención carnal del segundo, el cosmopolitismo
galopante del tercero, ruedan por la avenida del exhibicionismo. ¡El
Julio Iglesias de la novela! ¡El Steve Wonder de la hermenéutica!
¡La Nina Hagen de la poesía feminista! ¡El Elton John del
relato corto! Yes, si todavía no se han establecido *pubs* donde
la afición literaria festeje los milagros y las milagrerías de sus
escritores favoritos, sí se ha establecido una relación similar
con el periodismo del *strip-tease*, el periodismo de la pasarela.
Strip-tease irrefléxico, cesación de la lucidez causada por la
grabadora. ¿Cuál otra explicación merece la defensa de las
utopías intolerables cuya nueva libertad sujeta promueven ciertos
escritores latinoamericanos? *Strip-tease* irreflexivo, cesación de la
solidaridad causada por el clic de la cámara. ¿Cuál otra explicación
merece la indiferencia de ciertos escritores latinoamericanos a
la desesperación de sus compatriotas para quienes los eslóganes
"Paciencia en el logro de las soluciones" y "Reformas graduales"
son camuflajes obscenos de alimentación mísera, analfabetismo y
muerte temprana? No, no hay por qué asombrarse; el asombro
también pasó de moda: el *strip-tease* irreflexivo de ciertos
escritores latinoamericanos lo destaca la prensa con el mismo
relieve vedettero que la pésima educación de Bobby Knight y John

McEnroe, los encontronazos del marido de Madonna con la policía,
las complicaciones histéricas de Michael Jackson. Los destaca. Los
celebra. Los celebriza.

La transubstanciación del escritor aplicado y paciente en
celebridad que diserta hasta de la leve fragancia de las margaritas,
apareja unos peligros estupendos. La juglaría por todo callejón y
plaza, la errancia bajo el calor de las candilejas, imponen una gruesa
capa de maquillaje a la emoción y a la idea. Dirigen la permanente
teatralización de la inteligencia, a la vida vivida como *bel canto*.
Maquillaje y escenificación, impostación y otros histrionismos,
repaso del guión y desmayo sobre la colcha de las vanidades:
he ahí el catálogo esquemático para un museo de tentaciones
que desenfrenan al escritor mejor intencionado; escritor que, si
se descuida, termina como administrador de calmantes, como
fotuto de elocuentes *gags* verbales, como asimilado irremediable.
Con su acierto discurriente habitual, Mario Vargas Llosa apunta
que la sociedad satisfecha intentará atenuar la crítica de los
escritores por la vía del halago y del mimo, coreografiando
a su alrededor una trabazón de reconocimientos, homenajes y
sistemáticas adulaciones.

Habría que añadir, no obstante, que los intentos de atenuar
la crítica del escritor se avistan, pronto y fácil, si se valen de las
formas más burdas del halago, de los mimos procaces. O si el
tutiplén económico sale a comprar, groseramente, el silencio ante
el desafuero o a transar la disidencia. Ladinamente, delicadamente,
la sociedad reafirmada en la bulas y las exenciones, evitará el
control férreo, el control a quemarropa del escritor. Lo que no
obsta para que intente la neutralización discreta de su conciencia
a través de unos recursos de apariencia insustancial. Aunque
debilitadores, poquito a poquito, de la capacidad de indignación.
Aunque socavadores a largo plazo.

Truman Capote queridísimo, ¿fuiste tú quien embeleco todo
el asunto mientras cenabas en *La Côte Basque* con la Carson y
la Radziwill? ¿O el frivolón inaugural fue el Eugene O'Neill
que poseía ochenta pares de zapatos?—menos que Imelda, eso sí.
¿O fue el originador del viaje hacia el planeta de la sofisticada
estupidez el polifacético Salvador Novo? La red tejida con los

vapores bisuteriles del glamour, los picnics del escritor en las
márgenes y las espesuras de la prensa rosa, la metamorfosis del
gran escritor en medallón que adorna el pecho mayestático de la
Very Beautiful People, son algunos de los recursos de apariencia
más estilados. Otros que apuntan a la disimulada sofocación de la
discrepancia, son las bendiciones diarias, los agasajos semanales,
los premios mensuales al escritor que se manosea con quienes
bendicen, agasajan y premian, el escritor que se apalacia sin
pestañear, el escritor por siempre *safe*, el escritor por siempre *neat
and nice*.

Una vez que el escritor da el salto mortal a objeto atesorado
por la *High Society*, una vez que se contabiliza su presencia en las
escapadas a todo trapo del *Jet Set*, una vez su bronceado estival es
reseñable, su trabajo creador parecerá el más oscurecedor de sus
contrapuntos. Y la adicción a la trivialidad y el hechizo con la
santa compañía de los poderosos burlarán sus páginas, las pondrán
en entredicho independientemente de los desgarramientos que
esas páginas procesen. Independientemente de que esas páginas
recuperen los más exacerbados lastres y las más exacerbadas cimas
del espíritu y la carne. Independientemente de la magia y la
luminosidad que esas páginas ensalmen.

Trampas y maleficios aparte, museo de tentaciones aparte,
fealdades y vulgaridades aparte, otro componente integral del
traqueteo y el lleva y trae que somete al escritor latinoamericano
estos días debe sustantivarse. Si bien tal integridad no parece
emparentar con fulgor alguno, literario menos que menos. El otro
componente es la visibilidad amarga de los latinoamericanos que
abarrotan cuanto destierro es, los latinoamericanos deambulantes
entre juramentos y lágrimas.

Desgraciados por la santa ira de la derecha éstos.
Desgraciados por la santa ira de la izquierda aquéllos. Reprimidos
porque desentonan la melopea de la Propiedad Privada unos.
Reprimidos porque desentonan la melopea de la Propiedad
Estatal otros. Estigmatizados como destructores del progreso
unos. Estigmatizados como destructores del orden otros.
Latinoamericanos vagando con la vida al hombro y a la procura de
un rincón donde empezar los días o acabarlos. Latinoamericanos

infamados de resentidos sociales y comuñangas. Latinoamericanos infamados de parásitos sociales y gusanos. Y la diáspora sobrante sin el carnet del partido ni la camisa de facha, los expulsados de la historia: paraguayos tenidos por caóticos en París, uruguayos rebajados por morochos en Viena, bolivianos repulsados por indisciplinados en la *Kurfülsterdam* de Berlín, argentinos vituperados como "sudacas" en Barcelona, salvadoreños contenidos en los puestos domésticos de menor remuneración en Washington, dominicanos calificados como "the worst Puerto Ricans" en Nueva York, puertorriqueños confinados en cinturones residuales en Chicago y Boston; latinoamericanos desencantados que maldijeron los idiomas del hambre y buscaron los idiomas afantasmados de la esperanza.

Nuestro retraso histórico, nuestra debilidad sin término, se anclan en los rostros acribillados por la insatisfacción de los vencidos latinoamericanos. Rostros indios de mexicanos arrestados con las espaldas mojadas y el corazón seco. Rostros de haitianos que repelen a manotazos los tiburones que muerden su transporte a la América opulenta. Rostros de puertorriqueños que pasaron a ser *spiks* en inglés y *neorricanos* en español: dos voces distintas para un solo desprecio. Rostros de ilegales. Rostros de indocumentados. Rostros paraguayos desencajados por la inconformidad con los treinta y cinco años en el mando del señor Stroessner. Rostros cubanos desencajados por la inconformidad con los treinta años en el mando del señor Castro. Rostros chilenos desencajados por la inconformidad con los dieciséis años en el mando del señor Pinochet.

Los paralelismos en las descentraciones que causa el vals junto al poder de la Gran Derecha y la Gran Izquierda agravian a sus simpatizantes respectivos. Que, unidimensionales, preferirían la santificación de la una y la diabolización de la otra. O la jerarquización que privilegia la propia y relega la ajena. Además, ciertamente, los señores Stroessner, Castro y Pinochet no son encarnaduras políticas comparables. Y su incrustación en el mando no responde a esquemas, mínimamente, parientes. El señor Stroessner es un saurio escapado de la maleza y tras su extinción se desmantelará el *menagerie* que lo aposenta. El señor Castro es un ideócrata atornillado en el mesianismo por la arrogancia norteamericana en el trato con la América descalza. El señor Pinochet es un gorilón vocado para el terror sin fisuras. Finalmente, la sequía espiritual que apenas late en el apenas recordado Paraguay, no resiste igualaciones con la mata de esperanza democrática que pelea por retornar en Chile, ni con las jornadas de superación colectiva que efervescen en la Cuba que nadie olvida.

Sí resiste la igualación, en cambio, la negativa contundente a pluralizar la sociedad, a des-canonizarla, que sostienen los jefes de estado aludidos con dialéctica antagónica. Sí resiste la igualación, en cambio, la intolerancia demostrada por los jefes de estado aludidos a la sola mención de las categorías de diversidad, apertura, disidencia, flexibilidad. Sí resiste la igualación, en cambio, el dolor por la tierra perdida de los exiliados paraguayos, chilenos, cubanos. Sí resiste la igualación, en cambio, la amputación sensorial que los desvalida: el guaraní cadencioso de Asunción, el código placentero a que refiere el copihue de Santiago, las rumbatelas felices por La Habana vieja, los sabores del aire paraguayo, chileno, cubano, el amanecer a lo que se nació. Sí resiste la igualación el desgarramiento por volver a empezar, por saber que se muere en la distancia, por reconocerse en la desmemoria, por sobrevivir las recriminaciones y las incriminaciones que se prodigan contra quien se exilia. Sólo la mala fe intelectual o la chapucería moral se ufana en reducir el exilio paraguayo y chileno a una banda de ineficaces, de resentidos sociales derrotados, a un orfeón de tontos útiles fácilmente sovietizables. Sólo la mala fe intelectual o la chapucería moral se ufana en reducir el exilio cubano a una banda de trepadores, de parásitos sociales derrotados, a un orfeón de tontos útiles fácilmente yankizables.

Una iconografía manchada por la desolación como la anterior, informa la descomposición latinoamericana contemporánea, inflama a los puristas raciales al acecho, resucita la acusación de "bárbaro extranjero" en la boca crispada del reaccionario, relanza la polémica de los nacionalismos, convida al estupor. Y desata un acoso de preguntas temerarias que supera la cuota de ingenuidad a que se tiene derecho. ¿No es

factible que el rico Nuevo Mundo hispánico produzca el alimento
de su población?—el que regula el cuerpo y el que verdece
el pensamiento. ¿Se capacita para la honradez la dirigencia
latinoamericana?—una que pelee la alegre y confiada corruptela
que es moneda al uso de Tierra del Fuego a Punta Gallinas.
¿Aceptaría la milicia latinoamericana la llaneza de que nadie le
encomendó la salvación sobrenatural de las patrias?—la Guerra
Sucia argentina, los escuadrones salvadoreños de la muerte, la
nefasta camarilla guatemalteca, las huestes siniestras de Aldo
Rico. ¿Ensayaría la oligarquía latinoamericana una reforma social
esmirriada que tomara en cuenta las zozobras de las otras clases?
¿Aceptaría vacacionar una temporada la espiritualidad ilusa que
decreta el presente conformista de los pobres a cambio de un
cupón a validarse en la gloria eterna? ¿Aceptaría vacacionar una
temporada el materialismo iluso que decreta el presente sacrificado
de los pobres a cambio de un cupón a validarse en el mañana
eterno?

Una iconografía garabateada por la imposibilidad como la
anterior informa el recrudecimiento de nuestras mezquindades,
el cainismo de nuestra fraternidad. Paralelamente, tonifica el
pesimismo de carrera. E insinúa la hipoteca con que grava,
al escritor latinoamericano fúlgido, la multitud que huye de los
espejismos y la que se queda en los lares hambrientos; multitud
que, a duras penas, redime de ascos y de prejuicios, del traqueteo
y el lleva y trae, al escritor latinoamericano.

¿Qué mérito más contrastante se puede reclamar para la
Colombia rota por el narcotráfico, el Perú desgastado por la
insurgencia, el México de las diferencias vergonzantes, que ser
el país natal de Gabriel García Márquez, de Mario Vargas
Llosa, de Carlos Fuentes? ¿Cuál otro reclamo de su amplia y
cultivada inteligencia necesita aducir Argentina frente a lo que
publica Ernesto Sábato? ¿Habrá lujo brasileño más indudable
que Jorge Amado? Pero detrás de la obra y el nombre de tales
monumentos vivientes, detrás de las admiraciones consignadas a
Augusto Roa Bastos, Isabel Allende, Manuel Puig, detrás de los
lauros a Elena Poniatowska, Eduardo Galeano, Guillermo Cabrera
Infante, se riega la forma espesa de un continente sobrepoblado

de desesperación, horror versátil, violentas ilusiones; un continente
que serpentea su visibilidad con la escueta maldición del nombre:
la América por siempre jodida, la América desangrada por siempre.

Indudablemente, el escritor latinoamericano actual ha
consolidado una explosiva resonancia artística, disfrutado de un
franco interés por la impresión de sus desvelos, padecido la
curiosidad que despiertan sus extravagancias y sus veleidades,
gozado el encomio unánime o inmensamente mayoritario, cobrado
unas regalías ascendentes a miles de dólares por su magisterio
inventor o sus conferencias y charlas, improvisaciones y
entretenimientos en las universidades de postín, las asociaciones
cívicas, las fundaciones políticas, los congresos sobre temas
latinoamericanos. Ni en los sueños más dulces y audaces, ni en
las clarividencias más transparentes, se atrevió a profetizar mortal
alguno un descabellamiento así. O la premiación loca que implica
comprar un texto por hacer con él garante mercantil exclusivo que
adelanta la literatura latinoamericana de ahora.

¿Ley de mercado o moda cultural? ¿Moda cultural o ganancia
indirecta por la visible desesperación, el visible horror versátil,
las visibles violentas ilusiones de la América jodida, la América
desangrada?—la generalización del fracaso latinoamericano la
alivia de culpa y la excepciona el escritor que es "a credit to his
race or to her race". ¿Ganancia indirecta por las conmociones
trastocadoras de los sesenta y los setenta o simultaneidad de unas
obras de hechura óptima que restauran el arte de narrar? ¿Triunfal
restauración del arte de narrar o ajuste latinoamericano a los dolores
de la historia asesina? En fin, la origina la circunstancia o el
genio, venga el empujón de las entrañas de la escritura modelo
o de las lágrimas de unas sociedades quemadas hasta los huesos.
Naturalmente, tanta fortuna no se produce sin una dosis suficiente
de adversidad.

¡Temibles son los permisos y las esclavitudes de la fortuna!
¡Temible la modificación de la conducta que la acompaña!
¡Temible el desgaste sigiloso que ocasiona!   ¡Cuesta arriba
la resistencia a su temible avasallamiento!   ¡Cuesta arriba el
reconocimiento de su terrible adversidad!

En cuanto lo enamora la dudosa caricia de la fortuna, en cuanto el éxito se vapulea con el ruido de la humorada, el escritor latinoamericano debería diferenciar, prístinamente, la prioridad con la palabra escrita de los daños del partidismo a ultranza, de los daños del estrellato caníbal. Debería, seguidamente, volcarse en el respeto demagógico por los seres accidentados que, sin saberlo, le duplican la estatura moral; los seres rotos que son la confirmación en vivo, gratuita, de sus referencias letradas a los jodidos, los desangrados. Después debería armonizar lo que remachan sus páginas libertarias con lo que vive, acríticamente, bajo los reflectores que envanecen y desorientan. Finalmente, debería cultivar cierto distanciamiento de los poderes cupulares como expresión de salud mental y medida de profilaxis. ¿Por qué oscurecer más lo que ya es oscuro por sí mismo, como dice Bertold Brecht en su inquietante poema sobre Empédocles?

De vivir de apuntado en los reinos facilones de la banalidad, de vivir congraciado con los que se absuelven la propia lengua pero condenan la ajena a la penitencia y al ostracismo, de vivir de palafrenero de los señorones, el escritor latinoamericano merecerá el castigo de un grafito, parafraseador del que resonó en una pared callejera de la bellísima Cali cuando el sucio Presidente Somoza se largó de Nicaragua en la compañía de catorce generales y siete cotorras: "Escritor latinoamericano, escritor latinoamericano, ahora sí que te liliputeaste".

Mus. 191.   Joseph Reich Obermüdd

I. Mitos, médicos y utopías virreinales

De la historia a la ficción: mito y utopía de la Ciudad de los Césares*

Fernando Aínsa

UNESCO y Centre de Recherches Interuniversitaire sur les Champs Culturels en Amérique Latine, Université de Paris III

La Ciudad de los Césares constituye uno de los ejemplos más interesantes en la historiografía de lo imaginario colectivo americano de cómo un episodio histórico se transforma en leyenda, va asumiendo la condición de mito, se reconvierte luego en utopía y, finalmente, en materia de ficción novelesca. Si las diferentes etapas de esta transformación del imaginario colectivo e individual pueden ser periodizadas sin dificultad, lo interesante es señalar cómo, en cada una de sus expresiones, el contenido ha variado en función del modelo vigente en la época y de sus necesidades y motivaciones.

En este trabajo analizaremos cómo a partir de hechos históricos, pero a causa de su documentación insuficiente, surge la leyenda y el mito de la Ciudad de los Césares, cuyas líneas de fuerza intelectuales y afectivas (su contenido de creencia), anuncian la semántica y la sintaxis en las que se estructuran los mitos, leyendas, utopías y novelas a ella referidos en siglos sucesivos. Del examen de las continuidades y discontinuidades, de los mimetismos y analogías entre los referentes históricos, el pensamiento mítico (al que vienen a injertarse elementos de otros mitos como el de la Edad de Oro, el Paraíso, Jauja, el Reino del

Padre Juan) y la invención utópica, surge el estudio arquetípico de
la Ciudad de los Césares.

Para ello, hemos dividido este trabajo en cinco puntos
estrechamente relacionados entre sí: 1) Raíz histórica y regionalización del mito; 2) Legitimación histórica de la Crónica; 3) De
la historia al arquetipo; 4) Estructuración del modelo utópico; 5)
Incorporación a la ficción novelesca.

I. *Raíz novelesca y regionalización del mito*

Tres episodios de fecha y localización geográfica diversa están
en el origen histórico del mito de la Ciudad de los Césares.

1. *La expedición del Capitán Francisco César (1529) hacia el
noroeste de la Argentina.* Aunque no pudo localizar la legendaria
Sierra, el Capitán César volvió dos meses y medio después
hablando de una ciudad indígena "rica en oro y plata". La nueva
ciudad, directamente relacionada con otras ciudades legendarias
como la de Paititi y la más lejana de El Dorado, tomaría el nombre
del Capitán, para llamarse de "los Césares".

2. *Los naufragios del sur magallánico (los Césares
"blancos").* Mientras en el norte se diluían los ecos de la ciudad
de los césares indios, absorbida por los ecos de la conquista del
imperio incaico, los naufragios de varias expediciones (Simón
de Alcazaba, 1534; Pedro Sarmiento de Gamboa, 1581) en el
estrecho de Magallanes, fueron desplazando una variante del mito
hacia el sur, especialmente a partir del naufragio de la Armada
del Obispo de Plasencia (1540), cuyos 150 "cristianos españoles"
sobrevivientes se habrían establecido a orillas de una gran laguna,
construido una ciudad, aliado con los indios y casado con las
nativas, fundando la dinastía de los "Césares blancos". Con ellos
se implanta definitivamente el mito de la Ciudad austral en la
Patagonia y el vacío histórico es "ocupado por la leyenda"[1]. La
búsqueda del oro cambia de rumbo. Un "vivero" del imaginario
colectivo americano se gesta en las planicies despobladas y
desiertas del sur del continente.

3. *Ecos a partir de la conquista de Chile.* Apenas Pedro de
Valdivia empezó la conquista de Chile, escuchó los rumores sobre
españoles perdidos en las estribaciones sureñas de la cordillera y

mandó varias expediciones en su busca [Gerónimo de Alderete, Francisco de Villagra, Pedro de Villagra (1553)]. Todos recogen ecos de "españoles residentes" con los indios. Los rumores son siempre referidos por terceros[2].

En el siglo XVI se puede hablar de una regionalización del mito, distribuido geográficamente según sus orígenes y su implantación:

a. El de los Incas en el norte, situados entre los grados 35-45, originado en la importancia del éxodo de los Incas que huyen del avance de los españoles y en la suposición de que se habrían establecido en las pampas australes y en regiones inexploradas de los Andes, llevando los adelantos de la civilización peruana;

b. La leyenda surgida con la gente española radicada por el capitán Argüello en la región andina central (grado 47 1/2). A esta variante, se suman luego las leyendas de las ricas Provincias de la Sal y la de los Indios Coronados. En el siglo siguiente aparecen los llamados "Césares osornenses";

c. La región de los naufragios del buque de la Armada del Obispo de Plasencia en el estrecho de Magallanes. Sólo a partir de ese momento, la leyenda de los Incas que vivían en un exilio pampeano se fue olvidando. El oro, la plata y las piedras preciosas, los animales de carga y los vestidos de lana, pasaron a convertirse en patrimonio de los descendientes de los náufragos;

Fuentes tan diversificadas en el origen del mito, no impiden que un historiador como Ricardo Latcham afirme categóricamente que: "Después de un examen imparcial de toda la cuestión, dichas entidades tuvieron una existencia verdadera, originalmente" (193-254)[3].

II. *Legitimación histórica de la crónica*

Analizados desde nuestra perspectiva, es evidente que desde mediados del siglo XVI, ya se está ofreciendo desde páginas de crónicas y relaciones una excelente materia narrativa, acumulando sugerentes versiones pletóricas de la ambigüedad necesaria para hacer buena literatura. Sin embargo, los hechos necesitaban todavía de su ingreso a los libros de historia, obligado pasaje para su reconocimiento y legitimación. Esta es, justamente, la

clave esencial del desarrollo ulterior del mito y su progresiva
transformación en utopía y en ficción novelesca: la forma en que
se condensan y cristalizan los elementos dispersos de crónicas,
relaciones y leyendas, hasta configurar la ciudad ideal, prototipo
de tantas esperanzas desde la más remota antigüedad. Aunque
reproduciendo un modelo arquetípico del imaginario europeo, los
americanos reconocerían esta ciudad como propia.

Sin embargo, para figurar en los libros de historia, las
diferentes versiones de la Ciudad se comparan entre sí. La
historia oficial la recoge en las obras del Padre Alonso Barzana
(1585)[4], de Fray Diego de Ocaña[5] y de Alonso de Ovalle
(1646)[6]. Es importante destacar que hasta ese momento la
historia recoge versiones plausibles en escenarios reales: la de
náufragos sobrevivientes en las desérticas planicies patagónicas y
los impresionantes canales fueguinos. La imaginación no tenía
necesidad de derogar las reglas de verosimilitud histórica. Aunque
no verificada, la leyenda podía ser posible. Con un fondo verídico,
podía ser hasta probable. En todo caso, era lógica. Sólo cuando
las fuentes históricas se fueron diluyendo en el mito, surgiría la
fantasía pura, lento proceso que se alimentó, justamente, gracias al
fracaso de las sucesivas expediciones organizadas para conquistar
la Ciudad, para convertir o rescatar a sus habitantes[7].

III. *De la historia al arquetipo*

La transformación de la ciudad de los Césares, tal como
aparecía descrita en las primeras crónicas y relaciones, en la
Ciudad Encantada de proporciones desmesuradas que sería tema
de utopías de fines del siglo XVIII, fue, sin embargo, progresiva.
Ante la evidencia de la imposibilidad de localizarla en el espacio
geográfico que se iba explorando, la Ciudad se fue convirtiendo en
un modelo ideal de sociedad (utopía). Para ello debió incorporar
gradualmente otros mitos transculturizados en América, tales como
la Edad de Oro, las Siete Ciudades, Jauja, el Reino del Padre
Juan, la Fuente de Juvencia y el mito del Buen Salvaje, referentes
que forman el sustrato de la utopía y que transforman la leyenda
histórica en desiderata arquetípica, cuando no en paradigma del
deber ser americano.

El proceso resulta evidente en el *Derrotero de un viaje desde Buenos Aires a los Césares, por el Tandil y el Volcán, rumbo al Sudoeste, comunicado a la Corte de Madrid en 1707, por Silvestre Antonio de Roxas que vivió muchos años entre los indios Pequenches*, escrito por Silvestre Antonio Díaz de Rojas en 1707 y enviado a la corte de Madrid en 1714. Los indios viven en un mundo aislado que "sale de la Cordillera de un valle grande, espacioso y muy alegre" (539). Gracias a su aislamiento la ciudad aparece como un paraíso incontaminado.

El paraíso de la Edad de Oro aparece también caracterizado por la abundancia[8]. Los signos exteriores de una perdida Edad de Oro se repiten sin variantes en relación a la formulación clásica greco-latina: la gente muere de pura vejez, "no hay enfermedades". Del mismo modo, según el testimonio del Padre Feijóo, recogido por el Padre Alonso del Valle en su *Historia de Chile*, en la Ciudad de los Césares también "se araba con rejas de oro". En ese momento, ya no hay reparo en afirmar que los indios césares: "No tienen otro metal que el de la plata, de que gozan en abundancia, y de él fabrican rejas de arado, cuchillos, ollas, etc . . ."(50).

Lo fantástico deja de ser verosímil y, por lo tanto, a diferencia de lo que había sucedido hasta el momento—donde nadie había cuestionado la posible existencia real de la Ciudad, todo el problema estando limitado a su localización, descubrimiento y conquista material y espiritual—se introducen elementos de dudas y de contradicción. "Y que no se hayan hallado en tanto tiempo los Césares, no es prueba de que no los hay", nos dice el Padre Lozano, para añadir ambiguamente a renglón seguido que: "Con todo eso yo no lo creo"; es decir, que la Ciudad podría existir pero personalmente no lo cree posible. Así el padre jesuita Guevara escribe: "Trapalanda es provincia al parecer imaginaria". En este momento las dudas sobre la verdadera naturaleza de la leyenda ya se expresan abiertamente. Así, el Padre Miguel de Olivares en su *Historia militar, civil y sagrada de Chile*, llega a afirmar que: "Esta provincia o ciudad de Césares en el modo que nos la pintan, es otra República de Platón que nunca ha tenido consistencia, sino en la imaginación, y que debe relegarse al país de las fábulas" (en Calderón 13).

Un paso de la creencia histórico-mítica colectiva hacia la ficción creativa individual, ha sido franqueado. Pero curiosamente, en lugar de irse esfumando en el tiempo, como todos los mitos que dejan de ser creencias, los rasgos fantásticos de la Ciudad se acentúan a través de la ficción. Las descripciones se hacen cada vez más precisas, abundando los detalles sobre su situación geográfica, la enumeración de riquezas que aumentan con el tiempo. En los textos es posible reconocer un paisaje y una arquitectura, tal como se la representaba en otros mitos, en las utopías urbanas de la Baja Edad Media, especialmente en el *quatroccento* italiano y en las filosóficas del Renacimiento. La naturaleza es idílica y arcádica, las Ciudades se yerguen en el centro de islas de difícil acceso y el trazado de sus calles es limpio y geométrico. Todo ello en un marco de abundante riqueza, donde no falta nada, pormenorizadamente descrito, como si, en efecto, se "hubiera tocado con las manos". Los detalles descriptivos y geográficos no son óbice para que la fantasía se exprese cada vez más libremente. La creencia colectiva (el mito) de raíz histórica se transforma y reconoce que la tipificación en función del mito y de la utopía, está basada en una ficción. En esta formulación imaginaria aparecen algunas constantes de mitos que forman el *sustractum* común a las utopías clásicas del género, especialmente las relativas a la organización interna (económica, social, política), el tiempo detenido, la autarquía celosamente mantenida gracias al aislamiento. Las ciudades australes son un modelo americano que se contrapone abierta y políticamente al europeo.

El documento fundamental de la época es la *Relación de las noticias adquiridas sobre una ciudad grande de españoles, que hay entre los indios al Sud de Valdivia, e incógnita hasta el presente por el Capitán Don Ignacio Pinuer* (1774), donde no sólo se incorporan los elementos estructurantes de otros mitos y de la utopía, sino que la prosa asume abiertamente la forma narrativa. El texto resulta tan atractivo que Roberto J. Payró lo retomó en pleno siglo XX para escribir *Por qué no fue descubierta la Ciudad de los Césares* (1935) con el subtítulo de *Relación fielmente trasladada del texto auténtico del capitán D. Ignacio Pinuer*. A fines del siglo XVIII, son tantas las

fantasiosas variantes sobre la Ciudad que Manuel Joseph de
Orejuela elabora un *Informe y dictamen* (1782) con una síntesis
de las versiones circulantes. El proceso de incorporación de
componentes puramente imaginarios no termina con las crónicas y
relaciones, sino que siguió alimentando tradiciones que superviven
en los cuentos folclóricos contemporáneos[9].

IV. *El modelo utópico*

Hasta el momento en que la utopía irrumpe en el discurso
de la Ciudad de los Césares, se puede rastrear sin dificultad la
vertiente imaginativa de la historiografía, tal como aparece en las
relaciones y documentos sobre expediciones en busca de la Ciudad
o en las descripciones sobre la vida apacible de sus pobladores.
Sin embargo, en el transcurso del siglo XVIII los géneros parecen
desgajarse y la prosa de ficción sobre la Ciudad emerge en forma
autónoma. A partir de ese momento, el mito de la Ciudad de los
Césares se va transformando en "argumento apropiado para una
trama de palpitante emoción, más que tema de laboriosa historia"
(Vicuña Cifuentes). El imaginario colectivo se diversifica en las
expresiones del imaginario individual y por lo tanto se puede liberar
subversivamente. El mito evoluciona hacia la ficción, perdiendo
en buena parte la dosis de creencia que lo sustentaba y ganando en
la libertad expresiva necesaria para las numerosas variantes de la
creación individual.

En este sentido, un estudioso como Stelio Cro[10] vincula
la representación de la Ciudad de los Césares, tal como se va
estructurando a lo largo del siglo XVII y XVIII, con la imagen
de la ciudad ideal del Renacimiento y las construcciones utópicas
que acompañan la Reforma Protestante. La idealización de la
naturaleza, tal como aparecía en el mito arcádico, paradisíaco o de
la Edad de Oro recuperada en América, necesita del complemento
de un estado perfecto que sea el resultado de un esfuerzo racional
y planificado del ser humano. A su vez, el paraíso empieza a ser
el proyecto del hombre y no simplemente el reflejo de un reino
divino.

La creación individual se expresa en una doble vertiente que
se da en dos etapas sucesivas: el género utópico, por un lado, y la

ficción novelesca por el otro. Las utopías sobre la Ciudad recogen, en este sentido, parte de la herencia del mito y si no están basadas en la creencia sobre su existencia real, pretenden ofrecer, por lo menos, un modelo alternativo de sociedad imaginado a partir de los elementos componentes del mito y de su pretendida inserción histórica.

Entre las expresiones del género utópico hay que destacar *Un relato de la Colonización, de las Leyes, Formas de Gobierno y Costumbres de los Césares, un pueblo de Sudamérica, contenido en nueve Cartas, enviadas por Mr. Vander Neck, uno de los senadores de dicha Nación, a un amigo de Holanda, con nota del editor* (1746)[11] de James Burgh que analizamos a continuación, pero deben también mencionarse las *Aventures Philosophiques* de Jean Gaspard Dubois Fontanelle, la *Historia austral* (1731) de Luis Adriano Duperon de Castera, la famosa *La decouverte austral* (1781) de Restif de la Bretonne y las utopías australes de Pierre François Guyot (*La isla de los doctores*), de John Holmesby (1757), Charles Nodier (*Hurlubleu*, 1822).

Como buena parte de las utopías del período, *Un relato* de James Burgh está dirigido a presentar a sus compatriotas ingleses un proyecto alternativo de sociedad. A través de las nueve cartas enviadas desde la Ciudad de los Césares por uno de sus fundadores, Vander Neck, a su amigo Vander Zee en Amsterdam, Burgh no hace sino presentar a través del género utópico los modelos de costumbres, leyes, formas de gobierno, sistemas de propiedad de la tierra que deberían imperar en Inglaterra.

El género epistolar ensayístico y político en boga gracias a las *Cartas persas* (1721) de Montesquieu y las *Cartas marruecas* (1793) de Cadalso es completado con una serie de "notas críticas" eruditas al pie de página con las que el presunto "editor de la obra" acompaña el texto. Aunque se trata de una ficción, Burgh se esfuerza por dar bases históricas a su utopía constitucional, remitiéndose a quien desee "formarse un juicio propio" sobre la Ciudad de los Césares, a obras históricas como la *Historia de Chile* del padre Ovalle, las *Observaciones sobre Sudamérica* de Feuillet, el *Diccionario Geográfico* de Martiniere y los *Comentarios Reales* de Garcilaso de la Vega.

Sin embargo, Burgh fundamenta su utopía en una segunda versión mucho menos conocida: "Otros autores los tienen por holandeses, quienes habiendo perdido sus naves en el estrecho o más bien en el litoral de la Patagonia, alcanzaron esas regiones estableciéndose allí" (16). Es interesante anotar que esta versión de una colonia holandesa utópica en Chile tiene un referente histórico real y documentado. En efecto, la compañía de las Indias Occidentales de Holanda organizó en 1642 un viaje a la América meridional, "a intento de procurar establecer relaciones de amistad con los chilenos, lo mejor que podía hacerse para molestar a los españoles en aquellas partes" (122) según la relación de Henry Brower de 1642.

El interés de Burgh por localizar su utopía en las latitudes australes chileno-argentinas puede también relacionarse con las ambiciones imperiales de Inglaterra por las costas surorientales del Pacífico. El naufragio de la fragata Wager en las costas magallánicas chilenas y las vicisitudes de los supervivientes durante cinco años fueron narradas por el guardiamarina John Byron (abuelo del famoso poeta) en un texto que conmovió la opinión inglesa y que se publicó con el título de *Relato del Honorable John Byron que contiene una exposición de las grandes penurias sufridas por él y sus compañeros en la costa de la Patagonia, desde el año 1740 hasta su arribo a Inglaterra en 1746*, año justamente de la edición de *Un relato* de Burgh.

Pese al esfuerzo por dar a sus páginas una verosimilitud histórica, al modo de muchas obras del mismo género, es evidente que la finalidad esencial de *Un relato* es la utópico-didáctica. Los elementos históricos, metamorfoseados en el proyecto utópico, son utilizados con una vocación de ejemplo y modelo que se ofrece a las autoridades británicas. Para hacerlo menos directamente referido a la política interna inglesa de su época, tal como lo habían hecho Moro o Bacon en sus utopías, Burgh utiliza el ejemplo de una "colonia holandesa" en América del Sur, es decir, un ejemplo "no inglés", aunque en su introducción insinúa lo contrario: "tal vez alguno de mis lectores considere el relato de 'Los Césares' como equivalente a la *Utopía* de Tomás Moro, es decir como la forma en que un hombre honesto desearía que fuese una Nación" (15).

En efecto, lo que interesa es el modelo que ofrecen las
instituciones descritas en las páginas de su utopía, "basadas en
la sabiduría y en la justicia y dirigidas a promover la felicidad". A
través de las nueve cartas que Vander Neck escribe a su amigo
de Holanda entre 1618 y 1620, explica cómo se organiza la
ciudad, su forma de gobierno (3ª carta), bajo la jefatura de un
gobernador de cargo hereditario y poderes limitados (4ª carta),
por un Senado elegido (5ª carta), por ciudadanos cuyos derechos,
estado civil, religión protestante (6ª carta), conducta, costumbres,
y alimentación se describen también en detalle (7ª carta), porque:
"Los Césares no beben licores destilados, excepto en caso de
enfermedad" y siguen el precepto de Homero: 'Los bebedores de
leche, son los más justos de los Hombres' " (102).

Si las cartas pretenden ser crónicas objetivas de esa remota
ciudad austral, en las diferentes notas con que las completa Burgh
se dice y se repite: "¡Qué feliz sería la humanidad si la legislación
de Los Césares fuera universalmente adoptada!" (66), con lo que
insiste claramente en la propaganda del modelo que propone.

V. *Incorporación a la ficción novelesca*

Cuando casi doscientos años más tarde novelistas argentinos
y chilenos retoman el tema de la Ciudad de los Césares, toda la
vocación ejemplificadora ha desaparecido. Las obras se suceden
en el lapso de apenas un lustro: *Los tesoros del Rey Blanco* y
Por qué no fue descubierta la maravillosa ciudad de los Césares
de Roberto J. Payró (1935), *La ciudad de los Césares* (1936) de
Manuel Rojas y *Pacha Pulai* (1938) de Hugo Silva. Tres décadas
después, el tema reaparece en forma directa o incidental en *Oro del
Inca* (1965) de Luis Toro Ramallo y en *Camino abierto* (1986)
de Guillermo Rojas.

La Ciudad de los Césares ya no es objeto de creencia y
su evocación no pretende ser movilizadora. Constituye apenas
el argumento de novelas de aventuras que han desterrado toda
verosimilitud de sus páginas y cuyas pretensiones de reconstrucción
histórica—por ejemplo en las obras de Payró— apenas pueden
transmitir la inmensa fe de la que sus tenaces buscadores a través de

los siglos, del Capitán Francisco César al Capitán Ignacio Pinuer, fueron portadores.

Este proceso de destierro de lo imaginario colectivo no se ha producido sin frustraciones. La desmitificación de la Ciudad Encantada de los Césares no ha podido evitar algunas amargas reflexiones sobre la derrota final de un mito y una utopía al que está unida la historia de varios siglos, más allá de los eventos fácticos en que se ha objetivado. Esta es la tesis de Ezequiel Martínez Estrada en *Radiografía de la Pampa* (1933). La primera parte del libro se titula *Trapalanda*, uno de los nombres con que fue llamada la tierra de los Césares, justamente un nombre que no corresponde a ninguna realidad de la historia real y actual de un país como Argentina.

Martínez Estrada cree que ese engaño de una tierra fabulosamente rica situada en territorio austral, marcó para siempre la historia argentina. La marcó desde su origen, porque en lugar de estructurarse como un país colonizado y paulatinamente poblado con un designio mucho más modesto, la conquista se hizo guiada por una meta inexistente. Por eso afirma, casi como una maldición "Vivimos con aquellas minas de Trapalanda en el alma" (14), para concluir que: "Mucho de lo que se ha entendido por barbarie es simplemente el desencanto de un soñador ordinario" (19).

Notas

* Este texto resume una investigación sobre el tema de 130 páginas que hemos finalizado y que será publicada bajo el título de *Historia, mito, utopía y ficción de la Ciudad de los Césares* por la Editorial Universitaria de Chile en 1990.

1. La leyenda sobre el poblamiento austral por parte de los sobrevivientes de la Armada se forja en buena parte gracias a las expectativas creadas por la expedición, sobre cuya organización abundan los documentos, pero sobre cuyo naufragio apenas hay dos textos elaborados con versiones dispares recogidas en Perú, adonde llegó una de las naves, y en España, adonde se vio obligada

a retornar otra. Los textos son la *Relación del viaje que hicieron las naves del Obispo de Plasencia desde la altura del Río de la Plata para el Estrecho de Magallanes* (1539) y *Relación del suceso de la Armada del Obispo de Plasencia que salió de España, año de 1539. Compuesta de cuatro navíos para la Especiería por el Estrecho de Magallanes, a donde llegaron a mediados del mes de enero de 1540*.
2. Los testimonios que recogen estas crónicas son indirectos. Por ejemplo, la declaración del indio que recoge el general Lorenzo Bernal en 1583, a quien hace deponer frente a treinta soldados de su tropa que ofician como testigos de lo "escuchado", no está referida directamente sino a través de la declaración tomada años después a fray Reginaldo de Lizárraga quien dijo que "estando en Chile la había escuchado de algunos de los soldados que habían acompañado a Lorenzo Bernal".
3. Latcham, si bien cree que estas "colonias" españolas existieron en realidad, supone que desaparecieron a las dos o tres generaciones porque los colonos "sin otros recursos que los que les proporcionaba la naturaleza circundante, tendrían que adaptarse a la vida de los indios, la única posible en aquellas condiciones" (200).
4. El padre Alonso Barzana relaciona la Ciudad de los Césares con la provincia de Lin-Lin y el imperio Inca.
5. Fray Diego de Ocaña habla de la Ciudad y explica que no ha podido ser hallada por encontrarse los españoles en guerra continua con los araucanos.
6. Alonso de Ovalle resume en su *Histórica Relación del Reyno de Chile* (1646) cartas y documentos relacionados con "esas naciones que se piensan son esos Césares, porque son gente muy blanca y rubia".
7. Desde el origen una de las grandes preocupaciones de los gobernadores de las provincias meridionales de Sudamérica, fue poder localizar la Ciudad de los Césares y sus tesoros. El número de expediciones y recursos consagrados a esta empresa es considerable y prueba cuán arraigada estaba la creencia de su existencia. Merecen mencionarse la de don Gaspar de Zárate, la del general Juan Jufré (1563), la de Juan Pérez de Zurita (1565), la de Domingo de Erazo (1576), pero sobre todo la de Gonzalo

de Abreu (1578) desde Tucumán, la de Hernandarias de Saavedra
desde Buenos Aires (1604) y la de Gerónimo Luis de Cabrera
(1622). Son también interesantes las empresas misioneras de los
jesuitas, especialmente del padre italiano Nicolás Mascardi (1670)
que recorrió la Patagonia a partir del lago Nahuel Huapi, para
rescatar a los "españoles cristianos".
8. En la crónica de Antonio de Rojas (1836), se afirma que "el
temperamento es el mejor de todas las Indias; tan sano y fresco,
que la gente muere de pura vejez. No se conocen allí las más
de las enfermedades que hay en otras partes" (539). Rojas habla
también de "alamedas" de diferentes granos, hortalizas, árboles y
frutales que son "un Paraíso" (540).
9. Las tradiciones folclóricas de Osorno y Chiloé hacen referencia
a la Ciudad de los Césares, pero también se la encuentra en la
misma capital de Santiago de Chile. Sobre el tema, ver Cavada y
Vicuña Cifuentes.
10. El libro de Cro tiene un capítulo sobre "Popularidad de la
utopía en las crónicas: la búsqueda de la Ciudad Encantada de los
Césares".
11. Todas las citas de la obra están referidas a la traducción.

Obras citadas

Burgh, James. *An account of the first Settlement, Laws, Form of
Government and Police of the Cesares: A people of South
America, in nine Letters*. London, 1746. Traducción al
español: *Un relato de la Colonización, de las Leyes, Formas
de Gobierno y Costumbres de los Césares, un pueblo de
Sudamérica, contenido en nueve Cartas, enviadas por Mr.
Vander Neck, uno de los senadores de dicha Nación, a un amigo
de Holanda, con nota del editor*. Serie Curiosa Americana No.
2. Santiago de Chile: Facultad de Filosofía y Educación, U
de Chile, 1963.
Calderón, Alfonso. *La ciudad de los Césares, Hugo de Silva y algo
más*. Santiago de Chile: Instituto de Chile, Academia de la
Lengua, 1981

Cavada, Francisco. *Chiloé y los chilotes*. Santiago de Chile, 1914.

Cro, Stelio. *Realidad y utopía en el descubrimiento y conquista de la América Hispana (1492-1682)*. Troy y Madrid: International Book Publishers y Fundación Universitaria Española, 1983.

Díaz Rojas, Silvestre Antonio. *Derrotero de un viaje desde Buenos Aires a los Césares, por el Tandil y el Volcán, rumbo al Sudoeste*. En *Colección de obras y documentos relativos a la historia antigua y moderna de las Provincias del Río de la Plata*. Ed. Pedro de Angelis. Vol. 1. Santiago de Chile: Ed. Andrés Carretero, 1836.

Latcham, Ricardo. "La leyenda de los Césares. Sus orígenes y su evolución". *Revista Chilena de Historia y Geografía* 40 (1929): 193-254.

Martínez Estrada, Ezequiel. *Radiografía de la pampa*. Buenos Aires: Losada, 1983.

Ocaña, Diego de. *Relación del viaje a Chile, año de 1600. Anales de la Universidad de Chile*.

Ovalle, Alonso de. *Histórica Relación del Reyno de Chile*. En *Escritores coloniales de Chile*. Santiago de Chile: Ed. Universitaria, 1974.

Rojas, Manuel. *Chile: cinco navegantes y un astrónomo*. Santiago de Chile: Zig-Zag, 1956. Incluye la "Relación de un viaje a la costa de Chile realizado por orden de la compañía holandesa de las Indias occidentales en los años de 1642 y 1643, al mando del señor Henry Brower, su general". 122-40.

Vicuña Cifuentes, Julio. *Mitos y supersticiones*. Santiago de Chile, 1915.

El discurso mítico de Fray Gaspar de Carvajal

Trinidad Barrera

Universidad de Sevilla

En diciembre de 1541, el capitán Francisco de Orellana, acompañado de medio centenar de hombres y del fraile dominico Gaspar de Carvajal, abandonaría el real de Gonzalo Pizarro para buscar mantenimientos. La fortuna no fue propicia en lo que a alimentos se refiere pero, como contrapartida, Orellana y sus hombres se vieron, con escasos medios físicos, recorriendo el gran río, hoy llamado Amazonas, y realizando la primera navegación completa de su curso, desde los Andes ecuatorianos hasta el mar Atlántico. El 11 de setiembre del siguiente año, 1542, se puso fin a esta odisea marítima con el desembarco, en la isla de Cubagua (Nueva Cádiz), del segundo de los bergantines. Amargos sinsabores acarrearía al trujillano lo que en su época se interpretó como una deserción; sin embargo, la suerte quiso que el dominico que lo acompañaba dejase escrita la "relación" de dicho viaje, donde en todo momento pone especial cuidado en dejar clara la inculpabilidad de Orellana restableciendo la honra y resguardando la fama de su capitán, ese anhelado afán del hombre renacentista: "Yo Fray Gaspar de Carvajal . . . he querido tomar este poco trabajo y suceso de nuestro camino y navegación, así para decirla y notificar la verdad en todo ello, como para quitar ocasiones a muchos que quieran contar esta nuestra peregrinación o al revés de como lo hemos pasado y visto" (98)[1].

De esta *Relación* se conocen dos versiones: una, insertada por
Oviedo en el tomo IV de su *Historia general y natural de las Indias*
(libro L, cap. XXIV), recoge básicamente el relato del fraile más
algunos datos ofrecidos por el propio Orellana en Santo Domingo[2];
y, otra, del propio Carvajal, de la que nos han llegado dos copias
de diferentes épocas. La primera se conserva en la Biblioteca de la
Real Academia de la Historia (fondo de la colección J. B. Muñoz)
con algunas lagunas en los folios; la segunda perteneció al duque
de T'Serclaes de Tilly, y se encuentra en la Biblioteca Nacional
de Madrid[3]. El breve texto de Carvajal es una escueta *relación
de servicios* de las ordenadas por la Corona, de ahí las noticias
referentes al terreno, gentes, mantenimientos, lenguas, nombres de
provincias y poblaciones, sitios que poseían riquezas, así como la
ausencia de prohemio. Sin embargo, no tiene carácter oficial ya que
dichas relaciones se hacen oficiales a partir de 1574, con Oviedo,
Godoy y Velasco, respectivamente.

Es bien conocido que la relación de hechos fue uno de los
vehículos narrativos más utilizados en la época. Su condición
la acerca al informe de testigo ocular (caso de Carvajal) y a la
autobiografía. Como apunta González Echevarría "las relaciones
eran esencialmente documentos legales en los que el firmante daba
cuenta de su persona y de los hechos pertinentes al caso" (160).
A diferencia de las historias, no se ocupan aquéllas de hechos
cumbres sino de incidentes cotidianos, aunque en algunos casos la
perspectiva del tiempo llegará a invertir los valores. En la misma
idea sigue argumentando González Echevarría: "[la relación] no
pretende reflejar una verdad trascendental que extrae de los hechos
que narra, sino que es parte de esos hechos de la realidad misma
que relata, de ahí su valor antropológico e histórico en el sentido
moderno de la palabra . . . [y] su valor literario posible" (162).

El texto de Carvajal sobre la expedición de Orellana que ha
llegado hasta nosotros, no está dividido en capítulos por lo que
hemos intentado estructurar su contenido en tres partes:

1. Una secuencia introductoria que parte del inicio del relato
y se extiende hasta la separación de Pizarro y Orellana. A su vez,
puede ser dividida en dos momentos, según la referencia indirecta
o directa del relator de los hechos. Esta parte preliminar deja al

descubierto dos cosas: el fracaso de la expedición canelera y la
desacertada decisión de Gonzalo Pizarro frente a la prudencia de
Orellana y su concepto de la honra: "le pareció que no cumplía con
su honra dar la vuelta sobre tanta pérdida . . ."(42). El comienzo
de la aventura y de las posteriores controversias se instala en esta
primera parte: "y así, el capitán Orellana tomó consigo cincuenta
y siete hombres con los cuales se metió en el barco ya dicho y
en ciertas canoas que a los indios se había tomado, y comenzó a
seguir su río abajo con propósito de luego dar la vuelta, si comida
se hallase; lo cual salió al contrario de como todos pensábamos"
(42). A partir de este momento la pluma de Carvajal seguirá sólo
los pasos de Orellana y su grupo, entre los que se encontraba él
mismo.

    2. Una secuencia de avance, el "corpus" completo de la
navegación amazónica, el continuo navegar por la corriente del
río, de forma si no involuntaria[4], cuando menos desconcertada,
impulsados por la búsqueda de mantenimientos. El grupo irá
progresivamente agotando jornadas marcadas por el hambre y
el contacto-encuentro con diversos pueblos indios, hecho que se
contempla como forma de paliar las calamidades motivadas por la
falta de alimentos. El descriptivismo de la tierra y de los aborígenes
así como el carácter pacífico o bélico de estos encuentros es la
tónica dominante. El hambre es factor decisivo en el avance.
Al igual que ocurre en otras crónicas, la de Cabeza de Vaca por
ejemplo, se llega a situaciones límites en las que se ven obligados
a comer "cueros, cintas y suelas de zapatos cocidas con algunas
hierbas" (44).

    La prudencia del capitán dicta los encuentros con los indios
de la zona, a algunos de los cuales llegó a hablarles en su idioma.
Entre los diversos pueblos que les salen al encuentro destacan los
que habitan el territorio de los Imarais y los de las provincias de
Machiparo, pacíficos los primeros y belicosos los segundos. Si
en diciembre de 1541 tuvo lugar el desmembramiento del grupo,
"el día de año nuevo del cuarenta y dos", Orellana y sus gentes,
desorientados, corren "gran peligro a cabsa de la gran hambre",
dirá Carvajal, hasta el punto de que la presencia de los indios no
se traduce en temor sino en alivio: comida y descanso. Cuatro

meses más tarde llegarían a las provincias de Machiparo cuyo cacique homónimo "confina con otro señor tan grande llamado Omaga" (u Omagua). Aquí comienzan las primeras ofensivas indígenas ante las cuales Carvajal pone buen cuidado de señalar el comportamiento de Orellana: no arriesgar a sus soldados más de lo preciso con el fin de buscar mantenimientos y subsistir, pues era su propósito descubrir y no conquistar, preocupados como estaban por la salida al mar (64-65). Después vendrían los territorios de Omagua, asociados al Dorado; Paguana, cuyas gentes sobresalían por su pacifismo, y una provincia de nombre desconocido "muy más belicosa y de mucha gente y que nos daba mucha guerra. Desta provincia no supimos como se llama el señor de ella" (71). Se inicia así un continuo peregrinaje de zona en zona, algunos de cuyos habitantes se definían como tributarios de las Amazonas. El "pasemos adelante otro día" va a ser la forma de enlace en este rápido sumario de tierras visitadas, hasta llegar "de golpe en la buena tierra y señorío de las Amazonas" (79), presencia que viene anunciándose desde el comienzo, allá por el señorío de Aparia. Después se sucederían las tierras del cacique Arripuna, de su vecino Tinamostón, de Ichipayo, y así hasta llegar a las islas de la desembocadura del río. El día 29 de agosto se separan los dos bergantines.

3. Una secuencia final o desenlace, marcada por el arribo a Cubagua de los dos barcos en un intervalo de dos días, 9 y 11 de setiembre. Silencio en Carvajal por lo que respecta a esta decena de días, ya que retoma el relato para informar escuetamente del buen recibimiento en Nueva Cádiz y, sobre todo, de la decisión final de Orellana: ir a dar cuentas a su Majestad "deste nuevo y gran descubrimiento y deste río, el cual tenemos que es Marañón" (97-98). El relato termina con la declaración de la autoría.

De acuerdo con la clasificación de Beatriz Pastor podríamos considerar nuestro texto a caballo entre el modelo del "discurso mitificador" de la conquista y el "discurso narrativo del fracaso". Veamos cómo el texto despeja tres elementos del discurso mitificador: botín mítico-fabuloso, acción (dominio, cristianización y expropiación) y conquistador-héroe mítico. Los territorios recorridos por el grupo distan mucho de ser un jardín

de eterna primavera. Como hemos visto, el hambre y la falta de
recursos propios dramatizan el recorrido; algunos de los hombres
llegan a morir de inanición; las corrientes de los ríos dificultan el
navegar. Como en *Naufragios*, se verán obligados a actuar dos
veces como improvisados astilleros, desde hacer carbón o fuelles
de borceguíes a fundir acero para fabricar clavos. Todo esto se
hace no sin gran trabajo para gente inexperta en el oficio y en
bajas condiciones físicas. Pero no todo es calamidad en el trayecto
ya que, como veremos, se dan noticias indirectas del rico territorio
de Omagua o de la presencia de las Amazonas. Es indudable
que la acción heroica está subordinada a la lucha desesperada
por la supervivencia, ya desde la salida del real de Pizarro. La
necesidad cancela "a priori" todas las ambiciones. El dominio
y la cristianización tienen que ser necesariamente postergados a
otros momentos más propicios y la "expropiación" se ve reducida
al mínimo: comida para no morir de hambre y poder seguir el
avance. A diferencia de Narváez que, en la relación de Cabeza de
Vaca, aparece siempre como desorientado y vulnerable, Orellana
observa las proporciones del héroe mítico incorruptible: dirige a
sus hombres, los arenga cuando viene al caso y los conduce hasta
buen puerto sin abandonarlos nunca a su suerte.

El relato está escrito en un lenguaje escueto, prácticamente
carente de artificios retóricos, como correspondía a una "relación de
servicios". Nuestro relator es consciente de ello y aún le preocupa
no ser prolijo o aburrir al lector con digresiones o detalles "y porque
la prodigalidad engendra fastidio, así, superficial y sumariamente,
he relatado" (98). Carvajal muestra, sin embargo, su presencia
como organizador de la narración: "Volviendo a la historia digo
que . . ." (68), y como co-protagonista de ella: "pero lo que de
aquí en adelante dijere será como testigo de vista y hombre a quien
Dios quiso dar parte de un tan nuevo y nunca visto descubrimiento"
(40). En estilo indirecto, usa el punto de vista personal del actor y
del testigo presencial, ligado al asunto del relato y comprometido
con él mismo y con su capitán. Sólo el inicio escapa a su mirada:
"y aunque esto que he dicho hasta aquí no lo vi ni me hallé en ello,
pero informéme de todos los que venían con el dicho capitán" (40).
Su protagonismo es prudente ya que su figura siempre aparece

rezagada frente a los actos y actitudes del jefe, de las que nos da puntual cuenta en una prosa enfebrecida por la admiración y la lealtad a Orellana.

Como sabemos, durante la segunda mitad del siglo XVI se sucedieron expediciones como las de Orellana en pos de objetivos maravillosos y quiméricos, motor seductor de estos nuevos argonautas. El fracaso en que desembocó la materialización real de estos fantasmas no hizo sino acuciar aun más su búsqueda. En la mente de los conquistadores se barajaron posibilidades distintas: leyendas y tradiciones de origen clásico, medieval, oriental o indígena que algunas veces coincidían y otras se contradecían. En ocasiones las informaciones indígenas eran mal interpretadas por los españoles o maliciosamente contadas por los propios nativos. Poco importaban fuentes o informantes para que el objetivo mítico tomase impulso. Precisamente esta relación de Fray Gaspar de Carvajal es uno de los textos más ricos en este sentido ya que da pábulo a tres mitos de la época: el país de la canela, el Dorado y las Amazonas[5]. Al respecto vale recordar que la expansión americana se desarrolló paralelamente en el norte y en el sur: ambos polos gozaron de sus peculiares mitos engarzados a la expansión territorial. "Los mitos fundamentales de la conquista del continente sur se levantaron sobre una hipótesis fundamental: la existencia de una región fabulosa situada sobre la franja equinoccial en el interior del continente" (Pastor 342-43), hipótesis ligada a la prestigiosa teoría de la época acerca de la distribución de los metales preciosos en el globo terrestre.

Precisamente, el objetivo impulsor de este relato es la búsqueda de la tierra de la Canela (39). Es conocido el interés que en portugueses y españoles se despertó por las islas de la Especiería, uno de los comercios más fructíferos de la Edad Media. Al propio Colón se le imputa esa búsqueda que no cejaría hasta que, más tarde, Magallanes encuentra el paso al Oriente. Pedro Mártir de Anglería dedicó en sus *Décadas* toda una parte al tema, convencido de que próximo al Ecuador se encontrarían tierras "ricas en arenas de oro . . . quien duda que también en este género de las aromas, debajo de tamaña mole del cielo puedan encontrarse otras tierras que reciban esta misma virtud concedida a las islas Malucas" (VII, libro VI, capt. 1). Embebidos por ese filtro mágico resulta que "a Quito llevaron algunos indígenas del otro lado de los Andes hojas y flores de canela: su vista encendió ansias de descubrir y conquistar la región donde crecían esos árboles" (Bayle 159). Ya González de Oviedo nos da noticias de los orígenes del tema: "Belalcázar, dende entonces tuvo noticia mucha de la canela, e aún segúnd él me dijo en esta cibdad de Sto. Domingo, cuando tornaba de España proveido por gobernador de Popayán, su opinión era que hacia el río Marañón la había de hallar e que aquella canela se había de llevar a Castilla e a Europa por el dicho río" (Libro XLIX, capt. 1). Pero pronto la realidad se impone a la ficción y la navegación amazónica se convierte en algo más importante que la hipotética canela o el mítico Dorado.

Resulta curioso que la idea del oro y las especias estuviesen unidas a Perú. Si hemos de hacer caso a Cieza de León, el Dorado estaba en el país de la Canela, lo que explica que ambas motivaciones aparezcan aquí juntas e incluso como intercambiables[6]. Quzás el origen de la leyenda doradista en tierras peruanas se encuentre en la huida del capitán de Atahualpa hacia Quito, con sus preciados tesoros. Pero, no nos engañemos, el Dorado se haría ubicuo a lo largo de aquellos años. Es más probable que, como apunta Gandía, el nombre del Dorado provenga de la noticia que le dieron a Benalcázar, allá por 1534, sobre la existencia del indio cubierto de oro, de la aldea y laguna de Guatavita, que acostumbraba a espolvorearse con el rico metal para realizar diversas ceremonias religiosas. Con el tiempo, el Dorado pasó a ser "sinónimo de imperios maravillosos, ciudades fantásticas, riquezas inconcebibles" (111-12). Su fama corrió de Norte a Sur, desde el Norte de la América meridional a Perú y de allí al Río de la Plata. A su paso sufrió varias metamorfosis y llegó a ser ciudad, país, montañas, lagos, pero siempre sinónimo de riquezas. "Perdida la primitiva significación del Dorado, con la cual se designaba al cacique de la laguna de la Guatavita, los historiadores se apropiaron de aquel 'nombre campanudo' para colgárselo a innumerables expediciones y conquistas" (Gandía 132). Ello explicaría también su asociación con el país de la Canela o con el territorio de los Omaguas. Unas crónicas alimentan la fantasía de las otras y en este sentido actúa nuestro texto al asociar a los territorios de Omagua con la existencia de riquezas: "y todo lo que en esta casa había de barro lo había en la tierra adentro de oro y plata" (69). Ya con anterioridad, en el territorio de los Imaras, gracias a Aparia, los expedicionarios obtienen las primeras noticias de gran riqueza de oro, atribuidas a un tal Ica que "nunca le vimos, porque como digo, se nos quedó desviado el río" (48). En ningún momento el texto de Carvajal da pie para pensar en un oculto propósito de Orellana, más bien se diría que las noticias doradistas son de carácter fortuito y movidas por el propósito informador de cara a futuras expediciones.

Canela-Dorado, Dorado-Amazonas, un señuelo enlaza con otro pues sobre el territorio y señorío de las míticas Amazonas hay aquí amplia información y, como no, son señoras que poseen "muy grandísima riqueza de oro y plata". Es éste uno de los pocos mitos que se desplaza desde México al sur del Continente y uno de los más persistentes en el tiempo (sus referencias llegan hasta el siglo XVIII). Comenta Leonard que "las instrucciones que daban los jefes españoles y los contratos que celebraban los conquistadores con quienes financiaban los viajes . . . frecuentemente incluían cláusulas requiriendo la búsqueda de esas mujeres mitológicas" (51)[7]. En relación con los orígenes de la obsesiva presencia amazónica, Leonard los pone en relación con los libros de caballería, tan populares en su tiempo y, más concretamente, con la *Sergas de Esplandián* (1510), quinto libro de las hazañas de Amadís, en este caso de su hijo. Gracias a Montalvo, su autor, aquéllas se localizaron en territorio americano, "a la diestra mano de las Indias", aunque ya Colón en su *Diario del primer viaje* (1493) decía: "De la isla de Martinino dixo aquel indio que era toda poblada de mugeres sin hombres, y que en ella ay mucho tuob, qu'es oro o alambre, y que es más al Leste de Carib"(115). Vemos, pues, cómo la idea de la riqueza viene asociada a estas mujeres y así se transmite de unos cronistas a otros. Colón, Pedro Mártir, Montalvo, Diego Velázquez, Hernán Cortés y un largo etcétera. De América a España y de nuevo a América, de Norte a Sur, su búsqueda siguió siendo una idea fija y celosa. Como bien anotó Leonard: "En las décadas cuarta y quinta, cuando llegaron a su grado más espectacular los esfuerzos por dominar el continente del Sur, la leyenda de las Amazonas no había perdido un ápice de su prístino atractivo" (15).

Creemos que la crónica del viaje de Orellana es una de las más espectaculares en relación con el tema. La sombra de estas mujeres acompaña el recorrido expedicionario y Carvajal, minuciosamente, prepara al lector para su encuentro. Primero fueron las noticias del cacique Aparia que unían amazonas y riquezas; más adelante, también en territorio de Aparia, la información se repitió bajo la forma de aviso de peligro: "que mirásemos lo que hacíamos, que éramos pocos y ellas muchas, que nos matarían" (54). Los Machiparos les aconsejan lo mismo, pero en aquella ocasión llegarían a toparse con indios tributarios de las mujeres; finalmente, el 24 de junio, "dimos de golpe en la buena tierra y señorío de las Amazonas . . . y vinieron hasta diez o doce, que estas vimos nosotros, que andaban peleando delante de todos los indios como capitanas" (81). Lo que hasta ese momento había sido una amenazante sospecha se hace realidad y Carvajal se revela como un consumado artífice que ha sabido dosificar la intriga narrativa. Según la fórmula de estas relaciones, el encuentro exige la descripción y nuestro cronista no escatima detalles al hacerla y aun recurre a una tradición sobre el tema: "son muy blancas y altas, y tienen muy largo el cabello y entrenzado y revuelto a la cabeza y son muy membrudas" (81). Pero, habilidosamente declina parte de su responsabilidad cuando completa la información con los extensos detalles que un prisionero indio suministró. En ese relato las mujeres aparecen con todos los atributos y condiciones de vida que la antigüedad había transmitido, más las variantes propias de la zona. Cuando Carvajal termina de transmitir la conversación se convierte en aval de lo contado: "y todo lo que este indio dijo y más nos habían dicho a nosotros a seis leguas de Quito, porque de estas mujeres había allí gran noticia" (87).

Ficción e historia entran en colisión y se interpenetran. Si la reina Calafia y sus dominios están en el origen de la reina Coñori y en el suyo, no menos cierto es que el mito clásico anda también detrás. Más importante aun es el fondo de verdad que estas descripciones traslucen: el encuentro con tribus de mujeres guerreras[8]. El resultado es el mestizaje mítico que se extiende como una mancha de aceite: "Cuando el Dorado se corrió hacia el Sur, a los Mojos, lo acompañaron sus vecinas las Amazonas" (Bayle 197). En consecuencia, resulta evidente que el mensaje que nos ofrece el acto narrativo de Carvajal no es sólo una operación lingüística, sino la transmisión de un amplio inventario de factores que derivan de códigos provenientes de culturas distintas y alejadas en el tiempo, tales como los libros de caballería medievales, las mitologías incaicas y el caudal clásico; por ahí, como diría Aínsa, la objetivación en territorio americano del "espacio feliz" deseado empieza a tomar cuerpo[9].

Notas

1. El texto al que nos referimos lleva por título: *Relación que escribió fray Gaspar de Carvajal, fraile de la orden de Santo Domingo de Guzmán, del nuevo descubrimiento del famoso río Grande que descubrió por muy gran ventura el capitán Francisco de Orellana desde su nacimiento hasta salir al mar, con cincuenta y siete hombres que trajo consigo y se echó a su ventura por el dicho río, y por el nombre del capitán que le descubrió se llamó el río de Orellana.* Citamos por la edición contenida en *La aventura del Amazonas*.

2. También se ocuparon de relatar la hazaña de Orellana, Pedro Cieza de León en su crónica del Perú ("Guerra de Chupas", LII, capt. IV), Toribio de Ortiguera en *Jornada del río Marañón* (1581-86), López de Gomara en *Historia general de las Indias*, Agustín de Zárate, el Inca Garcilaso de la Vega y Antonio de Herrera, entre otros.

3. La obra de Carvajal no vio la luz hasta 1894, en Madrid, gracias a José Toribio Medina. Recoge el manuscrito de T'Serclaes, con una introducción histórica e importantes documentos relativos a Gonzalo Pizarro, Orellana ante el Consejo de Indias, las cartas de éste y de fray Pablo de Torres al Emperador y las capitulaciones de Orellana para su segundo viaje.

4. Acerca de las razones de Orellana, ver L. Gil Munilla.

5. Se puede hablar también de la existencia de uno de los motivos típicos de los libros de ficción, retomados por los cronistas. Nos referimos a las historias de náufragos abandonados, en este caso la expedición de Diego de Ordaz. En el Amazonas y el Orinoco subsistió largo tiempo la creencia de que por aquellas regiones había españoles perdidos desde hacía muchos años.

6. Sin embargo, en la carta que Pizarro escribió al rey, en setiembre de 1542, al regreso de la expedición, se habla, como objetivos, de la provincia de "la Canela y laguna del Dorado, tierra muy poblada y muy rica".

7. Sobre el origen del mito de las Amazonas, ver Carlos Alonso del Real.

8. Algunos historiadores como Gandía, opinan que estas supuestas amazonas eran reflejos de las vírgenes del sol. Por su parte, Cúneo Vidal las cree inspiradas en la *capullanas* o cacicas de la costa Norte del Perú durante el imperio incaico (En Gandía 105).

9. Tres siglos más tarde, en 1964, un ecuatoriano, Demetrio Aguilera Malta, natural de la ciudad fundada por Orellana, Santiago de Guayaquil, escribió, dentro de sus "Episodios americanos", una novela que recrea la hazaña de Orellana, *El Quijote de El Dorado: Orellana y el río de las Amazonas* (1964), aunando ya en el propio título la grandeza de ánimo del capitán y el mito del oro. Aguilera centra buena parte de su atención en los mitos que obsesionaron a Orellana; retoma el relato de Carvajal, como un pasado inmediato del hombre que se disponía a iniciar la vuelta de aquellos territorios para intentar culminar la empresa esbozada en el simple descubrimiento y navegación del río Amazonas.

Obras citadas

Aguilera Malta, Demetrio. *El Quijote de El Dorado: Orellana y el río de las Amazonas*. Madrid: Guadarrama, 1964.

Alonso del Real, Carlos. *Realidad y leyenda de las Amazonas*. Madrid: Espasa-Calpe, 1967.

Bayle, Constantino. *El Dorado fantasma*. Madrid: Consejo de la Hispanidad, 1943.

Carvajal, fray Gaspar de. *Relación que escribió fray Gaspar de Carvajal, fraile de la orden de Santo Domingo de Guzmán, del nuevo descubrimiento del famoso río Grande que descubrió por muy gran ventura el capitán Francisco de Orellana . . . .* En *La aventura del Amazonas*. Ed. Rafael Díaz. Madrid: Historia 16, 1985. 37-98.

Colón, Cristóbal. *Textos y documentos completos*. Ed. Consuelo Varela. Madrid: Alianza, 1984.

Fernández de Oviedo y Valdés, Gonzalo. *Historia general y natural de las Indias*. Ed. Juan Pérez de Tudela. Madrid: Biblioteca de Autores Españoles, 1959. 5 Vols.

Gandía, Enrique de. *Historia crítica de los mitos y leyendas de la conquista americana*. Buenos Aires: CDL, 1946.

Gil Munilla, L. *Descubrimiento del Marañón*. Sevilla: EEHA, 1954.

González Echevarría, Roberto. "Humanismo, retórica y las crónicas de la Conquista". *Historia y ficción en la narrativa hispanoamericana*. Ed. Roberto González Echevarría. Caracas: Monte Ávila, 1985. 149-66.

Leonard, Irving A. *Los libros del conquistador*. Trads. Mario Monteforte Toledo y Julián Calvo. 2ª ed. México: Fondo de Cultura Económica, 1979.

Mártir de Anglería, Pedro. *Décadas del Nuevo Mundo*. Trad. Agustín Millares Carlo. México: Porrúa, 1964. 2 Vols.

Pastor, Beatriz. *Discurso narrativo de la conquista de América*. La Habana: Casa de las Américas, 1983.

"Que hay una peste . . . en Quito": el sarampión como materia científica y poética en la obra de Bermejo y Roldán y de Caviedes

Daniel R. Reedy

University of Kentucky

Por el año de 1693 una epidemia de sarampión comenzó a correr por la población de la comarca y ciudad de Quito, diezmando principalmente la población indígena. Don Mateo de Mata Ponce de León, Presidente de la Audiencia en la ocasión, dio aviso al virrey en Lima, el conde de la Monclova, sobre los efectos perniciosos de la enfermedad, remitiéndole el juicio del médico de Quito, Dr. Diego de Herrera. Al enterarse el virrey de los estragos de la epidemia, mandó que el Protomédico del Virreinato, el Dr. Francisco Bermejo y Roldán, estudiara sus síntomas y que aconsejara los métodos sobre su prevención y tratamiento. Producto de la docta erudición médica del galeno peruano fue su *Discurso de la enfermedad Sarampión*, publicado en Lima en 1694.

El vínculo entre las circunstancias de este momento histórico y la ficción, en este caso, es la obra del vate peruano, Juan del Valle y Caviedes, cuya fama de crítico de la profesión médica en el Virreinato del Perú está ampliamente manifestada en los poemas de su *Diente del Parnaso*. Lo que sorprende es que Caviedes escribiera un soneto para el tratado científico de Bermejo y Roldán, elogiando la gran erudición del Protomédico—actitud algo contraria a la acostumbrada del satírico criollo quien en otros textos adopta una actitud de acerbo crítico no sólo hacia Bermejo y Roldán, sino hacia otros médicos limeños de las últimas décadas del siglo XVII[1].

Es generalmente sabido que las epidemias europeas, traídas primero por los conquistadores y luego por los colonizadores, flagelaron las poblaciones indígenas del Nuevo Mundo, produciendo aun más muertos que las armas de los vencedores. Se ha comentado que la población aborigen originaria sufrió un descenso de más del 75% para el año 1600 (Lucena Samoral 15). Fray Jerónimo de Mendieta, en su *Historia eclesiástica indiana*, comenta cuántos indios murieron de las enfermedades contagiosas europeas como viruela y sarampión, notando que "Págóse en esto (si se puede decir paga) nuestra Europa de este nuevo mundo, que de acá le llevaron las bubas (enfermedad natural de los indios y allá nunca antes conocida), y en pago de ella envió acá la Europa su sarampión y viruelas, allá muy usadas y acá de los indios nunca antes sabidas" (98). Durante el siglo XVII en el virreinato del Perú hubo pestes de tabardillo (fiebre tifoidea), alfombrilla (peste bubónica), viruela, y de sarampión, siendo las más notables epidemias de sarampión las de 1618 y 1693 (Lastres 179). El sarampión de 1693 comenzó primero a azotar la población de la comarca y Ciudad de Quito, pasando luego a Lima, Huamanga, Arequipa y Charcas, hasta Potosí, causando gran mortandad (Lastres 180).

En la obra de Caviedes se encuentran dos poemas dirigidos al Dr. Diego de Herrera a quien Caviedes conocía antes de viajar el médico a Quito en compañía del nuevo Presidente de la Audiencia en 1689. Fue el mismo Dr. Herrera quien pidió al Dr. Bermejo y Roldán información sobre la curación de la enfermedad y la protección de los indios. Es obvio que uno de estos romances de Caviedes fue escrito alrededor de 1689, porque se titula "Al Doctor Herrera, estando para ir a Quito", (138-40) y se dirige al médico, llamándolo "soldado viejo de la / guerra de los aforismos" (vs. 13-14) y acusa al Presidente de la Mata de haber hecho mal en llevar consigo un médico tuerto, sobre lo cual dice:

> Y es muy mal matalotaje
> para tan largo camino
> llevar un médico tuerto,

que es más agüero que un bizco,

    infestando las posadas
de contagio y romadizo,
matando más con un ojo
que con dos el basilisco.

    Y cuando aquella ciudad
con alegría y cariño
le espera, le paga mal
con llevarle un tabardillo. (vs. 21-32)

Como solía hacerlo en sus sátiras contra otros médicos limeños,
Caviedes apunta con precisión el defecto corporal más obvio en la
persona de Herrera, es decir, que era tuerto. A pesar de la jocosa
invectiva de Caviedes, sabemos que el Dr. Herrera debió de haber
gozado de cierto renombre y estima en el ambiente virreinal, porque
en 1694 fue nombrado Protomédico de Quito (Esteve Barba 786).

    No sabemos con exactitud cómo Caviedes se enteró de la peste
del sarampión en Quito, aunque pudo haber sido a través del Dr.
Bermejo y Roldán a quien el Dr. Herrera se dirigió, pidiéndole
consejos sobre la enfermedad.   Sabemos, sí, que Bermejo, al
responder al mandato del Virrey a que escribiera un tratado sobre el
sarampión, menciona " . . . un papel escrito por el Dr. Don Diego
de Herrera, Médico de la ciudad de Quito; en que haze relación
de la Epidemia, que se ha experimentado en dicha ciudad . . ."
(Discurso v.). El otro poema de Caviedes se titula "Carta . . .
al Doctor Herrera, el tuerto, a quien llevó de esta ciudad a la de
Quito el Presidente y le hizo Protomédico y Catedrático de Prima
del Rastro de la Medicina" (75-78).   En este romance celebra
el nuevo oficio de Herrera, diciéndole "que estáis ejerciendo de /
Protomédico de Quito" (vs. 3-4); y a continuación hace mención
de la "peste de Quito":

    Una carta vuestra vi,
que además de que el estilo
tonto por vuestra lo afirma,
Juan Calderón me lo dijo.

> Que hay una peste escribís
> en Quito y habéis mentido,
> porque habías de escribir
> aquí hay dos pestes conmigo.

> La una perdiga enfermos
> y da a las muertes principio;
> entra la vuestra, los pule,
> los labra y da finiquito. (vs. 29-40)

El saldo del poema contiene chistosas noticias sobre otros médicos amigos de Herrera en Lima y hay una cáustica alusión al Dr. Bermejo Roldán:

> Las médicas novedades
> de Lima quiero deciros,
> y la mayor es que mueren
> pocos de mal de aforismo.

> Agonizan los enfermos
> que aquí matan los amigos;
> murió el padre de Bermejo
> de un terrible mal de hijo. (vs. 45-48 y 53-56)

Y también alude Caviedes a la llegada de la peste a Lima:

> Por razón de que tenéis
> la muerte ocupada en Quito
> aun en el chasqui de esta
> ciudad llegó en parasismos. (vs. 49-52).

Es posible que esta última alusión sea al arribo de dos navíos al puerto del Callao el 26 de septiembre de 1693, procedentes de Guayaquil, que traían a bordo a varios pasajeros que habían enfermado de sarampión. El Virrey Conde de Monclova, temeroso de que se extendiese el contagio a la ciudad de Lima, consultó al Dr. Bermejo sobre el peligro de dejar desembarcar a los ochenta enfermos; pero el médico le contestó que tal prohibición no tendría ningún efecto porque la enfermedad ya se había presentado en la capital y, como dice el médico, en su propia casa (i-ii). Fue entonces cuando el Virrey ordenó al Dr. Bermejo, en su cargo de Médico de Cámara y Protomédico del Virreinato, que hiciese juicio de dicha enfermedad y diese reglas para su mejor curación. Según el mismo médico, puso término a la obra en cinco días y la remitió a Quito por chasqui. No fue hasta unos meses después, a principios de 1694, que el *Discurso de la enfermedad Sarampión experimentada en la Ciudad de los Reyes del Perú* saliera impreso en Lima, junto con otro breve ensayo titulado "Nuevo discurso sobre la Enfermedad del Sarampión".

Ya hemos indicado que entre los varios poemas laudatorios que preceden el trabajo de Bermejo se encuentra un soneto de Caviedes dirigido "A El Erudito, y Admirable Papel digno trabajo del raro ingenio, desvelo, estudio, y experiencias del Doctor Francisco Bermejo Catedrático de Prima de Medicina en la Real Universidad de S. Marcos de Lima y Prothomédico General de estos Reynos . . ." (*Discurso* xxx.). Es notable, también, que este soneto es uno de los tres poemas de Caviedes que se publicaron mientras vivía. Su alabanza de Bermejo reza así:

> Créditos de Avicena, (gran Bermejo)
> Récipes de tu ciencia te están dando
> En tus raros discursos, si indagando
> Accidente los sana tu consejo.
>
> Naciste sabio, niño fuiste viejo
> Médico, que advertido especulando
> En la phísica curia adelantado
> De los modernos quitas lo perplejo:
>
> Excelsas ciencias, otra sin segunda
> Vocea en el tratado peregrino,
> En lo agudo, en lo docto, si fecunda.
>
> Rinde la pestilencia en lo maligno:
> Así es en fin tu doctitud profunda
> San Roque de los Médicos benigno.

Es fascinante contrastar la actitud tan benévola de Caviedes en este texto con su punto de vista en otro poema que escribió hacia 1690, en la ocasión del nombramiento de Bermejo como Rector de la

Real Universidad de San Marcos, que contiene no elogios, sino
dardos verbales:

> Aquí yace un idiota señoría
> de un médico rector disparatado,
> que antes de un mes lo hubiera ya acabado
> si la cura su necia fantasía.
> Por uso duró un año a su manía
> este título grave y estirado,
> que a no durar, por uso, sepultado
> le tuviera su ciencia al primer día. (260, vs. 1-8)

El *Discurso de la enfermedad Sarampión* es un valioso
aporte a los estudios científicos virreinales no sólo por los juicios
que Bermejo da sobre las causas, curación y prevención de la
enfermedad, sino por sus observaciones clínicas de seis autopsias
que se efectuaron sobre cadáveres de personas que sucumbieron
a sus efectos.   Los primeros capítulos del tratado representan,
más que todo, una muestra obligatoria de la erudición galénica de
Bermejo. En ellos, introduce su tema con documentadas opiniones
de Hipócrates, comentarios de Galeno y juicios de otros muchos
médicos griegos y árabes sobre la naturaleza de las enfermedades.
Tampoco ignora el tratado del anterior Protomédico del Virreinato,
el Dr.   Melchor Amusgo, sobre la epidemia de sarampión de
1618. Apoyándose en Hipócrates y Galeno, Bermejo asevera que
el sarampión es una enfermedad común y universal, perteneciente
al grupo que los griegos llamaban Epidemia.   Afirma que las
causas externas de la enfermedad provienen del aire y las "malignas
infecciones influídas del cielo al ayre por particulares aspectos, y
configuraciones de Planetas, y varias mezclas, y juntas de estrellas;
y de estas causas se hazen algunas de las enfermadades populares,
y epidemias maliciosas, y todas las pestilenciales: porque entrando
al corazón la maligna qualidad con el ayre, que se inspira, y atrae
con el movimiento de los pulmones, inficiona, y daña . . ." (7).
Aunque Bermejo no cita aquí a ningún precursor suyo, su juicio
sobre las influencias astrológicas de la enfermedad hacen recordar
el libro que otro limeño, Juan de Figueroa, publicó el año 1660 bajo
el título de *Opúsculo de Astrología en Medicina y los términos y*

partes para el uso de ella (Esteve Barba 792; Lastres 225-28).
Según Bermejo, la causa interna del sarampión es la sangre y los
demás humores que, mezclados con la maligna calidad del aire,
encienden la sangre, produciendo calenturas y venenoso contagio
(8).
En los capítulos restantes, Bermejo versa sobre las señales
de la enfermedad: dolor de lomos y en los riñones, calentura,
picadas por todo el cuerpo, dolor en los ojos, movimientos violentos
del cuerpo, vómitos, y al tercer día manchas y pintas por la
circunferencia del cuerpo. Para la curación recomienda sahumar
el cuarto o pieza del enfermo con romero para combatir el aire
infecto y dar al enfermo agua cocida con cebada y unas pocas
lentejas. Para la corrupción de la sangre, el médico ha de hacer
una sangría en el tobillo o hacer la purga, y, si es necesario, la
sangría y purga juntas.
Tampoco falta en su estudio un capítulo sobre los medios de
prevención de la enfermedad. Aconseja que cuando le sea posible a
uno, huya de la ciudad o se aparte del pueblo donde está presente la
epidemia; y no tener comercio con gente de dicho lugar ni permitir
que entre ninguna ropa infecta. Además, recomienda a los que
asisten a los contagiados no dormir en las piezas en las que ellos
estén.
En el "Nuevo discurso"[2], la lista de curaciones médicas es
mucho más detallada que en el tratado anterior. En el capítulo X,
por ejemplo, Bermejo se vuelve tanto sociólogo como médico al
ofrecer sus consejos sobre cómo han de gobernarse los indios en
esta enfermedad. Observa que, siendo los indios unos miserables
que viven en pueblos y lugares apartados donde faltan los auxilios
de médico y medicina, la ejecución de la curación y los remedios
han de ser a base de los alimentos naturales del indio como maíz,
papas cocidas y asadas; y receta:

—comer algunas masamorras con azúcar, o chuños sin ají
—no beber aguardiente ni vino
—no comer hierbas como yuyos ni lechugas cocidas
—no comer membrillos que son venenosos para el indio
—dormir en parte abrigada, huyendo de la frialdad de la
tierra

—y sólo tomar agua natural. (45-46)

Es notable, además, en sus advertencias para el tratamiento de la enfermedad, respecto a los indios, su recomendación de que las sangrías sean moderadas, de unas tres o cuatro onzas de sangre por "ser los Indios de naturaleza, y compleción dévil" (46).

Lo más importante y perdurable del *Discurso* de Bermejo, en lo que se refiere a la historia de las ciencias médicas, es el quinto capítulo del "Nuevo Discurso" donde describe en detalle sus observaciones clínicas sobre autopsias, hechas por mandato del Virrey, de seis cadáveres: dos en el Real Hospital de San Andrés, dos en el Hospital Real de los Indios, una en casa de un tal Antonio Correa en un hijo suyo, y otra en el Noviciado de la Compañía de Jesús. Ya no es Bermejo un mero historiador de conocimientos médicos, fiel a Hipócrates y Galeno y al método aristotélico, sino un hombre de ciencia médica moderna cuyas conclusiones diagnósticas se basan en la observación empírica. Al abrirse el vientre (la cavidad natural) y el pecho (la cavidad vital) de uno y otro cadáver, Bermejo comenta los síntomas internos más significativos:

—hígado muy inflamado
—en el estómago grande porción de cólera porrácea
—el diaphragma sin lesión
—los intestinos llenos de flato
—el corazón lleno de sangre negra
—los pulmones hinchados y llenos de sangre. (36-39)

De las autopsias médico-legales infiere Bermejo " . . . que todos padecieron primariamente la inflamación en el hígado: y secundariamente, según las disposiciones en las demás partes: y que esta inflamación proviene de haber quedado el hígado con alguna inflamatoria disposición, o por no haberlos sangrado bien . . ." (39).

Si no fuera por otra razón, el *Discurso* de Bermejo y Roldán sería de gran importancia para la historia médica en el Nuevo Mundo por las descripciones que contiene de autopsias en las que el médico hace un estudio comparativo de los síntomas producidos por los estragos de una enfermedad contagiosa como el sarampión.

Que nosotros sepamos, no existe otro ensayo semejante, anterior al de Bermejo en cuanto tenga que ver con autopsias médicas cuyos fines sean diagnósticos. Ni siquiera en la obra del "Príncipe de los médicos ingleses", el famoso doctor Sir Thomas Sydenham (1624-89), encontramos alguna mención de la práctica de autopsias diagnósticas en sus *Observationes Medicae*, aunque escribió varios ensayos sobre los síntomas y curación del sarampión en sucesivas epidemias en la Inglaterra del siglo XVII.

Hemos señalado anteriormente en algunos estudios nuestros la estrecha relación entre la poética de Caviedes y muchos acontecimientos en el Virreinato durante las últimas décadas del Siglo: la aparición del cometa de 1681, la construcción de una muralla alrededor de Lima en 1684, el terremoto de 1687, la construcción de un muelle en El Callao en 1696, y así otros. Hemos podido confirmar en otras fuentes la identidad histórica de más de veinticinco de los médicos satirizados y otros tantos contemporáneos de Caviedes que aparecen en los poemas del *Diente del Parnaso*. El numen poético de este vate criollo nace a veces de los aspectos más mundanos de la vida diaria virreinal, convirtiéndose en sus versos en una perspicaz visión de la realidad de su época, aun cuando sea un tema tan vulgar como "una peste en Quito", que se convierte en el incentivo para una obra de ciencia médica y el estímulo de la inspiración poética.

Notas

1. Ver el cuerpo de poemas titulado *Diente del Parnaso* en *Juan del Valle y Caviedes. Obra completa.*
2. El título completo de este ensayo es "Nuevo Discurso Sobre La Enfermedad De El Sarampión, que se ha experimentado en esta ciudad de Lima, y los accidentes tan graves, que han resultado en los que han recaído en dicha enfermedad" (*Discurso* 25-48).

Obras citadas

Bermejo y Roldán, Francisco. *Discurso de la enfermedad Sarampión experimentada en la ciudad de los Reyes del Perú.* Lima: Joseph de Contreras, 1694.

Del Valle y Caviedes, Juan. *Juan del Valle y Caviedes. Obra completa* Ed. Daniel R. Reedy. Barcelona: Biblioteca Ayacucho, 1984.

Esteve Barba, Francisco. *Cultura virreinal.* Barcelona: Salvat, 1965.

Lastres, Juan B. *La medicina en el virreinato.* Lima: UNMSM, 1951. Vol. 2 de *Historia de la medicina peruana.* 3 Vols.

Lucena Samoral, Manuel. "Hispanoamérica en la época colonial". *Historia de la literatura hispanoamericana. Época colonial.* Coord. Luis Íñigo Madrigal. Vol. 1. Madrid: Cátedra, 1982. 11-31.

Mendieta, Fray Jerónimo de. *Historia eclesiástica indiana.* Ed. Francisco Solano y Pérez-Lila. Vol. 261 de BAE. Madrid: Atlas, 1973.

Sydenham, Thomas. *The Works of Thomas Sydenham [Observationes Medicae].* Traducida de la edición en latín del Dr. Greenhill. Ed. R. G. Latham. Londres: Sydenham Society, 1979.

Historia y utopía en Fernández de Lizardi

Luis Sáinz de Medrano Arce

Universidad Complutense

Entre las interpretaciones y proyectos utópicos que convergen en Hispanoamérica (también en la América anglosajona) desde los tiempos iniciales—Colón, Zumárraga, el Inca Garcilaso—hasta nuestro siglo—*Ariel, Odas seculares, Canto a la Argentina, La raza cósmica, Canto general*—, es natural que algunos se hayan producido en la época de la Independencia, propicia a los mensajes inauguralistas y promisorios. Entre ellos se destaca, sin duda, el diseñado por José Joaquín Fernández de Lizardi. El examen de su obra completa nos llevaría a señalar que, de hecho, toda ella es un esforzado memorial nacido del anhelo de perfilar una sociedad americana tan perfecta como fuera posible, pero vamos a referirnos solamente a dos sectores de tal obra en que estos propósitos alcanzan una configuración muy definida y en los que se percibe el respaldo del más conspicuo de los modelos utópicos, el de Tomás Moro, así como un reflejo de la imagen del buen salvaje, tan bien acuñada en la Ilustración.

El primero de ellos, articulado a su vez en dos partes, se inicia con la propuesta utópica formulada por Fernández de Lizardi en el número 2 del periódico *El Pensador Mexicano*, nombre compartido como se sabe por él mismo como pseudónimo personal, correspondiente al 20 de enero de 1814. En esa oportunidad Fernández de Lizardi publicó una carta que le estaba supuestamente dirigida a él en su condición de "pensador", por su propio hermano,

un tal Antoñico—que acabará firmando Manuel. En ella éste le
informa de los azares de su vida, primero como servidor de un
honesto caballero inglés de nombre Torneville, más tarde como
heredero del mismo como consecuencia del ventajoso matrimonio
contraído con su hija, y finalmente como improvisado gobernador
de una isla, llamada Ricamea, con la que se ha topado en arribada
forzosa al haber sido sorprendido por una tempestad cuando,
enriquecido, regresaba desde Londres a México.

La tierra tan providencialmente descubierta, a cuyo dirigente,
un tal Dubbois, sustituye Antoñico tras repetir el procedimiento
del oportuno enlace con la heredera, se encuentra poblada por
gentes de origen europeo, que acogen a su nuevo mandatario—
al fallecimiento de Dubbois—con gran afecto, lo cual no impide
que en cierto momento la situación se deteriore y se produzca
incluso una insurrección.   Ante tal coyuntura, el improvisado
gobernante, desconcertado, decide solicitar de "el pensador"—
de cuya existencia y paradero ha tenido casuales noticias—la
orientación que le ayude a sortear las adversas circunstancias.

Luego de informarle de la historia de la isla, le hace saber
que, a la muerte del último monarca, se decidió sustituir la
monarquía absoluta por un régimen representativo, cuyas ventajas
se exaltan. También alude a las causas de los disturbios actuales.
Seguidamente Antoñico insta a su hermano a que le brinde sus
consejos, sugiriéndole que busque fuentes de inspiración para
imaginar un reino donde aplicar las leyes que convengan:

> Tienes ejemplos sobrados de esta clase de gobiernos
> ideales, y los tienes también de que sus autores, lejos de
> merecer la más mínima reprehensión, se conciliaron los
> aplausos de sus tiempos. Tales fueron Platón y Aristóteles
> con sus *Repúblicas*, Tomás Moro con su *Utopía*, Santo
> Tomás con su *Gobierno de príncipes*, Albornoz con su
> *Castilla política*, Saavedra con sus *Empresas*, Campillo
> con su *Gobierno de América*, Foronda con sus *Cartas*, y
> otros varios. (3: 398)

Sigue una recomendación para que el consejero considere también como modelos las instrucciones de don Quijote a Sancho sobre el gobierno de la Ínsula Barataria.

Es fácil imaginar que pudo haber presiones directas o indirectas en los meses inmediatos que desaconsejaran a Lizardi sacar adelante el proyecto al que la ficción daba pie. A mayor abundamiento, en mayo de ese mismo año Fernando VII, vuelto a España, hacía derogar la Constitución de Cádiz y con ella la libertad de imprenta. El absolutismo impidió que apareciera la respuesta a Antoñico y, sólo en 1825, habiendo conquistado ya México su independencia, pudo formalizarse a través de algunas de las conversaciones del payo y el sacristán en el periódico del mismo título de fechas 25 y 28 de mayo y 1 y 7 de junio, como una especie de corrección a la Constitución mexicana de 1824, juzgada por muchos como muy limitada.

También aquí Lizardi invoca, por medio del sacristán, la *Utopía* de Moro como modelo, junto al *Telémaco* de Fenelón y la *Corte Santa* de Nicolás Causino. Se trata de unos textos no carentes de aspectos utópicos pero bastante pragmáticos si se comparan con otra propuesta de aquel carácter que Lizardi quiso hacer años antes, en 1816, bajo el subterfugio literario que debió de pensar que soslayaba mejor que el anterior, dada la amplitud y características de su contexto ficcional, los riesgos políticos que tan cerca conoció el pensador.

Estamos refiriéndonos al pasaje de la cuarta parte de *El Periquillo Sarniento* referente a la permanencia del protagonista en la isla de Saucheofú. Como es sabido la censura impidió, contra las previsiones del autor, la publicación de esta parte de la novela por su vigorosa reprobación de la esclavitud y otras causas que desconocemos, con lo que resultó fallida la intención de Lizardi.

Como se recordará, Periquillo en su viaje de Manila a México—obsérvese la repetición de un aspecto del esquema anterior—naufraga y logra salvar su vida al ser recogido por unos pescadores de la isla antes aludida, donde es cordialmente recibido por un personaje llamado Limahotón, hermano del "tután" o jefe supremo. Los dos dignatarios se interesan por las formas de vida existentes en el país del náufrago y le informan acerca de las

existentes en la isla. Esto origina un intercambio de ideas mediante
las cuales se cuestiona la organización político-social de México y
se exalta la de Saucheofú, que viene a ser como una proyección
de la isla de los utopienses de Tomás Moro. Sus pobladores,
no obstante, a diferencia de los de Utopía, y de los de Ricamea,
carecen de cualquier rasgo occidental: son gentes asiáticas con una
cierta candidez de "buenos salvajes" insertos en una civilización
evolucionada.

Un recorrido por algunos de los temas concernientes a las dos
islas creadas por Fernández de Lizardi y a la muy paradigmática
inventada por el canciller inglés, permite notar interesantes
correspondencias y variaciones. En primer lugar es evidente que en
la creación de Ricamea, Lizardi intentó aproximarse por vía muy
directa a buscar situaciones a simple vista paralelas a la existente
en su patria mexicana. El "amado e inocente rey" cuya ausencia
en Ricamea ha motivado que se haga cargo del poder de la nación
"la que allí dicen que es la legítima soberana", es decir, "una
junta de gobernación", pertenece a la casa de los "Bornobes".
Inútil subrayar las concomitancias con los graves sucesos que
afectaban por entonces a España y a México, como al resto de
Hispanoamérica. Por otro lado, son manifiestas otras situaciones
paralelas: los habitantes de Ricamea pertenecen a las mismas razas
que hay en México y está en curso una rebelión del mismo modo
que en la Nueva España se estaba desarrollando la del insurgente
Morelos, que duraría hasta 1815.

La isla de Periquillo es un lugar más próximo al paraíso
utópico, si bien no se desconocen en ella la pobreza y los delitos,
aspectos que en la obra de Moro son expuestos principalmente en la
parte introductoria que concierne a la situación social de Inglaterra.
La identidad oriental de Limahotón y el tután los separa de la
americanidad a la que quedó vinculado el "noble sauvage" desde
Rousseau. Es evidente que un intelectual burgués como Lizardi,
cuya visión del indio no se caracteriza a lo largo de su obra por
ser positiva, no podía proponer modelos humanos pertenecientes
a las antiguas culturas indígenas a la hora de dar entrada a ideas
relacionadas con la reglamentación de la sociedad de la América
que se abría camino hacia la independencia. Ambos personajes, por

otra parte, por su actitud crítica hacia la realidad mexicana (que Limahotón conocerá más tarde "de visu") adquieren también la identidad del oriental censor de lo occidental, figura literaria típica de la Ilustración, como los Usbeck y Rica de las *Cartas persas* o el Gazel de las *Cartas marruecas* de Cadalso.

Del mismo modo que en Utopía, se pone de relieve la importancia de los oficios manuales en la isla de Saucheofú. Se subraya la penosa condición de los nobles ociosos y empobrecidos en México, igual que Moro se refiere a los que en Inglaterra practican y generan ociosidad. Respecto al ejército, los utopienses se ejercitan diariamente en la disciplina militar pero envían a la guerra preferentemente a los mercenarios y sólo en último término a sus propios ciudadanos. Los de Saucheofú son soldados que no forman un ejército regular sino en caso de guerra. Ambas obras participan de una perceptible carencia de entusiasmo en el tema militar. Puede establecerse también relación entre la tolerancia de los utopienses en materia religiosa y la que muestra Limahotón cuando, después de trasladarse a México, acepta ser adoctrinado en la religión cristiana, "aunque sea por curiosidad" (9: 293), por el capellán que toma a su servicio. En cuanto a las leyes, en Saucheofú son pocas y claras, lo mismo que las de Utopía, acerca de las cuales Moro declaraba que "su sentido es evidente a todos" (149). Lizardi llega a imaginar que en su fantástica isla las disposiciones legales se fijan en las esquinas "para que se instruyan en ellas los ciudadanos" (9: 254), todo lo cual facilita una abierta crítica acerca de las mexicanas. Las ideas referentes a la necesidad de castigos ejemplarizantes vertidas por Moro son parecidas a las de los dirigentes de Saucheofú, si bien en esta isla existe y se justifica la pena de muerte.

En el proyecto constitucional del payo y el sacristán antes mencionado donde se hacen planteamientos básicos sobre los derechos y deberes de los ciudadanos, forma de gobierno, administración de justicia, código criminal, industria y artes, reforma eclesiástica, libertad de imprenta y leyes varias, el mencionado sentido pragmático se acentúa más. Lizardi no legisla entonces para un impreciso futuro sino para un país en el que todavía las tropas realistas ocupaban el castillo de San Juan de

Ulúa y donde existía el temor de que la Santa Alianza apoyara a la antigua metrópoli en su propósito de recuperar el virreinato.

Todavía hay lugar para una sugerencia tan pintoresca como la de que las leyes y las penas por su transgresión se coloquen en las esquinas de las calles, uso similar al que existía en Saucheofú— esta idea la tomó Lizardi no de Moro pero sí de otro prestigioso modelo, el latino Plauto[1], y para propugnar la creación de "divisas honoríficas" (5: 418) algo comparable también a ciertos usos de la isla de Periquillo, no la de Moro—, pero se endurece el punto de vista acerca del trato que debe darse a los delincuentes. El mismo sentido práctico impide a Lizardi, en los dos casos a que aludimos, seguir al autor de *Utopía* en temas tan comprometidos como la supresión de la propiedad privada, el divorcio, cierta forma de eutanasia (y en el episodio de Periquillo por razones muy comprensibles, la defensa del gobierno democrático).

Habría que recordar que Lizardi tuvo también como modelo para la referida peripecia de Saucheofú algunos pasajes de la obra del agustino Fray Juan González de Mendoza, *Historia de las cosas más notables, ritos y costumbres del gran reino de China* (1585), como señaló Edgar C. Knowlton (336-47), así como otras de juristas y ensayistas políticos como Manuel de Lardiazábal, José del Campillo y Melchor Rafael de Macanaz. Puede haber habido más, pero nos parece, en ambos episodios, fundamental el respaldo de Moro. Con él, con el gran acervo de su erudición y con su propio entusiasmo de ilustrado, Lizardi supo prolongar la tradición utópica en América, buscando como tantos otros, en la literatura el mejor camino para hacer andar a la Historia.

Notas

1. El propio Periquillo al conocer este uso en Saucheofú, recuerda la cita de Plauto: "Eae miserae etiam / ad parietem sunt fixae clavis ferreis, ubi / malus mores adfigi nimis fuerat aequius" (9: 254).

Obras citadas

Fernández de Lizardi, José Joaquín. *Periódicos. Novelas*. México:
UNAM, 1963-82. Vols. 3, 5, 9 de *Obras*. 11 Vols.
Moro, Tomás. *Utopía*. Traducción, introducción y notas de Emilio
G. Estébanez. Madrid: Zero, 1980.
Knowlton, E. C. "China and the Philippines in *El Periquillo
Sarniento*". *Hispanic Review* 30. 4 (1962-63): 336-47.

II. Reelaboración del pasado colonial

Civilización y barbarie:
Prescott como lector de Cortés

Stephanie Merrim

Brown University

"El muerto, el increíble", Borges, escribió en 1951 en su ensayo "La esfera de Pascal": "Quizá la historia universal es la historia de unas cuantas metáforas. Bosquejar un capítulo de esa historia es el fin de esta nota" (*Nueva* 209)[1]. Un poco más de cien años antes, en 1845, una de las metáforas más persistentes en el discurso sobre la cultura latinoamericana, la polémica sobre civilización vs. barbarie, se acercaba a su articulación explícita y aparentemente definitiva, en el *Facundo* de Domingo Faustino Sarmiento. Esta "metáfora", sin embargo ya tenía una rica pre-historia caracterizada por los enredos conceptistas de significantes en juego que tanto le gustaban al Borges escritor principiante. Parafraseando a Borges, propongo bosquejar en esta nota un capítulo en la historia de la metáfora civilización vs. barbarie: su impulso inicial en la *Segunda carta-relación* de Hernán Cortés (1521), la explotación de lo formulado por Cortés como sustento del sistema filosófico de la *History of the Conquest of Mexico* de William H. Prescott, y la contextualización de la metáfora en ambos casos.

Como es sabido, los preceptos clásicos de Aristóteles asocian la historia con lo singular, lo asistemático, la plétora de los sucesos vistos desde adentro; y la poética con lo general, lo sistemático, y la coherencia que confiere una perspectiva externa[2]. De acuerdo con

esto, mucha de la temprana historiografía del Nuevo Mundo, tan
ceñida a los sucesos que narra, ejemplificaría cabalmente la historia;
la obra pulida de Prescott, con su novelización romántica de los
hechos, ejemplificaría la poética. No obstante, las circunstancias
concretas que motivaban la escritura de las primeras crónicas en
muchos casos las dotaban de una organización inesperadamente
rigurosa en la que cada elemento cumplía una función determinada.
Debido, entre otras cosas, a su función apologética-autobiográfica,
y a la pragmática de ser relaciones dirigidas al *Rey*, estos textos
forzosamente compartían con la literatura el hecho de que, como
ha dicho Borges con referencia a las novelas de aventuras, "no
sufren ninguna parte injustificada" (Prólogo 10). Pero, mientras
que el eje organizador de la literatura se radica dentro de la obra
misma, el de estas historias proviene de afuera, siendo ello, como
hemos sugerido, la apología y la pragmática (la cual puede incluir
la ideología).

   Así que cuando Cortés, esquivando la caracterización del
indio como noble salvaje que ya había empezado a perfilarse
en los escritos de Colón y Pedro Mártir, resalta la conjunción
asombrosa de lo civilizado y lo bárbaro que halló en Tenochtitlán,
sus comentarios distan mucho de la pura observación etnográfica.
Escribe Cortés en 1521:

> En lo del servicio de Muteczuma y de las cosas de
> admiración que tenía por grandeza y estado, hay tanto
> que escribir que certifico a vuestra alteza que yo no
> sé por donde comenzar, que pueda acabar de decir
> alguna arte dellas; porque, como ya he dicho, ¿qué más
> grandeza puede ser que un señor bárbaro como éste tuviese
> contrahechas de oro y plata y piedras y plumas, todas las
> cosas que debajo del cielo hay en su señorío . . . (137;
> énfasis añadido)

Ya que aquí "bárbaro" quiere decir en parte infiel o pagano, las dos
vertientes de la declaración de Cortés evidentemente responden al
doble propósito de la conquista tal como lo ha expresado Lope de
Vega: "Al Rey infinitas tierras y a Dios infinitas almas" (Prescott
685).

Sorprendentemente menor, por lo menos en la *Segunda carta-relación*, es el papel de la segunda vertiente, aquélla de la conversión de los bárbaros. La eclipsa por mucho el énfasis en la primera, lo civilizado, que sirve a los intereses más inmediatos tanto de Cortés como del Rey. Por ejemplo, mientras que Bernal Díaz denuncia horrorizado las prácticas religiosas de los aztecas, Cortés hace hincapié en la magnífica arquitectura de sus templos. De igual manera, donde Bernal se muestra consciente de los problemas epistemológicos de "escribir" el Nuevo Mundo, "porque hay que ponderar mucho en ello, que no sé cómo lo cuente: ver cosas nunca oídas, ni vistas, ni aun soñadas, como vimos" (I, 311), Cortés sólo se confiesa incapaz de decirlo todo. El inventario de las riquezas de Tenochtitlán que proviene de esta actitud responde a una de las dos metas principales de Cortés en la *Segunda carta-relación*—la de exaltar su *yo* ensalzando las ganancias que sus hechos implican para la corona—lo cual conduce a una temprana imagen de lo que Bernardo de Balbuena más tarde llamaría "La grandeza mexicana", o sea, de un México altamente civilizado.

A Cortés también le urgía, como segunda meta principal de la *Carta-relación*, justificar ante el Rey sus propias transgresiones y fracasos, entre ellos, el encarcelamiento y la muerte del rey azteca, Moctezuma. Inestable y polifacética es la caracterización del soberano subyacente en la *Segunda carta-relación* donde Moctezuma es víctima tanto de los designios políticos como textuales de Cortés. Como era de esperar, en las secciones que presentan los inventarios, Cortés pinta como ilimitadas las riquezas y la soberanía del monarca azteca. En otros momentos, como veremos a continuación, se desmiente esta imagen, implícitamente desdoblándola de acuerdo al patrón de barbarie (ahora según la aceptación moderna de la palabra) y civilización.

Aunque pagano, Moctezuma sigue siendo Emperador, la contraparte de Carlos V en el Nuevo Mundo: por lo tanto, el que Cortés haya destronado al emperador mexicano fácilmente se podría interpretar como una violación del derecho absoluto de la monarquía en general. Al representar sus propias acciones, entonces, le tocaba a Cortés dejar en claro que Moctezuma bien mereció su destino. Esto lo hará, mostrando que Moctezuma, por un lado, lejos de ser su contraparte, resultaba ser una suerte de anti-imagen bárbara del gobernador justo que era el emperador español. Vemos a Moctezuma por primera vez a través de los ojos de los indios de Cempoala, los cuales se rinden a los españoles, acogiéndolos como una salida de la tiranía del rey azteca: "Y me dijeron otras muchas quejas de él, y con esto han estado y están muy ciertos y leales en el servicio de vuestra alteza y creo lo estarán siempre por ser libres de la tiranía de aquél" (83). Tales rendiciones, en protesta de la barbarie de Moctezuma, se dan repetida y formulaicamente tanto al principio como al final de la relación (en los comienzos de la reconquista de México después de la huida de la Noche Triste), enmarcándola. Es interesante notar que según Bernal, Cortés viene predicando a los indios sobre la superioridad del Dios cristiano, mientras Cortés se presenta a sí mismo logrando el vasallaje de los indios al hablarles de la superioridad del monarca español, en contraste tácito con el de ellos.

Para Cortés, Moctezuma también se ha mostrado indigno de su poder absoluto por su incapacidad de ejercerlo con resolución, como muestran sus acciones equívocas hacia los españoles—lo cual apunta a otro 'pecado' del soberano azteca. Si bien el poder político del soberano 'bárbaro' no conoce ningún límite ("Era tan temido de todos, así presentes como ausentes, que nunca príncipe del mundo lo fue más", 138), como persona el Moctezuma de Cortés es notablemente limitado, débil. Me explico. El exhaustivo inventario que hace Cortés de los lujos de la corte, de los palacios de placer de Moctezuma, y de los primores de sus costumbres (el no usar la misma ropa dos veces, los infinitos platos que se servían en cada comida), es de doble filo, ya que atestigua también a su "tragic flaw": el gusto por el lujo y la frivolidad. Estos excesos que caracterizan la corte de Moctezuma contribuirán a su ruina: algo así como Nerón, quien tocaba su violín mientras ardía Roma, el Moctezuma de Cortés se divierte y goza de los placeres durante su encierro: "y muchas veces me pidió licencia para ir a se holgar y pasar tiempo a ciertas casas de placer que él tenía . . . y volvía siempre muy alegre y contento al aposento donde yo le tenía y siempre que salía hacía muchas mercedes de joyas y de ropa . . ." (122). Mimado y lloroso—se dirige al pueblo mexicano "llorando con las mayores lágrimas y suspiros que un hombre podía manifestar" (129)—, este Moctezuma se dejará llevar y arruinar por lo que se podría considerar como un exceso de refinamiento o civilización.

Escribió Prescott:

> It is not easy to depict the portrait of Moctezuma in its true colors, since it has been exhibited to us under two aspects, of the most opposite and contradictory character. In the accounts gathered of him by the Spaniards, on coming into the country, he was uniformly represented as bold and warlike, unscrupulous as to the means of gratifying his ambition, hollow and perfidious, the terror of his foes, with a haughty bearing which made him feared even by his own people. They found him, on the contrary, not merely affable and gracious, but [. . .] gentle even to effeminacy in his deportment, and constant in his friendship, while his whole nation was up in arms against them. (437)

Concluye el historiador norteamericano, "Yet these traits, so contradictory, were truly enough drawn" (437). Estas contradicciones o rupturas, que ningún otro cronista formuló tan precisamente como Cortés[3], van a sustentar el sistema filosófico que informa la obra maestra de Prescott—la palabra 'afeminado' será clave. Nutriéndose de éstas y otras de las divisiones que hemos encontrado en Cortés, Prescott erigirá un sistema filosófico o "gran idea" gracias a la cual los términos de civilización y barbarie sufrirán nuevas transformaciones sorprendentes, ahora de acuerdo con el código del romanticismo.

La "gran idea" de Prescott, y otros historiadores románticos de su generación, es la filosofía del progreso, que en la obra de Prescott cobra la forma de proceso desde la civilización material o artificial hacia la espiritual o natural[4]. En el drama prescottiano de la Nueva España, son, curiosamente, los españoles supuestamente civilizados los representantes de lo que es para el historiador lo natural, o la civilización natural. Cortés—enérgico, vital, instintivo, masculino, católico devoto—encarna las virtudes y los ideales del mundo del

progreso. Prescott acepta sin cuestionarlo el mito del regreso de
Quetzalcóatl ya que para él como para Sigüenza y Góngora en otro
contexto, subraya el papel mesiánico de los españoles que sacarán
a los indios de su estado caído para elevarlos al mundo natural.

Porque, dentro del esquema de Prescott, el mundo de
los aztecas representa el polo de la civilización o de la
semi-civilización, el cual cobra un valor despectivo debido a
su naturaleza materialista o, para usar la palabra de Cortés,
contrahecha. Apoyándose en ciertas teorías sobre los orígenes
asiáticos de México[5], y, claro, alentado por las descripciones
de Cortés y de otros cronistas de la época (notable entre ellos,
Fernández de Oviedo), Prescott nos da un México que ostenta y
peca del mismo vano esplendor y pompa de la corte de los tártaros:

> In surveying them [los aztecas] we are strongly reminded
> of the civilization of the East; not of that higher
> intellectual kind which belonged to the more polished
> Arabs and the Persians, but that semi-civilization which
> has distinguished, for example, the Tartar races, among
> whom art and even science, have made, indeed, some
> progress in their adaptation to material wants and sensual
> gratification, but little in reference to the higher and more
> ennobling interests of humanity. It is characteristic of
> such a people to find a puerile pleasure in a dazzling and
> ostentatious pageantry; to mistake show for substance;
> vain pomp for power; to hedge round the throne itself
> with a barren and burdensome ceremonial, the counterfeit
> of real majesty. (402)

El México de Prescott, igual que la Granada y el Perú de otras
obras históricas suyas, comparte con las civilizaciones orientales
no sólo su magnificencia sino también la perdición a la que los
condena el sensualismo decadente en conjunto con el paganismo.
Moctezuma, escribió Prescott, "was the sad victim of destiny,—a
destiny as dark and irresistible in its march as that which broods
over the mythic legends of Antiquity" (438).

Vemos que para Prescott la verdadera barbarie de los
aztecas consiste en su refinamiento inútil. Como partidario del

romanticismo, sin embargo, Prescott no podía dejar de valorizar al indio por su índole de 'hombre natural'. De hecho, los indios de su obra aparecen bajo un doble signo. Por un lado, tácitamente se admira la "savage virtue" del azteca, eso es, la virtud del indio que se mantiene fiel a su naturaleza de salvaje. Cacama y Guatimozín, príncipes aztecas que no se acobardan ante los invasores, y que defienden su raza y religión hasta la muerte con el fervor digno de un salvaje, dan cabida al 'tipo' del noble salvaje en la historia prescottiana del imperio azteca. Ahora, si la virtud del salvaje nace de la fidelidad a su verdadera naturaleza, todos los que la traicionan se tachan de "afeminados"; o sea, los que contravienen el código de lo natural, sean españoles o indios, son calificados peyorativamente de afeminados por Prescott[6]. Por ejemplo, se califica así a las tropas de Narváez, cuyos soldados eran traidores y holgados[7]. De mayor importancia, aquí se asoma de nuevo el Moctezuma lloroso de Cortés, su pusilanimidad ahora sirviendo como índice de su condición afeminada ya revestida con las significativas connotaciones que adquiere ésta dentro del sistema de Prescott. Entonces, tenemos al Moctezuma de Cortés convertido en el máximo representante de lo afeminado, tanto como individuo y como símbolo de su cultura condenada, forjada según su imagen: "In later life, he had withdrawn himself still more from the brutalizing occupations of war, and his manners acquired a refinement tinctured, it may be added, with an effeminacy, unknown to his martial predecessors" (325-26).

Al presentar la muerte de Moctezuma, Prescott contrapone didácticamente las dos imágenes de los indios que hemos ido describiendo, dándole una vuelta sumamente dramática a la nueva matización de lo civilizado y lo bárbaro que se encuentra en su obra. Furiosamente rebelde—al parecer bárbaro—después de la matanza de Alvarado, el pueblo mexicano ya no puede suprimir más su naturaleza (en los términos de Prescott) civilizada, la "virtud del salvaje" de la civilización natural. Así que cuando Moctezuma sale al balcón para rogarles a los aztecas que vuelvan a la paz, lo apedrean gritando, "Base Aztec . . . woman, coward, the white men have made you a woman—fit only to weave and spin!" (422). De esta manera, el pueblo mexicano, mostrándose salvajemente fiel a

la civilización natural, mata a Moctezuma por su traición afeminada
a ella, esto es, por su barbarie. Con su doble imagen del indio como noble salvaje, bárbaro
civilizado, y como salvaje afeminado, hombre civilizado pero
verdaderamente bárbaro, sustentado por la obra de Cortés, resuelve
Prescott el dilema de cómo acomodar al sistema romántico un
antagonista de tipo 'hombre natural'. El mismo dilema, sin
embargo, no se resuelve tan nítidamente en *Facundo*, como indica
el propio Sarmiento al resumir su actitud a final de cuentas confusa
hacia el gaucho:

> Su carácter moral se resiente de su hábito de triunfar
> de los obstáculos y del poder de la naturaleza; es
> fuerte, altivo, enérgico. Sin ninguna instrucción, sin
> necesitarla tampoco, sin medios de subsistencia, como sin
> necesidades, es feliz en medio de su pobreza y de sus
> privaciones [. . .]. De manera que si esta disolución
> de la sociedad radica hondamente la barbarie, por la
> imposibilidad y la inutilidad de la educación moral e
> intelectual, no deja, por otra parte, de tener sus atractivos.
> (36-37)

Poetas y músicos natos, instintivamente espirituales, dotados de un
sentido intrínseco del honor, los gauchos bárbaros de Sarmiento
forman una civilización especial, ciertos rasgos de la cual podrían
servir de modelo para la civilización propiamente dicha que
anhela para la Argentina el ensayista y estadista. Como tipo
genuinamente autóctono, y noble salvaje, el gaucho ejerció una
atracción nacionalista y literaria tan fuerte para Sarmiento que en
efecto lo llevó a desmentir el claroscuro entre lo civilizado y lo
bárbaro tan necesario para sus propósitos didácticos, borrando los
límites entre los dos polos.

Civilización y barbarie: es evidente que durante su larga
trayectoria, los dos términos supuestamente antagónicos se
confunden, se desplazan, y cambian dramáticamente de sentido,
de acuerdo con el contexto pragmático, ideológico, o literario en
que se producen. Borges concluyó "La esfera de Pascal" diciendo,
"Quizá la historia universal es la historia de la *diversa entonación*

de algunas metáforas" (*Nueva* 214; énfasis añadido). Como hemos visto, lo mismo se podría decir de la escritura de la historia universal, o local, en donde el escribano invisible, los códigos y exigencias de todo tipo que colonizan la historia, determinan la varia entonación de una metáfora cultural.

Notas

1. Cito de la *Nueva antología personal* de Borges. El ensayo se publicó primero en *Otras inquisiciones*.
2. Dos textos fundamentales sobre esta cuestión serían, Erich Auerbach, *Mimesis: The Representation of Reality in Western Literature*, especialmente en el capítulo 1; y Lionel Gossman, "History and Literature: Reproduction or Signification".
3. Ni que decirse tiene que Prescott se sirve de fuentes múltiples y varias para apoyar su tesis. Sin embargo, por lo que hemos podido averiguar, ninguno de los cronistas principales de la época (Mártir, Fernández de Oviedo, Gómara, Bernal Díaz) formuló la dicotomía de civilización y barbarie tan precisa y explícitamente como Cortés.
4. Varios aspectos de nuestra discusión de Prescott siguen la de David Levin, en su *History as Romantic Art*. Sobre la filosofía del progreso, véase el cap. II, "Nature, Progress and Moral Judgment"; sobre el aspecto oriental del indio en Prescott, véase el capítulo VI, "The Infidel: The Vanishing Race"; sobre la caracterización de la obra de Prescott y la "virtud del salvaje" en sus indios, véase el capítulo VII, "The Conquest of Mexico".
5. Véase el primer apéndice a la *History of the Conquest of Mexico*, "Origin of the Mexican Civilization—Analogies with the Old World", cuya conclusión reza, "the coincidences are sufficiently strong to authorize a belief that the civilization of Anahuac was in some degree, influenced by that of Eastern Asia" (174).
6. A pesar de lo desagradable que nos resulta este uso de la palabra "afeminado", no podemos evitarlo. Vale notar la tendencia en obras

de viaje de representar a 'lo otro' como femenino. Véase la tesis
doctoral de Kathleen J. C. Zane.
7. Prescott describe a las tropas de Narváez como "made somewhat
effeminate by their long and luxurious residence at Cempoalla"
(390).

Obras citadas

Auerbach, Erich. *Mimesis: The Representation of Reality in
    Western Literature*. Trad. Willard Trask. Princeton UP, 1953.
Borges, Jorge Luis. *Nueva antología personal*. Buenos Aires:
    Emecé, 1968.
——. Prólogo a Adolfo Bioy Casares. *La invención de Morel*.
    Madrid: Alianza, 1972.
Cortés, Hernán. *Segunda carta-relación*. En *Cartas de relación*.
    Ed. Mario Hernández. Madrid: Historia 16, 1985.
Díaz del Castillo, Bernal. *Historia verdadera de la conquista de
    Nueva España*. Ed. Miguel León Portilla. Madrid: Historia
    16, 1984.
Gossman, Lionel. "History and Literature: Reproduction or
    Signification". En *The Writing of History. Literary Form and
    Historical Understanding*. Eds. Robert H. Canary y Henry
    Kosicki. Madison: U of Wisconsin P, 1978. 3-39.
Levin, David. *History as Romantic Art*. Stanford UP, 1959.
Prescott, William H. *History of the Conquest of Mexico and History
    of the Conquest of Peru*. New York: Random House, s. f.
Sarmiento, Domingo Faustino. *Facundo*. Buenos Aires: Losada,
    1963.
Zane, Kathleen J. C. "Paradigms of Place in Travel Literature: The
    Oriental Voyages of Nerval, Kinglake, and Chateaubriand".
    Tesis Doctoral. City University of New York, 1984.

Desplazamientos históricos:
Guatimozín, último emperador de Méjico de Gertrudis Gómez de Avellaneda

Evelyn Picon Garfield

University of Illinois, Urbana-Champaign

Aunque Gertrudis Gómez de Avellaneda tal vez sea mejor reconocida por su poesía, su extensa producción incluye seis novelas, más de veinte obras dramáticas, unas diez leyendas, cartas, memorias y una autobiografía. Se consideran históricas cuatro de estas novelas—*Espatolino, Dolores, El artista barquero, o las cuatro cinco de junio* y *Guatimozín, último emperador de Méjico* (1846). La cuarta es la única de tema americano, obra arraigada en las crónicas originales donde se documentan las aventuras de Cortés durante la conquista de México. Producto del afán de definir un género que surgía en el XIX, *Guatimozín* figura entre las primeras novelas históricas del siglo que trata el tema de la conquista de México. Entre las novelas de Gómez de Avellaneda, es la más extensa, la única traducida al inglés y la que ha gozado de más ediciones que ninguna otra novela indianista en lengua española.

En *Guatimozín*, Gómez de Avellaneda se sirve de varias crónicas para sentar las bases históricas de su obra: las de Hernán Cortés, Bernal Díaz del Castillo, Francisco Javier Clavijero, Antonio de Solís, y William Robertson[1]. En este estudio, nos limitaremos a analizar la caracterización de la figura de Cortés quien representa una visión histórica manipulada por Gómez de Avellaneda. Se desprenden de su figura ficticia comentarios sobre

dos siglos—el XVI y el XIX—pues la autora critica las represiones
y limitaciones socio-políticas tanto del Viejo como del Nuevo
Mundo[2].

Gómez de Avellaneda había sido llamada amazona (sin ningún
dejo negativo) por una poeta española contemporánea de ella,
Carolina Coronado (486). Y otro contemporáneo, Juan Martínez
Villergas, la pinta como guerrera cuando mantiene que

> Esta señora es de los pocos autores que entre nosotros
> tienen carácter propio; y digo *autores*, tratándose de una
> señora, no sólo porque la palabra es común de dos, sino
> porque hay en el corazón de la Avellaneda tal energía,
> tal virilidad, que hubiera sido hombre capaz de las más
> heroicas hazañas si hubiera consagrado a la espada el
> tiempo que ha dedicado a las bellas letras. (Escoto 188)

Aunque con este comentario Villergas no pensaba alabarla sino
criticarla, las heroicas hazañas a que se alude—motivadas por la
ambición, la gloria o la fama—son el foco alrededor del cual
podemos entender el interés que tiene Gómez de Avellaneda
en figuras masculinas como Cortés, Moctezuma y Guatimozín,
y en mujeres de papeles poco tradicionales como la amazona
Quilena o Catalina de otra novela suya, *Dos mugeres* (1842).
Es precisamente en *Dos mugeres*, anterior a *Guatimozín*, cuando
Catalina le cuenta su vida a su amante Carlos, que Gómez de
Avellaneda establece una relación entre la ambición del hombre y
la de la mujer; ésta última limitada por las normas de la sociedad:

> Y ¿qué otra cosa puedo desear ni esperar? Cuando se
> llega a este estado, Carlos, en el cual las ilusiones del
> amor y de la felicidad se nos han desvanecido, el hombre
> encuentra abierto delante de sí el camino de la ambición.
> Pero la mujer! ¿qué recurso le queda cuando ha perdido
> su único bien, *su único destino: el amor*? Ella tiene
> que luchar cuerpo a cuerpo indefensa y débil, contra los
> fantasmas helados del *tedio y la inanición*. Oh! cuando se
> siente todavía fecundo el pensamiento, la sangre hirviente,
> el alma sedienta, y el corazón no nos da ya lo que
> necesitamos, entonces *es muy bella la ambición*. Entonces

es preciso ser guerrero o político: es preciso crearse un combate, una victoria, una ruina. El entusiasmo de la gloria, la agitación del peligro, la ansiedad y el temor del éxito, todas aquellas vivas emociones del orgullo, del valor, de la esperanza y del miedo . . . todo eso es una vida que comprendo. Sí, momentos hay en mi existencia en que concibo *el placer de las batallas, la embriaguez del olor de la pólvora, la voz de los cañones*; momentos en que penetro en el tortuoso camino del *hombre político*, y descubro las flores que *el poder y la gloria* presentan para él entre las espinas que hacen su posición más apacible . . . pero ¡la pobre mujer, sin más que un destino en el mundo! ¿qué hará, qué será cuando no puede ser lo que únicamente le está permitido? (94)[3]

Catalina, su personalidad y sus palabras parecen reflejar las de la protagonista de *Lélia* (1833), una novela que George Sand escribió durante la segunda década de su vida, más o menos a la edad de Gómez de Avellaneda cuando ésta escribió y publicó su *Dos mugeres*:

. . . je ne sais comment faire pour supporter *l'ennui d'exister* . . . Le calme lui faisait peur, le repos l'irritait. Il lui fallait des obstacles, des fatigues, des jalousies dévorantes à concentrer, des ingratitudes cruelles à pardonner, de grands travaux à poursuivre, de grandes infortunes à supporter. C'était une carrière, c'était une gloire; homme, j'eusse aimé *les combats, l'odeur du sang, les étreintes du danger*; peut-être *l'ambition de régner par l'intelligence*, de dominer les autres hommes par des paroles puissantes, m'eût-elle souri aux jours de ma jeunesse. Femme, je n'avais qu'*une destinée noble sur la terre, c'était d'aimer*. J'aimai *vaillamment* . . . (169-70)

En efecto, en la novela *Guatimozín*, Gómez de Avellaneda, en consonancia con las palabras de su personaje Catalina, se crea un combate vía la amazona Quilena, una victoria vía Cortés, y una ruina vía Moctezuma y Guatimozín.

Pensamos con Ferreras que si en una novela histórica de origen romántico, los protagonistas son bien conocidos—el caso de Cortés, Moctezuma y Guatimozín—ellos "han de ser como el héroe ideal al que aspira el escritor" (107). La ambición frustrada de la mujer española de su época, y concretamente la de Gómez de Avellaneda, se concentra en el personaje del conquistador Cortés en *Guatimozín* donde su caracterización revela las caras contradictorias del héroe ideal a la vez que sugiere unos comentarios críticos sobre la historia y la época de la autora. En su figura se encarna la noble ambición negada por la sociedad a las mujeres. Gómez de Avellaneda sufrió en carne viva esta limitación social en su fracasada tentativa de ser aceptada por la Real Academia Española simplemente "por la cuestión del sexo", como se lo dice el Marqués de la Pezuela en 1853, cuando añade que "En mi juicio, casi todos valíamos menos que usted . . ." (Figarola-Caneda 172).

A pesar del aparente protagonismo de Guatimozín en la novela—por el título de la obra y por los episodios novelescos— Gómez de Avellaneda parece atraída a la figura de Cortés y lo trata con mucho detenimiento redondeando su personalidad más allá de las descripciones que encontramos en las crónicas. Por un lado lo concibe severo, poderoso y arbitrariamente autoritario, y por otro, dotado de astucia política y destreza militar. Sagaz, prudente y persuasivo, inspira temor con su fría razón y reparte justicia según su utilidad. Cuando lo compara con Alvarado destaca en éste la crueldad bárbara, dureza de corazón, imprudencia colérica, codicia insaciable y violencia feroz, exentas de la ambición de un Cortés quien sabía disfrazar la crueldad de conveniencia política. "Con sus crueldades conquistó el uno un imperio: con sus crueldades arriesgó el otro, más de una vez, el éxito de aquella grande empresa" (351).

La crítica de Cortés alterna con su panegírico; florece éste en el último tomo cuando Cortés es objeto de la conspiración de Villafaña. Gómez de Avellaneda elogia a Cortés como "una de las más grandes figuras que puede presentar la historia . . . tipo notable de su nación en aquel siglo en que era grande, guerrera, heroica, fanática y temeraria" (492). Sobre todo, lo ubica en su contexto histórico tanto para criticarlo como para elogiarlo, y en particular para destacar su genio y ambición. Sobre la envidia ocasionada por la superioridad del genio, nos ofrece una explicación en el tercer capítulo del último tomo de *Guatimozín*, la que intencionadamente conserva en "Una anécdota de la vida de Cortés" cuando publica ésta en sus *Obras literarias* como único vestigio del epílogo original revisado:

> Nunca se ejerce impunemente la superioridad del genio. Nunca los hombres que dominan a sus iguales por la sola alteza de su pensamiento logran inspirar aquella ciega veneración que sin dificultad tributamos a la excelsitud del nacimiento . . .
> Al levantarse los grandes hombres de todos los siglos, de todos los países, han sido siempre anunciados por el instinto repulsivo de las medianías . . . (491)

Gómez de Avellaneda considera la vida de tales genios "un perpetuo combate" contra una multitud mediocre que puede valerse de las armas del odio y de la calumnia. He aquí conceptos sobre el genio que Gómez de Avellaneda no sólo atribuye a su personaje viril Cortés sino también al personaje femenino Catalina, de quien hemos hablado. En *Dos mugeres*, ésta explica su naturaleza a Carlos: " . . . mi misma inteligencia, ese inapreciable don que nos acerca a la divinidad, era para los espíritus medianos una cualidad peligrosa, que tarde o temprano debía perderme" (92). En otro pasaje de la misma novela la narradora se refiere a la malignidad y envidia que persiguen a las inteligencias elevadas y brillantes como ella (134). Las consecuencias de la ambición y del genio parecen afectar tanto al héroe de la conquista de México como a la mujer española, con una notable diferencia: son la gloria de aquél y la frustración o pérdida de ésta.

Apelando a la superioridad del genio y a su circunstancia histórica, Gómez de Avellaneda intenta reivindicar las crueldades y flaquezas de Cortés durante la conquista de México. En el proceso, la autora ofrece comentarios sociales sobre la religión y la guerra, increpando tanto a los españoles como a los indígenas su fanatismo. No obstante, en ningún momento perdona a Cortés su conducta injusta. Por ejemplo, cuestiona su búsqueda de gloria en un notable diálogo novelesco entre el conquistador y Moctezuma, en que éste demuestra compasión mientras aquél reflexiona sobre su propia ambición:

> —No eres malo, capitán; sin duda un maligno espíritu, posesionado a veces de tu ánimo, es el que te ha dictado algunas acciones que nunca pudieran ser hijas de tu corazón.
>
> —La gloria,—contestó Cortés, más bien como hablando consigo mismo que contestando al emperador,—la gloria es a veces una deidad cruel, que vende muy caros sus favores. (293)

La crueldad y la ruina desmesuradas se exponen en palabras de la narradora y en citas que ésta toma de las cartas de Cortés. Noten los adverbios. Según Gómez de Avellaneda los españoles se vengaron "horriblemente" de cualquier resistencia y saquearon, mataron y se entregaron al pillaje "con vergonzoso extremo" (478). Refiriéndose a la toma de Tenoxtitlán exclama, "¡Jamás se ha verificado tan completo saqueo! ¡jamás se escribirá en la historia de las conquistas victoria tan sangrienta!" (537-38). Parece suavizar el juicio en palabras históricamente verídicas de Cortés al rey con las que expresa su "lástima y dolor que pereciese aquella multitud, y quise otra vez ofrecerles la paz" (538). Repelida por la tarea de imaginar y pintar el cuadro sangriento de los últimos esfuerzos de los aztecas en contra de lo que ella denomina, en todo su contradictorio sentido, "aquella conquista *inhumana* aunque *gloriosa*"[4], no deja de citar el comentario de Cortés sobre la peor crueldad de sus aliados indígenas, los tlascaltecas (542). Así, el conquistador encuentra clementes a los españoles en comparación con los "americanos", "sus feroces auxiliares". Parecido al proceso que Gómez de Avellaneda utilizó para suavizar las acciones de Cortés comparándolo con Alvarado, proceso ya señalado, estos contrastes entre conquistadores y aliados indígenas también relativizan las crueldades de los españoles.

Incluso hay pasajes en que la narradora comenta la falta de opciones políticas que tenía Cortés en proseguir con la conquista— la victoria y la gloria por un lado, y por otro, la muerte o la afrenta

del presidio para un traidor de la autoridad de Diego Velázquez:
"Para él no había pues otra alternativa en aquel conflicto que el
deshonor o la muerte. La elección de un noble español no podía
ser dudosa" (341). Y en oposición al horror de la masacre de
los indígenas y la ruina de su civilización ya realizadas, antepone
su admiración por la estrategia de Cortés al emprender su plan
militar contra Tenoxtitlán: "el plan más vasto y atrevido que
jamás concibiera entendimiento humano: ¡el bloquear a Méjico!"
(439). Para atenuar la dureza de carácter del héroe español, Gómez
de Avellaneda introduce pensamientos que Cortés pudiera haber
experimentado: compasión y vergüenza ante Moctezuma en grillos,
pesar ante su muerte, indignación tardía ante la crueldad de los que
torturan a Guatimozín y al príncipe de Tacuba para arrancarles el
secreto del tesoro.

De suma importancia en esta caracterización de Cortés es el
hecho de que Gómez de Avellaneda lo encuadre dentro del marco
de su época, y opine sobre los excesos del español y del indígena.
Cuando discute los sacrificios religiosos de éstos, los sacerdotes son
verdugos y aves de rapiña, el rito es bárbaro y el altar nefando.
Se desvía de su antipatía por los cuadros feos cuando describe
de modo imparcial y veraz y con detalle sensorial, los horrores
del sacrificio humano que deshonra, según ella, la religión de
los aztecas: "Reinó por un instante silencio profundo: oyóse en
seguida el áspero sonido de la carne que rasgaba lentamente el
filo del pedernal: vióse saltar la sangre sobre los mármoles de
la capilla, manchando los blancos hábitos de los sacrificadores"
(425). Tal vez de mayor importancia es el hecho de que compara
estos ritos bárbaros a los de Egipto y Grecia, y establece relaciones
con las nefastas costumbres de la Península, en especial las de la
Inquisición española:

> ... la culta Europa inmolaba también víctimas humanas
> al Dios del amor y de misericordia, con tan fanático celo
> como los *bárbaros* de Méjico a sus belicosas deidades.
> ¿Buscaremos rasgos de una civilización más adelantada
> que la que se lee en la sangrienta piedra de los Teocalis
> mejicanos, en las hogueras de la inquisición, a cuya

fatídica luz celebraba España el acrecentamiento de su
poder y los nuevos resplandores de su gloria? (429)

Los cronistas como Clavijero también se servían de contrastes entre
las culturas del Viejo y del Nuevo Mundo, defendiendo a veces a
América; pero pocas veces desrrollaron una crítica tan acerba de
las instituciones religiosas. Es más, Gómez de Avellaneda coloca
a Cortés dentro de este marco de fanatismo que ella condena como
falla de su talento:

> Participaba también de aquella feroz superstición de su
> época, en que un celo religioso mal entendido hacía que
> no se considerasen como hombres a los que no profesaban
> las mismas creencias. Venía de una tierra poblada de
> hogueras inquisitoriales, donde casi era un rito religioso
> o un artículo de dogma el aborrecimiento a los *infieles y*
> *herejes*. Su gran talento no bastaba a hacerle superior al
> espíritu de su siglo y al carácter de su nación . . . (283)

Otro novelista español del mismo período, Pedro Alonso de
Avecilla, en su *Pizarro y el Siglo XVI* (1845), también disculpa
a los españoles que conquistaron a los incas atribuyendo su
conducta con los indios a un fanatismo del siglo (Zellers 68-70).
Gómez de Avellaneda parece suscribir esta defensa circunstancial
del conquistador.   Incluso en otra novela suya, *Dos mugeres*,
un personaje comenta por medio de una pregunta retórica que
"los crímenes no son regularmente sino el efecto de las grandes
cualidades exageradas y mal dirigidas por los acontecimientos y las
circunstancias" (192). Aun Moctezuma en *Guatimozín* sucumbe a
las circunstancias. Al principio de la novela no sólo resiste el celo
misionero de Cortés sino que defiende ante él la tolerancia religiosa:
"todos los dioses son buenos, y . . . los míos deben ser respetados
por vosotros" (232). Sin embargo, después de la destrucción de
sus ídolos, Moctezuma se vuelve tan ciego e intolerante "como
los cristianos de aquel tiempo". El fanatismo, según Gómez de
Avellaneda, no es propiedad exclusiva del español, pues el aliado
de Cortés, Xicoténcal padre, bautizado don Lorenzo de Vargas, en
poco tiempo llega a ser la personificación del siglo XVI. Así, la
autora lo pinta mientras reza:

..un observador imparcial se hubiera maravillado, creyendo encontrar en aquel indio republicano la personificación exacta del fanatismo de sus extranjeros dueños; el tipo perfecto de aquella época de fe y aberración, en que la causa de Dios no era en Europa la de la humanidad, en que se enseñaba el dogma de la misericordia con la punta de la espada, con la llama de la hoguera, y se plantaba el altar de la hostia, cándida y pura, afirmando sus cimientos en su suelo enrojecido por inocente sangre. (498)

La repetida crítica de la Inquisición española del siglo XVI resulta más fuerte que la de los sacrificios humanos de los aztecas. Refiriéndose a su propio siglo Gómez de Avellaneda también menciona la Inquisición en *Dos mugeres*, cuya acción tiene lugar en 1817 en España, cuando al principio de la novela, la devota Leonor maldice a los franceses por el contagio de las malas costumbres y se declara enemiga de José Bonaparte, mientras su hermano Francisco le hace recordar que los invasores abolieron la Inquisición (14). De hecho, la Inquisición se impuso de nuevo con la vuelta al poder del rey Fernando VII en 1814 (Atkinson 268).

Gómez de Avellaneda excluye de sus *Obras literarias* (1869-71) tres novelas: *Sab*, *Dos mugeres* y *Guatimozín, último emperador de Méjico*. Durante su vida, su obra había sido objeto de la censura. Por ejemplo en 1844, el Censor Regio de Imprenta decretó la retención en la Real Aduana de Santiago de Cuba de dos novelas, *Sab* y *Dos mugeres*, por contener "la primera doctrinas subversivas del sistema de esclavitud de la Isla y contrarias a la moral y buenas costumbres, y la segunda por estar plagada de doctrinas inmorales" ("Expediente" 103). Además, en 1858, el drama *Baltasar*—en cuya obra figuran dos personajes importantes, una mujer y un hombre esclavos—fue aprobado por el censor oficial pero tuvo que sufrir una nueva revisión por encargo del Vicario de la diócesis porque los enemigos de Gómez de Avellaneda decían que ella infería ofensas a la religión católica (Cotarelo y Mori 310). Con todos estos indicios, no es difícil suponer que Gómez de Avellaneda por un acto de auto-censura, común entre escritores de sociedades represivas tanto del siglo XIX como del siglo actual, escogiera suprimir de sus *Obras literarias* ciertas novelas cuyas ideas eran problemáticas, como las de *Guatimozín* que versaban en parte sobre la crueldad de la conquista y el fanatismo de una institución religiosa que pervivía, por lo menos, en la censura oficial, moral y religiosa. Cuando seleccionó y revisó los textos destinados a los cinco tomos de sus *Obras literarias*, y los dedicó a la isla de Cuba, tal vez recordara la oposición que ciertas obras suyas habían sufrido en ultramar.

Notas

1. Una discusión de estas fuentes en *Guatimozín* forma parte de otro estudio nuestro en que exploramos los episodios históricos de las crónicas bélicas y el rostro escondido e inventado de la vida familiar tanto entre amantes y cónyuges como entre españoles e indígenas. "Conciencia nacional ante la historia: *Guatimozín, último emperador de Méjico* de Gertrudis Gómez de Avellaneda".
2. También estudiamos en "Conciencia nacional ante la historia: *Guatimozín, útimo emperador de Méjico*", los personajes femeninos de esta novela,—como la princesa azteca Quilena, una amazona que degüella a dos españoles y bebe su sangre—que merecen atención porque apoyan la discusión de estas limitaciones.
3. El subrayado es nuestro para facilitar la comparación con el siguiente pasaje de George Sand.
4. El subrayado es nuestro.

Obras citadas

Atkinson, William C. *A History of Spain and Portugal*. London: Penguin Books, 1973.

Coronado, Carolina. "Doña Gertrudis Gómez de Avellaneda". *La Discusión*. 4 de agosto de 1857 y 29 de mayo de 1858. En *Obras de la Avellaneda*. Vol. 5. 486.

Cotarelo y Mori, Emilio. *La Avellaneda y sus obras*. Madrid: Tipografía de Archivos, 1930.

Escoto, José Augusto. *Gertrudis Gómez de Avellaneda: Cartas inéditas y documentos relativos a su vida en Cuba de 1859 a 1864*. Matanzas: La Pluma de Oro, 1911.

"Expediente donde se decreta la retención (y reembarque) de dos obras de Gertrudis Gómez de Avellaneda por contener doctrinas subversivas y contrarias a la moral". *Boletín del Archivo Nacional* 40 (1941): 103 y ss.

Ferreras, Juan Ignacio. *El triunfo del liberalismo y la novela histórica (1830-1870)*. Madrid: Taurus, 1976.

Figarola-Caneda, Domingo. *Gertrudis Gómez de Avellaneda. Biografía, bibliografía e iconografía*. Madrid: Sociedad General Española de Librería, 1929.

Garfield, Evelyn Picon. "Conciencia nacional ante la historia: *Guatimozín, último emperador de Méjico* de Gertrudis Gómez de Avellaneda". *Contextos: literatura y sociedad latinoamericanas del siglo XIX*. Eds. E. Picon Garfield e I. A. Schulman. Urbana: U of Illinois P, en prensa.

Gómez de Avellaneda, Gertrudis. *Guatimozín, último emperador de Méjico* y *Dos mugeres*. Vol. 5 de *Obras de la Avellaneda*. La Habana: Aurelio Miranda, 1914.

Sand, George. *Lélia*. Paris: Éditions Garnier Frères, 1960.

Zellers, Guillermo. *La novela histórica en España. 1828-1850*. New York: Instituto de las Españas, 1939.

El Paraguay colonial en *Zama*
de Antonio Di Benedetto

Malva E. Filer

Brooklyn College and Graduate School and
University Center of The City University of New York

Reconstruir el pasado, ya sea el pre-hispánico para Paz y Fuentes, o el de las postrimerías de la Colonia para Di Benedetto es, en efecto, re-establecer las bases de la propia realidad. Para componer *Zama* (1956), nuestro autor consultó libros y recogió minuciosa información. No se proponía, sin embargo, la escritura de una novela histórica. "Saturado de conocimientos", según dice, desechó el material recogido y escribió libremente, despreocupándose de los posibles anacronismos o imprecisiones (Lorenz 132). Verdad es que su ánimo recreador no se concreta en descripciones o pasajes eruditos. Di Benedetto usó sus fuentes con gran economía y selectividad. La evocación del pasado corresponde, en esencia, a la verdad histórica. El texto es, sin embargo, necesariamente anacrónico, ya que él señala un contexto contemporáneo de su escritura. El recinto espacial de la novela es una zona geográfica que incluye territorios del Paraguay y del Brasil actuales. Esta región del continente le era totalmente desconocida al autor, cuando escribió su obra. La descripción del suelo, la flora y la fauna, que va señalando el itinerario de su protagonista es, por tanto, producto de un conocimiento exclusivamente libresco. El marco histórico está indicado por las fechas que encabezan las tres etapas narrativas: 1790, 1794, 1799.

Tanto el contexto geográfico como el histórico han sido recreados
mediante la absorción, réplica y transformación de otros textos,
procedentes de la crónica y la historiografía. *Zama* asimila estos
fragmentos del pasado, inscribiéndolos en el contexto intelectual de
mediados de nuestro siglo. Tiempo de la narración y tiempo de la
escritura se conjugan en un relato que evoca, con esencial fidelidad,
lugares y circunstancias del mundo colonial hispánico a través de
un narrador que se expresa con lenguaje teñido de existencialismo.
Pero *Zama* es, además de lo dicho, la novela de un argentino que
ha meditado su condición americana con los conceptos ideológicos
de su propio ambiente y de su época. Publicada en 1956, ésta
es una obra que ejemplifica el proceso de la productividad textual
de que han escrito Bakhtin, Kristeva y otros, ya que en ella se
configura un "espacio dialógico" de textos que convergen y se
interpenetran para producir el texto pluridimensional que leemos.
En las siguientes páginas, intentaré deslindar estos distintos niveles
del texto, subrayando en el mismo la presencia de una problemática
americana.

Di Benedetto ha hecho una elección afortunada al situar su
novela en la última década del siglo XVIII. La acción transcurre
durante el período correspondiente a los viajes de exploración
y estudio de Félix de Azara, realizados como Comisario de la
Tercera Partida Demarcadora de los límites, por siglos en disputa,
entre España y Portugal. Las obras del citado erudito fueron,
ciertamente, de decisiva importancia para el autor de *Zama*, cuyo
texto contiene, asimilados, el lenguaje descriptivo y los datos
informativos que se hallan en *Descripción e Historia del Paraguay
y del Río de la Plata* (Buenos Aires: Bajel, 1943) y en *Geografía
física y esférica de Paraguay* (Montevideo: *Anales del Museo
Nacional*, I, 1904). Estos libros de Azara hacen posible que
el novelista reconstruya la geografía paraguaya correspondiente
a la época de su obra, la cual, según Efraín Cardozo, "no es
ni aproximadamente la de nuestros días, después de siglos de
devastación forestal" (26). Para recrear la fisonomía de Asunción,
durante el período indicado, Di Benedetto disponía, asimismo,
de una excelente recopilación histórica hecha por R. de Lafuente
Machain en *La Asunción de antaño* (Buenos Aires: Amorrortu e

Hijos, 1942), y también, probablemente, del libro de Fulgencio R. Moreno, *La ciudad de Asunción* (Buenos Aires: Librería J. Suárez, 1926). El acceso a estas y otras posibles fuentes de información pueden haber decidido su elección de época. Hay, sin embargo, otras razones, también plausibles, que merecen consideración.

El período histórico en el que se desarrolla la acción de *Zama* pertenece a la época de reformas político-administrativas iniciadas bajo el régimen borbónico de Carlos III. La más importante de estas reformas—en lo concerniente a las colonias—fue el establecimiento del Régimen de Intendencias que suplantó, desde 1782, el sistema de Corregimientos. El cambio institucional se propuso, y parcialmente logró, una administración más eficaz y mejor controlada desde la Metrópoli, y el incremento de los ingresos del Tesoro. Pero el nuevo régimen produjo, por otra parte, el desplazamiento de los criollos que habían ocupado cargos de Gobernadores, Alcaldes mayores y Corregidores, y su sustitución por funcionarios peninsulares. Este hecho tendría, a los pocos años, importantes consecuencias políticas para la América española. Creemos que el momento de transición política aludido por la novela sirve de apropiado contexto al drama existencial y americano de su protagonista. Aunque no hay referencia explícita a las circunstancias arriba señaladas, sabemos que ellas gravitan decisivamente en la vida de Diego de Zama, un criollo que había sido Corregidor. En el cumplimiento de sus funciones, Diego había dominado rebeliones indígenas y pacificó territorios, desempeñándose como jefe militar y como juez. Su conducta enérgica y valiente le había ganado "honores del monarca y respeto de los vencidos" (13). Pero estas conquistas, cuyo recuerdo lo elevaba ante sus propios ojos, pertenecían a un tiempo irrevocablemente clausurado. Al comenzar el relato lo encontramos ejerciendo el cargo de Asesor Letrado con el que la Corona favorecía a algunos de los funcionarios desplazados por el cambio administrativo. Zama se ve, en dicho puesto, como hombre "menguado", en relación a la imagen de Corregidor bravío con la que asocia su vida anterior. El cargo de Asesor Letrado se colocaba en segundo rango, después del de Gobernador, en toda la extensión de la provincia. Sin embargo, la realidad política

y económica desmentía esta alta jerarquía. Los Gobernadores
Intendentes se condujeron como "virreyezuelos", afirma Levene
(243). A través de la novela se insinúa su conducta arrogante
y despótica, atenuada solamente por generosidades demagógicas.
Los años transcurren, para el protagonista, sin que ellos le traigan
alivio económico ni mayor protección contra las arbitrariedades de
sus jefes. Su vida se transforma en una impotente espera, mientras
envía repetidas e inútiles cartas, informes y peticiones, para que
se atienda a su desesperada escasez de recursos y su problema de
separación familiar. La soledad y el desamparo irán socavando el
sostén moral y psicológico de su personalidad.

Las circunstancias que marcan la vida de Diego de Zama,
desde 1790 hasta 1799 coinciden, en lo objetivo, con las que
afectan, durante el mismo período, al Dr. Miguel Gregorio
de Zamalloa (1753-1819), cuya biografía, escrita por Efraín
V. Bischoff, fue publicada por la Universidad de Córdoba en
1952. Lugar y fecha de publicación son significativos, ya que
la investigación previa a la escritura de *Zama* fue hecha en
la biblioteca de esa Universidad hacia 1955. Hay diferencias
importantes, sin embargo, en cuanto a la personalidad y conducta
respectivas. El personaje histórico, tal como lo conocemos, soportó
con entereza los años de prueba y alcanzó posiciones influyentes,
al final de su vida, cuando su país conquistó la independencia. El
protagonista de *Zama* es, en cambio, un ser débil que sucumbe a
una progresiva degradación. La novela, dedicada a las víctimas de
la "espera", transmite una preocupación obsesiva que asociamos
con Kafka. Además, Diego es, como el personaje de Camus, un
"extranjero". Su vida es la de un exiliado que, paradójicamente, no
tiene patria. Su ansiedad por identificarse con lo europeo, a través
de España, choca con la dura realidad de que aquélla era una patria
perdida aun antes de nacer. Se niega, sin embargo, a aceptar como
propios el único suelo y la única gente en los que podría proyectar
la esperanza de un futuro.

Di Benedetto recrea el pasado y transforma a su Asesor
Letrado en anti-héroe de un drama existencial. Pero éste es un
drama tanto individual como colectivo, ya que él involucra los
conflictos que subyacen en la identidad, siempre problemática, del

hispanoamericano. Diego se siente perdido en la inmensidad de un continente ignorado por Europa. "Para nadie existía América sino para mí" (34), reflexiona angustiado. Tal vez por ello esa tierra le resulta invisible, aunque la tiene en torno. La invisibilidad del propio suelo podría derivarse, siguiendo el pensamiento de H. A. Murena, de la ausencia de una historia propia. Esas "tierras sin historia", dice en *El pecado original de América*, "están encubiertas por una capa de historización adventicia" que les ha conferido Europa, de acuerdo a sus propios patrones (27)[1]. El "manto de falsa historia" no surgida del trato con la tierra crea la ilusión de una continuidad con Europa e inhibe la gestación de una nueva vida. En efecto, Zama se ve a sí mismo como un desterrado de Europa. Así como el suelo americano le resulta invisible, su propia existencia le parece desprovista de valor, a menos que ella sea revalidada en la lejana Metrópoli.

Noé Jitrik señaló la preocupación americana de *Zama*, afirmando que el autor había encarnado en su personaje una actitud propia de épocas que le son posteriores. Se refiere Jitrik a "los americanos que, por imaginarse en Europa, realizan mal la vida en América y desdeñan formular el proyecto americano que define toda relación posible con una América en construcción" (52-55)[2]. La dependencia de Diego es, de hecho, tanto material como espiritual, y sin posible liberación, dados sus medios de vida y su falta de identificación con la única realidad que podría pertenecerle. Vive, como criollo, una vida permanentemente provisoria, siempre mirando hacia afuera y comparándose con un mundo ajeno que le sirve de modelo inalcanzable y frustrador. En contraste con él, la novela presenta otro personaje llamado Vicuña Porto. Rebelde contra los españoles pero amigo y conocedor de los indios, Vicuña es un producto del suelo y de su gente. Este personaje prefigura la mezcla de violencia, valentía, astucia y generosidad de los futuros caudillos americanos.

Las tres etapas narrativas en cuyo desarrollo se define el destino de Zama, están conectadas por la figura enigmática de un niño rubio. La clave de este personaje parece encontrarse en su descripción física. Por cierto, un niño rubio en el Paraguay del siglo XVIII hubiera sido exótico y obviamente europeo. Espigado—esto es, alto para su edad—y abandonado a sus fuerzas, aparece sucio, descalzo, desarrapado. El niño no crece a lo largo de la novela; para él, el tiempo no pasa. La edad de doce años en que ha quedado detenido es, precisamente, el momento en que se inicia el proceso de maduración que lo transformaría en adulto. Los elementos descriptivos sugieren la irrealidad del personaje, claro indicio de que se trata de una aparición simbólica. Partiendo de las ideas y preocupaciones americanas que venimos señalando, y que el propio autor ha confirmado (Lorenz 140), este personaje puede considerarse simbólico de la condición del español, material y espiritualmente desheredado, en tierras de América. Degradado por la pobreza, el niño refleja, como un espejo, la tragedia del protagonista. Es también, sin embargo, quien lo salva de la muerte. Diego no ha actualizado su potencial humano. Ni uno ni el otro ha crecido. El tiempo no ha transcurrido en la historia de América, que parece condenada, como Macondo, a los "cien años de soledad".

Ezequiel Martínez Estrada señalaba, en *Radiografía de la Pampa*, el error de haber designado a América como Nuevo Mundo, cuando ella había tenido civilizaciones cuyo apogeo coincide, en el tiempo, con la entrada de los moros en España. También Murena se refiere, en su libro ya citado, a la juventud que erróneamente se ha atribuido a los pueblos del continente, para excusar con ella sus fracasos y frustraciones. "América es", dice Murena, "un hijo crecido y sin experiencia" (40). Esta caracterización es aplicable a la conducta inmadura del protagonista de *Zama*. Sin embargo, cuando finalmente se niega a alentar la ilusión de riqueza de sus compañeros de aventura, tal decisión sugiere que ha encontrado el verdadero camino. Este parece ser el sentido de su último mensaje, escrito más para sí que para su esposa, a quien lo dirige: "Marta, no he naufragado" (204).

El criollo Zama, producto y víctima de una América de historia prestada y de espejismos, comienza a aprender que sólo ha de salvarse aceptándose a sí mismo. Al recobrar la conciencia, luego del rito de pasaje que es su mutilación, sabe que no ha nacido de nuevo. Del mismo modo, los españoles e indios que forman los pueblos de América no son hombres nuevos, sino descendientes de ilustres antepasados, cuyas glorias lejanas decoran la historia³. El trasplante del europeo a América fue una experiencia mutiladora, pero también representaba la expansión de sus posibilidades humanas. El autor guía al protagonista hacia la toma de conciencia de que su vida no está en otra parte, sino en esas tierras donde el hispanoamericano debe realizar su experiencia y crear su propia historia. La novela se revela, así, como una búsqueda textual en cuya evocación histórica el pasado anuncia, a la vez que incorpora, las potencialidades del futuro. La re-escritura del pasado es, en el texto de *Zama*, búsqueda e invención, memoria y profecía.

Notas

1. La fecha de publicación de este libro, anterior en dos años a la primera edición de *Zama*, hace posible una influencia de sus ideas en la concepción de la novela.
2. Esta opinión concuerda con la expresada por Antonio Pagés Larraya en su reseña de la novela.
3. A estos antepasados alude, probablemente, el sueño en el que Diego se encuentra, solo, ante las ruinas de un antiguo teatro cuyo telón de fondo muestra figuras que representan "una batalla inmóvil" (81). El título de la novela alude, también, a una famosa batalla, aquélla en que Roma derrotó a Cartago, heroicamente defendida por Aníbal, en el año 202 antes de Cristo.

Obras citadas

Cardozo, Efraín. *El Paraguay Colonial*. Buenos Aires: Nizza, 1959.

Di Benedetto, Antonio. *Zama*. Buenos Aires: Centro Editor de América Latina, 1967.

Jitrik, Noé. *La nueva promoción*. Mendoza: Biblioteca San Martín, 1959.

Levene, Ricardo. "Introducción a la Historia del Derecho Indiano". *Obras*. Vol. 3. Buenos Aires: Academia Nacional de la Historia, 1962.

Lorenz, Günter. *Diálogo con América Latina*. Valparaíso: Pomaire, 1972.

Martínez Estrada, Ezequiel. *Radiografía de la Pampa*. 5ª ed. Buenos Aires: Losada, 1961.

Murena, H. A. *El pecado original de América*. Buenos Aires: Sur, 1954.

Pagés Larraya, Antonio. Reseña de *Zama*, de Antonio Di Benedetto. *La Razón*. 12 de diciembre de 1956.

El arpa y la sombra: desocultamiento y visión integradora de la historia

Alicia Chibán

Universidad Nacional de Salta

> . . . únicamente la fuerza del presente nutre
> el hálito de la esperanza y el coraje de la
> reinterpretación del pasado transmitido.
> Paul Ricoeur

Hacia la verdad histórica

No es casual que los actuales escritores hispanoamericanos acudan con insistencia a nuestra historia fundante para extraer de allí su materia, ni es casual que lo hagan al crear novelas. Es este género el que, por su misma naturaleza integradora y libre, puede permitir un acercamiento al pasado en verdadera actitud dialogante, esto es, niveladora: se trata de despojar a la historia anterior de su jerarquía distante y absoluta para atraerla hasta un presente que sólo esclareciéndola consolidará un punto de partida hacia el futuro.

Lo que muchas nuevas narraciones ficcionalizan—y al ficcionalizar, revelan—es la consideración de la historiografía como multiplicidad de perspectivas, resultante inevitable de la inaccesibilidad a la verdad total del acontecimiento histórico. Novelistas como Alejo Carpentier o Miguel Otero Silva—por mencionar sólo dos—se valen fructuosamente de las nuevas técnicas narrativas para sacar a la luz las diferentes interpretaciones que sobre un hecho o una persona se han dado a través del tiempo, examinarlas, confrontarlas, desandarlas, poniendo al descubierto su relatividad y la insuficiencia de una visión única y cerrada.

Ya las primeras crónicas inauguraron una actitud de fuerte permanencia en nuestras letras—casi nunca desligadas de lo histórico: la de la revisión y enmienda de textos precedentes. Hoy la novela continúa aquel propósito complementario de la historiografía y en esto consiste su "referencialidad": no en la narración de los acontecimientos tal como están documentados sino en una utilización creativa de los mismos para reinterpretar el sentido de la historia. Y esto buscando, pragmáticamente, una verdad identificatoria, fundadora del propio "estar-en-el-mundo" e impulsora de los pasos futuros.

Nos proponemos demostrar esta aptitud de la nueva narrativa por la consideración de la novela en que Alejo Carpentier— coincidiendo con otras creaciones de las últimas décadas—[1] se centra en la figura de Cristóbal Colón. *El arpa y la sombra*, publicada en 1979, se remonta al tiempo fundacional de nuestra cultura con el propósito de desocultar su verdad.

El conocimiento del pasado debe contar necesariamente con la "distancia histórica", entendida como "la forma fundamental de la alteridad del acontecimiento" (Ricoeur 164) pero ésta, intensificada, ha dado lugar a las perspectivas idealizantes, cuando no hagiográficas, sobre la vida de Colón.   En el campo literario, no es difícil encontrar un paralelo entre este fenómeno historiográfico y el de la epopeya que, relegando su materia a un pasado absoluto, en actitud reverencial convierte en héroes a sus personajes.   Se comprende entonces que Carpentier arremete contra las interpretaciones sublimantes y unilaterales de la historia por el manejo de los varios recursos de la novela que, habiendo nacido para contrarrestar la "distancia épica"[2], le sirven ahora para acortar—o aun anular—la distancia histórica.

Así, en esta obra, el horizonte temporal y axiológico del autor entra en diálogo con el de su materia y aproxima al personaje, convirtiendo en discurso su propia conciencia a través de su voz, además de utilizar su voz como medio de familiarización y des-heroización.   Por otra parte, van contra las parcializaciones historiográficas, surgidas de un inevitable monologismo, todos los procedimientos polifónicos de desdoblamiento, multiplicación y superposición de interpretaciones de la realidad.

El proceso constructivo de la novela (ver Esquema I) marcha desde la complejidad hacia una simplificación, pero simplificación no dada por reducción sino por convergencia: lo que parece ser un único tiempo, oculta tras de sí todos los anteriores; detrás de una voz se dejan oír otras voces. De allí que consideremos como una metáfora de la estructura narrativa, la referencia a las columnatas de Bernini: vista desde un punto determinado de la Plaza de San Pedro, en Roma," . . . la columna frontal oculta tan perfectamente las otras tres, que cuatro parecen una sola" (226).

Metáfora también es ésta del eje semántico central de la novela, trazado por el juego de realidad y apariencia que desafía a todo buscador de la verdad histórica. Al trascender el engaño de la "columna única", de la historia unidireccional, la narración distribuye las voces que han interpretado—y enjuiciado, por tanto—a Colón, en grandes planos inclusivos, regidos por la noción de "distancia histórica": el central, donde esa distancia es mínima, en el que el propio personaje se autoenjuicia, y otro, que se dispone como un gran marco[3], en donde la historiografía enjuicia a Colón desde progresivos grados de alejamiento. Aun por encima de ellos descubrimos—ya no por marcas discursivas explícitas sino a través de indicios más sutiles—el plano más englobante y semánticamente más profundo: el de la disposición total de la escritura—desde el horizonte contemporáneo—hacia la evaluación y el juicio sobre la historiografía anterior.

El autoenjuiciamiento

Dentro de la misma novela se manifiesta la concepción de la historiografía como experiencia hermenéutica del pasado, que supone la distinción entre el acontecimiento o el personaje tal como pudieron haberse dado, y las voces—conciencias, textos—que van ocultándolos o revelándolos a través del tiempo: "Encausado ausente, forma evocada, hombre de papel, voz trasladada a boca de otros para su defensa o confusión . . ." (191).

En el núcleo central de la narración esa distinción, esa distancia, se acorta al máximo por cuanto el mismo personaje ficcionaliza la situación fundante del conocer histórico: por una parte, vive su propia alteridad, en la medida en que enjuicia su pasado, y por otra—lo que no deja de tener un sentido irónico— dispone cuál porción de su verdad legará al futuro. El protagonista aparece entonces escindido en tres tiempos, coincidentes con tres situaciones del decir (ver Esquema II) de las cuales sólo una es verdaderamente reveladora[4]: la "confesión" central que asume ambivalentemente los dos sentidos del término al canalizar la autoexpresión además de cumplir, como la confesión sacramental, una función penitencial y expiatoria. Desde el presente enunciativo, al filo de la muerte, el personaje ha alcanzado la visión de su existencia como algo concluso y puede ir enjuiciándola. Sobre el envejecido *Diario* del Colón aventurero, impone su discurso el Colón franciscano arrepentido, a veces en diálogo (va citándose, parafraseándose, explicándose), a veces en flagrante oposición impugnadora.

La historiografía enjuicia a Colón

La persona de Colón y el sentido de su empresa son motivos permanentes de acalorados enfrentamientos. Fácil es entender que en los primeros tiempos los intereses en juego produjesen exageraciones, falsificaciones y las consiguientes polémicas. Pero la controversia ha recorrido los siglos y hoy no ha cesado, quizá porque a las persistentes divergencias cosmovisionales e ideológicas se suman las zonas de misterio y los vacíos con que nos han llegado los datos sobre la vida y la aventura colombinas, fomentando los desacuerdos. Esta situación, por extremada, sirve para poner de relieve la concepción de la historiografía como un gran diálogo de voces—con el acontecimiento y con las otras voces—en el tiempo, que es la presentada en la novela. Si en la situación narrativa central, una conciencia se desdobla, en las partes que sirven de marco constatamos el recurso inverso: las disímiles voces—interpretaciones—cada vez más distantes de la aventura colombina (las de los siglos XV, XVI, XIX y XX) van superponiéndose, simultaneizándose.

Carpentier recorre la tradición historiográfica; va contex-
tualizando las citas de Roselly de Lorgues, León Bloy, Schiller,
Julio Verne, Las Casas y Lamartine, hasta ubicarlos polarmente
como panegiristas—enaltecedores del "Gran Almirante"—o como
detractores—". . . racionalistas, incapaces, acaso, de percibir una
'poesía de actos' . . ." (191)—en el juicio que escenifica en la
última parte, a la manera pictórica barroca: por sobre el plano
terreno se extiende, en la Capilla Sixtina, el gran fresco del Juicio
Final[5].

El juicio a la historiografía

El arpa y la sombra reinterpreta la historia. En este sentido
recoge pero también se inserta en la tradición historiográfica, en
la medida —nada escasa, por cierto—en que puede intentarlo una
novela[6]. Y lo hace críticamente. En primer lugar, ironiza sobre
las posibilidades de su comprensión histórica total, deslindando la
vida, con sus huidizas contorsiones y sus lados inexplicables, de
los intentos de su aprehensión por la palabra:

. . . el hacer necesita de impulsos, de arrestos, de
excesos . . . que mal se avienen, hecho lo hecho,
conseguido lo que había de conseguirse, con las palabras
que, a la postre, adornadas en el giro, deslastradas de
negruras, inscriben un nombre en el mármol de los siglos.
(57)

El relato historiográfico se traza un camino retrospectivo, y
ese camino está ya cubierto—y a veces encubierto—por palabras.
Carpentier ficcionaliza esta precariedad, no sin ironía, al presentar
dos núcleos inaccesibles para la interpretación. Uno de ellos
está testimoniado por viejas crónicas y confirmado por estudios
recientes[7]: la apropiación, por parte de Colón, del "secreto"
de la existencia de nuevas tierras, con lo cual el aparente
"descubrimiento" no pasaría de ser una mera constatación. El
otro—el amor oculto de Colón por Isabel—es un motivo de
invención poética que tiende al mismo fin: demostrar que el
conocimiento histórico puede extraviarse por un primer escamoteo
de la verdad, por la primera construcción de una apariencia falsa.

La novela, al enmendar la excesiva idealización de Colón, alerta contra la relatividad de la historiografía, sobre todo de las posiciones unilaterales. De allí que bucee en nuestra historia tras las apariencias, para invitar a desplazarnos del lugar desde donde "la columna frontal oculta tan perfectamente las otras tres, que cuatro parecen una sola" (226).

El sentido integrador y la proyección futura

Pero para Carpentier, desocultar la verdad no significa revertir, simplistamente, la mitificación. Hay que tener muy claro que el fallo del Juicio escenificado en la novela—la condena que el Invisible llora en la Plaza de San Pedro—no es el fallo de la novela misma. Ésta, por la ficcionalización del autoenjuiciamiento y de las voces de la historiografía, alcanza una visión amplia e integradora de nuestros orígenes.   Sería inadecuado, por consiguiente, entenderla como una mera detracción; por debajo de la primera impresión que recibimos de un Colón ambicioso y embustero, no deja de percibirse el reconocimiento hacia quien ha realizado una hazaña de la voluntad "lo bastante poblada de portentos para dictar una canción de gesta . . ." (182), y para dictar una novela que llega a inscribirse en las alturas bíblicas. Porque en la elección de citas como la de Isaías para los epígrafes—"Extendió su mano sobre el mar para trastornar los reinos . . ." (55)— se contrarresta el uso irónico que de las mismas se hace en el interior de la narración. Así, cada característica de signo negativo encuentra su reverso: el motivo del oro, por ejemplo, remite a la doble incidencia que tuvo en la historia de América, como "botín" y como "prodigio"[8]: el nuevo continente vino a enlazar, para el imaginario europeo, los mitos de la Edad de Oro dispersos en el tiempo, confiriéndoles un sentido y un destino. Pero también, desde los tiempos mismos del "Descubrimiento", la búsqueda de la Edad áurea coincidió, paradójicamente, con la de ricos territorios como El Dorado. América surgió, pues, ante el Occidente, como promesa a este "doble signo del oro"[9].

El arpa y la sombra magnifica el móvil material de la misión colombina lo suficiente para neutralizar—es su objetivo—la perspectiva hagiográfica pero no llega a anular los valores ideales

opuestos: la persecución cada vez más obsesiva del oro material
pareciera dar argumentos a la "leyenda negra", pero ese mismo
oro, por inalcanzable e inexistente, va recargándose de una fuerza
simbólica y mítica—divinizándose—hasta trascender en mucho
el puro valor mercantil—"Y sigo adelante, buscando, esperando,
ansioso, anhelante . . . incapaz de saber dónde se me oculta la
Mina Original, la Áurea Madre, el Gran Yacimiento, el Supremo
Bien de estas tierras . . ." (161)—y convertir a Colón en emblema
del hombre como perseguidor de espejismos siempre huidizos.

Baste este ejemplo—entre los varios que podrían
proponerse—para confirmar la actitud des-idealizante pero a la
vez integradora que le habíamos atribuido a la novela.   Y
habíamos considerado, además, su intención desocultadora de la
historia en vista de un futuro que nos incluye[10].   Veámoslo
sin apartarnos del motivo del oro: Colón como sujeto narrativo,
emblematiza la trayectoria de América en su relación con el
imaginario europeo: los mismos presentimientos y profecías de
la Edad de Oro—noticias de navegantes, el fragmento coral de
Medea—que, prefigurando a América, habían movilizado su deseo
y desafiado su voluntad, son instrumentados por él después de
su viaje, en un interesado juego verbal manipulador en el que
suma al oro mítico, el oro metal.   Así, esta ficcionalización de
América simboliza narrativamente lo que también han constatado,
con bastante insistencia, nuestros ensayistas: "Sobre América
hispana se proyectaron . . . la sobrecarga de psiquismo español,
las luces tempranas de las utopías, . . . las visiones de iluminados
como Colón . . . Por eso el latinoamericano no se sabe aún; por eso
se pregunta sin cesar sobre su cultura, su condición . . ." (Liscano).

En *El arpa y la sombra* queda claramente deslindada la
especificidad americana, de las proyecciones europeas. A la luz
de todo el pensamiento de su autor podemos entender que si hay
un rechazo, va dirigido sólo contra la ubicación del centro de las
perspectivas de Europa; por lo demás, las tempranas incidencias
del imaginario europeo en América, nos constituyen. Si así no lo
hubiera comprendido el escritor cubano, no habría podido ser uno
de los más lúcidos reveladores del ser mestizo de América y de su
condición tendida entre lo "real" y lo "maravilloso".

El Colón joven—marinero desconocido—fascinado por relatos sobre la Edad de Oro, en definitiva alcanzó la tierra del Génesis—"Fui sincero cuando escribí que aquella tierra me pareció la más hermosa que ojos humanos hubiesen visto" (127)—pero donde el Paraíso no estaba ya establecido sino donde todo estaba por hacerse. De ahí su reclamo al futuro: "Había que describir esta tierra nueva. Pero, al tratar de hacerlo, me hallé ante la perplejidad de quien tiene que nombrar cosas totalmente distintas de todas las conocidas . . . y no era yo un nuevo Adán, escogido por su Criador, para poner nombres a las cosas" (128)—dice Colón. El Carpentier ensayista, entablando un diálogo, retoma el desafío en nombre de los nuevos escritores: "Pero resulta que ahora nosotros, novelistas latinoamericanos, tenemos que nombrarlo todo—todo lo que nos define, envuelve y circunda" (*Tientos* 37).

ESQUEMA I

PARTES	TIEMPO			VOZ NARRATIVA	ESPACIO	RELACIONES ACTORALES
	Presente narrativo	Proyecciones	temporales			
I	Mediados siglo XIX (papado de Pío IX)	Pasado inmediato: Comienzos siglo XIX (juventud de Mastai)	Pasado remoto: Siglo XV (vida de Colón)	Narrador en tercera persona, desde el presente de la escritura	Europa / América	Desdoblamiento: Pío IX / Mastai ; Paralelismo: Mastai / Colón
II	Comienzos siglo XVI (agonía de Colón)	Siglo XV (aventura de Colón); Futuro inmediato; inminente confesión	Siglos XIII y XIV (viajes de los vikingos); Futuro mediato; tendido hacia el horizonte del lector	Perspectiva pseudo-autobiográfica desde el presente del sujeto enunciador	Europa / América	Desdoblamiento: Colón / Franciscano, Colón / Marinero ; Paralelismo: Colón / Vikingos
III	Comienzos del siglo XX (convocación de los tiempos pasados)			Narrador en tercera persona (Idem I)	Europa (Roma)	Oposición: Panegiristas / Detractores ; Paralelismo: Colón / Andrea Doria

La organización vertical del esquema marca las partes ya diferenciadas en la novela por numeración, subtítulos y epígrafes. Horizontalmente, se incluyen los aspectos de mayor relevancia para señalar las disyunciones entre las partes.

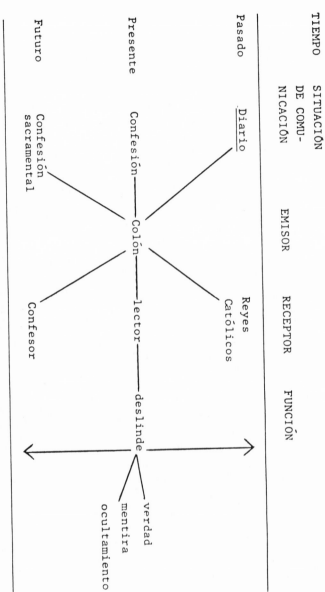

ESQUEMA II

Notas

1. Ver, por ejemplo, Posse, *Los perros del paraíso* y Silva, *La comedia española*.

2. Ver Bakhtin.

3. Por encima de las disyunciones que separan las tres partes del texto (ver Esquema I), el paralelismo situacional de la primera y la tercera nos permite reconocer la presencia de un gran marco narrativo que encuadra el segmento central (organización global que está anticipada sinecdóquicamente por las estructuras también enmarcadas de las dos primeras partes, consideradas como microsecuencias).

4. El discurso central (emitido por el yo desde el presente de la enunciación) deslinda la verdad y mentira en el pasado y en el futuro, cuya calidad de "tiempos de ocultamiento" se intensifica por la permanente asociación de ambos con el campo semántico de "lo teatral", entendido como lo enmascarador.

5. La propuesta de canonización representa el extremo de la tendencia idealizante, dada en la primera parte como una posibilidad que puede o no cumplirse pero que—diríamos si aplicásemos el esquema actancial de Greimas—no halla oponentes hasta llegar al tramo final de la narración, donde se ficcionaliza el desacorde juicio de la historiografía.

6. Constatamos que hoy nuestra ficción novelística se ofrece como texto alternativo de la historia hispanoamericana, y no sólo por revelar la experiencia individual y cotidiana, la "parte perdida" de la historia, como ya quería Vicente Fidel López, sino también para desocultar—polemizando con su pre-texto—lo que la historiografía oficial calla o enmascara.

7. Ver, por ejemplo, Manzano Manzano, *Colón y su secreto*.

8. Retomamos estos términos de Bloch, *Le principe esperance*.

9. Para un desarrollo de este tema, ver Aínsa, "Séneca y América".

10. Es interesante—pero no sorprendente—comprobar que, en el discurso literario, esta actitud de nuestros escritores difiere notablemente de la asumida por autores extranjeros al abordar el mismo tema que nos ocupa. Paul Claudel (*El libro de Cristóbal Colón*) o Niko Kazantzakis (*Cristóbal Colón*), por

ejemplo, pueden saltar fácilmente desde el personaje histórico a la creación de un paradigma poético universal. En ellos la "distancia histórica" con respecto al acontecimiento original está intensificada por cuanto a la lejanía temporal se suma la vivencia de una alteridad cultural.

Obras citadas

Aínsa, Fernando. "Séneca y América". *Cuadernos Hispano-americanos* 442 (1987): 7-25

Bakhtin, Michael. "Epopeya y novela". *Eco* 193 (1987): 37-60

Bloch, Ernst. *Le principe esperance*. Paris: Gallimard, 1982.

Carpentier, Alejo. *El arpa y la sombra*. México: Siglo Veintiuno, 1980.

——. *Tientos y diferencias*. Montevideo: Arca, 1967.

Claudel, Paul. *El libro de Cristóbal Colón*. Buenos Aires: Losada, 1941.

Kazantzakis, Niko. *Cristóbal Colón*. Trad. Miguel Castillo Didier. Buenos Aires: Carlos Lohlé, 1966.

Liscano, Juan. "Sobre la identidad americana". *La Nación* 17 de setiembre de 1978.

Manzano Manzano, Juan. *Colón y su secreto*. Madrid: Cultura Hispánica, 1982.

Posse, Abel. *Los perros del paraíso*. Barcelona: Argos Vergara, 1983.

Ricoeur, Paul. *Política, sociedad e historicidad*. Trads. Néstor A. Corona, Ricardo M. García, Mauricio M. Prelooker. Coordns. Bruno C. Jacovella y Eugenio Gómez. Buenos Aires: Docencia, 1986.

Silva, Jaime. *La comedia española*. Ottawa: Centro Cultural Canadiense Latinoamericano, 1982.

El relato de la historia en el
Diario de Buenos Aires. 1806-1807 de Alberto M. Salas

Isaías Lerner

Graduate School and University Center of The City University of New York

Me gustaría llamar la atención de los estudiosos de la narrativa hispanoamericana de los útimos años sobre un autor argentino cuyos textos a veces transgreden los muy borrosos límites del discurso artístico. En verdad, Alberto M. Salas (n. 1915) se considera historiador, pero suficientemente heterodoxo como para admitir un alto grado de selección intencionada en la presentación de datos y elementos informativos del pasado. Esta actitud ante la historia, sin embargo, es el fruto de una lenta evolución. Salas comenzó a publicar en la década de los años 40 trabajos sobre arqueología hispanoamericana. En esa misma década, en 1945, también apareció una elegía en prosa al poeta Jorge Eduardo Bosco, muerto en 1943, pero sin referente específico. Los acontecimientos políticos de 1947 dejaron fuera de toda posibilidad la continuación de sus trabajos arqueológicos y Salas orientó el sentido de su investigación hacia otros aspectos del saber histórico.

Son precisamente estos aspectos los que han ido perfilando sus trabajos. En 1949, *El Areito*, precedido por un estudio preliminar, reunió textos de Oviedo, Pedro Mártir y Las Casas sobre la danza de las Antillas. En 1950 apareció *Las armas de la Conquista*, en que Salas estudia las técnicas guerreras de los indígenas americanos y de los españoles mediante el examen de una ingente bibliografía que le sirve para documentar minuciosamente los increíbles hechos de la Conquista[1]. Precisamente, lo increíble y lo pintoresco, el comentario que se aparta de las grandes líneas del diseño histórico, aparece en el erudito volumen. Salas, en busca de la concreta realidad cotidiana que explique el nacimiento de las sociedades de Hispanoamérica, prestará particular atención a las extravagancias de esta épica moderna. Ese mismo año apareció *El llamador*, volumen de recuerdos sobre el Buenos Aires de las décadas del 20 y del 30. En este libro, la ciudad se convierte en pretexto para la poetización del propio pasado. Cinco años después, en 1955, la ciudad, más que las experiencias personales, se transforma en el mensaje de *Relación parcial de Buenos Aires*. Esta vez, se trata de hacer centrales elementos excéntricos no tomados en cuenta por el historiador o el novelista: los vientos, los tranvías, por ejemplo.

El aspecto insólito se va a volver cada vez más atractivo para Salas: en los libros aparecidos después, si exceptuamos *Tres cronistas de Indias* (1959), en que estudia con singular agudeza las obras de Pedro Mártir, Oviedo y Las Casas, este especial enfoque de la documentación de la Conquista de América se convierte en método para la comprensión de la historia. Así, en *Crónica florida del mestizaje de las Indias* (1960), *Relación varia de los hechos, hombres, cosas de estas Indias Meridionales* (1963), *Noticias de la Tierra Nueva* (1964), *Para un bestiario de Indias* (1968, 2ª ed. 1985) y *Floresta de Indias* (1970), comenta y analiza los fragmentos de crónicas e historias que recrean el mundo americano, no como un proceso sino más bien como un inventario que expresa "formas de vida, modos de ser, acciones y circunstancias" (*Relación* 11)[2].

En estos libros todavía la voz narrativa creada por la selección de textos pertenecía al documento del cronista. Es precisamente en *Diario de Buenos Aires* de 1981 donde Salas decide adoptar un narrador. El texto documental se transforma en texto literario y el discurso histórico pasa a ser un subtexto que convalida la comprobación del referente. El documento se refugia en las notas al pie y en ellas la voz histórica asoma, a veces, en algún comentario del narrador secundario, heterodiegético, productor de fuentes de información.

El *Diario de Buenos Aires* no pertenece al género de la novela histórica. No se trata de una ficción que entreteje personas y personajes, sigue una cronología comprobable en la que seres de ficción desarrollan una intriga en la que intervienen también personas de la serie histórica. Se trata precisamente de lo opuesto. Los hechos son la historia, la documentación organiza el sistema narrativo y da justificación y presencia ficticia al único personaje del libro, el narrador. Es decir, el personaje no tiene una peripecia incomprobable, armada con eje narrativo, alrededor de hechos históricos.

Estamos ante el diario de los años 1806 y 1807 de un habitante de Buenos Aires; como tal, este personaje-narrador innominado, es testigo de los fracasados intentos de invasión y conquista de los ingleses, y de la atomizada variedad de insignificantes hechos cotidianos que organizan la vida provinciana y marginal, cómica y mezquina, de la aldea que era Buenos Aires. El diario es una mezcla fascinante de escueta presentación de hechos y oblicua manifestación de opiniones que terminan por producir un único personaje: el narrador.

En la Carta-Prólogo, Salas admite la existencia de elementos de ficción en dos aspectos de su texto: en el hecho de que su narrador asiste a "eventos de importancia" (el Cabildo Abierto del 14 de agosto de 1806 o la Junta de Guerra del 10 de febrero de 1807) y en las "opiniones que . . . manifiesta". Para Salas, esta obligada ficcionalización sirve de prueba para demostrar que es imposible la "historia objetiva y ecuánime, en estado de pureza" (12). Pero creo que la ficción no está en la interpretación de los hechos, pues el discurso histórico que no es crónica pura o discurso informativo de Boletines Oficiales es, por necesidad, interpretativo. Lo que construye al personaje, lo que lo marca como ser de ficción en la manipulación de datos, es el relato de la historia que resulta de la selección de la realidad: lo que el personaje apunta, lo que quiere recordar, es tan marca ideológica como la expresión de opiniones. Al mismo tiempo, estos dos elementos reúnen dos voces narrativas: la del personaje que "vive" en los hechos anotados o comentados, y la del narrador secundario, que no siempre es identificable con Salas. Este sistema doble es productor de diversas formas de la ironía que el lector, al descodificar el mensaje, tiene que interpretar sincrónica y diacrónicamente. Con esto quiero decir que la ironía a veces la produce intencionadamente el narrador: él es irónico y el receptor asimila estos contenidos desde el discurso mismo. Otras veces, en cambio, el efecto no está logrado a través del productor del discurso sino que el receptor reinterpreta, por la mayor información que le da su situación histórica, el tono irónico que el narrador no podría concebir. Los comentarios de los hechos permiten construir el perfil del narrador como el de un habitante de la ciudad poco amigo de cambios, apegado a las instituciones que manejan el poder, cómodamente situado desde el punto de vista financiero y social. Espectador pasivo de hechos, sabemos muy poco de su vida personal fuera de sus opiniones.

Arraigado en un esquema de valores demasiado rígido, el narrador se permite críticas y dudas sobre la conducta de los hombres del gobierno. Los hechos políticos de 1806 y 1807 ponen a prueba muchas de sus creencias y lo vemos reaccionar con sarcasmo o pesimismo ante la torpeza, la ineficacia o la corrupción. Aunque sólo pretende narrar hechos sin perderse "en los difíciles e inextricables caminos de la naturaleza humana" (17), no faltan explicaciones de conducta por razones de personalidad ni algunos retratos de criollos o ingleses más o menos importantes, más o menos pintorescos. También espera que la lectura de ese Diario ofrezca "alguna lección útil o simplemente interesante para los hombres" (17). El narrador extradiegético, menos moralista y más modesto, simplemente aspira a que su lectura no sea tediosa (14).

Día a día, mes a mes, se extienden las anotaciones de los dos años en una lengua artística que rechaza elaboradas simetrías y las abundancias del lenguaje figurado, pero rica en humor y en alusiones irónicas, intencionadas o no, generalmente producidas por desniveles de lenguaje. Las entradas de 1806 llevan todas a un santo del día; pero la selección está hecha con vistas al lector de hoy, al narratario impuesto por el narrador secundario. Las devociones de San Fulgencio, obispo; Santa Jovita; Santa Engracia, virgen; San Trifón y cuerpos mártires, por ejemplo, están más relacionados con el efecto cómico actual de estos nombres desusados que con la devoción o la tradición ritual.

El lento desarrollo de los acontecimientos que llevan a las invasiones de la ciudad dormida permite la presentación de antecedentes que marcan ideológicamente al narrador. Así, la entrada de Enero 16, comenta negativamente la presencia de extranjeros:

> Esta gente está corrompiendo nuestras antiguas y santas costumbres trayendo multitud de novedades, de invenciones y hasta de ideas extrañas y reprensibles. Por momentos pensamos que es mejor que se apolillen nuestros cueros y se pierda el sebo dentro de las marquetas antes que ver paseándose por nuestras calles a una gente insolente que nos mira por sobre el hombro y se ríe de nuestras devociones. (23-24)

Pero un párrafo más adelante aparece el germen de los cambios que vendrán inexorablemente: "la mayor parte de la gente mira con desconfianza y muchos temores este ir y venir de tanta gente extraña, aunque hay algunos que los defienden y afirman que la tierra debe ser abierta a todas las naciones amigas" (24). La entrada, sin embargo, se cierra con una expresión de deseos más que una apropiación política clara de la realidad: "La ciudad ha respirado con alivio al saberse que la flota inglesa arribada a Bahía de Todos los Santos no se dirigía al Río de la Plata. Todo ha vuelto a la calma y a las dichosas costumbres cotidianas" (24). A veces el estilo plagia la solemnidad de las fórmulas de los discursos oficiales. Así, al comentar la ceremonia de fin de cursos en la Academia Náutica: "Luego se procedió a entregar los premios al eco de un adagio majestuoso . . . en medio del aplauso de los presentes conmovidos en su más tierna sensibilidad por la justicia de los premios y la modestia con que los recibieron los jóvenes distinguidos en el estudio de las ciencias matemáticas" (28).

Pero cuando se trata de comentar los artículos que publica el *Semanario de agricultura, industria y comercio*, la crítica es severa y generalmente se centra en la falta de practicidad o de sentido de lo actual. Así, en la entrada de Enero 29, a propósito de un tratado

sobre el arte de nadar aparecido en varias entregas sucesivas, el
diarista reflexiona:

> Pienso que todo esto del peso específico y demás queda
> muy bien asentado en las páginas del periódico que acabo
> de leer, pero en la realidad es seguro que si caigo al agua
> iré al fondo como una piedra. Siempre me ha parecido
> que en este *Semanario* se incluyen cosas excesivamente
> teóricas e ideales, muy al margen de la realidad, en una
> manera y estilo que por momentos me parece ingenuo o
> inocente con exceso. (29)

La entrada de Junio 27, con las tropas inglesas a las puertas
de Buenos Aires, se cierra con estas palabras irónicas: "En medio
de este descomunal alboroto apareció el N. 197 del *Semanario*
que lleno de serenidad prosigue su intento de ilustrar al pueblo
sobre los incalculables beneficios de la ciencia, de la agricultura,
de la educación y de la vacuna antivariólica. Nada ha comentado
sobre la grave amenaza que se cierne sobre nuestra ciudad". Este
sentido de urgencia por la marcha de los sucesos públicos entra
en contradicción con su sentido conservador de las costumbres, así
como su sentido del progreso se convierte en prioridad frente a las
ventajas injustas que quieren sacar los miembros de su clase social:

> El pago del alumbrado público . . . es vivamente sen-
> tido y son muchos los vecinos de esta ciudad que se
> niegan a hacerlo siendo los más acaudalados los que
> más trabajo están dando a los recaudadores acudiendo
> a razones y subterfugios realmente ridículos. Se dice
> que la administración del alumbrado que lleva el señor
> de las Cagigas, muy de la amistad del señor virrey,
> está prácticamente en quiebra. Además, hay mucha
> gente vulgar y plebeya, gente de las orillas, que parece
> complacerse en las tinieblas de la noche, ya que destrozan
> los faroles a ladrillazos. (30-31)

La figura del virrey es fuente de contradicciones en el
narrador: por una parte, está su adhesión a la autoridad, y por la otra
el desprecio por la corrupción administrativa, la falta de dirección

de su poder y la cobardía política y militar. Las páginas en que describe la conducta indecisa del virrey y la reacción popular ante su ineficacia, lo muestran solidario con los criollos y desencantado con el poder español: "Todo el desastre y la deshonra que ha caído sobre la ciudad parece no tener otra explicación que la cobardía del Virrey y la ineficacia de sus jefes militares, que son tan malos y tan gallinas como él" (101).

A medida que avanza el relato, la solidaridad con la gente de la tierra y el desenmascaramiento del gobierno se hacen más firmes. Cuando el virrey Sobremonte huye y busca una capitulación decorosa, el narrador comenta: "la multitud de milicianos, reunidos en la fortaleza y sus alrededores, no se conformaban con entregar las armas tal como les exigían sus jefes, para los cuales hubo muchos insultos y palabrotas que prefiero no repetir" (104). Para añadir inmediatamente: "el Coronel Caballero, que desde uno de los balcones del Fuerte solicitaba orden y subordinación a los milicianos irritados, fue tratado de capón y mandria" (104). Pero no está ausente la preocupación por los cambios que se van notando en la población: "La huída del marqués con su parentela suscitó la burla unánime, la conmiseración o los ataques furibundos, que en algunos casos se generalizaron de manera extraña y peligrosa con palabras de godos y chapetones, que quedaron flotando en el aire, llenas de desprecio hacia los españoles" (105).

Crítico de la conducta sospechosa y ambigua de los frailes (106) y sarcástico con el jefe inglés por su preocupación obsesionante acerca de los caudales, la entrada del día en que la ciudad es ocupada por las tropas extranjeras se cierra con una reflexión angustiada sobre el futuro, que transparenta su postura ideológica y los intereses de clase:

> Me estremezco al pensar en todo lo que está ocurriendo con la gente, y decididamente poco o nada me preocupan los ingleses, que tarde o temprano serán expulsados de la ciudad. Pero la gente, que con toda justicia carga de blasfemias a la persona del Virrey y de sus jefes militares, se está avanzando en un camino incierto y peligroso cuyo final no conocemos. (108)

Al final de este camino estamos los lectores del *Diario* para quienes la selección de datos está pensada. Lo que ve, comenta, testimonia, anota el narrador con laconismo de precisa intención artística y no informativa solamente, se recodifica en el código analítico del lector con una riqueza de conocimientos que le estaba vedada al narrador, pero que comparte con el narrador secundario o heterodiegético, que controla la información. Así, los nombres patricios, que para el narrador se identificaban con cierta descripción, se inscriben en una descripción radicalmente distinta para el lector de este *Diario*. Pero este desajuste de códigos, productor de ironías, no resulta del natural proceso de descodificación presente en cada obra artística, sino que está provocado por el narrador heterodiegético.

Los nombres asociados a los ritos patrióticos actuales, no previstos por el diarista, aparecen mezclados en negocios turbios, contrabandos, intrigas nada patrióticas, rivalidades y formas marginales de vida que no registra la historia canónica. Así, este narrador temeroso de cambios se convierte en iconoclasta involuntario a través de la realidad que el narrador secundario ha seleccionado con voluntad docente. A través de datos de aparente inocencia para el tiempo de la historia, listas de importaciones, anuncios de casamientos, testamentarías, encarcelamientos o muertes violentas, se abre paso el mundo de la sociedad porteña de principios del siglo XIX con una riqueza descriptiva insospechada, o sospechosa, en el discurso histórico.

¿Cómo ubicar la obra narrativa de Salas en las prácticas discursivas de la literatura argentina contemporánea, organizadas en un espacio que desatiende los límites canónicos entre los géneros? Creo que el estudio de estos textos ofrece nuevas perspectivas críticas para la comprensión de la generación de escritores argentinos que se forma bajo la influencia del Borges de *Inquisiciones*. Pienso en Cortázar y Devoto, ambos amigos y contemporáneos de Salas, para quienes las pautas del discurso literario se extienden más allá de lo que marca la tradición retórica. Con ellos, el discurso histórico, el discurso crítico y el discurso político, penetran el discurso artístico para enriquecerse y enriquecerlo.

Notas

1. Hay una segunda edición, Buenos Aires: Plus Ultra, 1986, con notas abreviadas de "todos los materiales eruditos" (5) y sin ilustraciones.
2. En 1983 apareció *Tiempo de Indias, tiempo de Buenos Aires* (Buenos Aires: Plus Ultra, 1983), que reúne textos de seis de los libros anteriores de Salas, seleccionados por María Hortensia Lacan y dirigido a lectores juveniles.

Obras citadas

Salas, Alberto M. *Relación varia de hechos, hombres, cosas de estas Indias Meridionales*. Buenos Aires: Losada, 1963.
——. *Diario de Buenos Aires. 1806-1807*. Buenos Aires: Sudamericana, 1981.

Revendo a história das missões jesuíticas:
A cidade dos padres de Deonísio da Silva

Regina Zilberman

Pontifícia Universidade Católica de Rio Grande do Sul

O tratado de Madrid, assinado entre Portugal e Espanha em 1750, visava solucionar desavenças ocorridas na área meridional do continente americano. Conforme seus termos, a Espanha cedia, em troca das cidades situadas às margens do Rio da Prata, parte de suas colônias a Portugal; a este competia tomar posse de um território até então dominado pelos jesuítas. As tratativas entre os Estados litigantes tomou tempo; e demoraram as conversações entre o governo lusitano e a Companhia de Jesus, até o primeiro decidir-se pela intervenção armada, de que resultou a liquidação da experiência jesuítica e o morticínio dos índios.

O evento transferiu-se para a literatura pouco depois de encerrada a ação militar; Basílio da Gama narra-a em *O Uruguai* (1976), aludindo ao fato de lidar com matéria recente. Mais tarde continuou inspirando os escritores: Manoelito de Ornellas escreve *Tiaraju*, em 1945, e Érico Veríssimo, em 1949, a apresenta na abertura de *O tempo e o vento*.

Dos autores mencionados, Érico Veríssimo foi quem menos submeteu o episódio a intenções extra-literárias: ao contrário de Basílio de Gama e Manoelito de Ornellas, não narrou os fatos para comprovar alguma tese. Escolhas diferenciadas determinaram técnicas singulares: quem menos queria provar podia inventar mais e vice-versa, situação sugestiva da natureza das relações entre

ficção e História. O reapoveitamento do episódio das Missões
num romance recente, *A cidade dos padres* (1986), de Deonísio
da Silva, incide em nova visão do tema, facultando a reflexão sobre
a interpretação da guerra movida contra os índios e os efeitos
respectivamente sobre a literatura e a História, quando estas se
encontraram numa produção artística.

Contudo, o tema principal de *A cidade dos padres*, a guerra
missioneira e a política bombalina, não é abordado imediatamente:
antece-o uma moldura que ocupa o primeiro capítulo e reaparece no
último. Entre estes dois limites, transcreve-se o romance *Pombal
se recorda*, dando conta da matéria central do livro.

A moldura se situa no Brasil dos anos 80: na primeira parte,
o Presidente da República, um militar, discute com os assessores o
recente encarceramento de um escritor e a apreensão de seu livro, o
já citado *Pombal se recorda*. Ao final, estas personagens debatem
a qualidade da obra, o erro político que fora o aprisionamento
do ficcionista e a validade das atitudes de Pombal, consideradas
corretas pelo Presidente e seu Ministro.

Entre os dois diálogos, reproduz-se o romance, técnica que
desde logo alcança duplo efeito: de um lado, o leitor assume o lugar
do Presidente brasileiro e seus assessores, enquanto acompanha
o enredo ficticio embutido na moldura; de outro, ele tende a se
identificar com o estadista português que recapitula o passado e
tenta converter o texto na sua autobiografia. Porém, a forma desse
gênero é desacatada, já que a narração não se reduz à retrospectiva
da personagem indicada pelo título; essa comparece no inicio,
mas não se sustenta, sendo depois intercalada por diálogos com
figuras históricas, apresentação de situações inusitadas, como o
aparecimento do herói numa sessão espírita, e transcrição de
documentos, nem todos verídicos.

O primeiro capítulo de *Pombal se recorda* dá a entender que
o relato obedecerá a linha do tempo, acompanhando os principais
fatos da vida do ministro de D. José I: apresentam-se sua juventude
e primeiros movimentos da carreira política, marcados por missões
internacionais quando, ajudado pelos jesuítas, é bem sucedido e
ganha aprovação e prestígio na corte lisboeta. Entretanto, aos
poucos dispensa-se a cronologia, fator que igualmente afeta a

forma, abandonada em definitivo, da autobiografia fictícia. Os
diálogos de Pombal com personagens históricas que viveram
em épocas diferentes e locais distantes interrompen a exposição
em primera pessoa, se bem que oportunizem ao protagonista
explicitar seu projeto de modernização da sociedade e exibir
sua personalidade, empreendedora e capaz, mas tambem violenta,
autocrática e temperamental. A narrativa assim fragmentada vai
paulatinamente perdendo o fio da meada: se, no começo, Pombal
ainda tem condições de indicar que medidas tomou contra a Igreja
e a favor do desemvolvimento econômico do país, posteriormente
sua fala se descontrola, convertendo-se num libelo apaixonado com
acusações mordazes aos jesuítas. O discurso declarativo tranforma-
se num tipo de defesa, e esta faz-se pela agressão à Companhia de
Jesus.

Dentro deste quadro dá-se a referência à guerra movida contra
os guaranis: Pombal deseja enfraquecer o poder clerical para
consolidar o do Estado e mudar a nação. Seus maiores inimigos
são os jesuítas, por representarem o atraso intelectual e a influência
política indesejada e por cooperarem com a Espanha, rival dentro e
fora da Península Ibérica, em especial na América, cujas principais
riquezas administra.

Sob este foco esclarece-se o papel das missões religiosas:
elas contribuem para aumentar o poderio espanhol na colonîa
ultramarina, já que os padres usam os índios para combater as
tropas portuguesas. Todavia, Pombal não se detém na narração
dos fatos da guerra, e sim nos seus motivos. Como precisa se
justificar, arrola dados que reforçam sua posição. Pela mesma
razão, seu discurso não avança, e sim regride no tempo, terminando
por historiar as medidas da Igreja e da Coroa, no século XVI,
para implantar a Inquisição em Portugal, a violência, o terror e a
corrupção resultantes da atividade do Santo Ofício, o retrocesso
econômico e cultural ocasionado pelas perseguições, evasões e
assassinatos de membros da burguesia emergente, intelectuais e
cientistas.

A renúncia à cronologia como fio condutor da narrativa tem
desde logo dupla finalidade. Se o texto perde em organização,
ganha em coerência, pois o relato molda-se à personalidade do

narrador, exuberante e emotivo, ágil nas reações aos movimentos
que contrariam suas metas, mas, ao mesmo tempo, preocupado em
se justificar, tendo, portanto, de coletar o maior número de provas e
depoimentos favoráveis às decisões tomadas. Além disto, faculta a
abordagem de um escopo maior de fatos históricos, explicitando o
sentido global da política do Ministro, seu projeto de modernização
e a causa do combate aos jesuítas; e torna aceitáveis as grandes
retrospectivas do passado ou a interpolação de temas aparentemente
estranhos ao assunto principal.

O elemento de organização do relato não é a linha de tempo,
e sim a personalidade do narrador. Esta, que já centralizara a vida
portuguesa, torna-se o eixo ao redor do qual giram os temas do
livro. De um lado, o processo narrativo mimetiza o despotismo de
Pombal; de outro, alarga a liberdade de exposição, ao possibilitar
o exame de maior número de questões.

A situação em que o narrador se encontra também intensifica
a liberdade de exposição: Pombal relembra o passado depois de
morto, de modo que não pesa sobre ele qualquer restrição temporal
o cognitiva. Além disto, as recordações são apresentadas de modo
oral; ele não esta redigindo suas memorias, e sim defendendo
decisões políticas perante a posteridade, a fim de conquistar alguma
simpatia e adesão.

A composição do romance busca ajustar tema e processo
narrativo: o primeiro dá conta da política pombalina, sendo uma
de suas conseqüências a guerra contra os guaranis; o segundo se
particulariza pelo fato de essa política ser apresentada por seu
planejador e agente, confundindo-se com a defesa dela e assumindo
coloração subjetiva. O resultado é misto, pois, de um lado, o tema
procura ser o mais largo possível—a guerra missioneira é colocada
no panorama amplo da história de Portugal; mas a perspectiva é,
à primeira vista, entreita, ao substituir o narrador eqüidistante e
imparcial pelo depoimento íntimo de seu executor.

Cabe examinar um e outro aspecto mais detidamente. Do
ângulo dos fatos históricos a política de Pombal é apresentada
segundo um plano macroscópico: o Marquês deseja promover a
modernização do país, viável se desencadear a revolução burguesa;
esta, por sua vez, depende do enfraquecimento dos poderes

tradicionais, a aristocracia latifundiária e a Igreja. Como a
burguesia não tem condições, por seus próprios meios, de fazer
frente a estas forças conjugadas, o Estado assume o encargo de
esvaziar a influência dos clérigos e oferecer oportunidades de
consolidação à classe emergente. Para tanto, tem de se fortalecer,
seu chefe tornando-se um tirano, todavia bem intencionado por
ambicionar o progresso coletivo. Esta atitude caracteriza o
despotismo esclarecido, princípio filosófico que irmana Pombal a
outros príncipes iluministas do século XVIII.

Esclarecendo as coordenadas que definem a atuação de
Pombal, *A cidade dos padres* compreende a guerra missionera
dentro do sistema de suas ligações e motivos. Essa deixa de
ser encarada como fato isolado, e explica-se a intervenção do
líder político, que não podia tolerar, dentro do Estado português,
a existência de um outro Estado, independente e dispondo de
uma milícia invejável, os indios bem equipados e protegidos em
povoados inatacáveis. Sob este ângulo, a narrativa concretiza
o ideal de objetividade da História, alcançado pelo cotejo das
circunstâncias e análise de suas relações e conseqüências.

Por outro lado, a narrativa está impregnada do subjetivismo
do depoimento de Pombal: ele advoga em causa própria, chama
a atenção para o seu modo de encarar as questões e, sobretudo,
manifesta um ódio pessoal e inexplicado pelos jesuítas. Está
absorvido por uma idéia fixa, a de fraturar o poder clerical em
sua terra, que se prolonga até a vida *post-mortem*. Esta obsessão
justifica por que, depois de tanto tempo, o Marquês ainda remói os
mesmos problemas e necessita expressá-los sob qualquer pretexto.
E mostra-se coerente com a técnica narrativa, desordenada sob o
ponto de vista da cronologia, e o tipo de discurso do protagonista,
caudaloso, inflamado e insistente nas suas acusações á Companhia
de Jesus, exaustivamente repetidas.

A carga excessiva de subjetividade contida no discurso do
narrador à primeira vista compromete a objetividade do relato
histórico: esse, em princípio, não pode suportar os *parti-pris*
encontráveis no *pledoyer* de Pombal. Por seu turno, aquela sustenta
uma das principais questões colocadas por trás da fala do herói:

La historia en la literatura iberoamericana

até que ponto o discurso histórico tem condições de ser formulado de forma neutra e verdadeira?

Quando Pombal reúne provas favoráveis a seu ângulo, ele alcança uma exposição panorâmica da sua administração e da história de Portugal, seu compasso desenhando um círculo que se estende dos séculos XV ao XIX, no interior do qual se situa a guerra colonial. Carregada de subjetividade, sua fala resulta ser mais completa e confiável que a dos historiadores que o precederam. Estes valeram-se do capítulo missioneiro para comprovar teses desconsiderando as conexões ideológicas e econômicas de que o Marquês está alerta.

Com efeito, a guerra missioneira, foi, como seria de se esperar, objeto de minuciosa investigação histórica. Porém, para muitos estudiosos, esta matéria foi assumindo progressivamente um sentido simbólico. Primeiramente, por ter correspondido a uma experiência bem sucedida: nas Missões os jesuítas conseguiram concretizar o ideal da catequese pacífica do índio, convertendo-o ao catolicismo sem violentar sua cultura original; além disso, os *pueblos* garantiram a sobrevivência física das tribos enquanto se expandia a ocupação branca, pelo menos até meados do século XVIII. Depois, por corporificar um princípio socialista—o de distribuição e administração igualitaria das propriedades e vivência coletiva e democrática, comprovando a possibilidade de conciliar o plano materialista do comunismo com o espiritual do Cristianismo.

Obras como *A república "comunista" cristã dos guaranis*, de Clóvis Lugon, ou *Socialismo missioneiro*, de Décio Freitas, são exemplares da conotação adquirida pela experiência jesuítica. Antônio Callado, em *Quarup*, publicado em 1967, dramatiza esse processo mostrando como Nando, o protagonista do romance, considera as Missões um paradigma inspirador, repetindo o que aconteceu a setores progressistas da Igreja.

Como se vê, enquanto era encampado pela literatura, o episódio histórico vinha sendo objeto da perspectiva subjetiva dos pesquisadores, que depunham a favor dos jesuítas. O exagero do discurso de Pombal talvez queira compensar a parcialidade antiportuguesa, presente na análise daqueles acontecimentos. Porém, mais que isso, a intensificação da postura pessoal revela, e por extensão denuncia, os preconceitos com que os fatos então ocorridos vêm sendo interpretados. Em decorrência, Pombal não apenas advoga em causa própria. O livro que aceita e endossa sua perspectiva pretende ser outra versão da História, mais autêntica. À ficção, pois, são atribuídas maior potencialidade de representação e carga mais intensa de verdade.

A cidade dos padres procura chegar a este resultado através de algumas modificações infundidas ao romance histórico. Não apenas abolição da cronologia e renúncia ao realismo colaboram; é importante destacar o teor das informações: todas são retiradas de documentos dos períodos apresentados, o texto esforçando-se por evitar eventos ou personagens fictícios.

O romance histórico, produto do Romantismo, via de regra procura alternar fatos ocorridos com ações imaginárias. Estas, em geral, ocupam o primeiro plano, mas a continuidade da intriga é motivada pelos acontecimentos históricos conhecidos, com os quais as personagens se relacionam e de que dependem seu futuro e felicidade. Walter Scott, Fenimore Cooper, Alexandre Herculano ou José Alencar valem-se desse paradigma, que atingiu padrão exemplar em *Guerra e paz*, de Leon Tolstoi, e dispõe ainda de grande vitalidade, conforme sugere a publicação, em 1981, do romance *A guerra do fim do mundo*, de Mario Vargas Llosa.

Esse modelo está visivelmente desmentido em *A cidade dos padres*, por faltarem os eventos e personagens fictícios sobre os quais se depositam os fatos reais, pano de fundo a conferir verosimilhança à trama. Inventadas são unicamente as situações que permitem a formulação do discurso de Pombal— seus monólogos obsessivos e as conversas com figuras do passado. Em compensação, aparecem em grande abundância os sucessos históricos, documentados e comprovados à exaustão, frutos da idéia fixa do Marquês e da necessidade de justificar suas medidas para a posteridade. Em decorrência, o texto está bastante próximo de ensaio; mas não abre mão da forma do romance, precisando dela por lhe conceder liberalidades, como o anti-realismo antes citado, inconcebíveis no discurso científico, como o da História. E porque essa, conforme o Autor a concebe, não tem condições de dar conta da verdade, alcançável unicamente com as armas da ficção.

Tal qual os precursores, *A cidade dos padres* reflete
indiretamente sobre as relações entre ficção e História, confiando
mais na primeira que na segunda. Igual a alguns pares distantes
no tempo, como Basílio de Gama e Manoleito de Ornellas, vale-
se da guerra missioneira para expor uma tese sobre o episódio; e,
semelhantemente ao poeta arcádico, suas idéias não se referem
apenas ao fato passado, mas resultam do empenho em tomar
posição face o presente.

Quando Basílio escreveu seu poema, a guerra era um evento
recente, de modo que o cotejo entre os dois tempos se fazia de
modo espontâneo. Em *A cidade dos padres* compete à moldura
preencher esse papel: a guerra é agora um dado longíquo, tornando-
se mais difícil extrair dela qualquer lição; por isso, o escritor
enxertou no texto a situação brasileira contemporânea, atualizando-
o e conferindo-lhe novo sentido.

O relato embutido na moldura, *Pompal se recorda*, tem
evidente teor anticlerical e pró-pombalino, por ser formulado pelo
autor dessa política. Com isto, a que se soman as alusões diretas
e indiretas à atuação da Igreja no Terceiro Mundo, o texto enfatiza
seu descrédito no ativismo e conduta dos religiosos em defesa
dos pobres e oprimidos pela sociedade. Pombal denuncia essas
atitudes como impostura e manobra da Igreja, sempre interessada
em interferir nos negócios públicos para manejá-los em seu favor.

Por outro lado, as medidas do Marquês visando ao
desenvolvimento de Portugal assemelhan-se bastante àquelas
adotadas pelo governo brasileiro após 1964: o Estado se fortalece
para garantir o crescimento econômico, que deveria resultar
da industrialização patrocinada pela burguesia, tornada mais
consistente e ativa graças ao apoio advindo dos setores públicos.
Aquele fica mais forte também por monopolizar segmentos
consideráveis da economia e criar mecanismos repressivos que,
de modo persuasivo ou violento, impedem a oposição ao regime,
perpetuando no poder os mesmos grupos.

Por isso, o general, que no primeiro capítulo censurou *Pombal
se recorda* e encarcerou o autor deste livro, mostra-se no fim
admirador do político português; e, de certa maneira, repete, por
atitudes e palavras, a postura desse. Esta circunstância ilumina

a narrativa precedente, já que, neste pronto, o livro confessa não concordar também com o Portugal pombalino, tão parecido ao Brasil dos generais. Assim, se o primeiro paralelo, entre a ação dos jesuítas e a da Igreja hoje, apontava para a rejeição do comportamento dessa, o segundo revela nova recusa: da atividade de Marquês, válida ao combater o obscurantismo e desejar o progresso nacional, mas inaceitável por fazê-lo por meio da violência, do arbítrio e de perseguições.

O fato de o autor de *A cidade dos padres* não simpatizar com os militares é indicado, por exemplo, pela descrição da mesa do Presidente-General, sobre a qual se encontra um calendário com a frase "Arbeit macht frei", que encimava os portões do campo de concentração em Auschwitz. O mesmo acaba valendo para Pombal, relativizando a validade de suas ações e matizando a verdade de suas palavras, isto é, tornando a evidenciar que essas provêm de sua subjetividade e são dignas de suspetia.

Ao final, esta parece ser a atitude que se impõe: entre uma e outra posição, a dos padres e a dos políticos, o livro decide-se pela desconfiança, convidando o leitor a compatilhar da mesma falta de fé e a rejeitar qualquer inocente credulidade. De certa maneira, esta é a tese final do livro, que, posto diante dos fatos, questiona-os até o límite. Neste sentido, distingue-se das versões anteriores do mesmo tema, de que já tinha se diferenciado por evitar a narrativa do episódio bélico e preferir se concentrar nas suas causas. Em vez de se valer dele para provar uma idéia positiva, emprega-o para afirmar uma negação: não confiemos nos políticos, sejam leigos ou religiosos, poque eles usam as pessoas como meios para seus fins, e estes são escusos ou ilegítimos, enquanto que elas são crédulas e manobráveis. Trata-se também de uma lição; mas esta não visa testar teorías ou validar instituições, e sim, através de provocaçoes colocadas desde começo, dialogar com o leitor, esperando que ele forme sua própria opinião.

III. Rebelión y revolución

Sobre la reconstrucción literaria de la Revolución Mexicana

Arturo Azuela

Universidad Nacional Autónoma de México

A lo largo del siglo XX, la novela mexicana presenta un cambio cualitativo de profunda trascendencia. Como en el siglo pasado, acepta influencias de propios y ajenos; pero ahora la originalidad y el distanciamiento de esquemas rígidos, la búsqueda y selección de pasajes históricos y autobiográficos, hace que la narrativa camine por sí sola, que sus creadores se sientan más seguros de sí mismos y no estén demasiado atentos a la presencia del pasado o a los plagios de las grandes novelas contemporáneas. Es un proceso que hace del escritor un creador seguro de sí mismo, que paso a paso se aproxima—con las mejores raíces—a una auténtica madurez. La trayectoria de la novela mexicana del siglo XX, en general, es de una notable continuidad; no se aprecian muchos altibajos y sus aparentes rupturas sólo son motivos de llamadas de atención en la inmediatez. Como es natural, como corresponde a los cambios de una generación a otra, en ocasiones se habla de crisis, de rompimientos, de grandes novedades, de los profetas o mesías que han realizado la metamorfosis tanto tiempo esperada. Lo importante es que cada buen escritor pone—o impone cuando se trata de los escogidos—una nueva sustancia, una nueva manera de interpretar la realidad; han puesto en juego su entorno mexicano más propio y más profundo.

A lo largo de esa trayectoria continua—desde los inicios de la Revolución a las catástrofes políticas y económicas de las últimas décadas del siglo—, se destaca un puñado de novelistas. Podría pensarse que los temas que manejan son muy diversos y que cada uno tiene un universo independiente; pero, en general, no es así; unos y otros—con distintos paradigmas—vuelven al mismo tema. De una constelación de situaciones y personajes, ellos se aproximan al subconjunto de un mismo universo; y esta problemática se reafirma en una generación y en otra. Es cierto que, en algunas etapas, parece que se aproxima la ruptura definitiva, que al fin una nueva novela—o grupo de novelas—dará lugar a insólitas trayectorias. Sin embargo, la historia del país no es ajena a la obra artística; más aún cuando vivimos en un país envuelto en constantes crisis, en convulsiones al parecer sin tregua. Es una historia donde confluyen las pérdidas, un sentimiento de derrota que parece renovarse año tras año, como si un destino inexorable— "con el dedo de Dios se escribió" dice el himno nacional—se hubiese forjado desde el principio mismo del llamado sentimiento de nacionalidad mexicana.

Y muchos de estos aspectos—un profundo escepticismo, a veces cargado de resentimiento, y otras veces de impotencia, un conjunto de murales donde se enlazan las figuras de los advenedizos y los traidores—se proyectarán en el quehacer del novelista. Pocas cosas escaparán a su mirada crítica; describirá, muchas veces sin tapujos, los ascensos de los caudillos y los asesinatos de las masas irredentas. Las diferentes etapas de la historia del país—así lo demuestran, en general, las novelas publicadas hasta 1986—serán descritas con diferentes tonos, enfoques y lenguajes, pero pocas veces olvidarán un carácter profético y una verdad que ha calado en la conciencia de sus mejores lectores. Se tratará de testimonios que metamorfosean distintos aspectos de la realidad pero que—de ahí su importancia—nunca estarán alejados de la historia.

Un México desgarrado, mutilado, con el acecho constante de la brutalidad del invasor; un México de grandes cascos de hacienda y de palacetes afrancesados en las ciudades importantes, vive una dictadura—la del orden y el progreso, la de mátenlos en caliente, la de poca política y mucha administración—que pretende pasar a

la historia como la única capaz de poner al país en la ruta de
la dignidad, de la industrialización y del capitalismo moderno.
A fines del siglo pasado, este país, amenazado por el vecino
del norte y cuya casta dirigente y envejecida le da las espaldas
a la realidad, es descrito en páginas proféticas por los mejores
novelistas, anuncios muy claros en torno a la violencia reprimida
que muy pronto estallará hacia otros rumbos. Vendrán los diez
años decisivos—los más violentos de la historia de México—;
vendrán con su carga brutal de tanto tiempo de insatisfacción,
resentimiento, persecuciones. La 'bola' rodará por todas partes.
Diez años que, ante la mirada del creador literario, cambian el
mundo desde el centro hasta la periferia; Madero se levanta en
1910 con la bandera de *Sufragio efectivo, no reelección*; después
serán asesinados Emiliano Zapata, Venustiano Carranza, Francisco
Villa y Álvaro Obregón.

A las figuras legendarias se suman las brutalidades de los
acontecimientos; las anécdotas son extraordinarias, al parecer
infinitas de unos y otros. En este aspecto, las voces colectivas
recogen de la realidad un conjunto de hazañas que sobrepasan los
límites de la objetividad histórica; la realidad es de tal naturaleza
que permite diferentes tratamientos. Nunca en la historia de
México se había llegado a tales asombros; es el encuentro más
extraordinario de los mexicanos a lo largo de su historia; ya no
es la lucha contra el invasor, el apátrida o el conquistador. Es la
lucha fratricida de un extremo a otro del país. Y sus protagonistas
encarnan la rebeldía, las demandas, las insatisfacciones de muchos
grupos que vienen de los de abajo. Su lucha arranca desde largo
tiempo y por fin sale a la superficie; de las huelgas de Cananea
y Río Blanco a la promulgación de la Constitución del 17; de las
proclamas de los hermanos Flores Magón a las primeras conquistas
de los ferrocarriles, nunca faltan las figuras heroicas. Pero no sólo
se trata de una guerra intestina entre los diversos grupos de la
'bola'; es también la destrucción y renovación de la cúpula del
poder político.

Por lo tanto, el novelista no puede ser sólo un espectador
de tales acontecimientos. La vida sobrepasa todo lo imaginado;
la dimensión de lo extraordinario se entromete a su pensamiento

pero sobre todo se hace también realidad en su mundo sensorial. Además, en un largo camino de casi cien años, la novela mexicana tiene ya una sólida tradición; algunos novelistas no andan en busca de nuevos rumbos cuando don Francisco I. Madero es encarcelado en San Luis Potosí. La realidad más próxima los empujará a renovar sus lenguajes y a reconstruir con profunda imaginación lo que acontece en los puntos neurálgicos del país. En esa década parece que todo acontece; el dictador sale del país y muere años después en la Ville Lumiere—muerte histórica que es tema de novela—; el pretoriano Victoriano Huerta, alcohólico rodeado de gente ilustre—González Martínez, Nemesio García Naranjo, José López Portillo y Rojas, entre otros—el nuevo cacique se suma a la lista de los dictadores latinoamericanos—obvio tema de la narrativa que llega a nuestros días—.

Y así, de lo regional a lo nacional, de la altiplanicie a los itinerarios por el Caribe o los territorios fronterizos de los Estados Unidos, se desdoblan los temas, se multiplican y dan lugar a una extraordinaria materia prima que el escritor no llevará sólo como un equipaje sino como parte de sí mismo, de su interioridad, de sus desesperanzas, de sus enconos o de sus gritos soterrados que muy pronto pasarán a la palabra escrita. Esa década formidable donde afloran todas las pasiones, las utopías y las vilezas, donde al "ideario plasmado en la constitución" se añaden las confrontaciones de figuras con dimensiones históricas, esa década de definiciones políticas se proyecta hacia el futuro como ninguna otra en la historia del México contemporáneo; de ahí parten muchos vicios y encrucijadas de la historia presente. Por lo tanto, tampoco el narrador—aunque su instinto lo lleve por otros rumbos—puede abandonar aquella secuela; porque esos acontecimientos los revivimos una y otra vez; los examinamos a la luz de nuevas teorías políticas y de los movimientos supuestamente audaces del bisturí del historiador y del sociólogo; hasta los especialistas en el psicoanálisis han expuesto sus puntos de vista sobre las consecuencias—no sólo del encuentro entre Malintzín y Cortés, o del frac y chistera de Benito Juárez o de los hijos naturales de Miguel Hidalgo—sino de los desheredados anteriores y posteriores a la Revolución que nunca han encontrado ni paternidad ni mucho menos un horizonte donde alguna luz neutralice sus graves problemas.

Como punto de encuentros sustanciales, la Revolución puso a prueba las conciencias más lúcidas. Los que estaban formados por y para el *antiguo régimen* no pudieron sobrevivir a la gran derrota, fueron muertos en vida durante sus últimos años y su literatura quedó detenida o se proyectó hacia un pasado lejano, hacia un mundo distante en el que los juegos de la historia—de una recreación muchas veces falsa—, fueron la única salida de su vocación más profunda; mundos de piratas, de virreyes, de monjas, de leyendas coloniales y sagas de cortesanas o de arzobispos se ubicaron en sus bibliotecas donde todavía la figura del héroe del dos de abril—el general invicto—era el protagonista de la historia del país.

Los autores anteriores a la Revolución, los de principios de siglo, sabían que un largo camino quedaba por delante; no se hacían ilusiones falsas ni construían espejismos sobre la universalidad de su obra. Entonces, el narrador disidente y audaz trabajaba aislado, sus obras las publicaban modestas casas editoriales y su circulación era muy reducida. Por ejemplo, una novela tan importante como *Tomochic* de Heriberto Frías, publicada en 1894, fue muy poco conocida; y otro ejemplo, las primeras novelas de Mariano Azuela —*Los fracasados*, *Mala yerba*, *María Luisa*—fueron publicadas por el mismo autor y distribuidas entre amigos y algunos críticos o escritores de Guadalajara y de México. Mucha tinta ha corrido desde aquellos años de penurias e incomprensiones; un largo tiempo en que los novelistas han hecho de su oficio un arte más digno, admirado dentro y fuera de nuestras fronteras.

Desde *Andrés Pérez Maderista* (1911) de Mariano Azuela hasta nuestros días, la mayoría de los buenos narradores no ha podido evadir el tema de la Revolución; en una y en otra etapa, el mismo tema está presente. No han faltado años en que los novelistas se han encontrado en un callejón sin salida, que ante la fuerza y la creatividad de sus antecesores inmediatos han buscado otros caminos sin llegar a los objetivos deseados. Se construyen personajes de diversa índole, se suman argumentos donde aparecen los problemas más urgentes del país; y, sin embargo, el tema de la

Revolución regresa con enfoques distintos y figuras desconocidas que pasan a un primer plano.

En los dos primeros lustros de la Revolución era lógico que los escritores que la habían vivido desde sus inicios, la describieran, la interpretaran en sus obras más importantes. Para el autor de *Los de abajo* (1915), el tema, desde múltiples perspectivas, aparecerá en la mayoría de sus novelas; aun en sus relatos herméticos, donde el cubismo y el estridentismo se suman al psicologismo—*El desquite*, *La malhora* y *La luciérnaga*—, la Revolución entra y sale dejando una profunda huella en sus personajes. En sus novelas urbanas también será una constante, ya en *Las tribulaciones de una familia decente* (1918) o en *Nueva burguesía* (1941); ya en *Avanzada* (1940), o en *La marchanta* (1944).

Quizá como ningún otro autor, con la preparación de su trabajo callado y solitario de narrador jalisciense, en una encrucijada histórica, Mariano Azuela encontró en su entorno inmediato los temas más importantes de aquel país en violenta transformación. Jugó todos los peligros y, a largo plazo, ganó la batalla decisiva. Antes y después del asesinato del presidente Madero—en febrero de 1913—, antes y después de la promulgación de la Constitución de 1917, más tarde durante varios años en los barrios bajos de la ciudad de México—Tepito, Peralvillo, Nonoalco—Mariano Azuela conoció o entabló amistad con los personajes revolucionarios de los estratos más bajos de la población; a ellos, a los de abajo, está dirigida toda su obra, desde *María Luisa* (1906) su primera novela, hasta *La maldición* (1954), su última y póstuma novela.

En cada novela, en cada cuento, trazó un conjunto de escenas violentas, trágicas, de triunfos y derrotas, donde los personajes se destacan con unos cuantos rasgos; peones que de la noche a la mañana se lanzan a la lucha contra los enriquecidos, contra los terratenientes que se habían convertido en los amos de poblaciones enteras; peones cuya lucha no es clara: no están informados de los tejemanejes de la cúspide del poder. El mismo protagonista de *Los de abajo*—el campesino Demetrio Macías transformado en general por los avatares de la Revolución—no sabe bien a bien las causas o consecuencias de los enfrentamientos entre los grandes jefes de las facciones.

Con un tratamiento muy distinto al de Mariano Azuela, Martín Luis Guzmán se dirige esencialmente a las tramoyas y entretelas en las altas esferas del poder. Con una prosa magistral, equilibrada y precisa, una de las mejores de la narrativa mexicana del presente siglo, va de un punto a otro de la geografía del país; tan pronto como camina por las calles principales de México, se encuentra en los muelles del puerto de Veracruz o en los desiertos de Sonora en la frontera con los Estados Unidos; también describe situaciones que vivió fuera del país, ya en La Habana o Nueva York, ya en Texas o en California. Entre las memorias más subjetivas y la recreación de los paisajes, en *El águila y la serpiente* (1928), Guzmán lleva a cabo una obra esencial sobre los caudillos de la Revolución: describe sus confrontaciones con diferentes jefes, las componendas para llegar a la silla presidencial o el desfile de vanidades vulgares junto a sus secuaces y corifeos.

En la novela de Martín Luis Guzmán, *La sombra del caudillo* (1929), se encuentra otra vez el contrapunto entre el paisaje y las palabras de los actores principales; sólo que ahora ha desaparecido el narrador en primera persona para dar paso al narrador objetivo, clásico, aparentemente imparcial, a la voz omnisciente que toma la palabra hasta los últimos capítulos. Se ha hecho a un lado la autobiografía o la preocupación narcisista del escritor de memorias. Quizá como ninguna otra novela, en esta segunda de Martín Luis Guzmán, se narran, desde la cúspide misma del poder, aquellas acciones determinantes con los personajes más idóneos— con ministros de la guerra y del interior; diputados, ex-secretarios y correligionarios de la misma facción política—; se postulan, entonces, siempre con el caudillo en los trasfondos, las nuevas reglas del juego para que los participantes reciban sus ganancias y para que no sean expulsados del seno mismo del poder, de la "nueva familia revolucionaria".

De esta manera, Martín Luis Guzmán traza en la segunda mitad de los años veinte, la figura de ese dictador latinoamericano que aparecerá constantemente y no sólo como una figura de páginas literarias, sino como una realidad contundente. Por cierto que Valle Inclán ya había escrito *Tirano Banderas* con una perspectiva muy distinta, en donde destacaba la combinación de los juegos literarios

de las diversas formas del castellano en Hispanoamérica; la figura
de Tirano Banderas se acerca a la del dictador de un ambiente más
provinciano; en cambio, el caudillo de Martín Luis Guzmán tiende
hacia la crueldad y la violencia de un dictador aun más calculador
y "maquiavélico". Desde cualquier ángulo, lo importante es que
ambos —Guzmán y Valle Inclán—señalan el inicio de un largo
camino literario que todavía no termina. Las obras dedicadas a
los dictadores de nuestros días —desde *El señor presidente* a *El
otoño del patriarca*, desde *El recurso del método* a *Yo el Supremo*
tienen su antecedente en aquellos dos libros—*Tirano Banderas* y
La sombra del caudillo—publicados hace más de medio siglo. La
novela de Guzmán se publicó en Madrid en 1929, un año después
de *El águila y la serpiente* y tuvo de inmediato una gran acogida.

Después de ser derrotado en las elecciones del 29, José
Vasconcelos empezó a escribir sus memorias; en páginas cargadas
de recuerdos emotivos, de resentimientos personales, de íntimos
desahogos, iría de su niñez en Oaxaca al pronunciamiento de
Francisco I. Madero y luego continuaría con la lucha de las
facciones, la importancia de los constitucionalistas y sus años al
frente de la Secretaría de Educación Pública con Álvaro Obregón
como presidente de la República (1920-24). También escribiría
de sus viajes por Europa y Sudamérica y mostraría sin ambages, a
veces con ironía, a veces con estilete más cáustico, sus enconos
políticos.   Ya retirado de los puestos públicos, Vasconcelos
escribiría páginas magistrales dedicadas a los momentos cruciales
de la Revolución. Con pasión desmesurada y una subjetividad
singular, entregaría una visión distinta a las de Mariano Azuela
y Martín Luis Guzmán. La constante defensa de sí mismo lo
llevaría a extremos polémicos; y su crítica a unos y a otros, a
carrancistas, a maderistas, a villistas, a zapatistas, no tendría, en
muchas ocasiones, ni matices ni justificaciones objetivas.

El hombre de extremas pasiones también muestra su gran
talento de escritor al observar a muchos políticos en pugna, al
describir minuciosamente muchas de sus caídas y traiciones. Los
libros de Vasconcelos—*Ulises criollo*, *La tormenta*, *El desastre*,
El proconsulado—van más allá de las intenciones inmediatas de
su autor, de sus iracundias y vanidades, y nos revelan otras

perspectivas muy diferentes del hombre que estuvo, quizá como ningún otro intelectual, como colaborador de primer rango de algunos de los jefes más poderosos, a los que conoció en momentos de grandes divergencias, de confrontaciones críticas y decisiones vitales.

Entre los narradores de la etapa de 1930 a 1950, además de Azuela, Guzmán y Vasconcelos, se destacan algunos nombres: José Rubén Romero, José Mancisidor, Gregorio López y Fuentes, Francisco L. Urquizo, Rafael F. Muñoz, Mauricio Magdaleno y Agustín Yáñez. En varias de sus novelas la Revolución aparece en la voz colectiva, se recrean muchos de sus escenarios históricos y sus personajes se mueven vinculados enteramente a ella. Y aunque en estos aspectos no irían más allá de los novelistas de la primera etapa, enriquecerían con otros objetivos estéticos la narrativa de su época. Con un lenguaje más sugerente, con matices poéticos en las frases de ambiguos significados, transformarían el cuento y la novela—tales son los casos de *El resplandor* de Mauricio Magdaleno y *Al filo del agua* de Agustín Yáñez, con los que se inician nuevas formas narrativas, una interpretación de la realidad con un profundo y novedoso tratamiento de la interioridad de sus personajes y con un admirable rigor estético.

Las novelas *Se llevaron el cañón para Bachimba* (1931) de Rafael F. Muñoz, *Tropa vieja* (1931) de Francisco L. Urquizo y *La tierra grande* (1949) de Mauricio Magdaleno, son tres ejemplos que tampoco se pueden olvidar. A las memorias de adolescencia se agregan los asesinatos de los grandes jefes y la explotación de los indígenas. Todavía la escena rural se encuentra en el primer plano y el manejo del lenguaje se vincula a una realidad concreta; textos que fueron preámbulo—necesario, experimental—de la posterior renovación que representará *Pedro Páramo* (1955). Ya todos estos autores tendrán una perspectiva más distante, más objetiva, ajena a la extrema carga personal de los participantes directos.

Después de *Pedro Páramo*—texto donde la Revolución también ocupa un espacio crítico y esencial—, en las novelas de Revueltas, de Fuentes, de Ibargüengoitia, ya las perspectivas sobre la Revolución serán muy distintas. En *Los errores* (1963), Revueltas presentará algunas disquisiciones ideológicas y varios asesinatos cometidos a la luz de un personaje que ha llegado a los extremos de la traición y el envilecimiento. En *La muerte de Artemio Cruz* (1962) el protagonista será una síntesis del gran trepador en varios niveles: negocios, familia, puestos públicos, clase social; a lo largo de la Revolución, de todo se ha valido para llegar a la cúspide. Parecería que con *Los relámpagos de agosto* (1965) de Jorge Ibargüengoitia, el tema de la Revolución hubiera llegado al punto final, que después vendrían el cansancio y la indiferencia. En este relato la caricatura y el esperpento se manejan con una notable naturalidad. El autor transforma a sus personajes en títeres de un mundo tragicómico. Desaparecieron los héroes y las grandes hazañas se transformaron en anécdotas risibles. De la primera a la última página, el autor no perdona a sus personajes; un humor vitriólico los desnuda sin contemplaciones mientras la Revolución queda reducida a la palabrería de unas figuras acartonadas.

Sin embargo, desde entonces a nuestros días, muchos autores han vuelto a la misma polémica. En sus novelas *José Trigo* (1965) y *Palinuro de México* (1978), Fernando del Paso regresa a los avatares revolucionarios de personajes que posteriormente se arraigarán en el medio urbano, ya en el de los ferrocarrileros, ya en el de las familias de la colonia Roma. En otros escritores, aunque en forma esporádica, la Revolución entra y sale, se describe como si fuera el principio de los tiempos o el ingreso al apocalipsis. Es larga la lista de los novelistas que van y vienen por aquellos caminos. Desde *Las vueltas del tiempo* (1937) de Agustín Yáñez a *Gringo viejo* (1985) de Carlos Fuentes, de *Hasta no verte Jesús mío* (1970) de Elena Poniatowska, a las obras de Jesús Gardea, Luis Arturo Ramos, Ángeles Mastreta, la Revolución sigue siendo un tema insoslayable.

William Faulkner, el gran autor de *El sonido y la furia*, decía con claridad que:

> la finalidad de todo artista es detener el movimiento, que es la vida, por medios artificiales y mantenerlo fijo de suerte que cien años después, cuando un extraño lo contemple, vuelva a moverse en virtud de que es vida. Puesto que el hombre es mortal, la única inmortalidad es

dejar tras de sí algo que sea inmortal porque siempre se
moverá.

El artista quiere decir "Yo estuve aquí" y quiere decirlo después
de muerto, en el muro de la desaparición final. Esto es lo que
han hecho los mejores escritores de la Revolución Mexicana: su
tema es vida, es movimiento, es decir, es "ambición, es placer,
es sufrimiento, es poder"; por ello su tema—enriquecido por
su experiencia, observación e imaginación—ese espacio crítico,
sustancial, de la historia del país, es el gran tema de la novela
mexicana del siglo XX.

Con sus raíces telúricas, sus esencias épicas, su afirmación
nacionalista, la novela de la Revolución Mexicana ha entregado,
en general, una visión escéptica de un fenómeno histórico que se
inició entre la búsqueda de profundas transformaciones y el ir y
venir de las acciones heroicas; un proceso que después apagó las
voces espontáneas de las multitudes y dio lugar a la reafirmación de
los movimientos fríos y calculadores de los políticos encumbrados
y de los negociantes de muy diversas parcelas. Hoy en día, muchas
verdades se esconden y, en silencio, se quedan muchos gritos
aislados, cada vez más solitarios, de los rebeldes que aún no han
perdido la esperanza.

La sociedad secreta y la revolución simulada en *Los siete locos* y *Los lanzallamas* de Roberto Arlt

Rose Corral

El Colegio de México

> En eso estriba lo grande de la teoría del
> Astrólogo: los hombres se sacuden sólo con
> mentiras. El le da a lo falso la consistencia de lo
> cierto. (Arlt 114)

Los siete locos (1929) y *Los lanzallamas* (1931) son sin
duda las novelas más significativas y originales de Roberto Arlt,
las que ofrecen también mayores retos a la crítica. En nuestra
opinión, se trata de novelas de experiencias o situaciones límites
en las que el autor da libre curso a sus obsesiones. Desde este
punto de vista, la construcción sobria y nítida de su primera
novela, *El juguete rabioso* (1926), su desarrollo lineal y verosímil,
contrastan notablemente con el universo caótico de *Los siete locos*
y *Los lanzallamas*. Éstas nos introducen en efecto a un mundo
heterogéneo, ambiguo, que oscila entre el folletín y la aventura,
entre las reiteradas incursiones en las zonas subconscientes de
los personajes y la fantasía política con el extraño proyecto de
revolución que persigue la Sociedad Secreta organizada por el no
menos extraño Astrólogo. La trayectoria interior del protagonista,
Erdosain, corre pareja y se entreteje con la historia de los demás
"locos" que integran la Sociedad Secreta. Tomada al pie de la letra,

parece imposible unificar en una visión coherente y verosímil la propuesta revolucionaria del Astrólogo. Como lo advierte Adolfo Prieto, el asunto de la Sociedad Secreta y todo lo que tiene que ver con él configura en la novela una "poderosa metáfora", un "orden de flancos abiertos"[1] que admite distintas lecturas.

Las críticas, válidas y en buena medida proféticas, que formulan los personajes en torno a la naciente sociedad capitalista porteña, se combinan con los detalles de la organización revolucionaria y con las propuestas fantasiosas, mágicas, que pretenden acabar con dicha sociedad. Sorprende, por lo mismo, el empeño de la crítica arltiana por descontextualizar las "ideas" políticas de los personajes, ordenarlas, sistematizarlas, convertirlas incluso en un testimonio directo y unívoco del autor[2], olvidando sin embargo algo esencial: la estrecha vinculación entre el proyecto revolucionario y los "locos" de la novela a quienes va dirigido. Las numerosas referencias históricas a los años veinte—subrayadas en particular por los comentarios y notas a pie de página de un personaje que se autodenomina "cronista" y "comentador"— los posibles modelos "reales" de revolución y de organizaciones secretas no interesan en tanto documento o verdad objetiva. Al incorporarse a la ficción, la realidad histórica se supedita, como intentaremos mostrarlo, a una verdad imaginativa. El presente análisis procura situar el debate central de Los siete locos y Los lanzallamas en la ficción: ¿qué pretende en realidad el Astrólogo, jefe e ideólogo indiscutible del grupo? ¿cuál es la eficacia propia de su plan revolucionario y qué función cumple en la trama narrativa?

La Sociedad Secreta persigue un doble objetivo: por una parte, la desaparición o, mejor dicho, la destrucción ciega, apocalíptica de la sociedad de explotación capitalista y, por otra, el restablecimiento de la fe perdida, de un "dios creador del cielo y de la tierra" (202), condición necesaria para sanar el alma enferma del hombre contemporáneo. En el tono vehemente que suele caracterizarlo, el Astrólogo afirma: "Yo creo en un único deber: luchar para destruir esta sociedad implacable. El régimen capitalista en combinación con los ateos han convertido el hombre en un monstruo escéptico, verdugo de sus semejantes por el placer de un cigarro, de una comida o de un vaso de vino" (203). El "mal del siglo" que representa la "irreligión" (59) o, para decirlo con una fórmula célebre de Nietzche, la "muerte de Dios", el abismo cada vez mayor entre ciencia y fe, se asocian con otras miserias de la modernidad: los adelantos tecnológicos que esclavizan al hombre y lo deshumanizan, el crecimiento anárquico de las urbes que denuncia en particular el Buscador de Oro, otro de los integrantes del grupo. La ausencia de valores o de ideales que prevalece en la evocación que hace el Astrólogo del primer tercio del siglo XX parece ser el factor decisivo del desamparo, de la angustia de los hombres o de lo que llama también, "la enfermedad metafísica de todo hombre" (93).

La Sociedad Secreta y el programa formulado por el Astrólogo intentan ser, entonces, una solución o una respuesta a estos males. Respuesta sin embargo contradictoria, dispar, difícilmente viable, en la que *todo* cabe: las fantasías omnipotentes, los sueños "extraordinarios", la "mentira metafísica", y una desconcertante y posiblemente irónica amalgama entre distintas ideologías: "No sé [argumenta el Astrólogo] si nuestra sociedad será bolchevique o fascista. A veces me inclino a creer que lo mejor que se puede hacer es preparar una ensalada rusa que ni Dios la entienda" (22). En un mismo terreno se codean Lenin, Mussolini, Henry Ford, Al Capone y distintos modelos de sociedad secreta, contemporáneos como el Ku Klux Klan o pasados como la sociedad organizada en el siglo IX por un bandido árabe, Abdala-Aben-Maimun. En todos ellos encuentra el Astrólogo algún aspecto digno de ser tomado en cuenta, independientemente de los fines perseguidos por cada uno de los aludidos. Una de las ideas medulares de su teoría es la mentira o el "poder de la mentira" (108), idea que el Astrólogo pone en práctica en el seno mismo de la Sociedad Secreta. En efecto, los engaños, las comedias, las "farsas"— así se titula justamente una de las primeras reuniones del grupo en Temperley, en las afueras de Buenos Aires, en la quinta del Astrólogo—están a la orden del día. Pero la mentira esencial sobre la que descansa la teoría del Astrólogo es la mentira "elocuente, enorme, trascendental", "extraordinaria", cercana al prodigio, a la que llama la "mentira metafísica", capaz de devolverles a los hombres la felicidad perdida. Ésta responde, pues, a la enfermedad diagnosticada por el Astrólogo y se origina en su creencia de que "sólo los prodigios conseguirán emocionar" (78) al hombre.

No es extraño entonces que los discursos del Astrólogo dedicados a la destrucción de la actual sociedad y al plan quimérico de otra futura, discursos que pertenecen de lleno a un mundo en que la fantasía tiene libre curso, reciban la entusiasta adhesión de los miembros del grupo.   Alternan las fábricas de gases capaces de exterminar a una población entera en unos cuantos minutos, las guillotinas, el "Rayo de la muerte" que hace "saltar en cascajos las ciudades de portland", que esteriliza campos y "convierte en cenizas las razas y los bosques" (179, 180), las bíblicas "lluvias de fuego" (335), con la falsa resurrección de lo sagrado mediante milagros apócrifos, dioses inventados, "mentiras perfectas" destinadas a las "enfermedades más fantásticas del entendimiento y del alma" (181)[3]; un mundo, pues, poblado de deseos y sueños omnipotentes en donde la magia—magia circunscrita a las palabras—recobra sus antiguos poderes. Erdosain se imagina convertido en "Dueño del Universo" y el Astrólogo, en el colmo del delirio, profiere la siguiente arenga:

> Estamos distribuidos en todas las tierras, bajo todos los climas.   Somos hombres subterráneos, algo así como polillas del acero.   Roemos el cemento de la actual sociedad.   . . . Nos hemos infiltrado como lepra en todas las capas de la humanidad. Somos indestructibles. Crecemos día por día, insensiblemente . . . Revestimos mil aspectos. Somos los omnipotentes. (254)

Estas fantasías en las que triunfan sin dificultad los "locos" de la novela—las "fuerzas perdidas" (98) a las que busca seducir por todos los medios el Astrólogo—constituyen un triunfo efímero que no logra ocultar la desoladora realidad de sus existencias fracasadas, marginadas, y de su radical impotencia a la hora de actuar.   Si se adhieren irracional y compulsivamente a la Sociedad Secreta y al plan del Astrólogo, sin comprometerse en el fondo con la empresa transcendental que se supone es una revolución, es por la naturaleza misma de dicho proyecto. Entre tantas invenciones, mentiras, farsas, la propuesta revolucionaria del

Astrólogo se asemeja en conjunto a una simulación más, de una eficacia no obstante de distinta magnitud: "Yo sé que no puede ser, *pero hay que proceder como si fuera factible*" (94)[4]. Esta réplica circunstancial del Astrólogo a la objeción de alguno de sus adeptos encierra en clave el carácter de las soluciones planeadas por la Sociedad Secreta y su cabecilla. No se trata por lo tanto de *hacer* la revolución, sino simplemente, como lo admite el mismo Astrólogo, de sustituir la acción de la cual son sin duda todos incapaces, por un plan o un proyecto que vuelve "factible" en la fantasía y de un modo mágico la tan anunciada revolución, que le da en suma "la consistencia de lo cierto" (114) gracias al indiscutible carisma verbal de su jefe; proyecto que difícilmente, sin embargo, puede salvar la distancia que media entre la palabra o el discurso y la acción.

Planean una revolución imposible en el orden de los hechos, pero viable en el orden ilimitado de lo imaginario. Frente a la ciudad "desconocida" de la que habla Erdosain, frente al "terror" que recorre sus calles y al no ser en que los confina la sociedad, en Temperley, en la casa del Astrólogo, y concretamente en el espacio que abre en la novela el asunto de la Sociedad Secreta, el protagonista y los demás integrantes del grupo dejan de ser los personajes anónimos y acosados que deambulan por la ciudad para convertirse, por arte de magia, en atractivos y poderosos "jefes": Erdosain, en "Jefe de Industrias", el Buscador de Oro, en "Jefe de Colonias y Minas", el Rufián, en "Jefe de los Prostíbulos" o en el "Gran Patriarca Prostibulario". Esta nueva identidad, fingida y fantasiosa como la revolución que pretenden llevar a cabo, es subrayada por el uso de los seudónimos que en algunos casos, como en el del Buscador del Oro, toma el lugar del nombre que nunca nos es revelado. Sólo en las últimas páginas de *Los lanzallamas*, nos enteramos, mediante un recorte de periódico, que el famoso y prestigioso Astrólogo se llama simplemente, Alberto Lezin, nombre que lo restituye en forma abrupta a una cotidianidad vulgar, sin relieve. Los papeles representados, los títulos y los seudónimos, otorgan a los "locos" un disfraz, una identidad prestada, preferible sin embargo a no ser nadie. Leída desde este ángulo, la simulación, más allá del juego intrascendente que aparenta ser en una primera aproximación, resulta sinónima de identidad: simulan "ser" para existir mínimamente.

Lejos de constituir una alternativa viable que intente en verdad actuar y transformar la realidad hostil y alienante de los personajes, la eficacia de esa revolución parece ser, fundamentalmente, de orden simbólico: los personajes viven de un modo imaginario las fantasías que giran en torno a una sociedad futura, seducidos por la magia que emana de las palabras del Astrólogo, quien, con su "magnífica locura", evoca ante ellos una "tierra de posible renovación" (96-97). Mucho más parecido en definitiva a un mago que al político y revolucionario en que se ha querido encerrarlo[5], el Astrólogo, al igual que aquél, se transforma en el seno del grupo en un "conductor iluminado de la angustia común" (Róheim 38-39). Como lo hemos visto, no se dirige al raciocinio de sus seguidores sino a su capacidad imaginativa con procedimientos seductores, cercanos a la magia: conjuros, falsos prodigios, etc., procedimientos olvidados por la modernidad técnica, mecánica. No es extraño que en la ciudad del futuro soñada por uno de los "locos", "toda ciencia será magia" (180). Entre las historias individuales de los "locos", historias centradas en torno a una identidad problemática, y la utopía o el sueño de liberación que proyecta en el espacio narrativo el asunto de la Sociedad Secreta, no hay contradicción. La solución total que ofrece el Astrólogo sirve de contrapunto imaginario a sus existencias vacías, malogradas, y a sus deseos frustrados de ser.

Al llegar al término de nuestro análisis, parece claro que Arlt, al igual sin duda que todo auténtico creador, trasciende en *Los siete locos* y *Los lanzallamas* la mera referencia histórica: las "ideas" en torno a la revolución, las informaciones sobre la situación política y social de la Argentina de los veinte. Discutir las "ideas" en abstracto, cotejarlas con la realidad y encontrarles una coherencia fuera de la ficción, desvirtúa las novelas y conduce a un callejón sin salida. Lo que interesa al fin y al cabo no es la verdad objetiva o la verosimilitud del proyecto revolucionario y de la Sociedad Secreta sino—y lo diremos parafraseando al Astrólogo— la verdad de la mentira, o sea, la verdad de la ficción que sólo puede ser una verdad poética, imaginativa. Al poner de manifiesto sus carencias, en particular su desorientación y precaria identidad, la aventura colectiva de los "locos" anuncia al hombre anónimo de la modernidad y a la vez prefigura la crisis del mundo actual, mundo caótico, sin valores que Arlt descifra más allá de sus signos aparentes.

Notas

1. Ver el prólogo de Adolfo Prieto a las novelas de Arlt que aquí nos ocupan (xxiv).

2. Pensamos en la crítica de corte biográfico y, en particular, en el libro de Raúl Larra (ver el capítulo dedicado a "El escritor y la política", 119-27). Lecturas más recientes inciden en el mismo error: discutir las "ideas", tratar de encontrar una coherencia a las mismas "desde fuera", con criterios de verosimilitud; es el caso por ejemplo de Beatriz Pastor.

3. Resulta interesante advertir la cercanía existente entre las fantasías destructivas, las persecuciones mágicas (rayos, electricidad, sistemas), y en definitiva el poder ilimitado que creen poseer los "locos" de la novela, con las fantasías esquizofrénicas. Al hablar del "yo en la condición esquizoide", Laing puntualiza: "Sólo es omnipotente y libre en la fantasía . . . La ilusión de la omnipotencia y de la libertad puede mantenerse solamente dentro del círculo mágico de su propio 'cierre' en la fantasía" (79-80).

4. El subrayado es nuestro.

5. No se trata sin embargo de una simple imagen. Entre las habilidades o técnicas del shamán se destaca, precisamente, la de ser un simulador experimentado (Lévi-Strauss 192).

Obras citadas

Arlt, Roberto. *Los siete locos*. *Los lanzallamas*. Ed. Adolfo Prieto. Caracas: Biblioteca Ayacucho, 1978.

Laing, Ronald. *El yo dividido*. México: Fondo de Cultura Económica, 1974.

Larra, Raúl. *Roberto Arlt, el torturado*. Buenos Aires: Ánfora, 1973.

Lévi-Strauss, Claude. *Anthropologie structurale*. Paris: Plon, 1958.

Pastor, Beatriz. "De la rebelión al fascismo: *Los siete locos* y *Los lanzallamas*". *Hispamérica* 27 (1980): 19-32.

Róheim, Géza. *The Origin and Function of Culture*. New York: Nervous and Mental Disease Monographs, 1943.

El relato literario como configurador de un referente histórico: *Termina el desfile* de Reinaldo Arenas

Myrna Solotorevsky

Universidad Hebrea de Jerusalén

Es nuestro propósito analizar la relación propuesta: "historia-ficción", considerando el modo peculiar como un texto literario — es decir, ficticio—, *Termina el desfile* (1981) de Reinaldo Arenas, configura un referente histórico: la Revolución Cubana. A partir de lo enunciado, se desprende nuestra posición: asumimos que el referente no existe fuera del texto y es luego imitado por éste— lo que sería una ilusión referencial—sino que se constituye en el texto mismo. Barthes ha señalado a este respecto: "dans le roman le plus réaliste, le référent n'a pas de 'réalité' " (*S/Z* 87). Situándonos en una perspectiva teórica, es posible postular que un discurso literario que finge reproducir un referente histórico, hará uso de determinados procedimientos destinados a suscitar la ilusión mimética. Un problema que nos interesará, será el concerniente al grado de mayor o menor equilibrio entre dicha ilusión y la presencia de lo escritural, la que supone un debilitamiento o anulación de operadores de legibilidad.

El planteamiento que proponemos insta a realizar la distinción entre un discurso histórico y uno literario, a ver cómo el uno y el otro configuran —crean—su referente. Como ha afirmado Carrard, la diferencia mayor entre ambos discursos residiría en una cierta relación a lo verdadero y en el contrato de lectura que en

ambos casos se desarrolla; en contraste con la literatura, la historia
tiende a la verdad referencial en un sentido muy preciso, el de la
verificabilidad en los archivos; de acuerdo a ello, y distintamente
de lo que sucede en el texto literario, el histórico aspira a resolver
las ambigüedades. El discurso histórico positivista—que pretende
la verdad y la objetividad—aparece, no obstante, como fuente de
paradojas: aun la presentación más neutra está orientada, aunque
sea—como señala Carrard—por la voluntad de neutralidad y la
ideología estará siempre presente, en un grado mayor o menor
de explicitación. Así como la ficción, la "realidad" aparece a
la luz de estas ideas como una pura construcción. Citando otro
texto de Barthes: "en la historia 'objetiva' lo 'real' es siempre
sólo un significado no formulado que se refugia tras la apariencia
omnipotente del referente" ("El discurso" 49). Lo señalado
respecto de una historia positivista, es a fortiori verdadero en
relación a una historia intelectual, que rechaza una reconstitución
puramente documental del pasado, con el cual pretende mantener
también una relación dialógica (ver Le Capre).

La paradoja instituida por el texto literario es de índole
distinta: por aceptar su carácter ficticio, el lector se entrega a dicho
objeto con una credulidad sin reservas (Martínez Bonati); el texto
literario no podría ofrecer sino la verdad indiscutible de la ficción
y en él la ideología y la subjetividad pueden llegar a manifestarse
del modo más desembozado.

Termina el desfile es un texto constituido por nueve relatos;
el referente histórico señalado es perceptible en cuatro de ellos:
"Comienza el desfile" (CD), "La Vieja Rosa", "Los heridos",
"Termina el desfile" (TD), pudiendo dicho referente ser abstraído
de la totalidad del tema de CD y TD—relatos de los cuales nos
ocuparemos—, de una parte extensa y culminante de la trama de
"La Vieja Rosa" y de un momento incidental pero significativo de
la trama de "Los heridos". Los cinco cuentos restantes constituyen,
desde la perspectiva que asumimos, especies de islotes ficticios en
los que la dimensión histórica se ha desvanecido.

CD y TD—el primer y el último relato del texto, respectivamente—, constituyen los dos polos del proceso histórico
que la obra como totalidad diseña: la iniciación de la Revolución

Cubana y su instauración. La elección del segundo título señalado, "Termina el desfile", como título del libro, evidencia desde el paratexto—con toda claridad en la relectura—el sistema apreciativo de la obra, su ideología antirrevolucionaria: nos sitúa dicho título en un período de acabamiento en el cual la euforia en CD aparentemente adjudicable al desfile, como gozosa manifestación colectiva, se ha disipado; TD patentizará precisamente la atmósfera profundamente disfórica que entonces prevalece.

Asumiendo los puntos antes teóricamente planteados, veamos primeramente qué elementos operan en CD como connotadores de realidad, creando una ilusión de mimesis:

a) Presencia frecuente de topónimos que conectan con el extratexto, e.g., Holguín, Sierra de Gibara, Velasco, etc.

b) Señalización de un antropónimo clave en la dimensión histórica: Batista.

c) Citación de frases que cumplen una función de lemas o consignas en el ámbito de la Revolución Cubana: "Viva Cuba libre" (8); "Viva Cuba, cojones" (18); "¡paredón, paredón!" (19).

d) Abundancia de descripciones eminentemente miméticas, e.g. la siguiente descripción del avance de la Revolución: " 'Están ya en Bayamo'. 'Están ya en Cacocún'. 'Tomaron la Chomba'. 'Entraron anoche en la Loma de la Cruz' " (11), o la descripción siguiente del desfile: "Tenía yo razón: la gente que viene detrás cantaba. Está cantando; alguien trae una guitarra. Al pasar por el río Lirio, las risas, los cantos y el tropel de los caballos es tremendo" (10).

No obstante la presencia de los elementos señalados, el relato desdeña otros posibles connotadores de mimesis y hace uso de operadores de escribibilidad, comprometiendo al lector, en menor o mayor grado, en una participación constructiva del texto;

a) CD está configurado por un narrador homodiegético, siempre presente como mediatizador en la plasmación del mundo; el proceso de enunciación adquiere así preeminencia, atentando contra la pura transparencia del discurso.

b) El héroe del relato—personaje innominado—no opera como factor anulador de la ambigüedad; él mismo es, por el contrario, un personaje indeciso y ambiguo, que no ostenta

las cualidades morales o psicológicas valoradas en el mundo
configurado ni en el extratexto, sino—como veremos—las
antitéticas, valorables en función de la intencionalidad ideológica
que impregna el relato.

c) Un factor fundamental que atenta contra la legibilidad es
el peculiar *sujet* del texto: éste destruye la linealidad y exige un
verdadero esfuerzo del lector para distinguir secuencias temporales
que el relato intencionalmente confunde. CD se inicia *in medias
res*, cuando ya se ha constituido el desfile:

> DETRÁS—pero casi junto a mí—viene Rigo, silbando y
> haciendo rechinar sus botas. Y después, las hijas de los
> Pupos . . . Y más atrás vienen los Estradas, y Rafael
> Rodríguez, y los hijos de Bartolo Angulo. (7)

Sin solución de continuidad, salvo la señalada por el cambio de
tiempo, de presente a pretérito imperfecto, y por la presencia de tres
puntos suspensivos, se pasa a una secuencia anterior, que configura
al narrador-personaje llenando latas de agua, viviendo en casa de
su tía Olga. Como una concesión, se distinguirá en lo sucesivo, el
discurso correspondiente al presente del desfile, mediante el empleo
de cursivas. Continuará la alternancia entre presente y momentos
del pasado que se remontan progresivamente hasta la descripción
de la situación que instó al personaje a alzarse ("Por eso y por
qué sé yo cuántas cosas más" [11]) y asumen luego una dirección
prospectiva. Los juegos destinados a crear confusión coexisten
con las señaladas pautas clarificadoras, e.g., a continuación de
una mención de la escopeta de Rigo, correspondiente al presente
del desfile, se introduce el siguiente discurso del pasado: " 'Tira
un tiro', me dijiste." (9); el énfasis en la temporalidad, haría
creer en el siguiente caso, en la continuidad del discurso: *"Dentro
de cinco minutos entraremos en Holguín.* Espero a la media
noche para entrar en el pueblo" (15); en una recepción puramente
fónica del texto, se crea la apariencia de construcciones causales y
adversativas: *"Pero las manos me siguen sudando como siempre.*
Porque todo es insoportable" (10); *"Él me sigue hablando.* Pero
no hay ni un rebelde en este pueblo" (13). Hacia el final del

texto, se abandonan las cursivas para la configuración del presente, volviéndose al sistema gráfico del comienzo del relato.

La ideología desmitificadora de la Revolución a que aludiéramos, se evidencia a través de las siguientes instancias del texto:

a) El protagonista—cuya ambigüedad hemos destacado—resulta ser un anti-héroe, suscitador de ironía; su alzamiento no se conecta a ningún motivo ideológico; su permanencia entre los rebeldes se reduce a un "sin hacer nada" (9); el acto de dar muerte a un "casquito", que le hubiera permitido cruzar la frontera y transformarse en un personaje dinámico (Lotman), no es realizado; mientras la Revolución se desarrollaba, él ha estado escondido en casa de su tía Olga; él se ha agregado—como otros que no pretendieron alzarse—a último momento al desfile, y los gestos y las palabras de reconocimiento que le son dirigidos—por aquéllos que conocen la verdad—suscitan una reacción irónica en el lector: "Y ahora llega abuelo, desde la venduta con una bandera roja y negra y un 26 enorme en el centro. 'Caray, muchacho', dice, y me entrega la bandera. 'Sal a la calle con ella—me dice mamá—, todos los vecinos te están esperando' " (20 y s.). En un plano simbólico, el cuchillo—posible símbolo fálico—primero tan valorado por el protagonista y finalmente colocado en el borde del inodoro, muestra el fracaso del personaje. El verdadero héroe es Rigo—objeto del deseo del narrador—a quien no corresponde un rol central en la trama.

b) El desfile oculta tras su apariencia carnavalesca, eufórica, una realidad disfórica, a la que es muy sensible el narrador; en ella prevalecen el ruido y el polvo:

> *La gente, y después los perros que ladran asustados, que*
> *se revuelcan en la polvareda; que gritan cuando alguien*
> *los patea desconsideradamente. Y luego el rechinar de*
> *las carretas, el tropel de los caballos; el ruido de los*
> *camiones. (17)*

El desfile es, en efecto, "la gran polvareda" (14); "polvo" es el último lexema constitutivo del relato.

c) Degradación de símbolos: "Miles y miles de banderas colocadas con urgencia hasta en los más mínimos recovecos. Trapos rojos y trapos negros. Papeles de colores. Papeles, papeles. Trapos" (19); dicha degradación culmina con el acto del protagonista: "y tiro la bandera en el baño" (21).

Acatando la sugerencia de los títulos, TD aparece como la prolongación y culminación de este primer relato: la apariencia eufórica se ha anulado y la disforia y la ideología asumidas se manifiestan aquí con la máxima ostensibilidad. Las siguientes frases del narrador, también homodiegético, constituyen un puente entre entre CD y TD:

> Antes había sido alzarse, liberarse, sublevarse, esconderse, emanciparse, independizarse, pero ahora ya nada de eso era posible, no porque se hubiese logrado o no fuese necesario, sino porque ya ni siquiera concebir en voz alta, y hasta en voz baja, esas ideas, era recomendable. (152)

El discurso literario desoculta en CD y TD la gestación de un proceso que fracasa; más allá de las circunstancias referenciales concretas, atingentes a la Revolución Cubana, importa el diseño progresivo de un mundo de clausura, opresión y deterioro, como posibilidad ontológica del ser humano y respecto a ese acceso a lo ontológico—a diferencia de lo que ocurriría con lo plasmado por un discurso histórico—pierde todo sentido la intencionalidad de verificación.

Obras citadas

Arenas, Reinaldo. *Termina el desfile*. Barcelona: Seix Barral, 1981.

Barthes, Roland. *S/Z*. Paris: Seuil, 1970.

——. "El discurso de la historia". En *Estructuralismo y literatura*. Buenos Aires: Nueva Visión, 1970. 35-50.

Carrard, Philippe. "Récit historique et fonction testimoniale". *Poétique* 65 (1986): 47-61.

Le Capre, Dominick. "Rethinking Intellectual History and Reading
    Texts". En *Modern European Intellectual History*. Eds.
    Dominick Le Capre and Steven L. Kaplan. Ithaca: Cornell
    UP, 1982. 47-85.
Lotman, Iouri. *La structure du texte artistique*. Paris: Gallimard,
    1973.
Martínez Bonati, Félix.   *La estructura de la obra literaria*.
    Santiago: Ediciones de la U de Chile, 1960.

La poesía tradicional y el compromiso ideológico en la creación femenina de la Segunda Promoción de la Revolución Cubana

María A. Salgado

The University of North Carolina at Chapel Hill

Los escasos críticos que han examinado los versos de los jóvenes poetas de la Revolución Cubana han señalado que la característica que los unifica es el compromiso ideológico. Entre estos críticos, tal vez sea José Prats Sariol quien con mayor claridad establece la filiación política de la nueva poesía al señalar los seis rasgos distintivos siguientes: "1. Plena identificación ideológica con la Revolución; 2. Temática absolutamente abierta a cualquier aspecto de la realidad; 3. Humildad del yo poético; 4. Sencillez expresiva; 5. Intensificación de lo explícito, lo anecdótico y lo irónico; y 6. Mayor abertura estilística a las formas tropológicas y métricas 'tradicionales' " (7). Estos rasgos sugieren que existen varios paralelismos entre la poesía cubana de la Revolución y la poesía social en general o, más específicamente aún, entre la poesía cubana y la poesía "oficial" de otros países socialistas. Dichos paralelismos se deben a que Prats escoge como elementos unificadores de la joven poesía tres distintivos asociados por lo normal al realismo social: la ideología revolucionaria, los temas arraigados en la realidad y la expresión directa. De ser así, no se necesita gran perspicacia para deducir que en la Cuba actual la poesía no se ejercita dentro del clima de libertad acrática preconizado por Rubén Darío. Todo lo contrario, escribir en Cuba parece ser escribir dentro de rígidos parámetros: es escribir *en* la Revolución y *con* la Revolución.

Pero el que existan parámetros rígidos tampoco quiere decir que no pueda existir cierto grado de libertad para escoger tanto el enfoque de los temas como el acercamiento estilístico a los mismos. En las páginas siguientes quiero estudiar la manera en que esta relativa libertad se manifiesta en los versos de las poetas más recientes. Me interesa examinar, en particular, el tipo de relación que las mujeres de la llamada "Segunda Promoción Poética de la Revolución Cubana" mantienen con la poesía tradicional. Creo que dicho examen tiene la posibilidad de revelar hasta qué punto sus versos son "revolucionarios"—en el doble sentido del término.

Según el crítico Eduardo López Morales, la segunda promoción comprende a los nacidos entre 1940 y 1955 que viven y escriben dentro de Cuba[1]. Debido a la dificultad para conseguir los textos de esta generación, he limitado mi estudio a los poemas incluidos en varias antologías dedicadas a la literatura de la Cuba post-Revolucionaria. En ellas he encontrado poemas de veintidós mujeres[2], y de entre éstos me he limitado a escoger los de seis autoras que glosan versos de poetas anteriores. Me atengo a este acercamiento porque creo que se presta a estudiar la actitud de estas jóvenes poetas tanto ante las exigencias de su tradición literaria como ante las de la ideología revolucionaria bajo la que laboran en Cuba.

Los textos glosados señalan de inmediato la preferencia de estas escritoras por poetas de clara filiación patriótica y social. Pero poetas también que como el norteamericano Walt Whitman—tan admirado por José Martí—y los hispanos Antonio Machado, César Vallejo y Pablo Neruda, se distinguen no sólo por su preocupación social sino por sus innovaciones temáticas y estilísticas y por su esmerada expresión poética. Además de glosar versos de poetas comprometidos, estas seis escritoras glosan también a otros autores cuya filiación ideológica es más cuestionable—por ejemplo, el novelista norteamericano Ernest Hemingway, Rubén Darío, bardo de clara estirpe estética, y en especial, José Lezama Lima, quizá el más influyente (y el más hermético) de los poetas cubanos del siglo veinte. La presencia de Darío y de Lezama en los poemarios revolucionarios podría parecer incongruente por tratarse de dos poetas firmemente plantados en tendencias estetizantes. Sin embargo, a pesar de su ideología no-comprometida, ninguno de los dos poetas se mantuvo tan enajenado de sus circunstancias históricas como pudiera parecer a primera vista: Darío fue el autor de la "Oda a Roosevelt" y de "La salutación del optimista" y Lezama Lima se identificó con la Revolución Cubana, prestándole el apoyo de su nombre y de su enorme prestigio literario.

Darío y Lezama son glosados por Nancy Morejón, uno de los poetas de mayor promesa entre los nuevos líricos cubanos. Morejón cita al nicaragüense en el epígrafe del poema que le dedica, "Desilusión para Rubén Darío", y que puede leerse como el arte poética de su autora. La glosa al modernista verso dariano "Un pavo real blanco pasa", contiene una curiosa paradoja ya que aunque por un lado Morejón rehúsa emular el elemento de belleza frívola que el pavo real simboliza, por el otro, exalta sutilmente a Darío y al ideal poético que ese pavo representa. Es decir, aunque Morejón sugiere en este texto su preferencia por la poesía ideológicamente comprometida, también sugiere su admiración por la poesía subjetiva y artística de Darío, uno de los grandes poetas de su tradición. Morejón plasma este doble compromiso social y artístico al explicar que si el pavo real dariano pasara por su lado, ella lo dejaría pasar en deferencia al poeta ("haré como que cuidas su figura" [NPC 221]). Pero añade también, que además de ese pavo, existe otro al que ella, a pesar de su belleza, se ve forzada a destruir a diario:

> al que [le] retuerzo el cuello casi con pena
> a quien creo tan azul como el azul del cielo.
> (NPC 222)

El homenaje que Morejón le rinde a Lezama Lima al glosar sus versos, es un indicio más de la atracción que la poesía pura y estetizante ejerce sobre ella. En su complejo poema "Doncella en alas"[3], Morejón glosa tres herméticos versos de su compatriota, demostrando no sólo su admiración hacia Lezama, sino hacia todas las corrientes de la poesía pura que han predominado en las letras cubanas de este siglo. No es arriesgado concluir, entonces, que al escribir sus glosas sobre motivos poéticos de Darío y de Lezama, Morejón afirma de manera implícita la admiración que siente por la poesía artística tradicional. Lo que me lleva a concluir, que tal vez sea la asimilación de dichas corrientes artísticas a su propia obra lo que le confiera el alto valor poético de que goza. Dicho esto, es importante reconocer también que ninguna de las otras cinco poetas de la segunda promoción glosa versos de poetas estetizantes. Nancy Morejón es única en esto.

Además de glosar a Darío y Lezama, Morejón glosa también a Walt Whitman, el poeta norteamericano que la tradición hispánica identifica más claramente con el americanismo y las ideas democráticas. En el breve poema "Oh aguas de Corinthia", Morejón sugiere que la experiencia poética va más allá de la ideología política. En su poema, Morejón se ubica en su orilla cubana, es decir, literal y metafóricamente frente a los Estados Unidos ("Sobre las aguas orientales, estamos. / El águila come el ítamo real" [PRC 47]), y allí plantada revive la experiencia poética y vivencial de tocar "todas las orillas arenosas" del mundo—como Whitman, quien también en el agua "finger'd every shore" (47).

El mismo espíritu whitmaniano de exaltación de experiencias vivenciales es glosado por Soleida Ríos. En "También me canto" esta poeta se vale del verso "I celebrate myself, I sing", para elaborar la satisfacción de estar viva en su momento histórico:

Me canto porque por fuerza del amor
estoy de pie,
apretando esta curva del tiempo
entre mis manos. (*Estos cantos* 34)

Aunque los textos de las escritoras que pasaré a comentar a continuación glosan obras de la literatura comprometida, es obvio que también estas poetas se fijan en autores de reconocido mérito estético. El primero de estos poemas es de Anilcie Arévalo. "Ideal" enfoca el momento histórico presente de Cuba, desmitificando primero, en una sutil lengua familiar, lo que el sacrificio patriótico pueda tener de heroico, para terminar señalando la necesidad de "rezar con César Vallejo":

Irene repite que no seamos sanacas

vamos a morir si es necesario sin paraguayos
               y sin tómbolas,
no hablar más boberías
que se apaga la luz de la chismosa,
y hay que rezar con César Vallejo. (NP 1974, 33)

El español Antonio Machado es otro poeta tradicional que
proyecta en las glosas su presencia viva y humana. Mercedes
Fernández Mardones y Yolanda Ulloa glosan su conocido poema
autobiográfico "Retrato". Fernández Mardones lo usa no sólo en
el título "Que recordar *sí* quiero" (obvia re-escritura del verso
"que recordar *no* quiero" machadiano)[4], sino en el epígrafe, que
también usa otros dos versos de Machado ("Mi juventud veinte
años / en tierra de Castilla . . ."), además del nombre del poeta.
Para cualquier lector hispánico medianamente ilustrado, el título,
el nombre de Machado y los versos citados están cargados de
significación: sugieren, no sólo la importancia de su obra, sino
también la importancia de su compromiso social, implícito en
su vida ejemplar. En primer lugar, el nombre del poeta, y el
poema glosado, recuerdan al lector que Machado fue una de las
primeras figuras de las letras españolas contemporáneas, y lo que
es más importante aún para los cultivadores de la poesía social,
le recuerdan su labor de veinte años en las escuelas de la árida
meseta castellana, alma y símbolo del espíritu de su patria. Y le
recuerdan también que, más allá de la vida cotidiana en la meseta,
Machado murió en el destierro, al que marchó por los polvorientos
caminos españoles acompañando al pueblo que huía, al final de
la Guerra Civil, ante el avance de las tropas fascistas. Después
de sugerir toda esta compleja gama de asociaciones, Fernández
Mardones comienza el poema en sí. En él rememora y exalta su
propia experiencia juvenil, tan distinta de la de don Antonio. De
su propia juventud, obviamente idealizada—como lo es la del texto
machadiano—recuerda que "amaneció de pronto / entre montañas
de cartillas y manuales ", en medio de una naturaleza marcada por
la rica exuberancia del trópico:

acunados en hamacas de lona,
bajo los flamboyanes,

bañados en arroyos
y comiendo ciruelas silvestres . . .
(NP 1974, 67-68)

A través de la idealización del ambiente, la autora evoca
un mundo paradisíaco que promete un futuro más esperanzador
que el que alcanzó a vivir el poeta español. En otras palabras,
Fernández Mardones se vale del conocido poema de Machado
para exaltar indirectamente la ideología revolucionaria y cantar al
brillante futuro de Cuba.

Yolanda Ulloa no es tan explícita al glosar a Machado. Ella
no cita ni el apellido del poeta ni ningún verso específico. Pero a
pesar de ello, tampoco es difícil para un lector iniciado reconocer
la referencia a "Retrato". El poema de Ulloa se titula "El olmo"
(árbol fuertemente identificado con Castilla y la obra de Machado),
y en él exalta la persona del poeta español, elaborando ciertos
motivos claves que Machado había trabajado en el suyo. En la
primera estrofa, Ulloa menciona el nombre propio del poeta y alude
a sus raíces andaluzas, explicando que "Antonio" escribió su poema
para Sevilla como si plantara un limonero y que, a su vez, la tierra
le devolvió su favor fraguándolo a él como si fuera un árbol. En
los versos que siguen, Ulloa se vale de las imágenes machadianas
del camino y del paso del tiempo para evocar la figura solitaria del
poeta en su medio castellano, lejos ya de su hogar y de su tierra
andaluces. En la última estrofa lo mitifica, al transformarlo en ese
ascético paisaje segoviano que Machado no cantará nunca más:

Hace ya tiempo que partió.
En el Duero
desnudo frente al agua,
la luna muestra la orfandad del olmo
(NP 1974, 136-37)

Además de glosar a Machado, Fernández Mardones y Ulloa
glosan a otros dos autores. Fernández dedica el suyo, "Decisión",
a Nicolás (Guillén ?) y en él glosa a Hemingway. El epígrafe de
este poema sugiere, y el texto lo subraya por medio de una serie
de oposiciones irónicas, el abismo que existe entre las aspiraciones
del ser humano y las circunstancias históricas que determinan su

realidad vital. Dice la cita de Hemingway, "La época exigía que
bailáramos y nos embutió en pantalones de hierro" (NP 1974,
69). En su poema, Fernández elabora varias otras imágenes
igualmente paradójicas para acabar por señalar, con fuerte ironía,
el involuntario papel de redentores de la humanidad en que las
circunstancias han colocado a su generación: "Henos aquí: /
cuadriculando el porvenir por todos" (69). El segundo poema de
Ulloa —"Se fue, dijimos, perdiendo"—exalta a la cantante y poeta
popular chilena Violeta Parra, símbolo de la heroica resistencia de
su pueblo. Ulloa la mitifica al fundirla con el paisaje y el espíritu
de su patria:

> Porque Violeta era el nombre
> de una flor,
> de una mujer andina,
> de su guitarra. (NP 1974, 133)

Dentro de esa misma línea de mitificar a Chile, al poeta y al
pueblo se encuentra el último poema que voy a comentar. Se trata
de un texto del libro *De América soy hijo* de Milagros González. El
poema, de obvias connotaciones antiimperialistas, está escrito en
homenaje a Pablo Neruda. En él, González le explica al militante
poeta chileno que él es símbolo del Sur y que un día vencerá al
Norte en un acto de reivindicación continental: "y habrá que el
Norte se estará muerto / de puro Sur" (EC 76).

Para resumir, las glosas de textos tradicionales escritas por
estas seis poetas de la Segunda Promoción de la Revolución
Cubana sugieren que su poesía no se atiene de manera rígida a
los parámetros ideológicos que describe López Morales. En rigor,
poco o nada hay en estos versos de ideología revolucionaria, de
temas arraigados en la realidad o de expresión directa. De hecho
(aunque es probable que esto se deba al tipo de acercamiento
que he elegido), el único rasgo identificado por López Morales
que aparece en sus versos es el sexto, un rasgo totalmente
apolítico (la abertura estilística de la nueva poesía a las formas
tradicionales). Es cierto que algunos poemas reflejan el interés de
sus autoras por sus circunstancias históricas, pero también lo es
que hasta esos textos muestran que están conscientes del valor de

su tradición poética. Esta doble vertiente sugiere que, a pesar de su alineamiento con la ideología de la Revolución Cubana, estas poetas tratan de salvaguardar la tradición. En otras palabras, las glosas de estas seis escritoras permiten afirmar que sus versos buscan armonizar el conflicto entre su conciencia artística y su conciencia revolucionaria, al sugerir implícitamente, que si bien el deber del poeta es comentar y cantar en sus mejores tonos líricos la realidad de su entorno, también lo es el continuar elaborando las valiosas corrientes artísticas de su pasado literario.

Notas

1. Sigo la definición de esta "promoción" hecha por Eduardo López Morales en su prólogo a *La Generación de los años 50*. Este crítico basa su agrupación en los estudios generacionales de las letras cubanas de Raimundo Lazo, José Antonio Portuondo y José Juan Arrom.

2. En orden alfabético estas poetas son: Anilcie Arévalo (1945), Ángeles Castellanos Martí (1945), Elsa Claro (?), Libertad de Arriba (1953-69), Ida Paz Escalante (1945), Lina de Feria (1944), Teresa Fernández Mardones (1949), Milagros González (?), Bárbara Milanés (?), Nancy Morejón (1944), Esther Pérez (1951), Soleida Ríos (1950), Mercedes Rodríguez García (1951), Onelia Rodríguez (1951), Reina María Rodríguez (1952), Minerva Salado (1944), Excilia Saldaña (1949), Mercedes Santos Moray (1944), Albis Torres (1946), Yolanda Ulloa (1947), Ivette Vian (1944) y Mirta Yáñez (1947). Incluyo en esta lista a las tres poetas para quienes no he podido localizar la fecha de nacimiento, ya que los críticos dan sus versos en las mismas antologías de la nueva poesía cubana.

3. "Doncella en alas", está dividido en tres partes. Las dos primeras van encabezadas por citas de "Muerte de Narciso" ("Olvidado papel, fresco agujero el corazón", y "La mano que por el aire líneas impulsaba"); la tercera, cita el verso final de "Invisible rumor" ("y el rostro huido en frío rumor").

4. Verso que en sí mismo es un eco de la frase inicial del *Quijote*:
"En un lugar de la Mancha de cuyo nombre no quiero acordarme".

Obras citadas

*Estos cantos habitados. These Living Songs. Fifteen New Cuban
    Poets*. Translated with an Introdution by Margaret Randall.
    Fort Collins, CO: Colorado State Review, 1978.
La Generación de los años 50. Selecciones de Luis Suardíaz y
    David Chericián. Prólogo de Eduardo López Morales. La
    Habana: Letras Cubanas, 1984.
Nueva poesía cubana. Ed. José Joaquín Goytisolo. Barcelona:
    Península, 1970.
Nuevos poetas 1974. Ed. Roberto Díaz. La Habana: Arte y
    Literatura, 1975.
Poesía de la Revolución Cubana. Lima: Casachuma, 1973.
Prats Sariol, José. "La más reciente poesía cubana". 5 partes. *El
    Caimán Barbudo*. 107 (Dic. 1976): [1ª parte] 6-7.

Las trampas de la ficción en la
Historia de Mayta

Roger A. Zapata

Trinity College

La consagración de Mario Vargas Llosa con su novela *La ciudad y los perros* (1965), marcó en el Perú el predominio de un sistema literario que, aunque en la práctica nunca dejó de lado su fidelidad al realismo, introdujo otras variables en la literatura peruana que difícilmente podrían calzar, por ejemplo, en el esquema desarrollado por Mariátegui en sus *Siete ensayos*[1]. No es éste el momento de hacer un recuento de las polémicas en torno a la novelística del Boom[2]. Sólo me interesa enfatizar el hecho que, dos décadas después, estemos frente a la aparición de otro canon literario que, hasta cierto punto, ha desplazado a la estética del Boom, y su insistencia, sobre todo, en la autorreferencialidad del lenguaje. Este desplazamiento ha sido generado por tres tipos de acontecimientos: primero, la pérdida de confianza en el modelo ideológico neoliberal que sustentaba nuestras sociedades; segundo, la impotencia de una estética vanguardista para dar razón del hecho social; tercero, los nuevos acontecimientos políticos y sociales en América Latina: la guerra sucia en la Argentina, Chile, Uruguay; la guerra de liberación en Nicaragua, El Salvador y Guatemala. Esta nueva coyuntura reclamaba una nueva relación del escritor con la realidad. En el caso del Perú, el escritor se enfrenta al reto de representar una realidad cada vez más compleja. Esta nueva realidad, de campesinos transculturados a la costa, de tomas de tierras y enfrentamientos entre comunidades, de la guerrilla senderista, de nuevas formas culturales como la "chicha", de desplazamientos urbanos de las clases medias, de tortura y terror, plantea un nuevo reto a la representación novelística.

En lo que sigue trataré de fundamentar cómo Mario Vargas Llosa ha incorporado esta nueva realidad en su reciente novela *Historia de Mayta*, problematizando la relación entre historia y ficción, no con el ánimo de encontrar cierta homología goldmaniana, sino más bien para mostrar las discrepancias entre la ideología del autor y la ideología que emana del texto.

En *Historia de Mayta*, Vargas Llosa intenta, como en otras novelas, darnos una visión totalizadora de la realidad.   Para ello adopta una perspectiva historicista en la narración de los acontecimientos: se trata de explicar el Perú actual a través de los hechos del pasado.   Entre éstos el autor rescata de la oscuridad un incidente político ocurrido en Jauja en 1958.   La rebelión emprendida por Mayta y el subteniente Vallejos cobra gran importancia por estar cargada, de acuerdo con el autor, de "Cierto simbolismo de lo que vino después, un anuncio de algo que nadie pudo sospechar entonces que vendría" (53). El pasado importará sólo en la medida en que sirva como telón de fondo donde actúen sus personajes y en la medida en que se preste para sacar conclusiones esquemáticas sobre el presente. Como advierte Miguel Gutiérrez en su libro *La generación del 50: un mundo dividido*, Vargas Llosa "transgrede su filiación flaubertiana de ser total, imparcial y objetivo en la revelación de un mundo" (159) al representar a la izquierda peruana como sujetos mercenarios, cínicos y amorales.

Sobre este decorado, Mayta, Vallejos, el profesor Ubilluz, los josefinos y los miembros del partido trotskista POR(T), son los personajes de una tragicomedia.   Por eso, son los elementos de "truculencia, marginalidad, delirio, exceso" (53) los que se van a destacar con el propósito de mostrar lo infundado e irracional del aventurerismo revolucionario.

Mayta, el personaje principal de la novela, antes de terminar como trotskista, ha sido aprista, luego aprista disidente y moscovita; es decir, ha pasado y vivido todas las contradicciones de la

izquierda peruana de los años cincuenta. Sin embargo, Mayta
no es un oportunista; todos estos cambios se explican por sus
convicciones políticas. A los cuarenta años de edad, cuando
muchos revolucionarios se han retirado o asimilado al sistema,
él se conserva idealista. Es este anticapitalismo romántico, su
deseo de llevar a la práctica sus ideales, a pesar que no todas las
condiciones subjetivas y objetivas están dadas, lo que lo empuja
a emprender la intentona revolucionaria en Jauja, convirtiéndola
en farsa. En el plan inicial, el subteniente Vallejos, junto al
profesor Ubilluz, tomarían el pueblo, las comisarías, la cárcel; se
apoderarían de las armas y huirían a pie a Uchubamba donde los
campesinos, levantados por la toma de tierras, se les unirían en
la revolución. Sin embargo, en el momento de llevar adelante
la rebelión, Mayta apenas puede tolerar el mal de altura; el día
señalado para la insurrección, el profesor Ubilluz, encargado de
traer el camión que conduciría a los revolucionarios a Junín, decide
irse a Lima con un cargamento de habas. Los campesinos de Ricrán
desaparecen y los mineros de la Oroya nunca llegan a la cita. Por
último, Don Ezequiel, que debería cortar los teléfonos y contratar
un taxi, se esfuma. Sólo los josefinos, estudiantes del último año
de secundaria, se encuentran entusiasmados. En este abandono
general Mayta y Vallejos, con la ayuda de los josefinos, deciden
llevar adelante la insurrección:

> Mayta se descubrió en medio del grupo, dando y
> recibiendo abrazos, y, entre nubes, veía también a Zenón
> Gonzales y a Condori en el entrevero. Una emoción
> profunda lo embargó. Tenía un nudo en la garganta.
> Varios muchachos lloraban y las lágrimas corrían por
> sus caras jubilosas mientras abrazaban al Subteniente,
> a Mayta, a Gonzales, a Condori, o se abrazaban entre
> ellos. "Viva la Revolución", gritó uno, y otro "Viva el
> socialismo". Vallejos los hizo callar. (250)

Como puede preverse, el resultado de esta empresa se cierra
con la muerte de Vallejos y Condori, y la captura de Mayta, Zenón
Gonzales y los josefinos. Sin embargo, es importante señalar
que este argumento, organizado aquí de una manera lineal, en

la novela aparece fragmentado en la trama textual que el lector
tendrá que unir a manera de rompecabezas. El procedimiento de
simultaneidad temporal y espacial, como sucede en sus grandes
novelas, activa y sintetiza la experiencia de la realidad. Mas
también le sirve al autor, de acuerdo con Ortega (976), tanto para
dosificar "la distribución de los hechos y su progresión, el suspenso
y sus variaciones, la intriga y sus acertijos", como para construir
una imagen apocalíptica del Perú. En efecto, es a partir de esta
segunda historia tejida entre las hebras de la historia de Mayta,
que se hacen perceptibles las intenciones del autor. Ya a partir
del capítulo cuarto, con la ayuda de la técnica de la fragmentación
del relato, se va construyendo la imagen de un país en crisis. El
Perú se encuentra en guerra y hay rumores que tropas extranjeras
han penetrado al territorio nacional. Este rumor seguirá creciendo
progresivamente hasta no quedarnos duda que, en efecto, el país
se encuentra invadido:

> ¿No ha mejorado la seguridad de Jauja con la llegada
> de los "marines"? Ha empeorado, más bien. Porque
> el rencor que provoca en la gente la presencia de las
> tropas extranjeras, hace que muchos ayuden, por acción
> o por omisión—escondiéndolos, facilitándoles coartadas,
> callando—, a los terrucos. "Dicen que algo parecido
> pasa entre los guerrilleros peruanos y los internacionalistas
> cubanos y bolivianos. Que hay enfrentamientos entre
> ellos. El nacionalismo es más fuerte que cualquier otra
> ideología, ya se sabe". (248)

Parece claro que la intención del autor es producir una
metonimia, una relación de contigüidad entre estas dos historias,
en la cual una sea la consecuencia de la otra. Debido a
que el autor construye esta imagen apocalíptica utilizando sólo
ciertos elementos cuidadosamente seleccionados (la lucha del
gobierno contra la insurgencia senderista), el lector desprevenido
o desfamiliarizado con la historia peruana y el sistema cultural que
hizo posible la novela, no puede sacar otra conclusión que no sea
la de atribuir la crisis de la sociedad peruana a ese oscuro proyecto
revolucionario que protagonizaron Mayta y Vallejos.

Por otro lado, desde que la violencia impregna los diferentes espacios de la sociedad peruana, el autor se ve obligado a representar, en marcado contraste, la atmósfera de violencia de Lima y provincias. Como sucedía en *La Casa Verde*, las descripciones de Lima están orientadas a subrayar la diferencia. El mundo andino aparece, de este modo, como radicalmente distinto del mundo limeño, oficial y occidental. Sin embargo, esta concepción dualista de la sociedad peruana, que hubiera llevado a la narración prolija y paralela, es evitada por el autor gracias a la técnica del rompecabezas. Gracias a esta técnica de simultaneidad temporal y espacial se consigue, primero, juntar dos mundos cultural y espacialmente distanciados; en segundo lugar, se saca la conclusión de que la violencia se ha generalizado a todo el Perú; y, finalmente, se concluye que la crisis presente es resultado de un hecho particular en el pasado.

Ahora bien, si éstos son los elementos más o menos explícitos de la ideología del autor, me parece importante enfatizar que la obra no sólo está unida por aquello que dice, sino también por aquello que oculta. En lo que sigue, pues, trataré de descubrir los *subtextos* en el texto literario. Si como ha sugerido Fredric Jameson, toda interpretación de la realidad es alegórica, debemos hacer un esfuerzo para distinguir los elementos en el texto que son el resultado de la producción fantástica del subconsciente del autor, y los elementos de la realidad que el inconsciente del autor trata de reprimir.

En principio, para poder llegar a la conclusión de que la crisis actual de la sociedad peruana es el eco de ese oscuro acontecimiento de Jauja, como si la historia estuviera sobredeterminada por eventos singulares, el autor ha tenido que borrar principalmente el proceso y la evolución de la historia. Además, los personajes y la estructura de la novela se convierten en simples vehículos para llevar adelante la anécdota. Mayta, por ejemplo, desde el inicio, está destinado al fracaso debido a su fealdad, su aspecto grotesco y su homosexualidad. De este modo los personajes aparecen—insiste Ortega (977)—faltos de vida, acartonados por el esquematismo de una narración preocupada por la eficacia informativa y la demostración de una tesis. La

novela ya no tendrá por objetivo la exploración de la subjetividad
y evolución de los personajes, sino será la demostración de una
preconcepción. Mayta, por su experiencia como revolucionario y
su homosexualidad, debería ser un personaje de gran complejidad
interior; sin embargo, en la novela aparece desvitalizado, sin
capacidad de reflexión. No se constituye en sujeto de la historia
sino en un mero producto de la sociedad.

Llama la atención, en un autor que siempre ha profesado una
voluntad realista, la ausencia de las fuerzas y las contradicciones
sociales que han precipitado esta crisis. Tanto los actores como el
proceso del drama social están escamoteados. Por un lado, se alude
a la guerrilla senderista y a los estragos de la guerra, pero no se
menciona en toda la novela más que una vez la figura de Fernando
Belaúnde Terry (elogiosamente, por supuesto) bajo cuyo gobierno
desaparecieron miles de personas.

El aspecto más logrado de esta novela es haber llegado a
captar la atmósfera de violencia, intriga, traición, oportunismo e
irresponsabilidad de un sector de la izquierda peruana, representada
en la novela por Moisés Barbi Leyva, Jacinto, Pallardi, Joaquín,
Vallejos y sobre todo el Senador Campos (Anatolio), ex-amante de
Mayta, quien lo acusa de ser agente del ejército y de la CIA. Pero
aquí, la ideología del autor lo lleva a generalizar estos desaciertos
y defectos políticos a toda la izquierda peruana. Además, nada se
dice sobre el rol del partido aprista, el oportunismo ideológico de
Acción Popular, las luchas del Partido Comunista, y de los avances
organizativos de la Izquierda Unida. Las pocas menciones a la
Teología de la Liberación serán negativas. Como sugiere Gutiérrez,
el autor, con una conciencia rencorosa, ha venido ajustando cuentas
en diferentes artículos como en esta novela, con los intelectuales
de la izquierda peruana a quienes acusa, desde una posición
anticomunista, de hipócritas y fariseos.

Es interesante comprobar que Vargas Llosa, en esta novela,
haya caído en el mismo esquematismo que le endilga a José
María Arguedas, aunque en su caso se trata de un problema de
desadecuación a la realidad[3]. En *Historia de Mayta*, el autor
ha querido escapar a este esquematismo recurriendo, para la
reconstrucción de la vida de su protagonista y los acontecimientos

de Jauja en 1958, al testimonio de los diversos participantes, testigos, familiares y amigos de Mayta. Pero lo que en el discurso testimonial aparece como un deseo por lograr una verificación en función del referente, en Mario Vargas Llosa se convierte en una estética de la mentira. El propósito del autor, lo repite a menudo, no es contar la verdad, sino "mentir con conocimiento de causa . . . la única manera de escribir historias a partir de la historia con mayúsculas" (77). En el último capítulo de la novela, como en el *Tristram Shandy* de Stern y *Benito Cereno* de Melville, como observan Wellek y Warren, se engrandece el papel del narrador revelándose sus dotes de prestidigitador. La literatura se recuerda a sí misma que no es más que literatura. El narrador de este modo "se deleita en destruir toda posible ilusión de que aquello es 'vida' y no 'arte', y subraya, recalca el carácter escrito y literario de la obra" (Wellek y Warren 268).

La historia con mayúsculas, como en la obra de Hayden White, aparece como la distribución en la trama narrativa de una serie de *stories*. Esto desemboca, en el caso de Vargas Llosa, en una pérdida de significación. Por eso, el resultado de la indagación no nos brinda una novela polifónica, en que la narrativa aparece como la orquestación de las diferentes voces que constituyen el orden jerárquico de la sociedad, sino una suma de monólogos controlados por la voz evaluativa del autor-narrador. Todas estas voces repiten casi al unísono que la crisis del Perú tiene su origen en los oscuros acontecimientos de 1958. Este reduccionismo impide, creemos, que Vargas Llosa nos provea con una visión dialéctica de la realidad, en donde se muestren no sólo los resultados, sino también el proceso y las fuerzas sociales que hacen posible el cambio social.

Quiero concluir señalando que a pesar de que *Historia de Mayta* no es la novela más lograda de Mario Vargas Llosa, tiene el mérito indiscutible de plantear, aunque sea alegóricamente, la crisis social que vive el Perú. En un momento de represión abierta y de autocensura por parte de nuestros escritores (por ejemplo, todavía no tenemos una literatura testimonial equivalente a la salvadoreña, argentina, guatemalteca o chilena), su obra indica las posibilidades que tiene por delante la narrativa peruana.

Notas

1. Esta observación la hizo David Sobrevilla en su prólogo al libro de Miguel Ángel Rodríguez Rea.

2. Sobre este tema existe una extensa literatura; ver en especial los trabajos de Alegría, Rama y el número 116-17 (1981) de la *Revista Iberoamericana* dedicado a la novela en español.

3. Vargas Llosa señala a propósito de *Todas las sangres*: "En la lectura de la novela, esta descripción esquemática de la realidad peruana la sentimos profundamente falsa, inconveniente, pero no tanto por su desadecuación a la realidad como por su falta de poder de persuasión" (36).

Obras citadas

Alegría, Fernando. *Nueva historia de la novela hispanoamericana*. Hanover: Ediciones del Norte, 1986.

Gutiérrez, Miguel. *La generación del 50: un mundo dividido. Historia y balance*. Lima: Ediciones Sétimo Ensayo 1, 1988.

Jameson, Fredric. *The Political Unconscious: Narrative as a Socially Symbolic Act*. Ithaca: Cornell UP, 1981.

Mariátegui, José Carlos. *Siete ensayos de interpretación de la realidad peruana*. Lima: Biblioteca Amauta, 1977.

Rama, Ángel. *La novela en América Latina. Panoramas 1920-1980*. Bogotá: Instituto Colombiano de Cultura, 1982.

Rodríguez Rea, Miguel Ángel. *Literatura peruana en debate: 1905-1928*. Lima: Ediciones Antonio Ricardo, 1985.

Ortega, Julio. "García Márquez y Mario Vargas Llosa imitados". *Revista Iberoamericana* 137 (1986): 971-78.

Vargas Llosa, Mario. "José María Arguedas: entre la ideología y la Arcadia". *Revista Iberoamericana* 116-17 (1981): 32-46.

———. *Historia de Mayta*. Barcelona: Seix Barral, 1984.

Wellek, René, y Austin Warren. *Teoría literaria*. Trad. José María Gimeno. Madrid: Gredos, 1969.

White, Hayden. *Tropics of Discourse*. Baltimore: Johns Hopkins
    UP, 1978.

IV. Diversos enfoques narrativos

Los contornos discursivos del África de *María*

Carol A. Beane

Brown University

En *María* (1867) de Jorge Isaacs, se encuentra como glosa
más detallada a la presentación de aquellos esclavos negros que
vagan oscuramente por este idilio romántico y a la vez algo
problemático, la historia intercalada de la vida de la africana Nay,
también llamada Feliciana, una fiel y querida sirvienta de la casa
de Efraín. Con motivo de la muerte inminente de Nay, Efraín,
el protagonista-narrador de la novela, se encarga de contar su
historia, la cual empieza en África entre los achanti, y termina
con su muerte en la hacienda *El Paraíso*. Efraín cuenta que el
padre de Nay, Magmahú, un valiente jefe guerrero, perdió una
batalla importante contra los ingleses y a consecuencia de esto,
salió al exilio llevando consigo a su hija Nay, y a sus esclavos,
entre ellos, Sinar, joven prisionero de guerra, quien luego sería
amante y marido de Nay. Magmahú y los suyos aceptaron la
hospitalidad de los Kombú-Manez, pueblo que habitaba las riberas
del río Senegambia. Allí Magmahú y Sinar, ya libre, seguían
ejerciendo sus talentos guerreros. Sinar y Nay, próximos a casarse,
se encontraron con un misionero francés que los convirtió al
cristianismo. La última noche de las nupcias, una tribu enemiga
los atacó; Magmahú murió defendiéndose; Sinar y Nay fueron
capturados y vendidos a traficantes africanos de esclavos. Sinar
desapareció; Nay sobrevivió la travesía del Atlántico para acabar
en *El Paraíso*.

Examinemos esta historia de Nay y Sinar, sobre todo la parte situada en África. Los críticos por lo general la han tomado por episodio exótico, un ejercicio de fórmulas románticas[1]. Enfocaré cierta relación que percibo entre este episodio hispanoamericano y algunas manifestaciones más globales de la literatura colonialista.

La integración de un ambiente africano nutrido de detalles tanto geográficos como antropológicos en el contexto hispanoamericano, nos sorprende ya que se puede decir que África casi no existe como *topos* literario (Brantlinger 166-203) en la literatura hispanoamericana del siglo XIX, y apenas existe en la literatura antiesclavista. Al episodio de Isaacs lo acompañan tres referencias bibliográficas sobre África que citan dos textos científicos europeos: *La historia universal*[2] del historiador italiano Cesare Cantú (1804-95) y, aunque no lo nombra, se ha de referir al *opus magnus* del geógrafo danés-francés Konrad Malte-Brun (1775-1826), *La géographie mathématique, physique et politique de toutes les parties du monde*[3].

La estratégica colocación de las citas en el episodio—dos al comienzo, la tercera al final—documenta un ambiente africano cuyo propósito parece ser el de otorgarle al personaje negro cierto poder y una nueva identidad que no son las del esclavo. La inclusión de estos textos en *María* establece una relación entre la representación de África que hace Isaacs y la literatura colonialista cuya función ideológica, según Abdul R. JanMohamed, "is to articulate and justify the moral authority of the colonizer and—by positing the inferiority of the native as a metaphysical fact—to mask the pleasure the colonizer derives from that authority" (84). Isaacs se aprovecha principalmente de la *Geografía política* de Cantú, obra de 1846 que se ubica entre documentos informativos que se empezaban a escribir con conciencia del modo imperialista (Brantlinger 175)[4].

Se puede decir que el contacto inicial entre colonizador y colonizado ha sido fruto de viajes de descubrimiento en función de la exploración/ explotación. En cierta forma este (re)contar de la vida de Nay comparte algunas de las características de la literatura de viajes. Este trabajo planteará una interpretación del episodio africano de Isaacs que lo inscribe en dos tipos de discurso que

se encuentran en la literatura de viajes: primero, el informativo
asociado con la escritura científica, y, segundo, el experiencial
vinculado a la literatura sentimental. Mary Pratt comenta que en
el siglo diecinueve el discurso informativo resulta uno de los más
potentes y eficaces de la literatura de viajes sobre África (121).
Según ella, éste posee "a normalizing, generalizing voice that
produces the ethnographic manners and customs portraits", cuyo
propósito es "to codify difference" (126,120). En el episodio de
Nay y Sinar la producción de la escena etnográfica provee detalles
concretos de artefactos o de comportamiento los cuales señalan
diferencias culturales.

Pratt identifica el discurso experiencial con la literatura
sentimental, en la cual "dramatization predominates and heroic
paradigms are retained" (131). La autoridad del discurso
experiencial se constituye "by anchoring itself not in informational
orders but . . . in situated human subjects, notably, (but not
always) the European protagonist" (131). En este caso sería
la vida de los tres personajes africanos. Efraín aparece desde el
principio como autor y autoridad del discurso experiencial tocante a
la vida de Nay, combinando así los dos *loci* de interés humano: lo
europeo/criollo y lo exótico/africano. La descripción etnográfica
sigue presente en la literatura sentimental de viajes pero más
integrada en la narrativa misma. Sin embargo, no perdamos de
vista la fuerza del carácter informativo de lo etnográfico, (o lo
histórico) sea envuelto en la literatura sentimental, o marginalizado
en una nota al pie de la página.

Veamos cómo las referencias a los textos citados se enlazan
con los detalles históricos y etnográficos del relato de Nay,
estableciendo así un discurso predominante respecto a África que
será un discurso de diferencia y no de semejanza. En el texto de
Isaacs la primera nota glosa la palabra "achanti"; Cantú, hablando
de los achanti, dice: "Son negros, pero se distinguen de las razas
del mismo color, pareciéndose más a los abisinios, en razón a que
tienen el pelo largo y lacio, barba, rostro ovalado, nariz aguileña,
y el cuerpo bien proporcionado[5]. El espíritu guerrero es general
entre ellos, y son soldados desde que se encuentran en edad de
tomar armas" (232). Aquí se disminuye el efecto de la semejanza

con un tipo físico apreciado por su mayor conformidad con la
estética de la belleza occidental que hace Isaacs respaldado por la
autoridad de Cantú, ya que hablar de lo guerrero de los achanti crea
una construcción de diferencia basada en la violencia y la barbarie
que vienen a regir el episodio.

La narración de la vida de Nay comienza con un
acontecimiento histórico: una victoria de los achanti sobre los
ingleses en 1824. Si aceptamos lo que Pratt dice respecto al
impacto ideológico de los artefactos que aparecen en la escritura
etnográfica sobre el Otro (129), vemos que en la obra de Isaacs,
las "armas" de la cita de Cantú, por ser identificadas como objeto
de frecuente uso entre los achantis, se convierten implícitamente
en artefacto de la violencia y del salvajismo, sobre todo porque se
trata de un objeto empleado con éxito contra el blanco.

En este episodio, África es la violencia.   El discurso
informativo la asocia con el personaje que representa un África
incorregible: Magmahú, conocido por la facilidad con que mata.
Los signos de su barbarie son los cráneos perforados de enemigos
muertos en combate que sostienen las antorchas de su casa.   A
esta África hay que eliminarla o normalizarla, hay que hacer
que ese Otro africano responda a las exigencias del que posee la
autoridad.   Sinar, que representa un personaje africano intransigente
pero en camino a ser más tratable, también participa de la barbarie.
Al declararle a Magmahú que está dispuesto a luchar contra los
ingleses, Sinar menciona el canibalismo—una de las señales de
diferencia más profundas.   Tales expresiones de diferencia se
originan en el carácter informativo de las referencias científicas que
emplea Isaacs para documentar al África; éstas van formando una
estructura de barbarie que implícitamente reclama una autoridad
para mediarla.

A diferencia de la primera cita con su doble enfoque, la
segunda parece un simple comentario provocado por una referencia
al "país de Bambuk":

> Historiadores y geógrafos como Cantú y Malte-Brun,
> dicen que los negros africanos son en extremo aficionados
> a la danza, cantares y músicas. Siendo el bambuco una
> música que en nada se semeja a la de los aborígenes

> americanos, ni a los aires españoles, no hay ligereza en
> asegurar que fue traída de África por los primeros esclavos
> que los conquistadores importaron al Cauca, tanto más
> que el nombre que hoy tiene parece no ser otro que el de
> Bambuk levemente alterado. (234)[6]

Como el lector asociará el baile y la música con los dos amantes,
y como el baile significa lo sensual y lo erótico, características a
menudo atribuidas a la mujer negra o mulata, con el propósito de
reducirla a ser un mero objeto sexual pasivo, la cita nos lleva más
allá de lo musicológico.

El episodio contiene una escena clave que muestra la fusión
de cuatro elementos principales que la narración identifica con
África: 1) el erotismo; 2) el paganismo; 3) la barbarie; y 4)
la intransigencia o *stasis*. Al mismo tiempo, se introducen dos
elementos más: la ilustración y la tratabilidad. Estos serán muy
significativos para transformar el concepto de África de lugar
exótico que otorga poder y una nueva identidad, en el lugar donde
al africano se le priva de ellos.

El carácter de Nay es profundamente seductor. Además, el
texto describe una relación erótica entre una africana (la madre de
Nay) y un europeo (un misionero) que culmina en la ilustración
de la africana, e irónicamente en su muerte. Así se plantea la lucha
implícita por la hegemonía histórico-política entre África y Europa
que se desarrolla en el siglo XIX en términos de la rivalidad sexual
entre el hombre africano y el europeo. Se alude también a una
atracción que la mujer blanca ejerce sobre el africano. Que para
Nay la mujer blanca se haya convertido en el objeto principal de
deseo del hombre africano, sugiere un debilitamiento de su fuerte
identidad africana vigente en la primera parte del episodio.

La rivalidad sexual se expresa paradigmáticamente también
por la oposición de lo cristiano a lo pagano. Isaacs presenta
la reacción africana a esta usurpación europea de lo sexual y lo
cultural con detalles asociados con el discurso informativo: las
armas aludidas, la violencia del acto uxoricida. Hemos de percibir
la reacción de Magmahú como diferencia, pues reitera el carácter
africano de la bárbara violencia. El concepto aceptable, el de
vengar el honor,—pese a su dramatismo—tendería a disminuir la

reacción del africano, alejándola de lo que Isaacs representa: otra
muestra del salvajismo innato de África.

La *stasis*, o la resistencia al cambio que en el hombre se
manifiesta como la violencia y en la mujer como el erotismo,
sea dirigido o sea desplazado hacia la maternidad, también se le
atribuye como algo inherente al carácter y al espacio africanos.
Sin embargo, el carácter de la *stasis* cambia a medida que va
progresando el relato; Isaacs la resuelve al dejar de plantearla como
intransigencia.

Sinar es el personaje cuyo carácter fuerte pero mitigado y su
disposición hacia el cristianismo lo vinculan a la idea de un África
explotable y lo colocan dentro de un discurso colonialista. Isaacs
logra esto en una escena emblemática donde Sinar responde a las
acusaciones celosas de su amada. En un acto revelador, él "toma de
la mano a su amante, sube con ella a la cima de un peñasco, desde
el cual se divisaba el desierto sin límites y rielando de trecho en
trecho el caudaloso río . . ." (Isaacs 243). Esta escena se conforma
con los *topoi* literarios de la literatura de viajes, en especial con la
convención de una escena de promontorio, en la cual la presencia
humana parece sólo como el ojo del yo que recorre la tierra que
tiene delante (Pratt 124). En este momento crítico de mostrarle el
paisaje a Nay, Sinar le habla de las enseñanzas del misionero; se
propone que los preceptos religiosos de la fidelidad, la obediencia
y el amor caigan sobre la *tabula rasa* de su espíritu. En el paisaje
que Isaacs nos despliega se encuentra la tierra sin límites, signo
de recursos y posibilidades de desarrollo infinitos, y también un
río, medio de transporte que sugiere otros que traerán el progreso
y la civilización a África (Pratt 124-25)[7]. Aun más significativo,
alude al proceso de sacar África de África. Sólo transformando
la naturaleza o el carácter de los habitantes puede cumplirse su
destino.

Los gestos de Sinar y su pose de conquistador lo
identifican con explotadores europeos de África quienes poseen
los conocimientos para llevar a cabo su transformación.   El
proselitismo de su declaración a Nay lo hace cómplice de aquellos
actos de dominación europeos de los cuales él mismo es víctima
cuando los traficantes africanos de esclavos lo capturan. Sinar,

quien reconoce el valor de la ilustración que ofrece la religión del
blanco, sirve de agente de cambio y de transformación al introducir
en África la autoridad superior de esta religión. La reacción tanto
de Sinar como de Nay ante esta autoridad funde lo erótico y lo
religioso.

Al aceptar Sinar la religión europea—acto ideológicamente
significativo—África deja de ser lugar de autorización para el negro
y se convierte en uno de transición, rumbo a la victimización.
El discurso informativo domina esa parte del episodio y aunque
sí se revela un carácter africano bárbaro, a lo largo del episodio
éste es potencialmente modificable, tal como nos muestra Sinar.
Como veremos, será Nay quien representará un África tratable,
corregible, explotable por quienes posean conocimientos superiores
y ejerzan una autoridad virtuosa. Ella es la protagonista del
episodio sentimental narrado en un discurso que pretende establecer
semejanzas normalizantes. Su papel de madre la convierte en una
figura sumamente familiar, controlable y nada amenazadora.

Una vez ubicado el episodio en el Nuevo Mundo, la acción
normalizante del discurso experiencial inicia un rápido proceso
reductivo para con las características de identidad del africano. En
la hacienda *El Paraíso*, África y toda la experiencia de la esclavitud
quedan reducidas y desterradas a lo fantástico. Los antecedentes de
Nay pierden su historicidad; se convierten en relato, transformada
la historia por el recuerdo infantil. La ficción de África que Isaacs
elabora acaba siendo casi totalmente sentimental; sin embargo, la
manipula el discurso informativo sugerido por las notas para crear
una imagen del africano como el Otro, hecho de nuevo en una
forma moldeable, corregible. Con esto, África se ha normalizado,
se ha hecho familiar; ahora está al servicio del blanco.

La historia de Nay concluye con el entierro de ella. Aquí
Isaacs coloca la última referencia a los textos científicos, la cual
ofrece a guisa de advertencia al lector: "Si hay quien pueda
creer exageradas las desventuras de Nay y de sus compañeros de
esclavitud, la lectura del capítulo VI, época XIV, y del XVII, época
XVIII de *La historia universal* de Cantú bastará a convencerle de
que al bosquejar algunos cuadros del episodio, se han desdeñado
tintas que podrían servir para hacerlo espantosamente verdadero"

(260). Isaacs declara que ha rehusado presentar la esclavitud en todo su horror. La realidad cultural e histórica de ella ofendería la sensibilidad de la gente decente. Sin duda quiso ficcionalizar esta realidad histórica recurriendo al discurso experiencial de la literatura sentimental. De esta manera intenta transformar la ficción en realidad; propone sostenerla con la autoridad de las referencias supuestamente objetivas e informativas. Sin embargo, al asumir que el lector dudará de la información sobre África y los africanos, la documentación cobra otra intención y se convierte en un insistir en la diferencia que otros aspectos del texto pretenden desbaratar. Las últimas referencias a la esclavitud presentan a África como víctima; a la vez, el discurso familiarizante plantea la necesidad de protegerla. El patriarcado ilustrado manifestado en el concepto de la hacienda *El Paraíso* que Isaacs describe, cumple con esto. Ya para el final del episodio, *El Paraíso* se ha convertido en un espacio en el cual se cumple el destino de África de dejarse explotar, de civilizarse mediante el servicio.

Para concluir, el episodio de Nay y Sinar en *María* postula la barbarie como signo de la inferioridad del africano, del negro. Dicha barbarie e inferioridad reclaman una autoridad superior para administrarlas. Los dos discursos presentes en la elaboración del relato de Nay sirven para "articulate and justify the authority of the colonizer" y a lo largo de la narración nos muestran "the pleasure that the colonizer derives from that authority" (JanMohamed 84). La representación de África a través de las referencias de Cantú en la obra de Isaacs es reveladora, ya que por su tono y modo éstas se asocian con obras más explícitamente colonialistas que aparecerán luego. Nos ayuda a ver con mayor claridad el placer de colonizar en la reconstrucción nostálgica de la vida en *El Paraíso* que hace Efraín. Y, finalmente, también resulta reveladora por ser un ejemplo de una conciencia de África en vísperas de su máxima explotación por Europa en una sociedad hispanoamericana que seguía bregando con la cuestión de la naturaleza del negro y su papel en esa sociedad.

Notas

1. Para estudios críticos sobre esta novela, véanse, los trabajos de Donald McGrady, Donald F. Brown y Enrique Anderson Imbert.
2. Esta obra apareció originalmente en italiano: *La Storia Universale* en treinta y cinco volúmenes publicados entre 1836 y 1848. Después se tradujo a otros idiomas; existen varias versiones en español, ninguna de las cuales he podido consultar hasta la fecha. Entre los tomos originales, sin embargo, se encuentra uno, "único", sobre la *geografía política* (1846) que contiene mucho del material usado por Isaacs: descripciones etnográficas, incidentes históricos, como por ejemplo la derrota del inglés Charles McCartney en 1824 por los achantis (527).
3. Su título original era *Précis de la géographie universelle*; se publicó primero en París por F. Buisson, 1810-29. Después apareció como *La géographie mathématique, physique et politique de toutes les parties du monde*, 5ª ed., París: Furné et Cie., 1841; como la obra más tardía de Cantú, la de Malte-Brun también fue traducida a varias lenguas.
4. Brantlinger señala que sólo hacia fines de la década del 1850 empiezan en serio las empresas victorianas de descubrir el África, con las concomitantes expresiones literarias de imperialismo (175). El tomo de Cantú (*Geografía política*) en su discurso preliminar anticipa estas inquietudes. Al autor le interesa el nuevo papel de la geografía más allá de ser una lista de lugares y registro de números. Dice " . . . ma sa che il raccoglier è nulla se vi manchi il necessario complemento dell'applicazione e delle consequenze" (XX). También habla de "sciogler i problemi che da una parte riguardano l'economia del nostro pianeta, dall'altra gli ordini dell'incivilimento. Non piccola fatica è per essa il tener dietro alle scoperte che ogni giorno si fanno. In un quarto di secolo noi vedemmo penetrar arditamente nel centro dell'Asia, dell'Africa . . . (XX).
5. "Bien proporcionado" en contraste con el cuerpo de la africana llamada "la Venus Hotentote", de la cual Sander L. Gilman habla en términos de la atracción y repulsión que siente el europeo ante esta estética africana.

6. McGrady observa que esta opinión de Isaacs ha sido rechazada
por los musicólogos modernos (243). Refiere al lector a la edición
y notas de *María* de Mario Carvajal (Cali, 1967: 246). Sea como
sea, sigue sirviendo para relacionar a la mujer negra con el baile y
la sensualidad.

7. Pratt mantiene que " . . . such views represent a stance
that manifest a fantasy of domination" (124); "the scanning
prospects of the spatial scene —as landscape panoramas—the eye/I
knows itself to be looking at prospects in the temporal sense—as
panoramas for the future, resources to be developed, landscapes to
be peopled or repeopled" (125).

Obras citadas

Anderson Imbert, Enrique. "Estudio preliminar". *María*. De Jorge
    Isaacs. Ed. Enrique Anderson Imbert. México: Fondo de
    Cultura Económica, 1951. vii-xxxiv.

Brantlinger, Patrick. "Victorians and Africans: The Genealogy of
    the Myth of the Dark Continent". *Critical Inquiry* 12 (1985):
    166-203.

Brown Donald F. "Chateaubriand and the Story of Feliciana".
    Modern Language Notes 62 (1967): 326-29.

Cantú, Cesare. *La Storia Universale*. 35 Vols. Torino: Unione
    Tipográfica, 1836-58.

Gilman, Sander L. "Black Bodies, White Bodies: Towards an
    Iconography of Female Sexuality in Late Nineteenth-Century
    Art, Medicine and Literature". *Critical Inquiry* 12 (1985):
    213-20.

Isaacs, J. *María*. Ed. Donald McGrady. Barcelona : Labor, 1970.

JanMohamed, Abdul R. "The Economy of the Manichean Allegory:
    The Function of Racial Difference in Colonialist Literature".
    Critical Inquiry 12 (1985): 59-87.

Malte-Brun, Konrad. *La géographie mathématique, physique et
    politique de toutes les parties du monde*. 5ª ed. Paris: Furné
    et Cie., 1841.

McGrady, Donald. "Función del episodio de Nay y Sinar en *María* de Isaacs". *Nueva Revista de Filología Hispánica* 17 (1965-66): 171-76.

———. "Estudio". *María*. De Jorge Isaacs. Ed. Donald McGrady. 33-38.

Pratt, Mary. "Scratches on the Face of the Country; or What Mr. Barrows Saw in the Land of the Bushman". *Critical Inquiry* 12 (1985): 119-43.

Mujer y sociedad en tres novelas ecuatorianas

Antonio Sacoto

The City College and Graduate School and University Center of The City University of New York

Este trabajo se ocupará del personaje femenino de tres novelas ecuatorianas: una del siglo XIX, y dos de comienzos del siglo XX. Se propone explicitar, siguiendo a Lucien Goldmann (221), cómo durante esa época la literatura del Ecuador reflejó la realidad social y cultural del medio[1].

El siglo XIX y los comienzos del XX en el Ecuador se caracterizan visiblemente por la lucha ideológica de dos partidos: los conservadores y los liberales. Los primeros aspiran a mantener vigentes los valores tradicionalistas arrastrados de la colonia: el poder del clero y de la iglesia, el apogeo del feudalismo y del latifundismo, la servidumbre del indio, el elitismo cultural, la educación privada-privilegiada, el asentamiento político de la Sierra, el sectarismo ultramontano. Estos intereses llegan a su apogeo con García Moreno (1860-75). Los liberales representan la cara opuesta de la medalla: con ellos se elevan los valores nacionales al identificarse con el pueblo; también buscan inspirar e incorporar al sector medio. A la vez, tienen una política de franca ruptura con el clero y el poder clerical, el latifundio y los latifundistas, y, en general, contra lo tradicional en sus usos y costumbres. Las ideas liberales fueron impulsadas durante la presidencia de Eloy Alfaro (1895-1901; 1906-11), paladín del

movimiento quien en 1906 promulgó la constitución que estableció
la separación de la Iglesia y el Estado. En lo que atañe a este
estudio, Ponce Gangotena[2] señala que en el período liberal:

> se atribuyeron los primeros cargos públicos a mujeres, en
> el servicio de correos y, acaso con mayor trascendencia,
> se estableció el primer [colegio] Normal femenino para la
> formación de maestras inspiradas en los nuevos ideales;
> el primer grupo incluyó solamente a cuatro alumnas y
> no obstante la hostilidad de muchos grupos sociales, la
> iniciativa se mantuvo y fue ampliándose a través del
> tiempo. (279)

Como sabemos, el liberalismo se asentó en la Costa y prosperó con
el desarrollo de las nuevas oligarquías mercantiles o la burguesía
comercial. Por el florecimiento económico de la Costa y por el
cambio de estructuras políticas, ocurre el éxodo de la Sierra a la
Costa.

Las novelas *La emancipada* (1863), *Cumandá* (1879),
Pacho Villamar (1900), *Carlota* (1900), y *A la Costa* (1904),
constituyen, como diría Lukács[3], un verdadero mural temático
del proceso histórico del país. Salvo *Cumandá*, las otras novelas
son escritas por liberales y por tanto presentan un punto de vista
liberal con un furibundo ataque al conservadorismo y todo lo que
éste representa. Nos interesan especialmente tres de estas obras,
La emancipada de Miguel Riofrío, *Carlota* de Manuel J. Calle y
A la Costa de Luis A. Martínez porque comparten los siguientes
aspectos: 1) la protagonista es una joven bella que, aprisionada
por el medio ambiente, es paulatina y trágicamente arrastrada a la
prostitución, la enfermedad y la muerte; 2) la lascivia predomina
ya que Carlota y Mariana, dos heroínas, son abusadas por clérigos;
y 3) la educación enseña a las protagonistas a ser buenas esposas
y madres—desde el punto de vista de la sociedad patriarcal—pero
no las prepara para la vida práctica. Estos aspectos constituyen
un severo alegato de los escritores liberales contra el peso colonial
que arrastraba la república en el siglo XIX.

La emancipada[4] de Miguel Riofrío es un fiel documento en
favor de la mujer. Critica su estado relegado y pasivo, a la vez que

se convierte en vigorosa denuncia de las costumbres tradicionales.
Riofrío crea un personaje femenino lleno de energía, apasionado,
desafiante y trágico; un personaje que rompe los convencionalismos
de la sociedad ecuatoriana alrededor de 1841, época en que se
desarrolla la novela. Y debemos insistir en esto ya que la novela
en su protagonista, temática y acerba crítica del medio, se adelanta
al resto de la novelística hispanoamericana.

El argumento es simple. Un padre viudo ayudado por el cura,
rompe el noviazgo de su hija Rosaura, de dieciocho años, para
casarla con un viejo, don Anselmo, a quien la joven no conoce.
Recogemos dos episodios reveladores de las memorias de Rosaura
a los doce y a los dieciocho años respectivamente:

> Rosaura, ya tienes doce años cumplidos: es necesario
> que desde hoy en adelante vivas con temor de Dios; es
> necesario enderezar tu educación . . . yo quiero que te
> eduques para señora . . . Tú estarás siempre en la recámara
> y al oír que alguien llega, pasarás inmediatamente al
> cuarto del traspatio; no más paseos ni visitas a nadie ni
> de nadie. Eduardo [el novio] no volverá aquí. Lo que te
> diga tu padre lo oirás bajando los ojos y obedecerás sin
> responderle, sino cuando fueres preguntada.
> —¿Y no podré leer alguna cosa? Le pregunté:—Sí, me
> dijo, podrás leer estos libros—y me señaló *Desiderio y
> Electo*, los sermones del padre Barcia y los Cánones
> penitenciales. (28)

Estos pasajes, a través de las preguntas que formulamos, ponen
de relieve lo siguiente: "tienes doce años y debes empezar tu
educación para señora", ¿en qué consiste esta educación?; "tienes
doce años y es necesario que vivas con temor de Dios" ¿por qué
no antes? ¿Es que la pubertad y sus signos deben ser amordazados
con el temor de Dios?. "Es necesario enderezar tu educación", ¿por
qué? ¿Es que su madre tuvo un criterio propio y había que erradicar
esa influencia? Las obvias respuestas subrayan la educación y el
ambiente tradicional. También se advierte el tono imperativo: "Lo
que te diga tu padre lo oirás bajando los ojos y obedecerás sin

responderle" (28); asimismo, el padre le indica qué libros debe
leer.

Esta hermosa, sensual y dinámica muchacha había cumplido
dieciocho años y debía ser sacrificada. El padre se sentía satisfecho
porque "el cura me ha dado un buen novio para ella y le he admitido
a ojo cerrado" (32). Es más, el cura lo ha dispuesto:

> . . . me dicen que hago mal en dejar correr las
> amonestaciones antes de haber pedido el consentimiento
> de la novia, como si mi hija pudiera dejar de consentir,
> en lo que su padre le mande. El cura se arrellanó, nos
> dirigió una mirada al estilo de Sultán: tragó un bocado de
> aguanaje, produciendo un ruido repugnante, y con afectada
> gravedad respondió: sin duda no sabrían esos señores que
> soy yo quien lo ha dispuesto. (32)

Rosaura no fue consultada. Se cortaba su juventud como se
corta una fruta en sazón; no se daba cabida a la posibilidad del
amor. Su padre había sufrido en carne propia el hielo de un
lecho, la soledad y la indiferencia en vez de la caricia de una
compañera; y, sin embargo, se aferraba a las costumbres de la
época y sepultaba para su hija el vigor, la inquietud, la curiosidad,
el instinto que como enredadera se abrazaban a la dinámica de
la vida. Cuando ella lo supo y se lo arrostró al padre (36), él
le respondió: "Eres todavía muy muchacha y estás mal educada:
desde el tiempo de nuestros antepasados ha sido costumbre tener a
las doncellas siempre en la recámara y arreglarse los matrimonios
por las personas de consejo y experiencia que son los padres" (36).
Seguidamente se constata que su madre había sido en realidad la
primera emancipada, porque leía malos libros y,

> con ese veneno se volvió respondona, murmuradora de los
> predicadores, enemiga de que se quemaran ramos benditos
> para aplacar la ira de Dios, y amiga de libros, papeles y
> palabras ociosas; de modo que nadie quiso casarse con
> ella en la ciudad, y con justa razón, porque a ella en vez
> de hilar y cocinar, que es lo que deben saber las mujeres,
> le gustaba preguntar . . . leer. (36)

Como hemos visto, los juicios del padre reflejan el punto de
vista de la sociedad de alrededor de 1841 sobre la mujer. La
aspiración de ella y de sus padres era casarla. No podía Rosaura
desear otra cosa porque el medio no lo ofrecía; entonces no había
mujeres profesionales, ni se consentía que la mujer desempeñara
"funciones de hombre", de ahí que a Rosaura no le quedara sino
aprender a "hilar y cocinar, que es lo que deben saber las mujeres
. . . "(36).

Cuando Rosaura trata de razonar con su padre, él le dice
categóricamente: "él va a ser tu marido con la bendición de Dios,
del cura y mía, y hemos concluido este asunto" (38). Pasaron los
días y Rosaura fue obligada a casarse. En el día de su matrimonio:

> Cuando el párroco, con gran satisfacción hubo echado
> la bendición nupcial, y el cortejo se encaminaba hacia
> el altar, Rosaura volvió el rostro, bajó al vestíbulo y se
> encaminó resueltamente a la casa de donde había salido
> para ir al templo. Al advertirlo, salió su padre y le dijo
> sobresaltado:—Rosaura, ¿adónde vas?—Entiendo, señor,
> que ya no le cumple a usted tomarme cuenta de lo que
> hago.—-¿Cómo es eso?—Yo tenía que obedecer a usted
> hasta el acto de casarme porque la ley me obliga a ello:
> me casé, quedé emancipada, soy mujer libre: ahora que
> don Anselmo se vaya por su camino, pues yo me voy por
> el mío. (51)

Una joven bella de una sociedad que no la aceptaba y sin
posibilidades de incorporarse al engranaje económico, termina,
como otras mujeres en la vida real y en la ficción, prostituyéndose;
luego vienen la enfermedad y el suicidio.

En *Carlota*, Manuel J. Calle subraya lo sórdido y lo soez
en escenas donde la protagonista, una ingenua serranita que
llega a Guayaquil, se prostituye por no encontrar otro medio de
vida, o porque el círculo socio-económico englobante la obliga.
Finalmente, se enferma y muere posiblemente de tuberculosis. Esta
novela combina varios temas: 1) el éxodo de la Sierra a la Costa;
2) la temprana corrupción de la protagonista atrapada en la pobreza
y a merced del mejor postor; y 3) una furibunda crítica al clero,

ejemplificado en las monjas del hospital y en el padre Ramón, seductor de la serranita.

Del cura Ramón nos dice el autor que era un "pícaro jacarandoso, jugador de baraja y cantorzuelo . . ."; él se aprovecha de la serranita Carlota para desde el confesonario conquistarla "que como ha salido de la mala vida sería fácil gozarla" (82). Conseguido su propósito, la lanza definitivamente a la prostitución. A las monjas del hospital las critica porque en vez de congraciarse con los enfermos, los obligan a confesarse, a rezar y a una disciplina estricta; si no la cumplen, son castigados o expulsados del hospital. Simbólico y nuevo en esta novela es la solidaridad humana de todos estos seres desposeídos y marginados que se dan cita en los tugurios, o en los sitios más recónditos y hostiles; allá va Carlota con sus pequeños hijos, y allí encuentra la atención ínfima pero cariñosa de otros menesterosos como ella. Es, además, un antecedente de la gran novela *A la Costa*, por la representación del cura seductor, por el sino trágico de la protagonista y por la propiedad del lenguaje.

A la Costa de Luis A. Martínez tiene un argumento simple. Los padres conservadores de Mariana se oponen al noviazgo de ésta con Luciano, un joven liberal. Al saber de los amores de Mariana y Luciano, doña Camila, la madre, arrostra imperativa a su hija: "¿Quieres a Luciano? contesta sí o no" (44). Entonces surge la verdad:

La muchacha, repuesta ya un tanto de la primera sorpresa y haciendo lujo de valor y franqueza como si otra alma nueva hubiera sustituido a la antigua tan cobarde y tímida, levantó los ojos, clavóles en los de su madre como señal de desafío y contestó marcando bien las palabras—¡Sí le amo, sí le quiero a Luciano! ¿Acaso sólo yo no debo querer alguna vez? . . . es crimen amar a un hombre, como Luciano—Atrevida, cínica—aulló D. Camila, levantando el brazo como si quisiera golpear a su hija—¿te atreves, desvergonzada, a decir que quieres a ese perdido, a ese impío, a ese azota calles, a ese chagra hijo de no sé qué patán? . . . te equivocas mucho mala hija, si esperas que nosotros, tus padres, aprobemos nunca esos amoríos . . .

¡Quiero verte muerta, antes que mujer de ese bribón! . . .
¿Para eso has recibido la educación en el mejor colegio
de Quito? ¿Ése es el fruto de nuestros sacrificios? Dime,
¿ésas son las ideas católicas que no me he cansado de
inculcarte? (44-45)

El autor suavemente toma partido por Mariana. Así, califica
de "aullido" el grito de doña Camila, a la vez que muestra su
actitud intransigente a través de la opinión que la madre tiene
del joven liberal—"impío, . . . azota calles, . . . chagra"—
y la frase lapidaria "¡Quiero verte muerta, antes que mujer de
ese bribón!". La intervención del narrador se da también en la
descripción de Mariana (45). El autor levemente sugiere el trauma
que empieza a roer a la protagonista a quien describe como una
bacante enloquecida, de ojos sanguinolentos, dientes apretados y
garganta estrangulada; sin embargo, su respuesta es firme, decidida
y desafiante:

—¿Quiere usted que hable? pues hablaré la verdad. Sí,
sí, sí quiero a Luciano Pérez, al chagra Pérez, al hereje,
al azota calles y estoy resuelta a casarme con él si él
quiere y si no, a ser su querida. No puedo ni deseo estar
por más tiempo en una casa que es una sepultura. No
quiero quedarme de vestidora de santos. ¿Comprende?
¿De cuándo acá es un crimen amar a un hombre? Dígame
usted. Ya estoy hasta la corona de llevar una vida que no
es otra cosa que una muerte lenta. Estoy cansada de rezar
en las iglesias y de ver sólo frailes y beatas. (45-46)

Antes de este encuentro a contrapunto con la madre, el autor
había descrito la dualidad que se daba en Mariana (18). Pero en
verdad a la protagonista hay que estudiarla en perspectiva de sus
amores con Luciano. A Mariana se le ha prohibido ver a Luciano.
¿Quién es Luciano? El narrador, desde su punto de vista, comenta
sobre los sentimientos del joven:

—Del orgullo nacía el capricho, el deseo de vencer,
de humillar a esa preocupación estúpida, de saltar los
obstáculos, de anonadarlos para a través de todo, lograr la

> posesión del objeto amado, escupiendo, si era posible, el
> rostro de una sociedad meticulosa y ridícula. ¿No querían
> que Mariana fuera su mujer? pues la haría su querida;
> desafiaría a las iras de todo el mundo para hacerla suya;
> si era necesario cometer un escándalo, lo cometería sin
> vacilar. (78)

De esta cita se desprende que Luciano, más que enamorado, está
herido en su orgullo de hombre; quiere "lograr la posesión del
objeto amado, escupiendo . . . [a la] sociedad . . . ¿No querían
que Mariana fuera su mujer? pues la haría su querida" (78). Es
importante que el narrador haya escogido a Luciano como modelo
del joven liberal, y, sin embargo, Mariana se le escapa como
creación artística ya que resulta un personaje más fuerte, dinámico
y decidido. Debido a esta fuerte personalidad de la protagonista,
no es difícil creer cómo abre su corazón y le confiesa su amor
frenético a Luciano (78-79). Paradójicamente, cuando Luciano la
nota del todo decidida, rogando que la saque de esa "casa-tumba"
para que la lleve adonde él quiera y haga de ella lo que se le antoje,
el joven vacila y se pregunta si le conviene o no, si le gustará a
su madre o no. Es aquí donde el melifluo y débil Luciano se nos
revela: en verdad no le importaba Mariana, sino su orgullo de
macho rasguñado, y el qué dirá de su madre.

A Mariana, por el contrario, no le importaba lo que decía la
gente. Se entregaba íntegra y sin reservas. Las cartas del amado
produjeron en ella el efecto de una mecha de polvorín. No esperó la
ansiada y prolongada misiva que Luciano, al verla decidida, nunca
escribiría, sino que fue a verlo a su cuarto:

> Por él, sólo por él, había dado ese paso tan falso y
> decisivo; por él echaba a un lado el pudor de virgen
> y el respeto social; por él desafiaba los rigores de una
> madre furibunda y ensuciaba la honra de la familia.
> Ella sabía amar, lo estaba probando. La mujer débil,
> recatada, cobarde, había dado un paso al que nunca,
> con ser hombre se había atrevido, si las consecuencias
> fueran para él iguales a las que arrastraban a Mariana.
> Él pensaba en el disgusto de su familia, en que era aún

muy joven; ella en nada; en que amaba; y nada más que
escudada de esta idea desafiaba el ludibrio social. Él ¿qué
perdía? nada; ganaba en la consideración de las gentes
como conquistador y seductor hábil; ¿ella? perdía todo.
Como relámpagos cruzaron estas ideas por la imaginación
ardiente de Luciano y amó a Mariana con furia de macho.
(81-82)

Adviértase la simultaneidad; Luciano pensaba en el disgusto de
su familia; Mariana pensaba en su amor; él, ¿qué perdía?; ella lo
perdía todo. Ella, agresora, fuerte, dinámica, desafía y rompe los
convencionalismos de la sociedad. Él, agredido, débil y falso, se
aferra a los moldes. Ambos consiguen su meta: Mariana el amor
total aun cuando luego será abandonada; Luciano estampa su sello
"machista" y escapa.
    Mariana es un personaje patético: ni la madre, ni el amante,
ni el autor, la comprende. Y por ello empieza un período de
desequilibrio que la empuja al padre Justiniano:

Poco a poco, sin sentirlo ella misma, encontróse
enamorada del confesor, pero con un amor loco y
frenético, mezcla informe de misticismo y de mal
determinados deseos de caricias lascivas. Las confidencias
íntimas en medio del deseo y obscuridad de la iglesia, las
dulces amonestaciones del fraile, hechas con aire paternal
y con voz lánguida y enamorada; los reproches que ella
misma se hacía en el confesonario, por haberse entregado
a un joven estudiante. (127-28)

Empujada por diversas circunstancias, la madre frenética, el novio
que no justifica la escapada, los reproches de su entrega a
Luciano, la soledad que la acosa, el acecho del padre Justiniano,
el empujón físico de la beata Rosaura para que entrara en el
cuarto del sacerdote, Mariana termina en la entrega y/o violación
(138).   Drucot y Todorov indican que la primera y más
simple manifestación de un personaje consiste en el nombre pues
conlleva sus características y "anuncia las propiedades que le serán
atribuidas" (263). Cuán equivocado resulta dicho juicio en esta

obra: Luciano, el modelo liberal, no es luz; el padre Justiniano es
lascivia y no justicia.

El anillo sociológico y sus productos—las instituciones, la
sociedad, la familia—no le ofrecen ni a Mariana, ni a Carlota,
ni a Rosaura, mujeres que rompen los moldes tradicionales, otra
alternativa, otro camino abierto que la prostitución. Esa era la
triste realidad de la estructura socio-económica del Ecuador del
siglo XIX y comienzos del siglo XX que *La emancipada*, *Carlota*
y *A la Costa* revelan de manera tan clara.

Notas

1. Lucien Goldmann también nos dice: "La novela es una búsqueda
degradada de valores auténticos en un mundo también degradado
en relación con esos valores auténticos. . . . Existe una homología
rigurosa entre la forma literaria de la novela . . . y la relación
cotidiana de los hombres con los bienes en general y, por extensión,
de los hombres entre sí, en una sociedad que produce para el
mercado" (16 y 24).
2. Margarita Ponce Gangotena ha estudiado los cambios socio-
económicos de la mujer en el Ecuador con el advenimiento del
liberalismo.
3. Lukács dice que "la novela es un proceso, es un devenir" (17),
de ahí la gama temática de estas obras.
4. Publiqué por primera vez esta obra en forma de libro con la
siguiente advertencia: "Esta novela publicada en Quito en 1863, en
folletín del diario *La Unión*, es—que sepamos—la primera novela
ecuatoriana. Este hecho en sí es de reveladora importancia porque
hasta la fecha actual en la historia de la literatura ecuatoriana se
había considerado como tal a *Cumandá*, publicada en 1879" (7).

Obras citadas

Calle, Manuel J. *Carlota*. Cuenca: Municipio, 1981.

Drucot, Oswaldo y Tzvetan Todorov. *Diccionario enciclopédico de las ciencias del lenguaje*. Trad. Enrique Pezzoni. México: Siglo Veintiuno, 1975.

Goldmann, Lucien. *Para una sociología de la novela*. Trads. Jaime Ballesteros y Gregorio Ortiz. Madrid: Ciencia Nueva, 1967.

Lukács, George. *La theorie du roman*. Ginebra: Gonthier, 1963.

Martínez, Luis A. *A la Costa*. Quito: Casa de la Cultura, 1946.

Ponce Gangotena, Margarita. "La mujer y la política en el Ecuador 1830-1980". *Política y sociedad. Ecuador 1830-1980*. Recopilador Enrique Ayala. Quito: Corporación Editora Nacional, 1980.

Riofrío, Miguel. *La emancipada*. Ed. e introducción de Antonio Sacoto. Cuenca: U de Cuenca, 1981.

Ortodoxia naturalista, inmigración y racismo en *En la sangre* de Eugenio Cambaceres

Aída Apter Cragnolino

Long Island University

En 1883, en carta dirigida a Miguel Cané, Eugenio Cambaceres expresa sus simpatías por la novela naturalista diciendo que ésta se propone "sustituir la fantasía del faiseur por la ciencia del observador" (Cymerman 8). El espíritu analítico y la búsqueda de la verdad científica, a los que se refiere el autor de esta carta, son por entero consistentes con los postulados teóricos del naturalismo. El naturalismo afirma la posibilidad de hacer de la novela un mirador transparente de la realidad. Este planteo responde a unas premisas epistemológicas y a un diseño estético que aspira a que el arte se atenga a la verdad de los "hechos", no por afán realista sino porque tales hechos se constituyen en los "datos" de un programa de investigación. Desde este punto de vista el escritor deviene en sociólogo y su fin último consiste en la reforma "científica" del conjunto social.

En la sangre, la última novela de Eugenio Cambaceres que aparece en 1886, pretende ser el "estudio", a través de un caso ejemplificador, de un problema candente en la Argentina de fines del siglo XIX. Me refiero a los procesos de cambios introducidos en la fisonomía social y étnica del país por la política inmigratoria puesta en marcha veinte años antes y cuyas consecuencias eran a esas alturas una verdad insoslayable.

En el tratamiento de este problema, Cambaceres recoge las ideas y prejuicios con los que los hombres de su época y de su clase perciben los diversos aspectos de la historia que les toca vivir. Entre los escritores de la llamada Generación del Ochenta, no tardará en aparecer, en efecto, el discurso xenófobo que se desarrolla con más o menos virulencia tan pronto como la inmigración masiva y los cambios que modernizan la sociedad argentina comienzan a transformar el orden tradicional y la estructura de clases.

Las nuevas fortunas, hechas al calor de la prosperidad económica, crean una situación competitiva entre los "advenedizos" y la antigua clase dirigente porteña. Ésta era, sin embargo, la que mayores beneficios había obtenido de las transformaciones que ocurrieron en el país. Convertida en oligarquía, pretende consolidar su papel hegemónico sobre el conjunto de la sociedad, atribuyéndose las características de una aristocracia, esto es, las de un grupo que dirige a la nación por derecho propio y "natural" basado en la pretendida excelencia espiritual de sus miembros lo que los distinguiría del resto de la población. Así, por ejemplo, a la sobrevalorización del dinero, previsible al ahondarse el proceso de modernización capitalista, los intelectuales de la elite, de los cuales Cambaceres es un cabal representante, oponen una retórica que ataca el "materialismo" y la "falta de espíritu" de los grupos en ascenso.

Pero *En la sangre* va más lejos. Cambaceres retoma en su novela de 1886 los mismos impulsos defensivos pero configurándolos en una embestida de contenidos desembozadamente racistas contra los italianos. La razón por la que elige a este grupo en particular no es difícil de discernir. Los inmigrantes italianos constituían el 40% del total de los extranjeros que habían llegado hasta entonces a la Argentina y provenían en su mayoría de zonas rurales atrasadas. El segundo lugar lo ocupaban los españoles, pero éstos, por razones de lengua y cultura, podían adaptarse mejor y no ofrecían un blanco de ataque tan fácil como los italianos. En *En la sangre*, la estructura de la fábula, el modo narrativo y el cuerpo de ideas y conceptualizaciones se atienen a los patrones de la novela experimental y le sirven a Cambaceres para concretar su ataque contra el inmigrante italiano.

En la estructura narrativa canónica de la novela naturalista, un narrador informado, que se supone en comunicación con un lector que es tan inteligente como él, analiza un mundo subyugado por las leyes del determinismo. En ese mundo, los personajes que son el objeto de su observación actúan sin tener una conciencia clara de las consecuencias de los actos que realizan, ya que carecen de la lucidez que es propia de quien cuenta la historia. Este narrador posee acerca del mundo un repertorio de claves a las que tienen acceso él y el lector implícito.

De esta manera la novela experimental les plantea a sus lectores los problemas sociales o éticos que se propone evaluar y cuya solución podría abrir las puertas a una posible reforma. Todo lo cual quiere decir que, aunque el protagonista mismo carezca de capacidad de cambio, esta capacidad es transferida a la sociedad en la persona del lector. Charles Child Walcut detecta esta misma estrategia en las novelas del naturalismo estadounidense. En *American Naturalism. A Divided Stream* señala:

> [although it] strips the protagonist of will and ethical responsibility . . . will is not really absent from the naturalistic novel. It is rather taken away from the protagonist . . . and transferred to the reader and society at large. The reader acknowledges his own will and responsibility even as he pities the helpless protagonist. (27)

Cambaceres utiliza este modelo narrativo para convertir a su novela en un libelo y una advertencia. Libelo contra un grupo étnico y social y advertencia que el autor hace a sus pares acerca de los males que acarrea la excesiva liberalidad con que las leyes y la sociedad argentina tratan al inmigrante.

Uno de los argumentos típicos de la novela naturalista es el que sigue las peripecias de la declinación de una familia en el tejido de sus condicionamientos sociales y hereditarios. Usando este esquema, *En la sangre* cuenta la historia de una familia de la oligarquía argentina, cuya hija, Máxima, se deja seducir por el hijo

de un inmigrante italiano con quien, a raíz de su "deshonra", se
ve obligada a casarse. Genaro Piazza, que sólo busca hacerse de
nombre y fortuna con ese matrimonio, no sólo mancha el apellido
de una familia tradicional sino que, lanzado a la especulación,
termina por destruir su vieja fortuna. "Andá nomás hija de mi
alma" . . . le dice Genaro a Máxima al cerrarse la novela, cuando
ésta se niega a proporcionarle más dinero, "te he de matar un día
de estos si te descuidas" (185). Máxima es por otra parte:

> hija de un hombre rico, dueño de muchas leguas de campo
> y de muchos miles de vacas, poseedor de una de esas
> fortunas de viejo cuño, donación de algún virrey o de
> algún abuelo, confiscada por Rosas y decuplada de valor
> después de la caída del tirano. (111)

Fortuna de viejo cuño, persecución por el tirano, las leguas y
el valor de la tierra conforman la tradición de que hace gala el
patriciado. Los términos de la oposición que Cambaceres elabora
en su novela quedan de esta manera sin sombra de duda. Es más,
puesto que Máxima encarna a su clase, la amenaza de Genaro es
una advertencia social y política que excede las circunstancias de
ese destino individual.

Su condición femenina obliga a Máxima a ser el bastión
de la moralidad familiar y de la pureza de la línea hereditaria.
Pero, en la visión de Cambaceres, justificada en una pretendida
verdad científica, esa misma condición femenina la constituye
asimismo y paradójicamente en un ser que es "puro instinto",
desvalido, necesitado de protección, ya que carece de las facultades,
evidentemente masculinas, de racionalidad y autocontrol. Ella es
por lo tanto un típico objeto de investigación "experimental". El
narrador entonces la explica, la clasifica, le diagnostica su mal
y prescribe (a ella y a los suyos) el remedio apropiado. Lo
que prescribe es la necesidad de que quienes tienen la obligación
de hacerlo resguarden mejor a los que por definición no pueden
protegerse a sí mismos. Inscrito en la totalidad de la narración,
el patriarcalismo de esta perspectiva se explica en el momento en
el que el padre de Máxima toma conciencia de su error, al verse
obligado a autorizar la boda de su hija con Genaro: "Ha sido usted

un gran canalla mocito", le dice entonces a su futuro yerno, "y yo . . . un gran culpable" (151).

Pero, más que ocuparse de la víctima, de Máxima, la novela de Cambaceres pretende ser un estudio de su victimario, de Genaro, el hijo de un inmigrante nacido en un conventillo de los barrios pobres del Sur de Buenos Aires que logra, merced a su astucia y a la ayuda que le brinda la sociedad argentina, emparentarse con una familia encumbrada.

De los extremos entre los que la novela naturalista basa su explicación del individuo, la herencia biológica y el medio social, Cambaceres convierte a los "impulsos atávicos" en determinantes absolutos e irreversibles de la conducta humana. Lo histórico, el trepador social, que es un personaje por completo explicable dadas las características del medio social argentino de fines de siglo pasado, se convierte así en lo "natural".

Dado que la conducta de Genaro se explica por su herencia biológica, la novela se abre con la descripción física y psicológica de su progenitor. Esta descripción se aprovecha de ciertas ideas de la época, según las cuales los sentimientos, la inteligencia y por consiguiente la conducta del hombre están determinados por su constitución física, la que, no pudiendo modificarse, convierte a esta determinación en un destino inexorable. A estas teorías debe su origen la imaginería animal que los críticos detectan en la descripción de los personajes bestiales que pueblan la novelística naturalista. No otras son las líneas descriptivas que Cambaceres utiliza para dibujar la figura de Don Esteban Piazza, el padre de Genaro. Insiste, por ejemplo, en su "rapacidad de buitre" rasgo que anticipa la ambición desmedida y la absoluta carencia de sentimientos generosos que exhibirá luego su hijo.

El carácter irremediable, dado su condicionamiento físico, que se le atribuye a la naturaleza bárbara del italiano elimina toda posibilidad de cambio y por lo tanto todo intento de asimilación. Las huellas del atavismo hereditario convierten a su receptor en un ser indeseable al que es necesario marginar.

En la novela naturalista de ambiente proletario, como *L'Assomoir* (1877) y *Germinal* (1885) de Emile Zola, el narrador, asumiendo el papel de reformador social, intentará demostrar cómo un medio miserable acentúa en el ser humano la fuerza de los instintos bestiales. En *En la sangre*, en cambio, la vida del conventillo se convierte en la atmósfera propia de los individuos que lo habitan: "Algo insólito, anormal parecía alterar la tranquila animalidad de aquel humano hacinamiento" (50). Genaro se explica entonces por su pertenencia a un grupo étnico considerado zoológicamente inferior en la escala de los seres vivos. Apelando a los prejuicios darwinistas de la época, Cambaceres acrecienta así la fuerza de la impugnación. Los sentimientos que respaldan este procedimiento fueron definidos por Gordon Allport de la siguiente manera:

> There is a curious air of finality in the term racial. One thinks of heredity as inexorable, as conferring an essence upon a group from which there is no escape. (107)
> . . . .
> Race is a fashionable focus for the propaganda of alarmists and demagogs. It is the favorable bogey used by those who have something to gain, or, who themselves are suffering from some nameless dread. (110)

Los estudios del discurso de esos años contra el *parvenu* descubren no solamente un sentimiento de malestar que muchas veces se manifiesta como nostalgia del pasado, sino también la inquietud de que todo el equilibrio del cuerpo social se encuentra en grave peligro. La amenaza, cuyos efectos oscura o abiertamente se manifiestan entre la elite argentina de ese tiempo, encarna en la novela que estamos analizando en Genaro quien llega desde un medio humilde a prostituir y a arruinar a la oligarquía.

Al seguir el desarrollo de la vida de Genaro, *En la sangre* adopta la forma de un proceso de develación de lo que se halla fijado previamente en la condición biológica del personaje. Del otro costado, la debilidad del medio social se manifiesta en sus "negligencias", las de la sociedad toda y la de los padres de Máxima, que hacen posible que a Genaro Piazza se le abran puertas que deberían haber permanecido cerradas para él. Don Esteban se enriquece con rapidez. Por su parte, Genaro consigue entrar en la universidad e incluso llega a estar a punto de convertirse en

miembro del prestigioso Club del Progreso, por la liviana actitud
de sus miembros jóvenes, los que con imprudencia democrática
quieren "abrir de par en par las hojas de sus puertas" (120). No
menos imprudente es la actitud de la familia de Máxima al recibir
a Genaro en su casa, desidia que el padre posteriormente lamenta.

Esta tesis general de la novela surge del argumento y la
estructura, pero la diatriba racista contra los inmigrantes italianos
se implementa a través de la voz del narrador que señala la
razón "científica" del actuar de Genaro, las causas ocultas de su
temperamento: "era fatal, inevitable estaba en su sangre . . ."
(103). Sin embargo, cuando la voz del narrador se mezcla con
la del personaje en el estilo indirecto libre, se incorpora al relato la
magnitud social. De esta manera se reinscriben las contradicciones
que las teorías del autor tratan de resolver iluminando, de modo
indirecto, una verdad histórica. En efecto, cuando sus amigos
descubren su origen humilde, Genaro, humillado, sufre un cambio
profundo. Toma entonces conciencia de las prebendas injuriosas
de un origen privilegiado y decide probar al mundo que él, el hijo
de un gringo, vale más que aquéllos que fundan su vanidad en "el
rango de su cuna" (80). La voz del narrador, ya separada de la
conciencia del personaje, desestima esas conclusiones y atribuye la
decisión de Genaro de superar las desventajas de su nacimiento a
"envidia", "rivalidad" y "ruin ambición". Las virtudes de Genaro
se vuelven así defectos al pasar por el tamiz de la voz narrativa.
Su dedicación al estudio es, por ejemplo "tesón de buey" el mismo
que había manifestado su padre para el trabajo. Por lo mismo
siendo, no mucho más que un buey, es decir, pura materia, Genaro
no puede captar "el alma de la tinta" (83). La oposición entre
"espíritu" y "materia" que niega el cientificismo de que se jactara
Cambaceres previamente, pasa a primer plano cuando trata de
justificar privilegios llegando incluso a desestimar la necesidad
del esfuerzo por parte de aquéllos sobre quienes la naturaleza ha
derramado "la luz del espíritu":

> Pero era que brillaba en sus frentes la luz de la inteligencia,
> que podían ellos, que sabían, que comprendían que el solo
> privilegio del ingenio bastaba para emanciparlos de toda
> su ímproba labor. (84)

Estos individuos son, como es de suponer, la "elite", los "nombres" prestigiosos a los que se identifica con la patria misma y a los que Cambaceres justifica en sus privilegios atribuyéndoles una "espiritualidad" que se opone a la "materialidad" de Genaro.

En el caso de Genaro, la herencia biológica vence la bondad del medio. La generosidad y la inteligencia de los individuos con los que entra en contacto desde temprano no consiguen torcer el estigma de su nacimiento y sólo le procuran la oportunidad de destruir a aquéllos que han procurado hacerle el bien. La destrucción se ejecuta en primer lugar sobre la tierna Máxima, víctima no sólo de las maléficas intenciones del hijo del inmigrante sino, y ésa es la temática fundamental de la novela, de la negligencia culpable de sus padres y de quienes controlan la sociedad argentina.

Sabido es que el trepador social es una de las figuras arquetípicas de la novelística europea del siglo XIX. La gran novela realista lo trata como si él fuera la esencia de un cierto tipo de estructura social. En *En la sangre* Cambaceres trabaja este motivo pero echando mano a premisas biológicas. En realidad, la explicación del ser humano prescrita por los principios de la novela experimental se presta a una visión parcializada de la conducta humana. June Howard, en un excelente estudio sobre el naturalismo de los Estados Unidos, titulado *Form and History in American Literary Naturalism* observa algo similar: "[American Naturalists] . . . are writers who refuse to give up the attempt to imagine the social yet fail to propose meaningful correlations between individual choices and social processes" (145).

En la novela de Cambaceres las motivaciones del protagonista se atribuyen a una causa abstracta, el atavismo racial. Así, dentro de un grupo étnico especialmente seleccionado, se proyectan los vicios que se dan en la sociedad argentina en el momento en que se produce la expansión capitalista de fines del siglo XIX. Por lo mismo, no es raro que muchos críticos hayan detectado en esta novela una descripción realista del ambiente social porteño de fines de siglo y la plasmación en ella de una mirada, acaso por primera vez en la literatura argentina, sobre los medios humildes y los barrios bajos.

Ahora bien, nosotros creemos que aunque Cambaceres pinte
con colorido estos ambientes, su descripción no integra lo narrado
para establecer relaciones entre el medio y el personaje. El carácter
de Genaro no se explica ni por la miseria de su vida de niño,
ni por las malas compañías de su adolescencia. Los valores de
la nueva sociedad, el afán de enriquecimiento y prestigio, tienen
desarrollo sólo en las motivaciones del personaje protagónico y
son atribuidos unilateralmente a su "sangre", a sus determinaciones
genéticas y no a un ambiente sociohistórico. En realidad, en esta
novela la voluntad tendenciosa de Cambaceres es preeminente. De
ello resulta una obra más bien didáctica, que intenta educar a un
sector social, y que ofrece una versión un tanto caricaturesca del
modelo que su autor se propuso seguir. Con ella, Cambaceres
formaliza, novelísticamente, todo un elenco de prejuicios clasistas
y racistas.

Obras citadas

Allport, Gordon. *The Nature of Prejudice*. Reading, Mass.:
    Addison-Wesley Publishing Company, 1954.
Cambaceres, Eugenio. *En la sangre*. Buenos Aires: Plus Ultra,
    1968.
Cymerman, Claude. *Eugenio Cambaceres por él mismo. (Cinco
    cartas inéditas del autor de Pot Pourri)*. Buenos Aires:
    Facultad de Filosofía y Letras. Instituto de Literatura
    Argentina Ricardo Rojas, 1971.
Howard, June. *Form and History in American Literary Naturalism*.
    Chapel Hill: U of North Carolina P, 1985.
Walcut, Charles Child. *American Literary Naturalism. A Divided
    Stream*. Westport, Conn.: Greenwood Press, 1976.

Perfil del judío en *La cabeza de la hidra* de Carlos Fuentes

Ilán Stavans

Columbia University

Leopoldo Bernstein, nacido el 13 de noviembre de 1915 en Cracovia con todos los handicaps: polaco, judío e hijo de militantes obreros socialistas; emigrado a Rusia con sus padres después de la Revolución de Octubre, becado por el gobierno soviético para realizar estudios de economía en Praga pero encargado de establecer relaciones con universitarios checos y funcionarios del gobierno de Benes en vísperas de la guerra; cumple mal su encargo y en vez de seducir se deja seducir por los círculos sionistas de Praga; ante la inminencia del conflicto, se refugia en México después de Munich; autor de un panfleto contra el pacto Ribbentrop-Molotov; sus padres desaparecen y mueren en los campos estalinianos; la Unión Soviética lo juzga desertor; profesor de la escuela de economía de la Universidad de México, pide licencia y viaja por primera vez a Israel; combate en la Hagannah, el ejército secreto judío pero acaba considerándolo demasiado tibio y se une al grupo terrorista Irgún; participa en múltiples acciones de asesinato, represalias y voladuras de lugares civiles; regresa a México y obtiene la nacionalidad en 52; a partir de entonces, es encargado de procurar fondos entre las comunidades judías de la América Latina y después de

la guerra de 73 ayuda a fundar el Gush Emonim para
oponerse a la devolución de los territorios ocupados . . .
(125)

La anterior es una descripción de un judío titánico, agresivo, que
ha luchado en todos los flancos, siempre sufriente, y que ahora
alcanza a redimirse a través del poder. Un judío que, si antes fue
víctima, ahora es verdugo. El párrafo forma parte de *La cabeza de
la hidra* de Carlos Fuentes, y sobra decir que en la extensa obra del
mexicano la presencia de personajes hebreos, israelitas o israelíes,
abunda, aunque en pocas ocasiones con cualidades tan tangibles y
directas.

En *Terra Nostra*, por ejemplo, desfila entera la historia de
España, de 1492, el año de la expulsión, en adelante. Puesto que
Fuentes pretende reescribir el encuentro entre las Américas e Iberia,
los personajes judíos ahí son referencias al pasado, desde el poeta
Smuel ha-Nazir, la Celestina, el personaje clave de la *Tragicomedia
de Calisto y Melibea* del cripto-judío Fernando de Rojas, hasta
Mijail Ben-Sama el andariego y el doctor de la sinagoga de Toledo.
Estos personajes están hechos menos de carne y hueso que de
leyenda. Son verificaciones en la cronología histórica. Sus vidas
conforman las mil relaciones del decadente imperio de los Reyes
Católicos. Fuentes no los ha fantaseado, no ha reordenado o
inventado sus biografías. Cada uno vivió en realidad.

Cambio de piel, otra de las grandes obras experimentales del
autor, narra el peregrinaje a Veracruz con una parada en Cholula
ocurrida el 11 de abril de 1965 de dos parejas: Javier, Isabel,
Franz y Elizabeth. Las relaciones existenciales entre ellos son
laberínticas. Cada personaje es prolongación, doble, antítesis,
síntesis y complemento de otro. Pero Bétele y Franz, como
personajes centrales, son entidades cósmicas. Son ubicuos pues
están en todas partes, son fantasmas del universo, mitos, como
mitos históricos son Cortés y Moctezuma. Franz, un arquitecto
alemán, ex-nazi, ayudó a construir un campo de concentración
y permitió que Hanna Warner, una de tantas muchachas judías,
muriera. Elizabeth, también llamada en la novela Dragonesa, Beth,
Liz, Lisbeth, Liza, Bette y Bétele (en idish, Elizabeth), es una
judía norteamericana, sobreviviente de Auschwitz, Buchenwald y

otros campos durante el holocausto nazi. Al final, Franz será asesinado en una pirámide azteca en Cholula. Desconocemos al asesino pero sospechamos de Jakov Warner, hijo de Hanna, uno de los jóvenes que viaja en un automóvil Lincoln, siguiendo exactamente el mismo recorrido que el Volkswagen de las dos parejas. Cholula es el sitio donde Cortés mató a una princesa azteca antes de dirigirse a Tenochtitlán para conquistar el imperio de Moctezuma. La alegoría está bien clara: la oposición del Bien y el Mal está personificada en los rostros de aztecas y españoles, igual que de judíos y nazis, ambos en el mismo escenario: un México atemporal[1].

Terra Nostra es reflexión histórica en la pluma de un literato; *Cambio de piel* es un ciclo, el mito del eterno retorno y la alegoría, fuerzas enemistándose hasta el final del tiempo. En contraste, con más superficialidad, *La cabeza de la hidra* nos refiere la escisión biológica, ideológica y consuetudinaria de los judíos de hoy, judíos de carne y hueso, tanto en la diáspora como en relación a Israel. Es una novela realista que nos presenta a los judíos ante encrucijadas morales, judíos que deben decidir. No hay pomposidades literarias, no hay fantasmas del *Zeitgeist*. Por eso, por su especificidad, por su deseo de hablar de las cosas mundanas, pinta al judío con un realismo justo y equilibrado.

En sus peripecias de Casanova, el personaje central, Félix Maldonado, alias Diego Velázquez, detective al mismo tiempo que burócrata mexicano de la Secretaría de Fomento Industrial, mantiene relaciones amorosas simultáneas con tres mujeres: Ruth, Mary, Sara. Las tres son judías. Tras realizar estudios en Columbia University, en Nueva York, Maldonado regresa a México, su país natal y espacio donde transcurre la mayor parte del *plot* de la novela, y se enamora de Ruth, una muchacha ashkenazita, casándose a la postre con ella. Ruth es el estereotipo de la judía mexicana, miembro de la segunda generación, por lo tanto hija de inmigrantes. Es pecosilla, "chica judía bonita, graciosa, activa, una geisha hebraica, Madame Butterfly con el decálogo del Sinaí en brazos en vez de un hijo" (44) que no tiene aspiraciones intelectuales, que le resuelve a Maldonado sus problemas prácticos, de su carrera y vida social (42). La condición para lograr este matrimonio, cuyos efectos en el desarrollo de la trama son menores, es la conversión: Maldonado, de alguna forma renunciando a lo católico de su mexicanidad, acepta la religión mosaica e incluso se circuncida a los veintiocho años (41). Baste conceptualizar este hecho diciendo que la comunidad judía ashkenazita en México, que en 1982 contaba 35.000 miembros aproximadamente en la capital, Guadalajara, Monterrey y Oaxaca, desde su primera llegada inmigratoria en 1880, hasta concluir esta oscilación antes de la Segunda Guerra Mundial, se ha caracterizado, en el escenario latinoamericano, por su hermetismo y por la capacidad de preservar la cultura, tradición, y el idioma idish que heredó de la Europa Oriental, resistiéndose a la integración (Elkin 174-75, 223-24). Contacto con el exterior existe, pero es limitado: colegios privados, centros deportivos y recreativos, asilos e instituciones de beneficencia, reducen la posibilidad de matrimonios mixtos. Y de haberlos, éstos se efectúan en los términos que la comunidad judía propone. De ahí que la conversión de Félix Maldonado no sea gratuita: representa a la vez el eterno conflicto en Fuentes: ¿qué precio aceptan pagar los mexicanos (Ixta Cienfuegos, Artemio Cruz, etc.) para hallar su identidad?, aunque también habla del modo en que los judíos mexicanos viven aislados, reacios al contacto con el exterior, orgullosos de su situación minoritaria[2]. El autor incluso propone algunas reflexiones históricas al margen: "Un judío es tan viejo como su religión y un mexicano tan joven como su historia", explica Bernstein a Maldonado. "Por eso ustedes la recomienzan a cada rato y cada vez imitan un modelo nuevo que pronto se hace viejo. Entonces lo recomienzan todo y así lo pierden todo. En fin, si así mantienen la ilusión de la juventud perpetua . . ." (127). La cronología de los pueblos, el judío y el mexicano, corre paralela. Pero los mecanismos de sobrevivencia y adecuación histórica están lejos de ser compatibles. Maldonado es el puente de unión, el vaso comunicante. Cede a su bagaje nacional aunque, como descubrirá después el lector, esta renuncia es sólo parcial.

   Mary Benjamin, la segunda mujer de Maldonado, tiene todavía un papel más pequeño en el desempeño de la trama. Sabemos que es guapa y fogosa, y que el protagonista se divierte, como macho que es, tocándola físicamente (42). Pero nada más. De las tres mujeres, la que mayor importancia posee es Sara Klein. Maldonado la conoció en sus años en la Universidad Nacional Autónoma de México, siendo los dos alumnos de Bernstein. Es inteligente, sensible, y contrario a Mary, es "la mujer esencial, la intocada e intocable" (45), una especie de diosa de la sensibilidad y del intelecto. Llegó a México por casualidad, aprendió tarde el español y estuvo siempre herida por la historia. Es "la muchacha europea, la que conoció el sufrimiento que ni siquiera adivinaron Ruth y Mary" (45-46). Sara será el estereotipo de la víctima: sin la tentación de mitologizar que hay en *Cambio de piel*, Fuentes la hace cruzar campos de concentración en los años cuarenta; su familia fallece en el holocausto. El destino la lleva, sin tregua, de un lado a otro. No tiene hogar; es errante. Pero, además, tiene un complejo: quiere ser y envidia a Anna Frank porque ella sólo fue un número tatuado en el brazo que sigue con vida; no terminó siendo mártir famoso. Su gran remordimiento es, entonces, haber sido "una cifra en Auschwitz" (46), haber sobrevivido, y por ello siente culpa. ¿Hay algo más modernamente judío que esta sensación de extrañeza, de incomodidad, de deuda?

De ahí que, durante su vida, Sara se identifique con los desvalidos, con las fuerzas perdidas: los palestinos. Por el contrario, su amante, un hombre de mayor edad, Bernstein, escoge el rol del verdugo. De hecho, Fuentes logra un perfil maniqueista del judío en la oposición de ambos personajes: los dos llegaron a México huyendo de Europa, ambos fueron sionistas de jóvenes y dieron el salto para incorporarse a la construcción de una patria en Palestina para sus gentes (100). Pero el enfrentamiento ideológico no se hace esperar: Bernstein formó parte del grupo terrorista Irgún (102) en la lucha libertaria coronada en 1948, y luego contribuyó a formar Gush Emonim, que pretendía "borrar hasta la última huella de la cultura árabe" (103) mientras que Sara mantuvo un affair con Jamil (Isam Al-Dibi), un palestino libertador de su pueblo (104). Esta enemistad espiritual se desarrolla: "Bernstein es agente de los poderosos pasajeros...", no siente culpa y por eso contribuye a la lista del horror, mientras Jamil y Sara son aliados de los poderes que no mueren (107), son progresistas.

La cabeza de la hidra habla más extensamente de la defensa del petróleo mexicano que hace Maldonado, para prevenirlo de caer en manos árabes o norteamericanas. Pero una de sus venas secretas es construir, por un lado, un mapa del judío mexicano quieto, despreocupado, como Mary o Ruth, proyecto que nunca antes había sido emprendido en el terreno literario, y por el otro, describir estos dos extremos ideológicos, culpable-culpante, víctima-victimario, reaccionario-progresista, expresados simultáneamente contra el contexto de la creación del estado de Israel, en 1948, el postrer enfrentamiento árabe-israelí en el Medio Oriente, el holocausto Nazi y el México moderno[3]. Mientras Bernstein dice que el gran error del pueblo judío fue "esperar siempre que el enemigo que nos odiaba nos dejara en paz, paz en Berlín, Varsovia o Kiev" (127) y "el destino domado . . . se llama poder . . . y por primera vez lo tenemos" (128), manifestándose cansado de una historia de victimizaciones donde la destrucción de 6.000.000 en campos de concentración es el ápice, Sara, antes de morir en lo que Fuentes llama la *Operación Guadalupe*, graba un disco a través del cual da a Maldonado su opinión: "Me acosté con Bernstein", anuncia, "para cumplir el ciclo de mi propia penitencia, para purgar en mi propio cuerpo de mujer la razón pervertida de nuestra venganza contra el nazismo: el sufrimiento nuestro, impuesto ahora a seres más débiles que nosotros". Los judíos "buscamos un lugar donde ser amos y no esclavos. Pero sólo es amo de sí mismo quien no tiene esclavos. No supimos ser amos sin nuevos esclavos. Acabamos por ser verdugos a fin de no ser víctimas. Encontramos a nuestras propias víctimas para dejar de serlo. Me hundí con Bernstein en el tiempo sin fechas del sufrimiento. Lo que nos une a los judíos y palestinos es el dolor, no la violencia" (107).

A diferencia de Bétele y Franz en *Cambio de piel*, que eran entidades cósmicas, Sara y Bernstein encarnan acá individuos polarizados, forzados a decidir moralmente entre el Bien y el Mal. Eventualmente, ellos se funden en una mancuerna, en una síntesis, al tiempo que mantienen su humanismo frente a Maldonado. La historia para ellos es una amalgama de sinsabores, pero el presente sirve para desafiarla. En última instancia, Fuentes no le da la razón a ninguno pues ambos forman el revés de la misma moneda, ambos habitan en el alma judía actual que se cuestiona. El judío, nos dice *La cabeza de la hidra*, es como los demás, bueno y malo, y no un agente del diablo, un impostor o un truhán.

Si equiparamos esta novela con *Cambio de piel* y *Terra Nostra*, seguro que se destaca por su sencillez, por sus convenciones. Escrita en Margency en el verano de 1977, se inscribe en la lista de novelas de espionaje e intriga internacional. Si *Terra Nostra* se aproxima por su anhelo lúdico y totalizante a Laurece Sterne, Milan Kundera y Witold Gombrowicz, Diderot y Cervantes, y si *Cambio de piel* colinda con los aportes literarios de James Joyce, Alain Robbe-Grillet y el *Nouveau Roman* al revolucionar nuestra concepción del tiempo y de la narración, *La cabeza de la hidra*, al proponer a Maldonado como 007 mexicano, está próxima a las formas popularizadas por las plumas de John Le Carré, Ian Fleming y Robert Ludlum. Su prosa es legible, sin complicaciones. No hay embelesamiento por las palabras. El autor ha querido regresar a lo cómodo, a lo menos póstumo haciendo del lenguaje otra vez un instrumento, no un fin, ni menos un personaje.

Por su secuencia narrativa lineal, acaso previsible y llana, *La cabeza de la hidra* está lejos de ser el producto más acabado de Fuentes, pero indudablemente posee la cualidad de pintar con un humanismo justo al judío contemporáneo polarizado. Esta cualidad, demás está decirlo para rematar, está lejos de ser la regla en la novelística latinoamericana.

Notas

1. Ver el comentario de Ortega (147-59).
2. Ver el libro de Jacobo Glantz; y también mi ensayo auto-biográfico.
3. Sobre el tema ver Cohen (148-232).

Obras citadas

Cohen, Martin A., ed. *The Jewish Experience in Latin America: Selected Studies from the Publications of the American Jewish Historical Society*. Vol. 2. New York: KTAV, 1971. 2 Vols.

Elkin, Judith L. *Jews in the Latin American Republics*. Chapel Hill: U of North Carolina P, 1980.

Fuentes, Carlos. *Cambio de piel*. México: Joaquín Mortiz, 1967.

———. *Terra Nostra*. México: Joaquín Mortiz, 1975.

———. *La cabeza de la hidra*. México: Joaquín Mortiz, 1978.

Glantz, Jacobo. *Notas sobre la formación de la comunidad judía en México, Israel y la diáspora en el año 5721*. México: Enrique Chelminsky, 1962.

Ortega, Julio. *Poetics of Change*. Trad. Galen D. Greaser, en colaboración con el autor. Austin: U of Texas P, 1984.

Stavans, Ilán. "In the Margins of Time". *Present Tense* 15. 2 (1988): 24-30.

De la Guerra de Secesión a *Gringo viejo*

Joaquín Roy

University of Miami

Unas enigmáticas frases, intercaladas en la novela de Carlos Fuentes titulada *Gringo viejo* (1985), tienen un origen histórico y literario: las experiencias en la Guerra de Secesión del periodista norteamericano Ambrose Bierce (1847-1914?), desaparecido en 1913 tras cruzar la frontera con México[1].

Ambrose Bierce nació, décimo hijo de Marcus y Laura Bierce, el 24 de junio de 1842 en Meigs County, Ohio, y fue educado en Warsaw, Kosciucko County, Indiana, en un ambiente familiar calvinista, aislado y provinciano. Participó en la Guerra de Secesión como voluntario de las tropas federales. Al terminar el conflicto residió en San Francisco, donde fue editor de *The News Letter*. En 1871 se casó con Mary Ellen Day, y desde 1872 a 1875 vivieron en Inglaterra. A su regreso a San Francisco fue editor del *San Francisco Argonaut*. Luego de un paréntesis como minero en Dakota, regresó a dirigir el *San Francisco Wasp*, para pasar a la redacción del *San Francisco Examiner*, el activo diario de la familia Hearst, conexión que mantuvo durante veinte años.

En otoño de 1913 visitó los escenarios de los combates en que intervino durante la Guerra de Secesión (Chattanooga, Chickamauga, Shiloh, Nashville y Kennesaw Mountain). Fue a New Orleans y el 26 de octubre llegó a San Antonio, donde un grupo de amigos le dio una cena de homenaje en el Fuerte Sam Houston. El 6 de noviembre llegó a Laredo. Pretendía cruzar la frontera y juntarse a las fuerzas de Villa como observador, pero un ataque de asma lo detuvo breves días. En Laredo dejó un misterioso baúl (nunca encontrado) con manuscritos, uno de los cuales sería una biografía de Hearst. Debido a que la frontera en Laredo estaba estrechamente vigilada por las fuerzas de Huerta, se trasladó a finales de noviembre a El Paso y luego a Juárez, donde recibió las credenciales para ir de observador con Villa. Con el servicio de tren suspendido, fue a Chihuahua a caballo. De allí mandó una carta a su secretaria de Washington, Carrie Christiansen, el 26 de diciembre de 1913: "Trainload of troops leaving Chihuahua every day. Expect next day to go to Ojinaga, partly by rail" (Saunders 103). Allí se pierde el rastro.

La experiencia de Bierce en la guerra civil comenzó cuando se presentó voluntario en el Indiana Infantry, el 19 de abril de 1861. Solamente habían pasado seis días desde la caída de Fort Sumpter, cuatro días después de la petición de Lincoln a los gobernadores de los estados norteños para que proporcionaran 75.000 hombres para una campaña de tres meses, tiempo suficiente para aplacar la aparente débil rebelión[2]. En mayo de 1861 cruzó el Ohio y recibió el bautismo de fuego en Philippi. Su regimiento más tarde fue a la entonces parte occidental de Virginia (que luego devendría oficialmente West Virginia), en Cheat River Valley en los Allegheny. Este será el escenario de "A Horseman in the Sky" (H 357-62).

Es la historia de Carter Druse, un joven soldado virginiano que se ha quedado dormido haciendo guardia. Se ha unido a los federales ("Well, go, sir", le había dicho su padre, leal sudista). Se despierta y ve un jinete en lo alto de una loma. Cuando su sargento le pregunta si ha disparado, responde:

"Yes".
"At what?".
"A horse . . ."
"Was anybody on the horse?"
"Yes".
"Well?"
"My father".

> The sergeant rose to his feet and walked away. "Good God!" he said. (H 362-63)

En *Gringo viejo* se transforma así:

> Un comandante de la Confederación a caballo los acicateaba a la victoria con una espada desenvainada y que era a este jinete relampagueando su cólera en lo alto de la montaña a quien se dirigía el gringo. (G 59)

> El gringo siguió disparando a lo alto, contra las peñas por donde corría primero y caía después el jinete vestido de gris pero más blanco que él, despeñándose por los aires: el jinete del aire.
> . . . . se estaba volviendo realidad fantasmal un cuento en que él era un vigía del ejército unionista que se queda dormido un minuto y es despertado al siguiente por una voz ronca escuchada por mortales: la voz de su padre sureño, montado en un caballo blanco en lo alto de una peña:
> —Haz tu deber, hijo.
> —He matado a mi padre.
> —Eres un hombre valiente, . . . (G 60)

El tema se convierte en recurrente obsesión:

> Él sólo sabía que los padres se les aparecen a los hijos de noche y a caballo, montados encima de una peña, militando en el bando contrario y pidiéndoles a los hijos:
> —Cumplan con su deber. Disparen contra los padres.
> . . . El gringo viejo temía algo semejante, ver la cara del padre. (G 79)

> Porque un hombre puede soñar con un jinete y matar a su propio padre, todo en el mismo instante. (G 134)

El tema del parricidio, central en este cuento, estará conectado con la mayor transgresión que Fuentes se permite con la biografía de Bierce, aunque sigue fiel a la letra de los textos. "Chickamauga"

(H 313-18) es el título de otro cuento clave, basado en un episodio crucial de la Guerra de Secesión: la batalla de Chickamauga.

En setiembre de 1863 ambos ejércitos de la zona oeste estaban equilibrados: William Rosecrans y Braxton Bragg parecían satisfechos en unas tablas entre sus respectivos bandos federal y confederado. Bragg resolvió retirarse un poco hacia el sur, en La Fayette, a 20 millas ya de Georgia, esperando refuerzos. El general norteño se lanzó al ataque y comenzó a arrinconar a los sudistas hacia Georgia. El 20 de setiembre, las fuerzas de Bragg, que ya habían recibido los refuerzos de James Longstreet (mandado urgentemente desde el norte) atraparon a sus perseguidores al otro lado de la frontera cerca de un paraje lleno de vegetación impenetrable, a orillas del arroyo de Chickamauga—palabra india que significa "río de la muerte"—, donde la carrera se convirtió en una de las batallas más sangrientas de la guerra civil. De 120.000 participantes, hubo 34.000 bajas, de ellas 18.000 confederados. La acción proporcionó el apodo de "roca de Chickamauga" al general George Thomas (1816-70), quien comandaba el flanco izquierdo de Rosecrans, gracias a cuya resistencia el ejército norteño se salvó de su total destrucción. Bierce estaba en la plana mayor de un subalterno de Thomas, el general William Babcock Hazen (1830-87), uno de los héroes de la guerra, colega y amigo de su tío Lucius Verus. Al terminar la guerra, ya recuperado Bierce de su herida casi mortal en Kennesaw (en la marcha de Sherman hacia Atlanta), Hazen le pidió que lo acompañara al oeste para ayudarle en el levantamiento de mapas (Bierce había servido toda la guerra como ingeniero topográfico). De Omaha llegaron a San Francisco, pero la recomendación de Hazen para que se le concediera un destino permanente en el ejército, no se cumplió y solamente se le ofrecía a Bierce el grado de Alférez, el más inferior que se le podía dar, sin apenas posibilidad de ascenso. Tiro una moneda al aire, y eligió la carrera de periodismo.

El narrador se coloca en la perspectiva de un niño de seis años, sordomudo. Como en una película sin sonido, no hay explosiones, gritos, ayes de dolor. Solamente hay resplandores, gestos de manos, rictus de faz. El niño se pierde en las inmediaciones de su modesta casa, mientras el narrador rememora la historia bélica del mundo occidental, que se ha extendido por dos continentes y también en América, "al otro lado del océano". En este contexto queda incrustada la famosa cita: "In his younger manhood the father had been a soldier, had fought against naked savages and followed the flag of his country into the capital of a civilized race to the far South" (H 313).

La interpretación simplista es que el padre (pobre granjero) del niño que en 1862 (año de la batalla) tenía seis años, había luchado en la guerra contra México ("a civilized race to the far South") y contra los indios ("naked savages"). Las experiencias bélicas le dejaron una inclinación hacia los libros sobre guerra, que el niño vio y reprodujo en su imaginación: con una espada de madera, conduce una imaginaria carga hacia un arroyo (el "creek" de Chickamauga), hasta que se topa con un conejo, que lo pone en desbandada. Lloroso, busca a su madre, pero cae rendido, dormido.

Al despertar, es testigo de la batalla de verdad, una carnicería en un ambiente sin sonido. Los hechos más macabros son interpretados a través de sus ojos inocentes (no sus oídos): unos soldados corren a saciar su sed en el arroyo, pero quedan para siempre con la cabeza dentro del agua. De repente, el escenario cambia y su casa reaparece: surge la imagen de una mujer, su madre, cruelmente decapitada por la metralla. Solamente en las últimas líneas se revela que el niño es un sordomudo, un símbolo de los inocentes atrapados por el conflicto.

En la novela la cita aparece así:

—Y ahora México: una memoria de su familia, un lugar adonde su padre había venido, de soldado también, cuando nos invadieron hace más de medio siglo. (G 14-15)

Fue un soldado, luchó contra salvajes desnudos y siguió la bandera de su país hasta la capital de una raza civilizada, muy al sur. (G 14-15; 77)

Anoche le citó al desierto una frase recordando que su padre había participado en la invasión de 1847 y la ocupación de la ciudad de México. (G 78)

El lector desprevenido podría quedar atrapado por estas citas. La interpretación lógica es que se trata evidentemente del propio padre de Bierce, pero en el origen cuentístico solamente es el padre del niño sordomudo de "Chickamauga". En contraste con el padre, pacífico granjero, resulta significativo que el General Lucius Verus Bierce, tío de Ambrose, se presentó como voluntario cuando estalló la guerra con México, pero su regimiento fue disuelto inmediatamente (MacWilliams 25). Su hecho guerrero más importante fue la expedición al Canadá, en la "Guerra Patriótica" de 1837, organizada por William MacKenzie para liberar a los canadienses del gobierno despótico de Sir John Colburn. Reclutó trescientos voluntarios llamados "Grandes Águilas" con el coronel polaco Von Schultz, pero todo terminó en desastre, además de ser demandado por violar las leyes de la neutralidad. Cuando estalló la Guerra Civil, Lucius Verus organizó dos compañías de artillería, pero ya con sesenta años no fue a combatir, pues Lincoln lo nombró para un cargo de supervisión de los voluntarios.

Las demás citas de la cuentística de Bierce tienen en común el tema de las ejecuciones militares; pertenecen a "Two Military Executions" (H 380-81), "Parker Adderson, Philosopher" (H 335-39) y "An Occurrence at Owl Creek Bridge" (H 305-13). La novela culmina con la "ejecución doble" de Bierce, la primera a manos de Arroyo, y la segunda por orden de Villa. La hipotética ejecución de Bierce en su vida real fue motivo de infinitos rumores, pero ninguno está confirmado por las investigaciones (véase el último capítulo de la biografía de O'Connor). Otra fuente de inspiración para la curiosa doble ejecución de Bierce, la primera por la espalda a manos de Arroyo, y la segunda después de su exhumación por orden de Villa, es el asesinato del hombre de negocios británico William Benton, lo cual causó multiples protestas en el extranjero. Villa lo mandó desenterrar para ser fusilado "correctamente" y entregado a su familia[3]. Este detalle parece premeditado en la vida real. En una carta a Lora, la esposa de su sobrino, Bierce decía:

If you should hear of my being stood up against a Mexican stone wall and shot to rags please know that I think it is pretty good way to depart this life. It beats old age,

disease or falling down the cellar stairs. To be a Gringo
in Mexico—ah, that is euthanasia!

De esta forma se cerraría el cuadrilátero formado por la historia,
la biografía, los cuentos y la novela.

Notas

1.   La mejor biografía de Bierce sigue siendo la de Cary
McWilliams, *Ambrose Bierce* (1929), reeditada con el mismo
título y una nueva introducción del autor en 1967. Otros textos
interesantes son el más divulgativo de Richard O'Connor, y el más
esquemático de Richard Saunders. *Tales of Soldiers and Civilians*
(1891), y *Fantastic Fables* (1899), fueron sus colecciones de
cuentos más populares. Su obra completa apareció en doce lujosos
volúmenes con el título de *Collected Works* (1909-12). La más
reciente y completa selección de sus cuentos es la edición de Ernest
Jerome Hopkins. Las citas de los cuentos se efectúan directamente
mediante la sigla H seguida del número de página de esta edición.
2.   Para un repaso de los acontecimientos de la guerra que se
mencionan, se recomiendan, entre la impresionante bibliografía,
los libros de J. G. Randall y David Donald, Allan Nevins, Bruce
Catton, Shelby Foote y H. S. Commager.
3.   Ver la reseña de Earl Shorris.

Obras citadas

Bierce, Ambrose. *Diccionario del diablo*. Trad. Rodolfo Walsh.
    Madrid: Biblioteca del Dragón, 1986.
——. *The Enlarged Devil's Dictionary*. Ed. Ernest J. Hopkins.
    New York: Doubleday, 1967.
——. *Tales of Soldiers and Civilians*. San Francisco: E. L. G.
    Steele, 1891.

——. *Fantastic Fables*. New York: G. P. Putnam's Sons, 1899.

——. *Collected Works*. 12 Vols. New York: Walter Neale and Co., 1909-12.

——. *Cuentos de soldados y civiles*. Trad. Jorge Rufinelli. Barcelona: Labor, 1976.

——. *Fábulas fantásticas*. Trad. Francisco Torres. Madrid: Alfaguara, 1977.

——. *The Complete Short Stories of Ambrose Bierce*. Ed. Jerome Hopkins. Lincoln, Neb.: U of Nebraska P, 1970.

Catton, Bruce. *The Hallowed Ground*. Garden City, N. Y.: Doubleday, 1956.

Commager, H. S. *The Blue and the Gray: The Story of the Civil War as Told by Participants*. Indianapolis: Bobbs-Merrill, 1950.

Foote, Shelby. *The Civil War*. New York: Random House, 1973.

Fuentes, Carlos. *Gringo viejo*. México: Fondo de Cultura Económica, 1985.

——. *The Old Gringo*. Trad. Margaret S. Peden. New York: Farrar, Strauss, Giroux, 1985.

McWilliams, Carey. *Ambrose Bierce*. New York: Archon Books, 1967. New York: Albert and Charles Boni, 1927.

Nevins, Allan. *The War for the Union*. 4 Vols. New York: Scribner's, 1959-71.

O'Connor, Richard. *Ambrose Bierce: A Biography*. Boston: Little, Brown, 1967.

Randall, J. G., and David Donald. *The Civil War and Reconstruction*. Boston: D. C. Heath, 1969.

Rufinelli, Jorge. *El otro México*. México: Nueva Imagen, 1978.

Saunders, Richard. *Ambrose Bierce: The Making of a Misanthrope*. San Francisco: Chronicle Books, 1985.

Shorris, Earl. Reseña de *The Old Gringo*, por Carlos Fuentes. *The New York Times Book Review* 25 de octubre de 1985: 146-47.

V. Recuerdo, testimonio y biografía

Recuerdo, historia, ficción

Sylvia Molloy

Yale University

Se recuerda con frecuencia en la ficción hispanoamericana moderna. Se recuerda para almacenar, como el memorioso de Borges cuya mente es un vaciadero de basuras, o para matar, como Emma Zunz, urdidora de falsos recuerdos. Se recuerda para seguir viviendo, como el moroso Ixtepec en *Los recuerdos del porvenir*. Se recuerda para morir, a través del pasado propio, en *La muerte de Artemio Cruz*, o a través de recuerdos ajenos, como en *Pedro Páramo* o *El obsceno pájaro de la noche*. Se recuerda para dominar al otro vampirizando su memoria, como en *Para una tumba sin nombre*. Se recuerda para fundar, como en *Cien años de soledad*, o para parodiar una fundación, como en *De dónde son los cantantes*. Se recuerda para poblarse un lugar, una "tierra de la memoria" como en Felisberto, o se recuerda para desterrarse, como en Piglia. El fenómeno no es privativo de estos últimos años ni tampoco del siglo veinte: desde *Facundo*, desde *María*—acaso habría que decir desde el Inca Garcilaso—la ficción hispanoamericana recuerda.

Desde luego toda ficción es, de algún modo, recuerdo: se cuenta lo que fue. La ficción de Hispanoamérica se destaca sin embargo por privilegiar, dentro de esa condición común a todo relato, la actitud, la figura misma, del recordante. No sólo se recuerda en el acto de narrar, sino que, dentro de la historia, en el nivel de la anécdota, alguien, específicamente, recuerda. Hay personajes—Funes, Dolores Preciado, Díaz Grey—que, como marcas emblemáticas de la actividad que signa todo el texto, ruminan pacientemente un pasado, lo acarician, lo embellecen, lo manipulan, lo acumulan y aun, en muchas ocasiones, lo escriben. En este variado y ubicuo personaje de la ficción hispanoamericana, ese *memorator* obstinadamente presente en nuestros textos, quiero detenerme. En especial, en uno de sus avatares, manifiesto con más y más frecuencia en la literatura de estos últimos años: el que recuerda, más allá del pasado personal, propio o expropiado, el recuerdo escrito, ya registrado por otros, y vuelto (engañosamente) recuerdo de una comunidad. Hablo del escritor, o el narrador, o el personaje (el gesto se da en todos los niveles) que recurre a la historia, como quien recurre a un archivo mnemónico, para empezar a escribir.

No es mi intención reducir aquí la práctica histórica al puro ejercicio de la memoria, ni tampoco proponer que este recurso al texto histórico es un ejemplo más de intertextualidad. Sí quiero, por un momento, aprovechar estas más que superficiales semejanzas para sugerir, a través de un engañoso espejeo, ciertos comentarios. Empiezo por la semejanza que mencioné en segundo lugar. Si la contaminación textual y el recurso al pre-texto caracterizan todo ejercicio literario, el recurso al texto histórico marca una hibridización que se quiere patente y distintiva. La ficción que se torna hacia el texto literario previo para canibalizarlo lo asimila a través de un *misreading*, de una adaptación, de una traducción, lo teje dentro de una textura signada por la mismidad. Este recurso del texto puede provocar sorpresa y aun desazón—encontrar por ejemplo que un gesto que Borges atribuye, novedosamente, al gaucho Cruz es reproducción textual de una frase del *Pilgrim's Progress* de Bunyan—pero estas sorpresas son (relativamente) inocentes. La eficacia de estos benignos hurtos o préstamos literarios es reforzar el carácter básicamente literario del texto. Como los gestos estilizados del actor chino en el conocido ejemplo de Brecht, indican que no se está en "la vida" sino en el teatro o, en este caso, en la literatura.

El recurso al texto histórico desde la ficción es harto más problemático y vivido como tal en cualquiera de los niveles en que ocurre. No es una confirmación, no es indicio de que se está en

este lado o en el otro, es la marca de una diferencia, y como tal el
señalamiento de un no lugar. Pienso aquí, al pasar, como acaso no
sea casual que tantos relatos contemporáneos llamados históricos
tengan que ver, precisamente, con el destierro o la formulación de
ese no lugar. *Terra nostra* de Fuentes, *El mundo alucinante* de
Arenas, *Respiración artificial* de Piglia, *El entenado* de Saer. La
canibalización es azarosa: el texto histórico se digiere mal. Para
incorporarlo, hay varias posibilidades. Se lo aprovecha y luego
se lo elimina: es el caso, por ejemplo, de Arenas en *El mundo
alucinante*. O se lo aprovecha y ese aprovechamiento pasa a ser
preocupación obsesiva del texto resultante, se vuelve el tema mismo
del relato: el narrar esa "verdad de la historia" a la que se refiere la
dedicatoria de *Respiración artificial* es el enigma, nunca resuelto,
de *Respiración artificial*. No hay texto que combine ficción e
historia cómodamente, sin de algún modo señalar, recalcar o aclarar
la compleja convivencia que inaugura.

Vuelvo por un momento al caso de Arenas ya citado. En su
recreación de la vida de fray Servando Teresa de Mier, el autor
declara haber recurrido a textos históricos y a las memorias del
propio Mier. Cito aquí una parte de la "carta" a Mier que, a
manera de prólogo, abre el texto de Arenas:

> Revolví bibliotecas infernales, donde la palabra *fraile*
> provoca el desconcierto de los referencistas, me
> comuniqué con personas que te conocían con la distancia
> característica y el rasgo deshumanizado que suponen las
> erudiciones adquiridas en los textos de historia . . . La
> acumulación de datos sobre tu vida ha sido bastante
> voluminosa; pero lo que más útil me ha resultado para
> llegar a conocerte y amarte, no fueron las abrumadoras
> enciclopedias, siempre demasiado exactas, ni los terribles
> libros de ensayos, siempre demasiado inexactos. Lo más
> útil fue descubrir que tú y yo somos la misma persona.
> De aquí que toda la referencia anterior hasta llegar a ese
> descubrimiento formidable e insoportable, sea innecesaria
> y casi la he desechado por completo. (9)

No necesito señalar el obvio desdén con que se mantiene a distancia la *deshumanizada* erudición histórica, *infernal* y *abrumadora* y por fin "casi" *innecesaria*. El texto histórico, una vez leído, se desvaloriza, "casi" se desecha. En lugar de entretejerlo con otro texto, como en el caso del préstamo literario, se tiende a borrarlo: se lo suplanta con el gesto de pura imaginación—"tú y yo somos la misma persona"—, es decir, con el texto de ficción. Esta incomodidad ante el híbrido, este temor casi teratológico que lleva al autor a justificarse, a explicarse o, en los casos más elaborados, a asumir la hibridez en forma abierta, no es por otra parte nueva en una literatura que siempre ha tendido a las mezclas. Recuérdese la desazón de Sarmiento ante la posibilidad de que su relato autobiográfico (para él ejemplo de práctica histórica) se contaminara de ficción. *Mi defensa* comienza por declarar que "no es una novela, no es un cuento"; pero concluye diciendo que ha "mostrado al hombre tal como es, *o como él mismo se imagina que es*" (22, 47).

Lo que quiero señalar aquí, como simple llamada de atención ante una apertura genérica que a veces, por exceso de entusiasmo, desdeña la potencial riqueza de los deslindes, es la *diferencia* entre historia y ficción. En una discusión sobre historia y ficción es necesario decir que historia no *equivale* a ficción aunque no deje, del todo, de serlo. No pretendo enunciar aquí esa diferencia, sí señalar cómo la incomodidad que provoca el contacto entre las dos acusa su indudable existencia. Incomodidad por cierto provechosa, puesto que de esa misma mezcla incompatible, hecha de dos discursos de algún modo en pugna, surgen muchos de nuestros mejores textos. (Y aquí un comentario entre paréntesis: este congreso lleva por título *Historia y ficción*. ¿Por qué no *Ficción e historia*? ¿Sólo por razones, no desatendibles desde luego, de eufonía? ¿O porque aún subsiste en nosotros la mala conciencia con respecto a la legitimidad de la ficción no avalada por una anterior disciplina "seria", rémora de la postura bienpensante del siglo diecinueve?).

El otro deslinde que paso a considerar brevemente es el que abrió este comentario: dentro de una literatura en la que el recuerdo ocupa un lugar preponderante, quiero recordar la diferencia entre el *memorator* que evoca, en términos generales, un pasado vivido, y su avatar contemporáneo, el recordante que vuelve la mirada hacia el texto histórico. Como es obvio, este último recordante en rigor no recuerda: reproduce una memoria, en los dos sentidos de este término *memoria*, cuyo hipotético origen remoto fue recuerdo personal (recuérdese la conjetura borgeana sobre los últimos ojos que vieron la cara de Cristo), pero que ha pasado a constituir no un conjunto de recuerdos vividos sino un *saber*. Nuestra memoria, aun nuestra memoria personal, está constituida por recuerdos y saberes. Nuestra memoria histórica es en cambio, básicamente, saber transmitido, no experiencia vivida o atestiguada. Aun en los casos de transmisión oral, en que un testigo vivo nos participa una experiencia del pasado—la madre de Victoria Ocampo contándole a la hija "lo del aguatero", Esteban Montejo confiando a Miguel Barnet detalles de su cimarronaje—no tenemos recuerdo de estos hechos sino recuerdo de recuerdos. Recordamos el relato que se nos hace, no los hechos. Por mucho que lo quiera Borges, no tenemos, salvo dentro de los límites de nuestra muy corta existencia, "recuerdo autobiográfico" del pasado (20).

Es aquí donde el *memorator* de la nueva ficción llamada histórica cumple su función. Sobre una base de saberes fragmentarios compartidos por un grupo—que pueden ir desde el mezquino dato del manual escolar hasta la erudición histórica, pasando por la mitificación ideológica—arma (con cierta trepidación) un consciente simulacro del recuerdo directo. Jugando con esa tendencia a mirar hacia atrás que caracteriza nuestra literatura, cede a la tentación de un imposible que busca compartir con el lector: espiar un pasado que otro ha escrito pero del que estoy ausente, reescribirlo a "mi" manera, según "yo" lo rememoro. Como el narrador de *La invención de Morel* de Bioy Casares, busca insertarse e insertar al lector en esa versión del pasado con una diferencia: el narrador de Bioy buscaba obliterar la sutura de la inserción, para que no se notara. El *memorator* del que hablo no evita en cambio que las suturas se noten. Paradójicamente "recuerda" para enjuiciar la fidelidad del pretendido recuerdo, usa el saber recogido en la historia a manera de archivo mnemónico menos para construir que para desfundamentar.

Obras citadas

Arenas, Reinaldo. *El mundo alucinante*. México: Diógenes, 1969.

Borges, Jorge Luis. *Evaristo Carriego*. Buenos Aires: Emecé, 1955.

Sarmiento, Domingo Faustino. *Mi defensa*. En *Recuerdos de provincia*. Prólogo y notas de Jorge Luis Borges. Buenos Aires: Emecé, 1944.

Autobiografía del esclavo Juan Francisco Manzano: versión de Suárez y Romero*

William Luis

State University of New York at Binghamton

Para mi ahijado Christopher Negrón

En 1835 el crítico cubano Domingo del Monte le pidió al esclavo poeta Juan Francisco Manzano que escribiera su autobiografía[1]. Sin embargo, para hacerla más presentable al interés público el manuscrito de Manzano fue alterado; Anselmo Suárez y Romero corrigió la sintaxis y la gramática del esclavo. Terminadas las correcciones, del Monte le entregó una copia del manuscrito al abolicionista inglés Richard Madden y éste la incluyó en un portafolio antiesclavista. Madden la tituló "Life of the Negro Poet". Junto con los poemas del esclavo, entrevistas con del Monte y algunos de sus propios poemas, Madden la incluyó en *Poems by a Slave in the Island of Cuba*, obra publicada en Inglaterra (1840)[2]. Como vemos, la traducción de la autobiografía de Manzano fue asequible al lector de habla inglesa poco tiempo después de ser escrita. Lo mismo no sucedió con la versión en español ya que tanto el manuscrito original como la versión de Suárez y Romero se extraviaron. Cien años más tarde el manuscrito original fue encontrado y publicado por José Luciano Franco en 1937[3].

Aunque el lector de habla inglesa creyó que leía la traducción de la autobiografía de Manzano, una comparación detallada entre el original y la traducción prueba, como hemos hecho notar en otro trabajo, que la útima no es una traducción fiel de la primera, sino una reelaboración de la vida de Manzano[4]. En efecto, las diferencias entre la versión inglesa y el original son suficientes para considerarlos como dos textos distintos. Los cambios que hemos encontrado no necesariamente provienen de la intervención textual de Madden; podrían atribuirse a la de Suárez y Romero ya que el manuscrito que Madden tradujo no fue el original escrito por Manzano sino el corregido por Suárez y Romero. Esta observación, sin embargo, ha sido difícil de confirmar ya que la versión de Suárez y Romero únicamente circuló entre los miembros del grupo íntimo delmontino. Francisco Calcagno, en su *Poetas de color* (1878), reproduce párrafos del texto de Manzano. No obstante, consideramos que estos párrafos provienen del manuscrito corregido por Suárez y Romero[5]. Una comparación entre las citas de Calcagno y sus equivalentes en el original de Franco, revela diferencias significativas entre las dos autobiografías.

La extensión de los cambios realizados por Suárez y Romero, en el manuscrito de Manzano, puede ser verificada ahora gracias a que al principio de esta década Lee Williams, bibliógrafo de los fondos latinoamericanos de la Yale University, descubrió en esa biblioteca un cuaderno que contenía la vida y los trabajos de Juan Francisco Manzano. Este cuaderno fue escrito por Nicolás de Azcárate en 1852. Hemos tenido la oportunidad de estudiar este manuscrito y creemos que el cuaderno de Azcárate es una copia de la versión de Suárez y Romero[6].

Al comparar lo que copió Calcagno y sus correspondientes secciones en el cuaderno de Azcárate se revela, exceptuando pequeñas diferencias, que el uno y el otro son el mismo texto. Por consiguiente, en este breve estudio de la autobiografía de Juan Francisco Manzano compararemos el original con la versión corregida por Suárez y Romero para mostrar que, así como existen diferencias entre el original y la traducción inglesa, hay suficientes disparidades entre el original y la versión de Azcárate para considerarlos como dos textos diferentes. En efecto, cuando Suárez y Romero corrigió el manuscrito de Manzano cambió la vida del esclavo poeta; cuando Azcárate copia la versión de Suárez y

Romero, nos ofrece una comprensión más exacta de la posición antiesclavista del grupo delmontino.

Junto a Domingo del Monte, Nicolás de Azcárate fue el segundo difusor más importante de la literatura y cultura cubanas. De espíritu liberal, amante de la democracia y reformista, Azcárate contribuyó notablemente al estudio del derecho y la cultura en Cuba (Remos 1: 533)[7]. Como del Monte, Azcárate tenía tan profundo interés en la promoción de la cultura cubana que inició una tertulia literaria en su casa de Guanabacoa. Este círculo conocido como "Noches Literarias" sesionaba todos los jueves. Rafael Azcárate, su nieto, caracteriza así a los asistentes a esta tertulia semanal: "Entre los concurrentes a las Noches Literarias los había separatistas y reformistas, pero no integristas o sea, partidarios de la continuación del régimen colonial. Todos eran abolicionistas, y el atacar la esclavitud resultaba el tema más común" (50). Antonio Zambrana recordaría las dos horas en que Suárez y Romero estuvo leyendo su novela *Francisco* durante una de las Noches Literarias de 1862:

> Aquello no tenía la intención de ser un poema, tenía el propósito de ser una acusación. La acusación contra un hombre, por lo pronto, y en el fondo—y acaso sin advertirlo—, la acusación de un gran crimen nacional. El que era un niño, no tiene bastante confianza en su discernimiento de entonces para apreciar el valor artístico del relato. De lo que está seguro es de que comenzó a llorar poco después de haberse empezado la lectura, y de que cuando se hubo concluido lloraba todavía. (5)

Más tarde Zambrana se unió a las fuerzas rebeldes al principio de la Guerra de los Diez Años, (1868-78), y con Ignacio Agramonte redactó la nueva constitución. Zambrana fue también representante del gobierno cubano en Chile, y allí escribió una versión más militante de la novela de Suárez y Romero que tituló *El negro Francisco* (1873).

Una comparación entre la autobiografía de Manzano y la versión de Azcárate revela que Suárez y Romero verdaderamente corrigió numerosos errores gramaticales cometidos por el esclavo poeta. Creemos que Suárez y Romero, como editor de la autobiografía de Manzano, realizó cambios significativos en el manuscrito. Por ejemplo, eliminó repeticiones, alteró el orden de las frases, creó párrafos y combinó otros que ya existían en el manuscrito de Manzano. El conocimiento de Suárez y Romero sobre el modo de escribir y la vida de Manzano le permitieron dar cierta coherencia al original. Por ejemplo, coloca entre comillas las palabras pronunciadas por el padre de Manzano y al hacerlo, les otorga cierta importancia: "Si las cosas se hubieran hecho como se pactaron, yo estaría contento, pero mis dos hijos vivos son esclavos; y Blasa que era libre se malogró". Concentrémonos en el contexto de la cita. Se le dice al lector que el padre de Manzano está entristecido porque su esposa dio a luz a su hijo, Blasa, quien muere. Esta corrección es importante no sólo porque Suárez y Romero corrigió la sintaxis, sino también porque modificó el sentido original de las palabras del padre. Tal cambio requiere, más que el dominio de la gramática, un conocimiento directo de la vida de Manzano. Para observar la alteración del sentido del original, veamos lo que el esclavo escribió: "Que las cosas se ubieran hecho como se pactó el estubiera contento mis dos hijos barones están vivos y los otros dos vientres se han malogrado". El texto de Manzano se refiere a dos niños que mueren antes de nacer; no hay mención alguna del nombre de Blas. Pero como Suárez y Romero conocía el pasado del esclavo, aprovechó esta información cuando escribió su versión. Posteriormente, el original de Manzano explica que la señora le concedió la libertad al próximo embarazo de la madre del esclavo poeta que contenía mellizos, hermano y hermana.

El texto de Azcárate aclara aspectos de la vida de Manzano pero oscurece otros. Por ejemplo, este texto omite los únicos nombres ingleses presentes en el original, Mr. Godfria, el profesor de arte, y Mr. Deni, el administrador. En este sentido, el texto de Azcárate oculta las identidades de los señores al lector. Más aún, cuando Manzano atiende a su señora, el manuscrito original indica: "nos ivamos por la orilla del rio" implicando que el esclavo y su ama caminaban por la orilla del río. Pero el texto de Azcárate dice: "Me iba a orillas del río", sugiriendo que el esclavo paseaba solo. Entendemos que Suárez y Romero podría haber dudado que fuese probable que la Marquesa de Prado Ameno saliera a pasear con su esclavo. Descubrimos más tarde, por el contrario, que Manzano estaba acompañado no por su señora, como la sintaxis sugiere, sino por Estorino, con quien el esclavo salía a pescar y a cazar. Por un lado, el pronombre "nosotros" está correcto en el original pero el antecedente es diferente; y por el otro, el "yo" que está estilísticamente correcto en la versión de Azcárate, no expresa lo que Manzano quería transmitir al lector.

La versión de Azcárate contiene cambios significativos que están ausentes en el original. El texto corregido subraya ciertas palabras tales como *"estimacion"*, *"distincion"*, *"razon"*, y frases como *"niño de su vejez, mama mia"* y la palabra *"mal"* en la cláusula *"murió de mal"*. Estos cambios aparentan ser una distorsión del original, pero Roberto Friol, quien consultó el manuscrito de Manzano en la Biblioteca Nacional José Martí, nos dice que Franco, en efecto, no copió el original en la manera en que el esclavo poeta lo escribió; esto es, en la forma en que aparece en la biblioteca. De acuerdo a Friol, Franco rellenó algunos espacios en blanco y se olvidó de subrayar palabras tal y como aparecían en el original. Comentando la versión de Franco, Friol afirma: "Además de *razón* aparecen subrayadas *distinsión* y *estimasión*" (44). En el lugar señalado, la versión de Azcárate presenta cambios con respecto al texto de Manzano y reproduce fielmente aspectos que han sido omitidos en el original de Franco, pero que están presentes en aquél que se conserva en la Biblioteca Nacional José Martí.

Estos y otros ejemplos cambian, aunque ligeramente, el sentido de la autobiografía de Manzano. Igualmente importante, éstos aun señalan otras serias alteraciones presentes en el texto de Azcárate. Las correcciones de Suárez y Romero siguen el orden de la edición de Franco en la que se describe el regreso tardío del soñoliento Manzano, que viajaba en la parte trasera del carruaje cuando dejó caer el farol. Por este desafortunado accidente, Manzano es castigado por el mayoral. Para defender al hijo, la madre golpea al mayoral; en represalia, éste también la castiga. En esta situación Manzano realiza el primer y único acto de violencia de su vida y ataca al mayoral.

Después del incidente del farol y el castigo de Manzano, el original de Franco y la versión de Azcárate difieren. El original narra los siguientes acontecimientos: 1) la escena en la que la Marquesa le da una moneda a Manzano para entregársela a un mendigo; sin embargo, Manzano la cambia por una que don Nicolás previamente le había entregado, pero que el amo no reconoce como la suya; 2) la visita no autorizada que Manzano hace a su madre; 3) la Marquesa acusa a Manzano de robarse otra moneda que se trabó entre las tablas de la mesa; la moneda cae y se descubre cuando el esclavo limpia el mueble.

Si las tres escenas mencionadas pueden ser interpretadas como una mentira de Manzano, esto es, su intento de engañar a la Marquesa y apropiarse de sus monedas, la versión de Azcárate claramente recalca el sufrimiento del esclavo; no narra las escenas que hemos descrito en la edición de Franco, sino otras de carácter más serio: 1) Manzano es severamente castigado por quitarle una hoja a una planta de geranio; el castigo fue tan brutal que el esclavo tomó seis días para recuperarse; 2) la madre de Manzano intenta comprar la libertad de su hijo pero la Marquesa se queda con el dinero; 3) Manzano es acusado de robar un capón y por ese supuesto delito es brutalmente golpeado. Manzano trata de escapar pero los perros lo atacan; inmediatamente después recibe veinticinco latigazos y nueve días consecutivos de castigo. Después del castigo los acusadores de Manzano descubren que el mayordomo, Manuel Pipa, se había comido el capón; 4) el malentendido es seguido por otro incidente en el cual Manzano y un compañero esclavo, Andrés, se caen del techo; el amigo se mata y Manzano se hiere.

Los cambios que hemos señalado en la versión de Azcárate modifican la autobiografía de Manzano y por tanto las acciones del esclavo. Como antes, esto podría presentar un intento de alterar la vida de Manzano. Con todo, Manzano es consciente de que su autobiografía no refleja la tragedia de su vida y así se lo comunica a los lectores en una nota que reproduce Franco. La nota aparece después que Manzano disfruta del cuidado de don Nicolás y su esposa doña Teresa y ayuda a los enfermos, incluyendo a don José María, y, por último, regresa al cuidado de la Marquesa de Prado

Ameno. La nota se lee: "Ahora me acuerdo que el pasaje de
geranio donato fue despues de esto estando en el Molino porque
fue cuando mi madre presento el dinero para mi livertad y murio
tres meses de aire perlatico". Esta nota no aparece en la versión
de Azcárate.

Cuando Suárez y Romero corrigió la autobiografía antes de
presentarla a los miembros del círculo literario delmontino, cambió
de posición el mismo pasaje de que nos habla Manzano. En vez de
colocarlo en su propio lugar, esto es, después que Manzano regresa
a la Marquesa de Prado Ameno, Suárez y Romero lo inserta mucho
antes en su versión. Al proceder de esta manera no corrigió el orden
cronológico de la autobiografía sino que lo alteró aun más. Para el
lector de la versión del manuscrito de Suárez y Romero, el incidente
del geranio, el capón y la muerte de Andrés son seguidos por los
eventos que hemos descrito en el original; esto es, por la moneda
que Manzano tenía que entregar al mendigo, la visita no autorizada
para ver a su madre y el incidente de la segunda moneda que se
trabó entre las tablas de la mesa. No es hasta después de estas
desdichas que la edición de Azcárate narra momentos de alegría
para el esclavo, cuando vivió con Estorino y luego con su amo don
Nicolás.

El original de Franco separa los momentos de infortunio de
los de alegría. Veamos de nuevo el original: después del incidente
del farol, Manzano es acusado de robar dos monedas, una para el
mendigo y la otra trabada en la mesa. A esto le sigue su estadía
con Estorino, donde Manzano disfruta de momentos de felicidad
dentro de la esclavitud. Posteriormente, el original de Franco narra
tres acontecimientos con resultados injustos: el tomar la hoja de
geranio, el fracasado intento de la madre de querer comprar la
libertad de su hijo y la desaparición del capón. El relato que
sigue describe un momento de alegría, su estadía con don Nicolás.
A diferencia del original, la versión de Azcárate agrupa todos
los castigos presentándonos primero el más severo para que los
otros adquieran mayor intensidad. Después de una larga serie de
infortunios y hacia el final de la autobiografía, Manzano encuentra
un alivio al castigo, primero viviendo con Estorino y después con
don Nicolás.

Si nosotros, como lectores, reconstruyéramos la vida de Manzano no como él la narra ni como Azcárate nos la presenta, sino en la forma en que el esclavo la vivió, esta otra autobiografía tendría resultado diferente. En esta tercera versión, a su estadía con Estorino le seguiría el incidente del capón y su estadía con don Nicolás, a quien él amó tanto. (Debemos recordar que la nota menciona solamente el tomar la hoja de geranio y la intención de la madre de comprar la libertad de su hijo; estas situaciones se presentan fuera del orden cronológico en que las vivió el esclavo). Después de narrar los momentos de alegría con don Nicolás y de auxiliar a los enfermos, Manzano regresa a servir a su señora. Si nosotros siguiéramos las instrucciones de Manzano, es aquí, cuando vuelve al cuidado de su señora, que él debería haber colocado el contenido de la nota. Durante este período Manzano nos dice que él y su señora vivían con Félix Quintero y que desafortunadamente no pudo mantener al gallo callado mientras su señora dormía. En esta sección Manzano también lucha contra los otros esclavos para defender el honor de su madre. La cronología reconstruida tal y como Manzano la vivió ayudaría a explicar por qué el esclavo poeta luchó para defender la dignidad de su madre. Aunque la cultura hispana enseña al hombre a mantener en alto el honor de la madre, tal actitud cultural adquiere un carácter mucho más significativo cuando descubrimos que la madre de Manzano había muerto recientemente. Manzano, desobedeciendo la orden de su señora, habría luchado de nuevo para honrar el nombre de la madre recientemente fallecida.

La tercera versión de la autobiografía de Manzano que hemos reconstruido se acerca mucho más a la vida real del esclavo. Con más frecuencia que la versión de Franco, ésta narra los momentos de tristeza bajo la esclavitud, pero los separa de los de alegría. La dualidad de vivir bajo el control del amo bondadoso y bajo el dominio del cruel, revela la agonía psicológica de un esclavo atrapado entre su condición común de ser, como es el caso de estar bajo el dominio de la Marquesa de Prado Ameno, y aquella privilegiada condición conferida por doña Beatriz de Justis, don Nicolás y otros.

Diferente al original de Franco o a mi propia recreación de la vida del esclavo poeta, la que se acerca mucho más a la forma real en que vivió Manzano, los cambios que introdujo Suárez y Romero en la autobiografía del esclavo poeta realzan notablemente los castigos y sufrimientos del esclavo; tales cambios reducen la oscilación pendular entre los momentos de agonía y de felicidad dentro del sistema esclavista, y agrupan todos aquellos saturados de tormentos y horrores. En la versión de Azcárate no hay ningún consuelo para el esclavo, sino que es ya al final del relato, cuando Manzano encuentra, primero, un momentáneo refugio contra la crueldad de la esclavitud y, segundo, el permanente escape, hacia La Habana, del control de la Marquesa de Prado Ameno. No es el original de Franco ni nuestra recreación de la vida del esclavo poeta, tal y como la vivió, sino las correcciones y alteraciones realizadas por Suárez y Romero, así reproducidas en la versión de Azcárate, las que hacen más urgente el escape de Manzano y la convincente protesta antiesclavista.

Notas

*Agradezco a Bernardo Román, estudiante de la State University of New York, recinto de Binghamton, su ayuda en la preparación de la versión revisada de este trabajo.
1. Esta información se incluye en algunas cartas que le escribió Manzano a del Monte. Para una selección de ellas, ver Calcagno 44. Aunque muchos críticos han señalado que Manzano escribió su autobiografía en 1838, Friol ha descubierto que fue escrita antes, en 1835 (29).
2. Para una reciente edición del libro de Madden, ver Mullen.
3. Nuestras referencias al original corresponden a esta edición.
4. Ver "Textual Multiplications: Juan Francisco Manzano's *Autobiografía* and Cirilo Villaverde's *Cecilia Valdés*", en mi libro *Literary Bondage: Slavery in Cuban Narrative*.
5. Ver las secciones correspondientes en el texto de Calcagno.

6. En su carta fechada el 20 de noviembre de 1987, Jack A. Siggins, Deputy University Librarian, me otorgó permiso para estudiar y publicar el cuaderno de Azcárate.

7. Por ejemplo, con José Manuel Mestre y Francisco Fesser, Azcárate fundó la *Revista de Jurisprudencia* y después fue elegido comisionado a la Junta de Información. En Madrid, fundó *La Voz del Siglo* y se hizo cargo de *La Constitución*. Después de exiliarse en México, conoció a muchos cubanos notables como José Martí y Juan Gualberto Gómez; con Antenor Lescano publicó *El Eco de Ambos Mundos* (1876) y colaboró en *La Crónica Española*.

Obras citadas

Azcárate, Nicolás de. *Obras completas de Juan Francisco Manzano: esclavo de la Isla de Cuba.* Inédito.

Azcárate Rosell, Rafael. *Nicolás Azcárate: el reformista.* La Habana: Trópico, 1939.

Calcagno, Francisco. *Poetas de color.* La Habana: Imprenta Militar de la V. de Soler y Compañía, 1878.

Franco, José Luciano, ed. *Autobiografía, cartas y versos de Juan Fco. Manzano.* La Habana: Municipio de La Habana, 1937.

Friol, Roberto. *Suite para Juan Francisco Manzano.* La Habana: Arte y Literatura, 1977.

Luis, William. *Literary Bondage: Slavery in Cuban Narrative.* Austin: U of Texas P, en prensa.

Mullen, Edward, J., ed. *The Life and Poems of a Cuban Slave.* Hamden, Ct.: Archon Books, 1981.

Remos, Juan J. *Historia de la literatura cubana.* 3 Vols. La Habana: Cárdenas y Compañía, 1945.

Zambrana, Antonio. *El negro Francisco.* 1873. La Habana: Imprenta P. Fernández y Compañía, 1953.

Fundación histórica y fundación poética:
Buenos Aires / Borges

Mireya Camurati

State University of New York at Buffalo

En la Preliminar de sus *Meditaciones del Quijote*, Ortega y
Gasset se pregunta: "¿Con cuántos árboles se hace una selva?
¿Con cuántas casas una ciudad?" (42). Y recuerda enseguida
el dicho popular que comenta que los árboles no dejan ver el
bosque, y que las casas impiden ver la ciudad. Las reflexiones
de Ortega se encaminan hacia los conceptos de profundidad y
superficie, de impresión y de estructura, pero si las tomamos en
su sentido más inmediato y literal, pueden servirnos como una
buena base para las nuestras. Así, repitamos la pregunta de cuántas
casas forman una ciudad o, mejorándola para nuestro propósito,
qué materiales constituyen una ciudad. Inmediatamente advertimos
que para contestarla debemos decidir primero a qué ciudad nos
referimos, si a la ciudad histórica con sus fechas y episodios de
fundación y desarrollo, si a la geográfica con su topografía, sus
ríos, su clima, si a la ciudad como polis, a la que resulta de las
estadísticas o, quizás, a la que se presenta como símbolo y mito.

Frente a esta variedad de enfoques, que pueden todavía
acrecentarse, conviene reiterar los que enunciamos en el título
de este trabajo, y que son: Buenos Aires, ciudad histórica, y su
fundación poética en la obra de Jorge Luis Borges. Aquí hay que
anotar que la magnitud del tema frente a la obligada limitación
de estas páginas impone que en su tratamiento debamos ahora

reducirnos sólo a las observaciones y juicios más generales, a
formular una especie de esquema básico cuya ilustración y análisis
quedarán postergados para un futuro estudio.

Vayamos al primer punto, el de la presencia de Buenos Aires
en la obra de Borges. Aun para alguien poco familiarizado con
los escritos borgesianos, esta presencia se hará evidente con sólo
leer los títulos de los textos. El del primer poemario de 1923:
Fervor de Buenos Aires; la poesía "Fundación mítica de Buenos
Aires" en *Cuaderno San Martín* de 1929; cinco poemas titulados
"Buenos Aires", dos en *El otro, el mismo* (1964), uno en *Elogio
de la sombra* (1969), uno en *Historia de la noche* (1977), y el
último en *La cifra* de 1981. También, Borges dedica a la ciudad
uno de los capítulos de *Inquisiciones* (1925), y a "Palermo de
Buenos Aires" el primero de su ensayo sobre *Evaristo Carriego*
(1930). Y esto es sólo lo más evidente, la mención directa y
completa. Las otras, las alusiones y remembranzas, las citas de
lugares y cosas que integran la ciudad o que la representan son
constantes reconocidas por la crítica a lo largo de toda la creación
borgesiana[1]. Esto se confirma cuando vemos que en el "Prólogo"
a *Elogio de la sombra* el escritor incluye entre las tareas a las que
ha consagrado su "ya larga vida" lo que denomina el "misterioso
hábito de Buenos Aires" (OP 309)[2].

El segundo punto de nuestro esquema se refiere a lo que los
psicólogos y sociólogos llaman la representación mental de una
ciudad, la imagen que cada uno de sus habitantes se forma de ella.
En las últimas décadas se han realizado investigaciones acerca de
estos "mapas psicológicos" de una ciudad, los que se diferencian
en mucho del mapa geográfico de la misma[3]. Por ejemplo, se
pide a un parisiense o a un neoyorkino que dibuje el plano de
su ciudad, y aunque una mayoría anota sus monumentos o puntos
principales (la torre Eiffel, Notre Dame, el Sena, o la Estatua de
la Libertad, Manhattan, el Empire State, etc.) la relación entre las
distintas secciones de la ciudad, la proporción y perspectiva entre
los elementos que la componen varían considerablemente de uno a
otro individuo de acuerdo con sus circunstancias particulares. Casi
como broma se comenta entre los sociólogos el mapa de los EE.
UU. dibujado por el neoyorkino en el que la ciudad ocupa una gran

extensión del país mientras que el Medio Oeste queda reducido a
una fracción de su tamaño real (Milgram 57).

Si pasamos ahora a Borges, habitante de Buenos Aires, sus
biógrafos anotan que el escritor nació en la calle Tucumán 840, y
que por casi cuarenta años vivió en un departamento de la calle
Maipú 994. Ambos domicilios están en el centro de la ciudad,
a una o dos cuadras de Florida, la famosa calle peatonal de la
capital argentina. Pero también leemos en la biografía que en
1901, cuando Jorge Luis tenía 2 años, su familia se instaló en la
calle Serrano 2135, en el barrio de Palermo. Allí vivirán hasta el
viaje a Europa en 1914. Al regresar, en 1921, van a alojarse en la
calle Bulnes, también en Palermo, zona que a principios de siglo
era de los aledaños o arrabales de la ciudad. Borges se quedará
allí hasta el segundo viaje a Europa, en 1923. Estos sitios, en los
que vive entre los 2 y los 15 años, y entre los 22 y 24, serán los
que sustenten para siempre su imagen de Buenos Aires. En un
hipotético mapa psicológico de ésta, Borges pondría Palermo y sus
arrabales en el centro mismo de la ciudad. Por otra parte, no se
trata sólo de enaltecer un sitio o de favorecer su memoria. Borges
es poeta y como tal se reserva el derecho de seleccionar de la
realidad o, en otros casos, del relato histórico, aquellos elementos
que sienta más apropiados para su trabajo creador. En "Palermo
de Buenos Aires" el autor comenta este procedimiento. Comienza
con la explicación del nombre del barrio el que provendría, en el
siglo XVII, de un tal Domínguez, siciliano oriundo de Palermo
quien "añadió el nombre de su patria a su nombre" (EC 15). Este
Domínguez Palermo era dueño de un corral de hacienda cerca del
arroyo Maldonado. Borges explica que de esa hacienda no queda
mucha noticia, pero que sí poseemos "la precisa mención de *una
mula tordilla que anda en la chácara de Palermo, término de esta
ciudad*" (EC 15). Inmediatamente, Borges declara su propósito
de hacer de esa mulita el centro de su evocación. Dice así:

> La veo absurdamente clara y chiquita, en el fondo del
> tiempo, y no quiero sumarle detalles. Bástenos verla
> sola: el entreverado estilo incesante de la realidad, con
> su puntuación de ironías, de sorpresas, de previsiones
> extrañas como las sorpresas, sólo es recuperable por la

novela, intempestiva aquí. Afortunadamente, el copioso estilo de la realidad no es el único: hay el del recuerdo también, cuya esencia no es la ramificación de los hechos, sino la perduración de rasgos aislados. Esa poesía es la natural de nuestra ignorancia y no buscaré otra. (EC 15-16)

Según esto, Borges distingue por un lado "el copioso estilo de la realidad", con su ramificación de hechos que, según él, sólo es recuperable por la novela, y por el otro el estilo del recuerdo, con "la perduración de rasgos aislados", que constituye la poesía "natural de nuestra ignorancia". Es decir la poesía que desconoce o se desentiende de alternativas y sucesos numerosos y diversos para detenerse a gustar y a expresar algo más preciso e íntimo.

En los párrafos siguientes de este mismo ensayo, Borges se plantea la cuestión de cómo contar la historia de Palermo de Buenos Aires sin "tejer insensatamente una crónica de infinitesimales procesos" (EC 16). Resuelve que una solución sería utilizar la técnica cinematográfica de una continuidad de figuras momentáneas. Aquí esto le permitirá pasar en pocas líneas del Palermo de principios del siglo XVII al del siglo XIX, en la época de don Juan Manuel de Rosas.

Los dos procedimientos mencionados, la selección dentro del relato histórico de rasgos aislados sugerentes, y la presentación de los sucesos como un *racconto* de instantáneas, aparecen bien ilustrados en el poema "Fundación mítica de Buenos Aires" (OP 89-90).

Las estrofas iniciales recuerdan la fundación de la ciudad en un tono como de cuento infantil o manual escolar. Leemos:

¿Y fue por ese río de sueñera y de barro
que las proas vinieron a fundarme la patria?
Irían a los tumbos los barquitos pintados
entre los camalotes de la corriente zaina.

Pensando bien la cosa, supondremos que el río
era azulejo entonces como oriundo del cielo
con su estrellita roja para marcar el sitio
en que ayunó Juan Díaz y los indios comieron.

Los "barquitos pintados" y la "estrellita roja" son comunes en los grabados de muchos libros de texto, y también aparecen en los dibujos con que los niños ilustran su visión de estos sucesos.

En cuanto a la selección de elementos, el relato histórico menciona dos fundaciones de Buenos Aires. La primera, por don Pedro de Mendoza en 1536, villa efímera destruida por los indios, y abandonada por los españoles a los pocos años (1541). Y la segunda y definitiva, por don Juan de Garay, en 1580. Curiosamente, Borges no menciona a los fundadores sino a Juan Díaz de Solís, descubridor del Río de la Plata en 1516. Este infortunado navegante murió a manos de los charrúas, en la Banda Oriental del río, y algunos comentaristas suponen que los indios comieron los cadáveres de los españoles, aunque otros niegan que los charrúas fueran antropófagos. Sin entrar en estas discusiones de veracidad histórica, lo que nos interesa es observar la forma en que el poeta elige a un personaje o episodio por sobre otros posibles, y más exactos. En cuanto a las razones de la elección, aquí sólo podemos insinuar algunas como la atracción de determinada escena que quedó fijada en la mente infantil, e inclusive la corriente de simpatía que Borges siempre manifestó hacia las cosas del Uruguay[4], los sitios donde "ayunó Juan Díaz y los indios comieron".

Si pasamos al otro procedimiento mencionado, el de las secuencias breves y rápidas de los acontecimientos, la "Fundación mítica de Buenos Aires" resulta también ejemplo elocuente. Las cuatro primeras estrofas hablan del descubrimiento y fundación en el siglo XVI para terminar con el verso que fija el sitio de la Buenos Aires de Borges: "Fue una manzana entera y en mi barrio: en Palermo". La estrofa siguiente precisa los límites de esa manzana: "Guatemala, Serrano, Paraguay, Gurruchaga", es decir, donde estaba la casa en que los Borges vivieron entre 1901 y 1914. Las líneas que siguen hasta el final del poema presentan los ingredientes que Borges selecciona de la Buenos Aires de las primeras décadas de nuestro siglo: el almacén rosado, el truco que se juega en la trastienda, el compadre "ya patrón de la esquina", el gringo del organito que toca una habanera, los tangos de Saborido, y el nombre de Yrigoyen, político populista y dos veces presidente de Argentina de 1916 a 1922, y de 1928 a 1930.

Este análisis de la selección y presentación de los materiales que integran la ciudad tal como la ve el poeta, análisis que sólo hemos insinuado aquí en relación con la "Fundación mítica de Buenos Aires", puede y debe hacerse con la totalidad de la obra de Borges. Partir por ejemplo de los datos históricos del trazado de las ciudades fundadas por los españoles en América, con sus reglas precisas establecidas en los contratos y asientos iniciales firmados entre la Corona y sus expedicionarios y descubridores, y que fueron luego incorporadas en la *Recopilación de Leyes de Indias* [5]. De ellos obtendríamos por ejemplo una imagen detallada y repetida de la Plaza Mayor, con la Iglesia, el Cabildo o Ayuntamiento, el Fuerte, y las tierras y viviendas destinadas al jefe y sus principales capitanes. La Buenos Aires fundada y mantenida por Borges no presenta al Cabildo ni al Fuerte, y pocas veces alude a una iglesia. Su ciudad es fundamentalmente la de las calles "elementales como recuerdos" (OP 97), "deleitables y dulces" (I 83), que recuperan su hermosura después de la tormenta (OP 33). La de las casas con zaguán, un patio que es "cielo encauzado" (OP 33) poblado con un "secreto aljibe" y con "el olor del jazmín y la madreselva" (OP 25). La Buenos Aires del arrabal, con el rosado firme de las esquinas, los "rectos portones" y las tapias que tenían el color de las tardes (OP 91-92). Aquella de la nostalgia en la que no había que lamentar "las torres de cemento y el talado obelisco" (C 38). También, repetida e insistentemente, la Buenos Aires de los antepasados y, unida a ésta, la de los cementerios. Acerca de lo último, es curioso que no se haya prestado más atención al hecho de que uno de los primeros poemas del volumen publicado por un muchacho de 24 años (*Fervor de Buenos Aires*) sea a "La Recoleta", uno de los cementerios de Buenos Aires. Si continuáramos espigando prosas y versos a través de la obra de Borges, obtendríamos una imagen más completa de esa ciudad armada sobre lo real-histórico transformado en lo real-poético. Podríamos así interpretar mejor cómo su "noche en serenidad, parecita límpida, olor provinciano de la madreselva, barro fundamental" constituyen el ámbito que ayuda al autor a poseer el sentido "de la inconcebible palabra *eternidad*", como anota en su "Nueva refutación del tiempo" (OI 247).

En este nivel de planteos metafísicos surge otra idea sustancial en el mundo poético borgesiano, que es la idea del orden. Al referirse a las ciudades fundadas por los españoles en los primeros siglos de la Conquista, Ángel Rama habla de "la ciudad ordenada" (1-22), aquélla que es "el sueño de un orden" y que responde a un plan preciso hasta los mínimos detalles, con plazas, calles y solares repartidos "a cordel y regla", como se lee en una de las numerosas páginas dedicadas a las Ciudades, Villas y Pueblos en las *Leyes de Indias* (2:19).

Por su parte, en *El mito del eterno retorno*, Mircea Eliade[6] propone su concepto de la ciudad en cuanto lugar sagrado como repetición o imitación de un arquetipo celeste, como Eje del Mundo, punto de encuentro entre el Cielo, la Tierra y el Infierno o, en el concierto general de la Creación, como una figuración del Cosmos frente al Caos de la forma previa no diferenciada. Desde este punto de vista, se entendería mejor el simbolismo de las ceremonias de fundación, cuando el jefe de la empresa tiraba cuchilladas con su espada, cortaba algunas plantas, e instalaba un rollo o picota, figura de la Justicia. Es decir que lo que hacía el conquistador era limpiar el terreno e imponer el orden.

En los textos de Borges hallaríamos muchos ejemplos de esa transformación del Caos en Cosmos que se procura al establecer una ciudad, o de ésta como la entidad que une cielo y tierra. Aquí se integrarían naturalmente los cantos a los antepasados, el reconocimiento del cementerio como "el lugar de mi ceniza" (OP 24), la exaltación de los patios cimentados "en las cosas más primordiales que existen: en la tierra y el cielo" (I 82)[7].

La ciudad con la que Borges intenta contrarrestar el Caos, salir de los laberintos en que se pierden los hombres, es la ciudad "que se abre clara como una pampa" (OP 83), la que le ofrecía el "orden de humildes y queridas cosas" (OP 154), la que se le ha adentrado: "Ahora estás en mí. Eres mi vaga / Suerte, esas cosas que la muerte apaga" (OP 272). Desde un punto de vista mítico-poético el escritor, al "fundar" la ciudad cumple las ceremonias rituales, selecciona los materiales y los organiza para transformar el Caos—lo confuso, lo desconocido, lo que no existe—en Cosmos. No siempre tendrá éxito. A veces, Buenos Aires se convierte en "un plano / De mis humillaciones y fracasos" (OP 273). Pero con más frecuencia la ciudad es aquella de las esperanzas juveniles, como la sentía en 1930: "Porque Buenos Aires es hondo, y nunca, en la desilusión o el penar, me abandoné a sus calles sin recibir inesperado consuelo, ya de sentir irrealidad, ya de guitarras desde el fondo de un patio, ya de roce de vidas" (EC 29-30).

Notas

1. Desde un comienzo, los críticos han reconocido la importancia del tema de Buenos Aires en la obra de Borges. Algunos de los estudios más específicos sobre el mismo son los de Matilde Albert Robatto, Horacio Armani, David William Foster, Zunilda Gertel, Gerardo Mario Goloboff, César Magrini, James C. McKegney, Franz Niedermayer, Silvina Ocampo, Ildefonso Pereda Valdés y Ulyses Petit de Murat.
2. Para las obras de Borges citadas en el texto utilizaremos las siguientes abreviaturas: (C) *La cifra*; (EC) *Evaristo Carriego*; (HN) *Historia de la noche*; (I) *Inquisiciones*; (OP) *Obra poética 1923-1976*; (OI) *Otras inquisiciones*.
3. Consultar para este tema el texto de Stanley Milgram, *The Individual in a Social World: Essays and Experiments*, quien cita como una obra pionera al respecto el libro de Kevin Lynch, *The Image of the City*.
4. Ilustrativo al respecto es el poema "Montevideo" de *Luna de enfrente* (OP 75). Ve a la capital uruguaya como "el Buenos Aires que tuvimos, el que en los años se alejó quietamente", y la define como "Ciudad que se oye como un verso".
5. Ver especialmente el Título Siete "De la población de las Ciudades, Villas y Pueblos" del Libro IV de *Recopilación de Leyes de los Reynos de las Indias* (2: 19-25). Para este tema pueden consultarse entre otros los trabajos compilados por Francisco Domínguez Compañy.

6. Especialmente ver el Capítulo I.
7. La misma imagen aparece en "Cercanías" de *Fervor de Buenos Aires*: "Los patios y su antigua certidumbre, / los patios cimentados / en la tierra y el cielo" (OP 54).

Obras citadas

Albert Robatto, Matilde. *Borges, Buenos Aires y el tiempo*. Río Piedras, Puerto Rico: Edil, 1972.

Armani, Horacio. "Presencia argentina en la poesía de Borges". *Mundi* 1.1 (Diciembre 1986): 7-17.

Borges, Jorge Luis. *La cifra*. Buenos Aires: Emecé, 1981.

———. *Evaristo Carriego*. 1930. Buenos Aires: Emecé, 1955.

———. *Historia de la noche*. Buenos Aires: Emecé, 1977.

———. *Inquisiciones*. Buenos Aires: Proa, 1925.

———. *Obra poética 1923-1976*. Buenos Aires: Emecé, 1977.

———. *Otras inquisiciones*. 1952. Buenos Aires: Emecé, 1960.

Domíguez Compañy, Francisco. *La vida en las pequeñas ciudades hispanoamericanas de la Conquista (1494-1549)*. Madrid: Ediciones de Cultura Hispánica del Centro Iberoamericano de Cooperación, 1978.

Eliade, Mircea. *Le mythe de l'éternel retour: Archétypes et répétition*. Paris: Gallimard, 1949.

Foster, David William. "Borges and Dis-reality: An Introduction to his Poetry". *Hispania* 45 (1962): 625-29.

Gertel, Zunilda. "La visión de Buenos Aires en cincuenta años de poesía borgiana". *Anales de Literatura Hispanoamericana* 4 (1975): 133-48.

Goloboff, Gerardo Mario. "La ciudad de Borges". En Jean Andreu, Francis Cerdan y Anne-Marie Duffau, comp. *Le Tango: Hommage à Carlos Gardel*. Toulouse: Eché, 1985. 155-62.

Lynch, Kevin. *The Image of the City*. Cambridge: MIT and Harvard UP, 1960.

278 La historia en la literatura iberoamericana

Magrini, César. "Fondation mythologique de Borges". *L'Herne*
973 (1964): 185-93.

McKegney, James C. "Buenos Aires in the Poetry of Jorge Luis
Borges". *Hispania* 37 (1954): 162-66.

Milgram, Stanley. *The Individual in a Social World: Essays and
Experiments*. Reading: Addison-Wesley, 1977.

Niedermayer, Franz. "Constantes en la poesía de Borges". En
Ángel Flores, comp. *Expliquémonos a Borges como poeta*.
México: Siglo Veintiuno, 1984. 129-37.

Ocampo, Silvina. "Images de Borges". *L'Herne* 973 (1964): 26-
30

Ortega y Gasset, José. *Meditaciones del Quijote. Ideas sobre la
novela*. Madrid: Espasa-Calpe, 1964.

Pereda Valdés, Ildefonso. "Jorge Luis Borges, poeta de Buenos
Aires". *Nosotros* 20.52 (1926): 106-09.

Petit de Murat, Ulyses. *Borges, Buenos Aires*. Buenos Aires:
Municipalidad de la Ciudad de Buenos Aires, 1980.

Rama, Ángel. *La ciudad letrada*. Hanover: Ediciones del Norte,
1984.

Recopilación de Leyes de los Reynos de las Indias. Vol. 2. Madrid:
Consejo de la Hispanidad, 1943. 3 Vols.

Solano, Francisco de. *Estudios sobre la ciudad iberoamericana*.
Madrid: Consejo Superior de Investigaciones Científicas,
Instituto "Gonzalo Fernández de Oviedo", 1975.

Notas sobre el discurso testimonial latinoamericano

Hugo Achugar

Northwestern University

I. *Institucionalización del discurso testimonial*

El testimonio y/o la literatura testimonial latinoamericanos—parecería más oportuna la designación genérica de discurso testimonial pues eliminaría parte de la discusión sobre este tema[1]—, han estado recibiendo la creciente atención de los estrados ilustrados durante los últimos veinte años, ya a través de estudios descriptivos, ya a través de aquellos otros que intentan su definición teórica. El interés de críticos, teóricos y escritores puede ser atribuido, sin mayor violencia interpretativa, a, por lo menos, tres razones: 1) la importancia política de la materia y del mundo representado; 2) el debate que en el seno de la Academia arrastramos desde hace décadas en favor o en contra de una eventual literariedad o especificidad de lo literario como factor decisivo; y 3) a la constitución—léase legitimación o autorización—de una práctica discursiva cuya implicancia teórica, política y estética supone los primeros elementos o razones anotados.

Hacia mediados de los años sesenta, la Revolución Cubana por medio de sus aparatos culturales legitima una práctica discursiva ya existente aunque carente de "autoridad académico-cultural". Más aun, no sólo la legitima sino que la asume como una práctica discursiva hegemónica, o al menos privilegiada dentro de la Revolución. En este sentido *El presidio político en Cuba* de Martí, mucho de la producción del ICAIC, *La historia me absolverá* y, con posterioridad, *Biografía de un cimarrón* de Barnet y aun todavía después la instauración de la categoría Testimonio en el Concurso de Casa de las Américas constituyen tanto la construcción de una tradición como la institucionalización de dicha práctica discursiva. Es claro que el sujeto social que legitima esta nueva formación discursiva ya no está conformado únicamente por los aparatos culturales de la Revolución Cubana pues la comunidad interpretativa solidaria del proceso revolucionario y de determinada práctica literaria participa del proceso de legitimación del "nuevo género". Roberto Fernández Retamar, Renato Prada Oropeza, René Jara, Juan Duchesne y el propio Miguel Barnet, junto a muchos otros, han contribuido a la descripción de la tradición histórica en que este nuevo discurso se inserta. Las crónicas del siglo XVI, *La Araucana*, las *Memorias de un sargento de milicias*, y hasta el propio *Lazarillo de ciegos caminantes*, han sido entendidos como parte de una tradición que ha sido validada ya por su antigüedad, ya por el prestigio literario de algunos de los autores, ya por su pre-existencia en el canon literario y que ahora aparece redefinida— al ser, dichos textos y autores, reinsertados en un canon más amplio—, y, de algún modo, cualitativamente diferente.

En otro espacio crítico, intentos teóricos más o menos recientes—piénsese, entre otros muchos ejemplos, en Mary Louise Pratt—, han encarado y tratado de resolver los problemas que al formalismo, la estilística, el estructuralismo y, en cierto sentido, la desconstrucción les presenta la existencia de prácticas discursivas cuyos presupuestos excluyen o no logran describir. A su vez, otros intentos teóricos recientes abordan el problema de la "permanencia" de la obra literaria más allá de sus condiciones originales de producción en la perspectiva de los "estudios culturales" ("cultural studies"), evitando el a-historicismo propio de los incansables detectives de la literariedad. El testimonio y/o la literatura testimonial, tan indiscutiblemente arraigados en la historia, presentan problemas que ciertas vertientes teórico-críticas son incapaces de resolver. Por último, los trabajos recogidos en *Testimonio y literatura* y la multiplicación de paneles y artículos sobre el tema son indicios evidentes de la institucionalización de una posición en el debate teórico-crítico. También son indicios de una instancia más general que podría ser descrita—evocando a Michel Foucault—, como una lucha por el discurso; es decir, como una lucha por el poder.

II. *Poder y discurso*

La lucha por el poder, entonces, parece ser o, al menos, parece implicar una lucha por el discurso. La lucha por el poder en Latinoamérica no posee solamente las reiteradas formas de la revolución o el golpe de Estado. La lucha por el poder tiene también la forma "espontánea" o "extraparlamentaria" de aquellos sectores marginados o periféricos—mujeres, recolectores de basura, habitantes de barriadas, indios, homosexuales, etc—, que recurren a modos no institucionalizados de lucha. Es claro que no es éste el momento para desarrollar un análisis de la lucha por el poder en Latinoamérica; en este sentido, la historia en Hispanoamérica, el Brasil y las Antillas ha estado desde siempre signada por dicha lucha. Una de las vías en la conquista del poder y del discurso es el control de la producción simbólico-discursiva. Si bien se pueden observar distintas etapas en las que el discurso es de resistencia, o de desarticulación frente al discurso del sector en el poder, en definitiva, todo discurso aspira al poder.

La hipótesis o la afirmación anterior no establece distingos y parecería cubrir todo tipo de discurso; es posible, sin embargo, arriesgar una hipótesis restringida que sostenga la especificidad del testimonio o de la literatura testimonial en base a la lucha por el poder. Es decir, en base a la función—pragmática—, que dicho discurso cumple y no exclusivamente en función de su referencialidad. De este modo, el discurso testimonial se constituye, por una parte, ya como un discurso desde el poder, ya como un discurso que intenta la desarticulación del discurso en el poder. Por otra, supone—algo similar a esto ha sido sugerido por René Jara y otros colaboradores en *Testimonio y literatura*—, la tematización de la lucha por el poder. Función y referencia que hacen a la determinación de un tipo de discurso cuya identidad esquiva plantea problemas teóricos generales.

Uno de los problemas centrales del discurso testimonial lo plantea la función del sujeto enunciador. En especial si se tiene en cuenta que tanto en relación a la dimensión pragmática como a la referencialidad el aspecto testimonial parecería conceder al sujeto enunciador la responsabilidad del sentido. O, dicho de otro modo, parecería concedérsele la responsabilidad no sólo de la enunciación sino también de la referencia. En esta línea de pensamiento vale la pena recordar el hecho de que el discurso testimonial apuesta a la "persona" que da testimonio; en este sentido enfatiza, si no lo individual, ya que la "persona" puede muy bien ser un "yo colectivo" o de "pretensión colectiva", lo autorial. El discurso testimonial tiene una relación particularmente estrecha con la fuente de sentido; es decir, quien da, dicta o presta testimonio. Por otra parte, el hecho de que el control de la producción de significado constituya o suponga el control del nivel simbólico, la posición o el lugar de la enunciación del discurso testimonial no parece escapar al hecho de que el sujeto enunciador esté o no en una posición de poder[2].

En *La montaña es algo más que una inmensa estepa verde* (1982) o en *Las manos en el fuego* (1985), para citar dos casos de situaciones enunciativas en los que la posición del sujeto de la enunciación con respecto al poder es opuesta—en el primer caso se habla desde el poder y en el segundo caso desde la derrota—, la función discursiva es también opuesta. No es ajeno a todo esto el hecho de que el discurso testimonial sea un caso ejemplar de acto de habla. La conquista y la construcción del poder en el texto de Omar Cabezas no es meramente un tema o el tema fundamental sino que es una acción realizada por el propio discurso. Testimonio, como es sabido, viene de testimoniar; es decir, de un acto de habla que realiza la propia acción de construir una realidad discursiva. En este caso, tal como ha sido observado por la mayoría de los críticos, el término *realidad* tiene un sentido fuerte.

En *La montaña es algo más que una inmensa estepa verde*, por ejemplo, en el momento de cerrarse el texto, se explicita el hecho de ser, a la vez, la historia de la conquista del poder y la fundamentación discursiva de dicho poder: " . . . sentí que estaba parado sobre la tierra, que no estaba en el aire, que no era hijo sólo de una teoría elaborada, sino que estaba pisando sobre lo concreto, me dio raíz en la tierra, me fijó en el suelo, a la historia. *Me sentí imbatible"* (236; el subrayado es nuestro). A esto se agrega el hecho de que al pie del testimonio de Cabezas y como cierre definitivo del texto, aparece la fecha "agosto/noviembre de 1981". El "me sentí imbatible", entonces, es pronunciado luego del triunfo de la Revolución Sandinista, ya desde el poder. Por lo mismo, la totalidad del "testimonio" representa la omnipotencia del sujeto social emisor; funcionando al decir de Van Dijk como una suerte de "macro acto del habla" (332).

Todo discurso desde el poder, aun cuando refiera a situaciones históricas anteriores a la asunción del poder, tiene rasgos propios que son independientes de la posición ideológica que enuncia. Lo cual no significa identificar todo discurso desde el poder ya que todo discurso no es enunciado fuera de la historia; por el contrario, es su historicidad lo que articula la enunciación de modo que si bien podría ser posible hablar de rasgos discursivos permanentes o específicos, la interdiscursividad histórica establece las diferencias y delimita el carácter de cada enunciación[3]. De este modo es posible explicar el hecho de que, en algunos casos, el discurso desde el poder no nos interpele. En dichos casos, lo pertinente no es tanto las estrategias discursivas como la posición ideológica formalizada en el discurso. Es en este sentido que es posible afirmar la presencia, en muchos discursos testimoniales, de estrategias discursivas y narrativas propias del discurso decimonónico burgués; es decir, de una etapa histórica en que un sujeto social acaba de conquistar el poder. El mentado "realismo" del discurso testimonial no es ajeno a esta problemática[4].

Las manos en el fuego de Ernesto González Bermejo se inicia con una cita del general Gregorio Álvarez, ex "presidente (de facto) de la República Oriental del Uruguay" y la aclaración de que "El relato que sigue está basado en testimonios orales y escritos de DAVID CÁMPORA. Los hechos y personajes citados son auténticos". Ambos textos o paratextos establecen la situación enunciativa del discurso y, por lo mismo, la interdiscursividad histórica, apuntando a la eliminación de una eventual lectura a-histórica o descontextualizada. Se trata de un relato testimonial

donde se alterna la primera y la tercera persona, Cámpora/González
Bermejo. Este hecho es explicitado al final del texto cuando la voz
de David Cámpora dice:

> No sabía entonces que íbamos a hacer este libro,
> chernesto, durante más de dos tupidos años, recordando
> en París, grabando en Colonia, discutiendo en Friburgo;
> carteándonos otro libro entero, vos rasqueteando a fondo,
> yo hablando hasta la última gota; vos incitándome
> a perseguir verdades, yo arrimándome unos cuantos
> párrafos; entretejiéndonos: vos precisísimo, yo mirando
> por primera vez desde fuera y de tan lejos: construyendo
> entre los dos un puente, chernesto, los puentes necesarios.
> (281)

Testimonio mediado, compilado y ordenado por González
Bermejo: "entretejido", como dice Cámpora, por los dos, *Las
manos en el fuego* es la historia del fracaso en la lucha por el
poder en un determinado plazo y, a la vez, el compromiso/promesa
de continuar esa lucha. Problema del compilador/editor aparte,
Las manos en el fuego tiene como espacio central no la montaña
guerrillera, sino la prisión de la dictadura. Si en el texto de Cabezas
el sujeto se convierte en un ser imbatible, en el de González
Bermejo el sujeto es un ser derrotado pero no vencido que "No
iba a permitir, te dije, que la lejanía me desmantelase, seguiría
siendo un militante" (261).

Mientras en Cabezas la actuación establece la omnipotencia
del sujeto, en Cámpora/Bermejo la actuación es una promesa. En
Cabezas el presente del discurso no necesita del futuro pues es
ya un discurso desde el poder. En Cámpora/Bermejo el discurso
testimonial desde la circunstancial derrota actúa la continuidad
de la identidad del militante revolucionario. Mediante dicho
acto de habla se intenta desarticular el discurso del poder militar
que sostiene la tesis de la derrota histórica del movimiento
tupamaro. Pues si el sujeto social dice que "seguirá siendo
militante", ello supone negar el discurso antagónico que postula
la discontinuidad del proyecto por haber sido vencido. Por lo
mismo, aun no siendo enunciado desde el poder, el discurso de

Cámpora/Bermejo continúa la lucha por el poder, en este caso mediante la desarticulación—o su intento—del discurso oficial. Es claro además que *Las manos en el fuego* intenta la desautorización del discurso oficial por medio del testimonio de la barbarie de la prisión que desmiente la versión ofrecida desde el poder.

III. *Discurso testimonial e interlocutor letrado*

Al comienzo de este trabajo sugerimos que el poder de estos discursos no es ajeno a los aparatos ideológico-culturales que lo legitiman. Parte central de la legitimización que el estrato ilustrado—periodistas, novelistas, antropólogos, críticos, etc—, otorga a sujetos no necesariamente ni siempre pertenecientes o vinculados a los aparatos de poder, se objetiva en el problemático papel de compilador/editor del discurso testimonial. En cierto modo, la figura del compilador/editor es la objetivación de una alianza o de un entretejido entre el estrato letrado y el sujeto iletrado; piénsese en *Me llamo Rigoberta Menchú*. La propia compilación o edición es también la autorización que el estrato letrado otorga al discurso testimonial. No sólo por razones de prestigio sino, las más de las veces, por la traducción a un código aceptado y, sobre todo, aceptable para las normas dominantes en el estrato letrado. Esto nos lleva a formular nuestra siguiente hipótesis según la cual el discurso testimonial es configurado dialógicamente por y para un interlocutor ilustrado, tanto política como estéticamente. En este sentido, si el sujeto social que enuncia el testimonio es, como propone Beverley, un sujeto popular y democrático, el sujeto social a quien pretende interpelar la práctica discursiva testimonial está conformado por individuos letrados que dominan a la vez, aunque quizá con competencias de diferente nivel, códigos estéticos, políticos y lingüísticos dominantes. Dicho de otro modo, individuos que hablan o leen castellano, conocen la historia y/o teoría política y que tienen conocimiento de parte de la literatura contemporánea.

El sujeto social que autoriza el discurso testimonial no está compuesto, tal como dijéramos antes, sólo por aparatos e instituciones políticas sino que incluye además el sistema legitimizador constituido por editoriales, revistas, críticos y académicos. Hay otro sujeto más en este complejo sistema de autorización del discurso. Posiblemente, la noción de sujeto genera más complicaciones de las que pretende resolver; en todo caso nos referimos al sujeto interpelado, es decir, a esa voluntad—y esa noción también es resbaladiza—, objetivada discursivamente, de generar adhesión a una propuesta identificatoria a nivel estético e ideológico. La coincidencia o no de dicho sujeto con comunidades interpretativas históricas es un tópico que no desarrollaremos ahora, aunque presuponemos que todas comparten el hecho de pertenecer al estrato ilustrado.

Lo anterior, es decir, las características del sujeto interpelado por el discurso testimonial, apunta a múltiples problemas dada la diversidad y la diferencia de los propios discursos. La pertenencia al estrato ilustrado del sujeto interpelado por el discurso testimonial aparece marcada en el propio discurso. Las marcas son de distinto orden y, por supuesto, no son siempre las mismas en todos los casos. En esta oportunidad sólo nos ocuparemos de tres: 1) la presencia de estrategias discursivas y narrativas vigentes en la tradición literaria canónica; verdaderas mediaciones que operan tanto en la constitución del discurso como en el umbral estético-ideológico de la comunidad interpretativa a la que se intenta interpelar; 2) la propuesta del discurso testimonial como una eliminación de la distancia entre la escritura y praxis, o, dicho de otro modo, entre arte y vida cotidiana o, incluso, entre discurso y realidad; y 3) la propia constitución de un sujeto social que se identifica como la parte letrada de la comunidad solidaria y, a la vez, aunque solidaria, diferenciada del sector o del conjunto/pueblo que es iletrado.

El hecho de que el discurso testimonial esté mediado y marcado por estrategias discursivas y narrativas propias de la tradición literaria canónica no debería sorprender en aquellos casos en que el compilador es un novelista o un periodista. *Hombre del Caribe* de Abelardo Cuadra, memorias presentadas y pasadas en limpio por Sergio Ramírez, o *Las manos en el fuego* o, incluso, algunos textos de Elena Poniatowska son ejemplos de una intervención, más o menos fuerte, por parte de los compiladores. En el caso de *Las manos en el fuego* dicha intervención evidencia un conocimiento, y un manejo de la narrativa contemporánea, especialmente la del "Boom", que presupone un lector igualmente competente. De este modo, el lector es sujeto de una interpelación, a nivel estético, compleja (¿sofisticada?) sólo posible, muchas veces, por la presuposición por parte del emisor de una formación estética al día. En otros casos, la interpelación, a nivel estético, presupone una formación estética predominantemente basada en el código realista decimonónico.

En este sentido, las "formaciones imaginarias" que describe Pêcheux operan tanto en el emisor—siendo en este caso el emisor no sólo el propio sujeto individual sino también el aparato cultural o editorial—, como en el receptor. Pues el receptor espera— ésa es su formación imaginaria—un discurso que está doblemente condicionado por su conocimiento del sujeto emisor y por su propia experiencia de la formación discursiva a la que se integra el discurso testimonial. A la "formación imaginaria" de ambos se agrega, además, la conciencia de que el discurso testimonial pertenece a una formación discursiva—aunque no necesariamente sinónimo se podría hablar quizás de una cierta "episteme"—, vigente en el momento de la enunciación. Se agrega, también, no ya la conciencia pues es un fenómeno ideológicamente inconsciente lo que Pêcheux en su *Analyse automatique du discours* ha llamado "olvido uno"; es decir, el hecho de que el lector y emisor pertenezcan, por haber sido interpelados previamente, a una identidad ideológica determinada. En ese sentido, tanto el sujeto social que emite el discurso testimonial como aquél que lo recibe no actúan en el vacío. Esto es válido también para aquellos discursos testimoniales donde el papel del compilador es extremadamente débil—caso de *Me llamo Rigoberta Menchú*—, o donde no existe la figura del compilador—caso de Cabezas o de Galeano—. En estos casos el discurso testimonial circula en un espacio letrado, donde los fenómenos descritos anteriormente son fundamentales.

El espacio inocente o iletrado que podría suponer la historia oral de la que es deudor el discurso testimonial no es posible desde el momento mismo en que es ingresado en el universo de la producción y circulación editorial. En el espacio iletrado, en cambio, el discurso testimonial circula junto con otras prácticas

discursivas consideradas como tradicionalmente literarias. Si bien
es posible afirmar que el discurso que nos ocupa redefine la
propia noción de la literatura e incluso que supone la emergencia
de un nuevo género, tal hecho se da en un espacio discursivo
históricamente configurado y por lo mismo en diálogo con él.
El cambio de la noción de literatura, parafraseando el título del
conocido trabajo de Carlos Rincón, supone una redefinición de la
historia literaria y la construcción de un pasado nuevo o, al menos,
diferenciado del hasta el momento hegemónico.

La segunda marca del sujeto letrado opera de otro modo o de
un modo político más fuerte. La propuesta por parte del emisor
de que el discurso testimonial supone una relación verdadera o
realista para con el mundo representado y su asunción por el
receptor es parte de la formación imaginaria o de la convención que
ambos tienen. Tal presuposición intenta eliminar la distancia entre
escritura y praxis, o entre vida social cotidiana y arte. Es en este
sentido que el discurso testimonial vendría a cumplir o intentaría
cumplir lo que la vanguardia histórica, según Peter Bürger en su
Theory of the Avant-Garde, no logró; es decir, la unión de vida
y arte. El discurso testimonial realiza de un modo tan fuerte tal
unión que, incluso, muchas veces no es ni tan siquiera percibido
como arte.

En esa misma línea de pensamiento cabría señalarse que el
discurso testimonial ha originado y ha sido originado en y por
una institución que no es la del arte. Los aparatos ideológico-
culturales en que se produce el discurso testimonial presuponen
el rompimiento con la noción de la autonomía del arte propio
de la burguesía. Precisamente, el destino histórico del discurso
testimonial latinoamericano sufre en estos momentos de finales
de la década de los ochenta de una suerte peculiar. Por un
lado, ha logrado unir arte y vida, y, por el otro, el museo y la
academia proceden de su absorción en el espacio letrado del canon.
El estrato letrado latinoamericano—tomado como una totalidad
homogénea—[5] que recibe el discurso testimonial parecería operar
de modo esquizofrénico: por un lado, aspira a recibirlo como una
praxis sociopolítica debilitando su funcionamiento estético y, por
el otro, lo asimila a una tradición artística.

La autoconciencia discursiva o lo que, una vez más, Pêcheux
ha llamado el "olvido dos" opera tanto en Rigoberta Menchú,
como en Cabezas o en González Bermejo; de modo tal que
el discurso aparece marcado por una deliberada voluntad de
eliminar en el receptor la idea de que se está frente a un
discurso estético o estetizante; o dicho de otro modo, eliminar
el "efecto estético"[6]. Estas marcas, por supuesto, contradicen
lo que señaláramos antes acerca de la presencia de estrategias
discursivas y narrativas pertenecientes a la tradición literaria.
Precisamente, es esa tensión la que hace del discurso testimonial
un objeto que circula en el filo de una navaja. El receptor y el
sujeto social interpelado—que no son necesariamente idénticos—,
experimentan una situación intelectual y estética incómodas pues
el discurso testimonial les ofrece señales contradictorias. En tanto
miembros de una comunidad interpretativa solidaria, los lectores
interpelados están dispuestos a aceptar el discurso testimonial como
una representación con fuerza ilocucionaria; es decir, como un
acto de la vida cotidiana hecho con palabras[7]. Es este carácter
representacional y, sobre todo, es la fuerza ilocucionaria del
discurso testimonial lo que precisamente le posibilita borrar la
distancia entre arte y vida cotidiana, tanto en la percepción del
sujeto emisor como en la del sujeto receptor.
    Para el sujeto social no interpelado—es decir, para aquel
que no es miembro de la comunidad interpretativa solidaria—, el
discurso testimonial será ya propaganda, ya obra de arte autónoma
pero le será, prácticamente, imposible asimilarlo como un discurso
o un hecho cultural que participa a la vez de lo estético y lo social.
Uno de los problemas que todo esto plantea está relacionado con el
hecho de que el receptor marcado o presupuesto—pensamos sobre
todo en la obra de Cabezas—, es un sujeto letrado muchas veces
explícitamente diferenciado del iletrado. Esto nos lleva al tercer
punto, o sea, a la construcción, por parte del discurso testimonial,
de un sujeto social que es identificado o se auto-identifica con una
parte de la comunidad solidaria y que se diferencia de aquella otra
parte que es iletrada.
    La identificación no siempre es explícita. En Cabezas sí
pues el "nosotros" que construye el discurso distingue entre los

enemigos—la Guardia de los "orejas"—y el pueblo. Pero el pueblo, si bien es un nosotros, supone, a su vez, un ellos que es solidario del nosotros pero que no está incluido en el tú marcado por el discurso[8]. Otras veces, como en *Las manos en el fuego*, el nosotros se construye en base a la oposición enemigos/pueblo o milicos/pueblo pero también dentro del "nosotros/pueblo" se diferencia entre los de dentro y los de afuera. La ilustración, en este caso, supone la vivencia de una experiencia no universal aun dentro de la comunidad solidaria.

En cierto modo, podría decirse que el ideologema subyacente en el discurso testimonial es el que trata de un "yo/nosotros" que es expresión de la voz del pueblo hablándole a un "Uds./nosotros" que es el pueblo. La construcción discursiva del nosotros, sin embargo, no logra siempre una universalización sin fisuras. En *Rigoberta Menchú*, por ejemplo, es explícita la distinción entre ladinos e indios y es explícito el hecho de que el sujeto emisor está hablando a un sujeto solidario letrado. Dada la diversidad de casos dentro del discurso testimonial, una generalización sólo podría ser válida mediante un análisis puntual de un corpus más extenso.

Para terminar quizá valga la pena recordar que uno de los primeros en la construcción del sujeto latinoamericano "nosotros" fue José Martí. Su conocido "Nuestra América"—mediado por la orfebrería del código retórico del Modernismo—, es un ejemplo paradigmático de la construcción y de la interpelación de un sujeto social solidario, preferiblemente letrado. Se podría argüir y con razón que "Nuestra América" no es un discurso testimonial. Sin embargo, como hemos sostenido, la constitución del discurso testimonial no se realiza en un vacío histórico ni en un vacío discursivo. Por el contrario, el discurso testimonial en tanto discurso en lucha por el poder, lejos de negar la tradición discursiva lo que está haciendo es fundar una tradición donde su nosotros decide qué es válido y qué no. Esa fundación es parte de una visión totalizadora de la historia que rechaza la fragmentación contemporánea pues supone dicha fragmentación como el resultado anti-humanista de un poder antagónico[9]. Es decir, como resultado de un proyecto histórico que lejos de constituir un sujeto social

integrado y libre, supone su destrucción y su silencio. Es posible
que, en un sentido, el discurso testimonial sea un discurso populista.
No el populismo que en la casi totalidad de Latinoamérica es
entendido como sinónimo de manipulación antidemocrática, sino
como un discurso populista por ser producido por y para el
"nosotros" que es el "pueblo". Ese es otro de los muchos problemas
en que la institución académica estará interesada en el futuro pero
que al sujeto social que emite y que es interpelado por el discurso
testimonial, sin lugar a duda, no habrá de desvelar.

Notas

1.   La noción de discurso evita todo el problema acerca de
"especificidades literarias", así como la eventual distinción entre
las problemáticas categorías de "ficción" y "realidad". En lo que
respecta a la noción de discurso nos remitimos entre otros que han
tratado el tema a Foucault, Van Dijk, Pêcheux, etc. Ver además la
nota 4.
2.   Sobre este aspecto vale la pena confrontar tanto a Foucault,
L'Archeologie du savoir, como a Bakhtin y Voloshinov en *Il
linguagio come pratica sociale*.
3. Es esta historicidad la que establece una radical diferencia entre
mi planteo y el planteo de Roberto González Echevarría en *The
Voice of the Masters*. Una lectura superficial podría creer que
ambas propuestas son asimilables; sin embargo, la de González
Echevarría parecería identificar todo discurso desde el poder sin
atención a la situación de enunciación proponiendo, a diferencia
de Foucault, la no pertinencia de la posición ideológica del sujeto
de la enunciación. Ver especialmente su "Preamble" (1-7).
4. Así como el hecho de que "deriva de una larga historia oral del
acto de testimoniar" como sugiere Laura P. Rice-Sayre. Incluso
su estudio como objeto literario, agrega Rice-Sayre, "tiene que ver
menos con el descubrimiento de nuevas calidades literarias y más
con el desafío que supone a la propia categoría de la literatura" (48-
72). Relato realista, transcripción de un hecho histórico, historia

oral, relato testimonial, todas estas definiciones y muchas otras han sido usadas o son usadas en relación con este tipo de discurso. La dicotomía ficción/literatura preside su constitución y acecha en el mismo instante de intentar dirimir su pertenencia y su origen "real" o "realista"; en el mismo instante de intentar precisar si se trata de un discurso "literario" o de un "acto de habla" con pretensiones meta o transliterarias. A esto volveremos más adelante cuando hablemos de la relación entre escritura y praxis.

5. Es decir, sin establecer las distinciones estéticas, ideológicas y sociales que lo fraccionan.

6. Esto se relaciona con lo que Macherey y Balibar han denominado y analizado como "efecto de realidad" o "efecto de realismo". En este sentido, se podría agregar a las distinciones que ellos realizan la de "efecto estético" o/y "efecto artístico" que sería diferente de la categoría "efecto ficción" también propuesta por ellos.

7. Vale la pena aclarar el carácter *libre* o *libérrimo* con que se usan los conceptos de Austin y Searle en este trabajo.

8. En el capítulo XX, por ejemplo, el yo narrador establece una distancia discursiva entre un nosotros, "los urbanos", y un ellos, "los campesinos", que señala explícitamente la diferencia en el modo de relación con la tierra (223-26) e implícitamente entre un nosotros "racional-letrado" y un ellos "irracional-iletrado". Esta distinción merece un análisis detallado imposible de realizar en esta oportunidad.

9. La eventual condición post-moderna del discurso testimonial o, por el contrario, su diferencia con la supuesta post-modernidad, nos llevaría muy lejos del presente trabajo; de todos modos, queríamos dejar constancia de esta posibilidad de análisis del discurso testimonial.

Obras citadas

Almeida, Manuel Antonio de. *Memorias de un sargento de milicias*. Ed. Antonio Candido. Trad. Elvio Romero. Caracas: Biblioteca Ayacucho, 1977.

Austin, J. L. *How to Do Things with Words*. Cambridge: Harvard UP, 1975.

Barnet, Miguel. *Biografía de un cimarrón*. Barcelona: Ariel, 1968.

Beverley, John. *Del "Lazarillo" al sandinismo. Estudios sobre la función ideológica de la literatura española e hispanoamericana*. Minneapolis: Institute for the Study of Ideologies and Literature and Prisma Institute, 1987.

Bürger, Peter. *Theory of the Avant-Garde*. Minneapolis: U of Minnesota P, 1984.

Cabezas, Omar. *La montaña es algo más que una inmensa estepa verde*. La Habana: Casa de las Américas, 1982.

Castro, Fidel. *La historia me absolverá*. La Habana: Instituto Cubano del Libro, 1967.

Cuadra, Abelardo. *Hombre del Caribe*. Memorias presentadas y pasadas en limpio por Sergio Ramírez. San José, Costa Rica: EDUCA, 1978.

Foucault, Michel. *L'Archéologie du savoir*. Paris: Gallimard, 1969.

Galeano, Eduardo. *Días y noches de amor y de guerra*. Montevideo: El Chanchito, 1988.

González Bermejo, Ernesto. *Las manos en el fuego*. Montevideo: Banda Oriental, 1985.

González Echevarría, Roberto. *The Voice of the Masters*. Texas: U of Texas P, 1985.

Guespin, Louis. "Problématique des travaux sur les discours politique". *Langages* 23 (1971): 3-23.

Macherey, Pierre y Etienne Balibar. "Sobre la literatura como forma ideológica". En *Para una crítica del fetichismo literario*. Ed. Althusser et al. Madrid: Akal, 1975.

Martí, José. *El presidio político en Cuba*. En *Primeros y últimos días. José Martí*. La Habana: Instituto Cubano del Libro, 1968. 13-56.

Menchú, Rigoberta y Elizabeth Burgos. *Me llamo Rigoberta Menchú y así me nació la conciencia*. México: Siglo Veintiuno, 1985.

——. "Nuestra América". En *Antología*. Ed. Andrés Sorel. Madrid: Nacional, 1975. 90-101.

Pêcheux, Michel. *Analyse automatique du discours*. Paris: Dunod, 1969.

Rice-Sayre, Laura P. "Witnessing History: Diplomacy vs. Testimony". *Testimonio y literatura*. Eds. René Jara y Hernán Vidal. Minneapolis: Institute for the Study of Ideologies and Literature, 1986. 48-72.

Rincón, Carlos. *El cambio en la noción de literatura y otros ensayos*. Bogotá: Instituto Colombiano de Cultura, 1977.

Searle, John.   *Speech Acts: An Essay in the Philosophy of Language*. Cambridge: Cambridge UP, 1969.

Van Dijk, Teun A. *Texto y contexto: semántica y pragmática del discurso*. Trad. Juan Domingo Moyano. Madrid: Cátedra, 1984.

Voloshinov, Valentin N. *Il linguagio come pratica sociale*. Trads. Rita Bruzzese y Nicoleta Marcialis. Bari: Dedalo Libri, 1980.

La novela de Perón: historia, ficción, testimonio

Keith McDuffie

University of Pittsburgh

En torno a la valoración del testimonio hay un debate, una lucha crítica e ideológica que no debe sorprendernos, puesto que esta modalidad ha servido y sirve hoy día como instrumento de la revolución. Pero esta lucha se debe tanto o más al hecho de que la naturaleza del testimonio lo coloca en el centro de las más fundamentales polémicas literarias y culturales ya que como ha dicho Fredric Jameson, " . . . la interpretación política de los textos literarios . . . [es] el horizonte absoluto de toda lectura y de toda interpretación" (*The Political*, 17)[1]. Esta controversia tiene que ver no sólo con la naturaleza y función de los textos literarios, sino también con qué textos deben leerse y la manera en que éstos deben leerse.

La crítica moderna y la literatura modernista y posmodernista se han caracterizado por su ataque al realismo literario tradicional. Este debate encierra varios problemas teóricos, entre ellos la cuestión de si el concepto de la literatura como acto de comunicación entre el escritor y el lector, todavía tiene vigencia. Recordemos que Roland Barthes expresó este concepto al distinguir entre lo legible (*lisible*) y lo "escribible" (*scriptible*), distinción que se dirige de una manera esencial a los discursos de autoridad (o sea, los textos legibles, los que no se prestan a una serie infinita, libre, de interpretaciones). También entran en estas discusiones teóricas otros aspectos vinculados a la autoridad, como por ejemplo

la veracidad de la narrativa ficticia e histórica y la autenticidad de
la voz narradora. En el fondo se trata de una cuestión gnoseológica
básica: ¿qué es la verdad (aquí se asoma también el problema del
referente)? ¿cómo sabemos cuándo topamos con la verdad? ¿hasta
cuándo es la verdad siempre la verdad para todos? ¿cómo podemos
comunicar esa verdad a los otros?

Para repetir, el problema fundamental, la cuestión
gnoseológica básica, sería la *autenticidad* y la *autoridad* de la
narrativa, por lo menos cuando se trata de la narrativa realista
dentro de la cual se incluye el *testimonio*.   Pero me parece
que no se trata aquí de conceptos tanto como de funciones; es
decir, la *autenticidad* y la *autoridad* de un texto (como crónica,
historia, ficción, testimonio) por lo menos en parte depende de
o varía según su *recepción* y según su *género*: si leemos una
crónica de la Colonia no como crónica (documento cronológico
de datos históricos), sino como documento lingüístico, se trata
de una autenticidad y autoridad distintas de las que demuestra
como crónica.   A su vez, sabemos que como crónica tiene la
intencionalidad de su género: la de aportar datos históricos, datos
verídicos y cronológicos en donde no entra lo fictivo (aunque esto
puede entrar, no es la intencionalidad del género). Por otro lado,
existen casos en los cuales un *testimonio* ha sido leído como *novela*:
es el caso de *Juan Pérez Jolote* de Ricardo Pozas; también hay el
testimonio denominado "novela" por el autor, como por ejemplo,
Biografía de un cimarrón de Miguel Barnet (Narváez, n. 14, 275-
77). Cabría indagar en la naturaleza de la recepción en tales casos.

El *testimonio* tiene una larga tradición.   Aunque la literatura
testimonial arranca de la Colonia, la forma contemporánea nació
de la necesidad de presentar el lado escondido de la historia, una
historia contestataria que revela la otra cara de la historia oficial, la
historia de los dominados en oposición a la de los dominadores. Por
tanto es una narrativa realista e histórica, una historia personal pero
también colectiva en la cual lo personal se sumerge en lo social. Al
mismo tiempo, se distingue de la historia "como una ciencia" por
ser intencionalmente subjetivo, o por lo menos por no pretender
una objetividad impersonal, la "exposición fiel y metódica de los
sucesos importantes" (Narváez, n. 14, 276).

Su objetividad reside en ofrecer la verdad (*su* versión de la verdad). Esa verdad, más que tratar de acontecimientos importantes, trata de lo diario, lo común, lo que cae dentro del horizonte del narrador. Asimismo, se relaciona con otros géneros: por sus elementos periodísticos está ligado al artículo, al reportaje, a la crónica; por su naturaleza histórica se vincula a la historia como discurso narrativo, a la crónica, a la carta de relación; por su calidad literaria está cercano a la autobiografía, a la memoria, al diario, a la epístola; por su deseo de investigar científicamente la realidad social, se aproxima al ensayo antropológico o sociológico (Narváez, n. 14, 275). No cabe dentro de los límites estrechos de este estudio, sin embargo, analizar detalladamente los distintos géneros para destacar sus correspondencias y diferencias con el *testimonio*. Con todo, quisiera hacer dos observaciones. Primero, me parece contraproducente en cuanto a la valoración del testimonio, no sólo en cuanto a su valor literario sino como documento u objeto social, insistir tanto en la veracidad del referente como se hace cuando se lo caracteriza por ser una historia verdadera, esencialmente opuesta a la ficción. En segundo lugar, y como la otra cara de la moneda, también me parece contraproducente el intento de desprestigiar la ficción con respecto al testimonio en cuanto a la supuesta incapacidad relativa de aquélla de captar la realidad con la eficacia del testimonio, o por la supuesta función de la literatura como institución históricamente dada como aparato de dominación y enajenación. Como lo ha expresado Jameson:

> Nada es más . . . idealista que la noción de que una forma determinada de pensamiento (la representacionalidad, por ejemplo, o la creencia en el sujeto o en el referente) es siempre bajo todas las circunstancias 'burguesa' e ideológica, pues tal enfoque . . . tiende precisamente a alisar la forma de pensamiento (o su equivalente, la forma del discurso) de ese contexto práctico en que sus resultados únicamente pueden medirse. ("The Ideology", 240)[2]

Creo que es más fructífero hablar de las semejanzas y las diferencias entre el testimonio y la ficción para así establecer los valores de cada forma narrativa.

Como toda narrativa, el testimonio constituye un nivel de representación lingüístico-imaginario; o sea, establece una representación que, en cuanto estructura del lenguaje, sólo se constituye como tal objeto por la imaginación. Si bien el texto testimonial es histórico y auténticamente verdadero, su naturaleza literaria, sin embargo, le hace participar de un universo ontológico ideal o imaginario en cuanto texto que reconstruye productivamente una realidad; es una construcción no meramente especular, sino activa y productora de sentido (Narváez, n. 29, 278). Tal sentido se deriva, me parece, de la función global dentro del texto del *ideologema*, en las palabras de Julia Kristeva,

> . . . el hogar en el que la racionalidad conocedora integra la transformación de los enunciados en un todo, así como las inserciones de esta totalidad en el texto histórico y social . . . [el ideologema] es aquella función intertextual que puede leerse 'materializada' a los distintos niveles de la estructura de cada texto y que se extiende a lo largo de todo el trayecto, confiriéndole sus coordenadas histórico-sociales. (En Narváez, n. 11, 275)[3]

Por medio de esta función del ideologema se produce la unidad y el sentido de la obra.

Por ser narrativo el testimonio puede ser analizado por la narratología. Al analizarlo se ve que suele emplear sólo un número limitado de mecanismos narrativos particulares: la *continuación* o el *encadenamiento* (relación lineal de las secuencias) y el *enclave* (inserción de una secuencia menor en otra mayor). El discurso del testimonio subordina el relato de las acciones a su intención primordial, *la de dar constancia personal de un hecho*, de manera que imposibilita unidades o secuencias accionales representadas desde otro punto de vista (Prada Oropeza 10). No sólo imposibilita tales unidades sino que las hace innecesarias, puesto que se da la verdadera versión, la "única", de la verdad. Es más, busca relacionar esa verdad con la realidad inmediata, para transformarla.

Volvemos entonces a la distinción de la *intencionalidad*, aunque ésta no establece una diferencia esencial entre la ficción y el testimonio en cuanto formas narrativas, posiblemente sí lo hace en cuanto a su *recepción*.

Por otro lado, mucha ficción contemporánea suele caracterizarse por una actitud opuesta con respeto a la realidad, es decir, su inefabilidad. Señalamos sólo dos ejemplos, dos obras de dos escritores entre los más representativos del "boom" de la novela latinoamericana, *Crónica de una muerte anunciada* de Gabriel García Márquez y *¿Quién mató a Palomino Molero?* de Mario Vargas Llosa. Ambas parecen seguir dos géneros clásicos de reglas muy fijas, la crónica y la novela policial. Sin embargo, lo que vemos en los dos casos es la desarticulación, la desconstrucción de estos dos géneros como tales. La realidad se esfuma; la verdad no se encuentra en ninguna parte; el referente se vuelve inestable, indecible. Para expresar esta diferencia en términos bakhtinianos, el testimonio es monológico, mientras estas novelas son dialógicas. El monologismo ha sido rechazado mayormente por la crítica moderna en su forma más pura, *le roman à thèse*, al cual se asemeja el testimonio precisamente por su aspecto monológico. La novela de tesis así como el realismo en general, ha recibido el menosprecio crítico por expresar cierta estética, es decir, por ser *didáctico*. Pero como ha demostrado Julia Kristeva, el impulso didáctico se encuentra en el origen de la novela; una de las "leyes" de la novela es que "antes de ser un relato, la novela es una instrucción, una forma de enseñar, un conocimiento a transferirse". Se deriva, según Kristeva, tanto de la enseñanza como (y aún más que) del género épico y la poesía cortesana (En Suleiman 18-19). Reconocemos en el testimonio este mismo afán didáctico, como lo expresa Domitila Barrios de Chungara en *"Si me permiten hablar . . .". Testimonio de Domitila, una mujer de la minas de Bolivia*: " . . . este testimonio vuelve ahora a la clase obrera para que también juntos . . . podamos aprender de las experiencias, analizar y también aprender de los errores que hemos hecho en el pasado, para que corrigiendo estos errores podamos mejorarnos en el futuro . . ." (235).

Viene al caso una frase de *Les Caves du Vatican*, la novela de Gide: "Il y a le roman, et il y a l'histoire. D'avisés critiques ont consideré le roman comme de l'histoire qui aurait pu être, l'histoire comme un roman qui avait eu lieu" (96). Entonces, el testimonio se presenta como un documento verídico, algo que ha sido, la versión verdadera de un hecho social dada por el emisor-actor, quien asume esta intencionalidad primordial frente a su auditor-actor (Prada Oropeza 19). En este "efecto estético", en el mejor sentido del término, reside su eficacia como género literario y como instrumento ideológico que conduce a la acción extraliteraria.

Como la historia narrada, la novela también se relaciona al testimonio. Pero la novela se distingue de la historia por su calidad fictiva, aunque como ha señalado Hayden White, los historiadores consiguen el efecto explicativo a través de su éxito en crear relatos (*stories*) de meras crónicas. Como los relatos se construyen de las crónicas empleando lo que White denomina la técnica de "emplotment"—la construcción de una trama—los hechos de la crónica se codifican, se inscriben, como componentes de tipos específicos de estructuras argumentales, según el análisis de los distintos tipos de "ficciones" hecho por Northrop Frye. Puesto que no puede haber una explicación en la historia sin un relato (*story*), tampoco puede haber una narración sin una trama que la haga un relato de cierto tipo (White 62, 82). Además, la novela puede incluir datos históricos, "reales": topónimos, figuras y sucesos históricos o contemporáneos, etcétera. Sin embargo, la *intencionalidad* y la *recepción* difieren entre la narrativa ficticia y el testimonio, por la diferencia entre lo verosímil y lo verídico. La novela se presenta como algo que pudiera haber sido.

¿Cómo entender, pues, una obra como *La novela de Perón*, de Tomás Eloy Martínez, novela que se compone no sólo de la historia (a base de una documentación asombrosa), de la memoria (un tipo subjetivo de autobiografía), de la ficción (sin duda el más verosímil de los elementos de esta obra) y del testimonio (si no del testimonio en el sentido más estrecho, por lo menos de verdaderos elementos testimoniales, inclusive cintas magnéticas de entrevistas que tuvo el autor con Perón)? Evidentemente la obra presenta una intencionalidad dialógica de interrogar la realidad histórica.

Según su autor, *La novela de Perón*, "es una novela donde todo es verdad". Por lo general no hay que creer a los autores

cuando hablan de su propia obra, pero éste es un caso aparte.
Explica Eloy Martínez:

> Durante diez años reuní millares de documentos, cartas,
> voces de testigos, páginas de diarios, fotografías. Muchos
> eran desconocidos. En el exilio de Caracas reconstruí
> las Memorias que Perón me dictó entre 1966 y 1972
> y las que López Rega me leyó en 1970, explicándome
> que pertenecían al General aunque él las hubiera escrito.
> Luego, en Maryland [donde Eloy Martínez ha sido
> profesor de literatura latinoamericana], decidí que las
> verdades de este libro no admitían otro lenguaje que el
> de la imaginación. Así fue apareciendo un Perón que
> nadie había querido ver: no el Perón de la historia sino el
> de la intimidad. (Tapa posterior de *La novela*)

¿Por qué la calificación de novela, si se trata de la verdad
histórica? En primer lugar, quizás Tomás Eloy Martínez no quiso
restringirse a ofrecer una versión cronológica de los hechos; la
novela comienza con la vuelta de Perón a Argentina en 1973 desde
su exilio en Madrid, y se mueve en zigzag cronológico a lo largo
de la vida de Perón hasta terminar con sus funerales el 3 de julio de
1974. Pero aun más probable es el motivo expresado por el autor,
" . . . las verdades de este libro no admiten otro lenguaje que el
de la imaginación". Como lo expresó Gide en el mismo pasaje
citado anteriormente: "Hay que reconocer, en efecto, que el arte
de novelar muchas veces capta la creencia, como el acontecimiento
muchas veces la desafía" (96; la traducción es mía). O sea, Eloy
Martínez quiere dar forma a los datos históricos para producir un
sentido, pero es una forma dialógica que nos demuestra cómo se
crean distintas versiones de la historia de una época. La versión
verdadera es la que conjuga el lector de las distintas versiones.
    "La historia es una puta . . ." dice Perón (218). Exiliado
en la Madrid franquista de 1973, lejos de Buenos Aires, Perón
escribe sus memorias con la ayuda de su confidente López Rega,
quien le acusa de hacer zigzag con la verdad histórica. (De cierta
manera vemos demostrado aquí lo que Hayden White ha llamado
la naturaleza ficticia de la narrativa histórica). A López Rega no

le preocupa la verdad y así lo declara: "Esto no me preocupa. Lo que quiero es que elija una sola versión para los hechos. Una sola: la que fuere" (218). Perón, al culpar a la historia de ser prostituta, ofrece sus razones: "Siempre se va con el que paga mejor. Y cuantas más leyendas le añadan a mi vida, tanto más rico soy y con más armas cuento para defenderme. Déjelo todo tal como está. No es una estatua lo que busco sino algo más grande. Gobernar a la historia. Cogerla por el culo . . ." (218). He aquí el doble sentido del título; este libro no es sólo una novela escrita por Tomás Eloy Martínez sobre la vida de Perón, sino que es a la vez la novela escrita por Perón, es decir, sus *Memorias*. Quiere crear una Memoria ideal que dé *su* versión de la historia argentina de los primeros setenta y cinco años del siglo XX y de su propia figura y rol en esa historia: o sea, quiere crear una ficción a base de la historia. Sin embargo, a pesar de querer idealizar su historia, critica a veces las páginas escritas por López Rega porque le parecen demasiado idealizadas, o sea, *inverosímiles*. Como todo buen escritor de ficción, reconoce cuándo se sobrepasan los límites de la credulidad del lector.

Las palabras de Perón ya citadas dramatizan varios aspectos del tema que nos ocupa, entre ellos las relaciones entre el *testimonio*, la *memoria*, la *historia*, la *novela*, la *crónica periodística*; y, por otra parte, los nexos entre la voz monológica de la autoridad hegemónica—la de Perón—y las otras voces no oídas de la historia, los parientes de Perón, los guerrilleros izquierdistas, las tropas fascistas formadas para preparar la restauración del partido peronista al poder, la gente común que idolatra al líder.

Sobre todo, la obra es una indagación del sentido de la historia, de la verdad histórica versus la verdad ficticia. La mayor ficción de la obra resulta ser la memoria de Perón, mientras la obra que la encierra, la obra total de Eloy Martínez, resulta lo más verosímil, en parte por revelar los elementos inventados de la memoria a través del juego dialógico de documentos entrevistas, fotografías, recuerdos, diarios, sucesos históricos encajados en el discurso ficticio, etc. Muchos de los personajes son también históricos, inclusive el mismo autor, quien entra varias veces en la narración como personaje y no parece identificarse con el narrador en tercera persona que se asoma a lo largo de la obra. Otros personajes: el periodista que quiere escribir la "verdadera" historia de Perón para una revista popular, Arcángelo Gobbi, el guardaespaldas de Perón, los guerrilleros Diana Bronstein, Abelardo Antezana, Vicki Pertini, el Cabezón Iriarte, parecen ser tomados de la realidad, o por lo menos modelados sobre individuos reales cuya historia colectiva está documentada.

Como resultado de la lectura de esta novela dialógica, el lector viene a ser testigo de toda una época; esta lectura terminará siendo su versión de la verdad histórica de esa época, su testimonio virtual, por decirlo así. He aquí un ejemplo del poder de la narración fictiva, dialógica: la de dejar entrar al lector en la creación del sentido de la obra. Todo lo contrario ocurre en el caso del testimonio: el emisor-actor da la única versión de la verdad a su auditor-actor, quien la transmite, supuestamente sin cambiarla de una manera esencial, al lector. Los géneros narrativos, en este caso la novela y el testimonio, no son intercambiables, ni tampoco son intercambiables las verdades de la novela, de la ficción y del testimonio. Como todo género literario, ambos son instrumentos gnoseológicos que posibilitan la exploración de la realidad humana, ventanas imprescindibles que dan a otros mundos posibles.

Notas

1. La traducción al castellano es mía. Ver también el prefacio de Jameson a este mismo libro (9-14).
2. Ver, por ejemplo, el "Prólogo" de René Jara: "Quizás con más intensidad que en otras formas discursivas, el sujeto del testimonio es la realidad histórica; la materialidad del mundo narrado no depende aquí de las frases miméticas del narrador; por el contrario, éste es sobrepasado por aquélla; el narrador es sólo una parte de la realidad; no es su artífice, ni es mero relator" (2). Por su parte John Beverley declara oxímorones tales términos de la crítica como "novela-testimonio, narración o novela documental, *non-fiction novel*, socioliteratura, 'literatura factográfica' (término que

recogió Roque Dalton)" (156). Beverley añade que el testimonio "pone en tela de juicio la institución históricamente dada de la literatura como un aparato de dominación y enajenación. El deseo y la posibilidad de producir testimonios, la creciente popularidad del género, quieren decir que hay experiencias vitales en el mundo hoy día que no pueden ser representadas adecuadamente en las formas tradicionales de la literatura burguesa, que en cierto sentido serían traicionadas por éstas" (166). En otra parte insiste: "Si la novela es una forma cerrada en el sentido de que tanto la historia como los personajes 'terminan' con el fin del texto, definiendo así esa autorreferencialidad que está en la base de las prácticas formalistas de lectura, el testimonio exhibe lo que René Jara llama una 'intimidad pública' en que la distinción entre esferas públicas y privadas esencial a toda forma cultural burguesa es transgredida. El narrador del testimonio es una persona real que continúa viviendo y actuando en una historia que también es real y continúa" (166). Se asoma aquí otra vez la tendencia de otorgarle carácter real al referente del testimonio ("es real") mientras la novela (léase ficción), según este criterio, parece irremediablemente autorreferencial y por eso es un tipo de ejercicio puramente formalista y sin valores *sui generis* de autenticidad y veracidad. Aunque Beverley se refiere al juicio de Elzbieta Sklodowska de que "sería ingenuo asumir una relación de homología directa entre la historia y el texto [del testimonio]", discrepa de ella afirmando que "se trata de la naturaleza *particular* del 'efecto de lo real' testimonial, no simplemente de señalar la distinción entre (cualquier) discurso y la realidad" y cita el juicio de Jara de que el testimonio es " . . . una huella de lo real, de esa historia que, en cuanto tal, es inexpresable" (191). Sin embargo, como señala Sklowdoska, " . . . el juego entre ficción e historia aparece inexorablemente como un problema" (379).

3. Jameson se refiere al concepto del ideologema (*ideologeme*) como "la unidad inteligible más pequeña de los discursos colectivos esencialmente antagónicos de las clases sociales" (*The Political* 76; la traducción es mía).

Obras citadas

Barrios de Chungara, Domitila y Moema Viezzer. *"Si me permiten hablar . . ."*. *Testimonio de Domitila, una mujer de las minas de Bolivia*. México: Siglo Veintiuno, 1977.

Beverley, John. *Del "Lazarillo" al sandinismo: Estudios sobre la función ideológica de la literatura española e hispanoamericana*. Minneapolis: Institute for the Study of Ideologies and Literature and Prisma Institute, 1987.

Eloy Martínez, Tomás. *La novela de Perón*. 2ª ed. Buenos Aires: Legassa, 1985.

Gide, André. *Les Caves du Vatican*. Paris: Gallimard, 1922.

Jameson, Fredric. *The Political Unconscious. Narrative as a Socially Symbolic Act*. Ithaca: Cornell UP, 1986.

———. "The Ideology of the Text". *Salgamundi* 31-32 (1975-76): 204-06.

Jara, René. "Prólogo". *Testimonio y literatura*. Eds. René Jara y Hernán Vidal. Minneapolis: Institute for the Study of Ideology and Literature, 1986. 1-6.

Narváez, Jorge. "El testimonio 1972-1982. Transformaciones en el sistema literario". En *Testimonio y literatura*. 235-79.

Prada Oropeza, Renato. "De lo testimonial al testimonio: notas para un deslinde del discurso-testimonio". En *Testimonio y literatura*. 7-21.

Sklodowska, Elzbieta. "La forma testimonial y la novela de Miguel Barnet". *Review / Revista Interamericana* 12. 3 (1982): 375-84.

Suleiman, Susan Rubin. *Authoritative Fictions, The Ideological Novel as a Literary Genre*. New York: Columbia UP, 1983.

White, Hayden. *Tropics of Discourse: Essays in Cultural Criticism*. Baltimore: Johns Hopkins UP, 1978.

El lento rostro de la inocencia de Edna Pozzi: cómo cuestionar la inocencia de la "Historia"

Ester Gimbernat de González

University of Northern Colorado

> Se imaginaba como un puñado de polvo o de
> palabras, . . . Cada fragmento de la claridad
> prometía un gozo distinto, un embudo que iría
> borrando la escoria, la basura de la memoria . . .
> Quizá cuando pudiera vencer esas embestidas . . .
> ¿surgiría entonces como una isla o como un barco
> con todos los fuegos encendidos? (Pozzi 110)

Muchos estudiosos se han ocupado de analizar la ficción que
encierra el texto de la historia considerándola como una práctica
discursiva que conforma los objetos de su propia interpretación[1].
Sin embargo, me pregunto qué sucede cuando la historia en
determinados períodos ha sido silenciada y no ha dejado un
documento oficial, canónico, un testiminio que se considere
confiable. Estas épocas de provocados olvidos afloran, emergen,
se translucen en obras de ficción, porque si cada obra es fruto de
un momento histórico específico, puede leerse como un fragmento
o artefacto de la época desde la cual es producida. Así, ciertas
obras, por surgir en una etapa 'oscura', asumen el peso de una
responsabilidad, tendiendo a considerarse fuentes de evidencias
documentales de hechos específicos. Se recurre entonces a esos
textos de ficción para rescatar y forzar una historia que oficialmente

ha sido negada, desconocida, a pesar de que el ámbito de los mismos no abarque un suceder histórico fácilmente reconocible.

Este es el caso de algunas obras producto de la época de la 'guerra sucia' argentina de fines de los años 70. En diversas publicaciones se confirma ese silencio traspasado de una ignorancia compartida, que colaboró para que en la historia oficial quedaran muchas páginas en blanco[2]. Cualquiera que sea la causa que se embandere para evitar la escritura que evidencie los hechos, se provoca una necesidad de esa carencia: si no hay una historia hay que armarla, reconstruirla desde cada caso individual[3]. Noé Jitrik comentaba: "Yo desearía . . . que nuevas películas y libros vayan todavía más adentro de un período que es como una pesadilla. Y si antes se recomendaba olvidar o anular las pesadillas, después de tanto dolor hay que desear que se llegue más al fondo, a la raíz del dolor de modo que la pesadilla nos explique y nos aclare y así podamos seguir viviendo" (35).

Numerosas novelas han aparecido en Argentina durante los últimos años que de diversos modos han insistido en darle voz al silencio del olvido oficial. Se recuperan en estos textos diversos gestos que patentizan toda la actitud hegemónica frente a la escritura de lo que no se quiere mencionar. En la mayoría de ellos no se frecuenta el incidente testimonial, sino que más bien se privilegia cada coyuntura del lenguaje capaz de emular desde ámbitos privados, íntimos, los mismos laberintos de la historia acallada. Ejemplo de estas novelas son *Martín o el juego de la oca* (1986) de Marta Gavensky, *Los últimos días de William Shakespeare* (1985) de Vlady Kociancich, *El lento rostro de la inocencia* (1986) de Edna Pozzi, entre otras.

En la novela *El lento rostro de la inocencia* de Edna Pozzi hay una serie de voces que pretenden construir una identidad autorial para explicar esos intersticios de la historia que se escapan o infringen la unidad o totalidad que intentan conformar. Las versiones en conflicto, sin embargo, subrayan el impulso de mantener en la narración la discontinuidad que les da carácter violento a los hechos. Si bien, la historia que se pretende reintegrar, conformar, rescatar del caos de lo desconocido, es la de un personaje femenino, los esfuerzos narrativos en la dimensión de

su ambigüedad y contradicción, se acercan al paradójico no-decir
de la historia de toda una época.

En el comienzo hay un nombre, Ana, que sólo refiere a un
cádaver vejado y abandonado. Ese nombre hueco y sin vida es
el motor que despierta la necesidad de ser llenado con mundos
posibles[4]. En la descripción de sí misma, Ana ofrece múltiples
señales para ser simultáneamente cifrado de contrarios, capaz de
investirse de voces y silencios ajenos y propios.

> Soy de barro, de barro consagrado . . . Ana de barro
> consagrado, . . . soy lo distinto . . . un continente cerrado
> de fragancia y música, soy inerte y a su vez el sumo
> movimiento porque permanezco inmutable, no envejecida,
> no sacrificada, no descubierta . . . soy . . . una cerrada caja
> donde puede o no estar el milagro, me inciensan, mientras
> no me conozcan jamás podrán herirme, tocarme. (72)

Ana, cadáver, desde el silencio que la muerte le impone provoca ser
rescatada en palabras que la salven del olvido. Se vuelve perentorio
e imperativo rescatar este nombre de aquellas zonas oscuras que lo
llevaron a desintegrarse en una ignorancia indigna. Recuperar sus
motivaciones, armar el rompecabezas de sus últimos días, restituir
todo lo que su nombre designa, es confirmar una historia que el
silencio está a punto de tragarse, enguyendo con él hechos que
se esfuman para volverse en la historia oficial una pura ficción sin
referentes. La historia sin escribir de esta mujer le niega a los otros,
a los que compartieron con ella esos últimos días, un espacio de ser,
para hacerlos cómplices del silencio en la ignorancia. Además, la
violencia de este hecho va a persistir mientras se mantenga fuera del
continuo, aparentemente fuera de un marco de referencia posible,
sin una mediación que lo haga asimilable. El juego de paradojas
crece y multiplica las voces de lo posible otorgando una polisemia
que desconcierta la 'inocencia' de la objetividad histórica.

Ana, silente cadáver, no privilegia ninguna instancia negada
de su historia. Su cara mancillada, al ser cubierta de jazmines por
Bernarda, la empleada, intenta restaurar una dignidad, proclamar el
olvido de las circunstancias de la muerte, establecer que lo sucedido
no es de la incumbencia de nadie, que aquella vejación no ocurrió,

que no hay más que explicar, y por lo tanto ningún sobreviviente a
esa tragedia debe atreverse a mencionarla. Los jazmines presumen
una cobertura de coherencia, y el trauma de la falta de asimilación
se alivia. Sin embargo, "la otra, la que ahora viene desde la muerte
a mostrar su crecimiento, a repudiar los jazmines del rostro y a
espantarse de esa muerta honorable que sólo parece un pequeño
destrozo" refuta cada silencio. Si hay un discurso que la vuelva un
referente significante, y alguien que entienda ese significado, esa
cifra vacía de su historia va a cobrar existencia. Para ese cadáver
torturado no hay ninguna explicación 'oficial' que la incorpore al
continuo aceptable. "No hay nada escrito. Ni habrá . . . nada
escrito, ni una fecha, ni un nombre, ni un detalle, nada" (46). El
conflicto interno que crece en las diversas voces es la única posible
concesión al testimonio, partiendo de la premisa que la misma voz
de la autoridad del registro histórico no cederá una inscripción de
los sucesos.

Devolverle un lugar al margen del olvido, encauzar la
violencia del evento fuera de la ruptura que ha infringido, a pesar
del silencio cómplice de la historia oficial, es lo que pretenden
desde distintos mundos Patricio, hermano de Ana, y "el bastardo
señor de la muerte a quien algunos en la oficina . . . llamaban
"Inspector Malasombra" (201). Ambos desean saber, entender,
explicarse, esa otra parte que desconocen de ella: Patricio que la
amó, necesita saber los detalles de su muerte; el inspector que la
manda matar, no puede zafarse de la atracción que lo compele a
averiguar sobre los amores incestuosos entre los hermanos, sobre
esa relación entre el amor y el odio que los compelía a los sucesos
más inesperados:

> Y eran como dos ciegos que palpan, recuenta un cuerpo
> inerte, una sombra filosa, como dos ciegos que temen que
> el cuerpo se evada, inicie algún movimiento extraño, los
> separe. Como dos ciegos tratando de ver a través de esa
> luz avara de los dedos, la memoria en la punta de los
> dedos, los dos ciegos que a su manera habían creído amar
> a ese cuerpo muerto y ahora lo reconocían, medían la
> dimensión de los huesos, la estatura, la fina disposición
> de los dientes, el avance de la sombra. Marcarían con

su alfabeto negro cada una de las interrogaciones, las
respuestas, lo que esa voz había pronunciado entre el
llanto y los gritos, lo que quiso decir con un esfuerzo del
alma, los extremos del horror, los extremos de la belleza.
(108)

Todos estos testimonios sobrevivientes, narrados o no en
una primera persona, van precedidos de un día de la semana,
proponiéndose como páginas de un diario personal que desea
confirmar las evidencias que el discurso histórico ha tendido a
privilegiar. La voz de Patricio en primera persona, hace alarde
del poder que le otorga el haber conocido los recovecos más
inexplicables de Ana: "él era el único . . . que podría descifrar
esa congoja, . . . reordenar el universo" (15), "el único con
las claves exactas"(17). Patricio desde su recuento marcado por
fechas, lugares, sueños, delirios y alucinaciones intenta un proceso
de verificación. "[É]l no podía aliviar ese destrozo, ni entenderlo,
pero sí ordenar los pedazos, los hilos carcomidos" (19). Desea
poner en orden desde su discurso, un mundo de Ana acorde con
el que quiso inventarle desde pequeña, aunque minado con otras
posibles evidencias de testigos que desautorizan y relativizan lo
unívoco de su testimonio.

Patricio sabía: "se me escapaba aun antes de tenerla, poseerla
es perderla y sin embargo era mía" (83). Este es el juego
de la posesión; desde pequeña intentó hacerla su muñeca: "una
muñecona de alabastro que mira hermosamente la vida, pero sin
complicarse en ella, manteniéndose siempre en el punto justo
donde se inicia el vuelo, desatendida de todo lo que no fuera esa
tensión" (50). Ella era muñeca-ángel capacitada para el vuelo pero
inmovilizada en el simple gesto, porcelana, objeto del deseo, sueño
de lo inmóvil para ser aprendido en su totalidad, sin las peripecias
del cambio. En ese instante va a fijarla, va a conquistar con la
construcción de su mundo una posesión irrebatible: "Ana había
sido siempre mi botín, el personaje elegido para que representara
mi vida, Ana había sido mi fatalidad, la niña víctima y victimaria"
(52). Víctima del silencio oficial, en la búsqueda de respuestas
Patricio llega a la misma casa del inspector de policía, jefe de
torturas. Ambos despliegan los territorios de propiedad de un

recuerdo: el inspector guarda la memoria de ese último día; el hermano persigue la posesión de esa memoria. Se miden en un duelo desolado de palabras en las que no confían, a pesar de ser su única esperanza, culpando al otro de la muerte: "tal vez usted es el responsable de lo que pasó, pobre flaca [dice el policía]. Y ahora confianzudo, como si Ana en alguna forma le perteneciera, el testigo de la agonía apropiándose de su víctima . . . ella ya estaba muerta cuando vino al interrogatorio" (106). El texto de la memoria es lo que se mide: la fuerza del duelo entre ambos atañe a un territorio de poder, y sus palabras o sus silencios no restituyen el pasado, porque son en sí una urgencia de validar la configuración de un presente: el presente histórico.

El inspector Malasombra había interrogado a Ana en su oficina, antes de que la torturaran sus hombres; desde entonces "un impulso ciego . . . lo arrastraba a preguntar por Ana, Ana que había cantado Dios de los corazones y suplicado que no la dejara y desde entonces, ese dolor, como un preinfarto, ese mal gusto en la boca y esa necesidad, de saber" (152). En las ecuaciones del conocimiento, la historia que él necesita se reduce, limitándose, limitándolo para abarcar la dimensión que presiente inexplicablemente oculta. Él está del lado que la escritura del dato oficial es posible, aunque, durante el interrogatorio, pide a su escriba que los deje solos, quedándose sin el lápiz y el papel que permitirían contar los hechos. Ana le entrega dos nombres que conceden aperturas hacia interrogantes de la reconstrucción. Así comienza su peregrinación en busca de unas razones para construirle un mundo que la hiciera accesible, apresable: "[É]l sabía que esa muchacha tenía una razón, que carajo, una razón no política porque no entendía una mierda de política" (107). Desde que comenzó el interrogatorio comprendió y se dijo: "necesito sobornar a esa criatura, obligarla a ceder sus defensas, hurgar en la antesala de esa sombra férrea, de esa tendida desolación" (77). Después que ella muere, él habla con aquellos que podrían darle datos para formular una respuesta posible: el psicólogo, Mario Almada, cabeza del grupo guerrillero, y Bernarda, la vieja empleada de siempre de la familia. Cada uno le entrega un pedazo para reconstruir lo que quedó intacto y remoto en el silencio de la muerte. Cada uno entrega la versión en un discurso que la desintegra: todos se quedaron al margen de ella. Los hombres, Almada, Patricio y vicariamente a través de su gente, el inspector, la violan para intentar un acceso a sus áreas de sombra. Bernarda, la representante más acabada de 'lo que debe ser', desde su ignorancia vislumbra que la ha entendido. Aunque no comprende, sabe que ha "tocado algo maligno, pero al mismo tiempo tan hermoso" (145). Para alguien como el inspector que se mueve y responde a "ese mundo sucio y miserable que era su mundo, incambiable, rígido, . . . masa de metal donde no hay resquicio para la piedad. Y tampoco el olvido" (151), sólo queda una respuesta para acallar la imposibilidad de encontrar la que busca: ejecutar al culpable de la muerte que él ordenó. Sale a la calle, vigila, espera, dispara y mata con esa bala importada de Francia a todos aquellos, incluido él mismo, que de uno u otro modo quisieron apoderarse de Ana y reconstruirle una historia que justificara la violencia de su muerte.

Ese único disparo aniquila la fe en la salvación de esa experiencia por la palabra. Hay una repentina comprensión de la distancia entre esa 'realidad' y las versiones construidas de las mismas. En el texto es recurrente esa desconfianza: "Todo lo que decís es tan ambiguo, tan vulnerable, hay otra idea que se nos escapa, algo que se pierde inevitablemente en todo discurso" (87). No abate la desconfianza la proliferación de las voces, que propician, en cambio, una expansión de mundos probables. El lenguaje convoca cada uno de estos mundos para reconocer lo que queda por ser contado y que en sí excede lo que se dijo permitiendo que se instituya otro lenguaje que todavía no existe, capaz de expresar lo aún inexpresado[5]. A pesar de este posible fracaso, anunciado por el disparo del inspector, se insiste en que "[e]sto no es una novela, esto es una historia real, que estamos armando con fina paciencia" (84). En esa voluntad de construir un panorama histórico y social quien escribe y quien lee aceptan y asumen que la novela se refiere a algo genuinamente posible en relación a un mundo real. Más allá de ser entendido como un realismo trazado por las convenciones, hay una actitud fundamental hacia la relación entre el mundo real y la 'verdad' del texto literario[6].

314 La historia en la literatura iberoamericana

En *El lento rostro de la inocencia* hay una víctima, un cadáver demandante por el que la historia va a pedir ser contada. Es el caso de un *différend*[7]: es decir, instituir nuevos emisores, nuevos receptores, nuevas significaciones y nuevos referentes para que la justicia encuentre una expresión y que el demandante deje de ser víctima[8]. Así, una sola ficticia muerte indigna y acallada crece, y alcanza desde diversos mundos, convocados por voces múltiples, la forma de su expresión: la 'Historia' tiene una página en blanco porque la injusticia de aquella muerte no tiene significado en su idioma, porque aquello que reglamenta el conflicto se da sólo en términos de una de las partes en pugna. Ese cadáver ha perdido la voz que podía anunciar el daño del que fue víctima; sin embargo, los trazos del crimen despliegan un texto novelesco que se revela entretejiendo testimonios posibles que si bien pueden ser desautorizados por su condición de ficticios, abren una ventana hacia el conocimiento de esa pesadilla a la cual la historia oficial no daba cabida en sus páginas. Se conjura el silencio: prolijamente se quita la máscara de una pretendida inocencia, protegida por un discurso de la ignorancia que la historia de Ana condena.

Notas

1. Me refiero a la obra de Hayden White, y, además, en general a la obra de Michel Foucault.
2. Según Ares, "Si los más recónditos secretos de la guerra sucia permanecen escondidos de la opinión pública argentina y también de militares que no fueron forzados a enfrentarse con el horror, entonces los nueve generales y sus cómplices no pueden ser castigados por la historia sino *por la falta de historia*" (4-5. Mi subrayado).
3. Tulio Halperin se ha ocupado de la problemática de quienes descubrieron una insospechada y siniestra dimensión en la historia argentina, y desean asimilar el pasado más reciente a través de la literatura o de la historia más lejana, o más personal.

4. Lyotard ha notado que "this state includes silence, which is a negative phrase, but it calls upon phrases which are in principle possible" (7).

5. "Not to augment their profit by the quantity of information communicable through existing idioms, but to recognize that what remains to be phrased exceeds what they can presently phrase, and they must be allowed to institute idioms which do not yet exist" (Lyotard 7).

6. Parafraseo a Pavel (46).

7. "The *différend* is the unstable and instant of language wherein something which must be able to be put in phrases cannot yet be. This state includes silence, which is a negative phrase, but it also calls upon phrases which are in principle possible. This state is signaled by what one commonly calls feeling ... A lot of searching must be done to find new rules for forming and linking phrases that are able to express the différend disclosed by the feeling, unless one wants this *différend* to be smothered right away in a litigation and the alarm sounded by the feeling to have been useless. What is at stake in a literature, in a philosophy, in a politics perhaps, is to bear witness to *différends* by finding new idioms for them" (Lyotard 7).

8. "To give the *différend* its due is to institute new addressees, new addressers, new significations, and new referents in order that the injustice find an expression and that the plaintiff cease to be a victim" (Lyotard 7).

Obras citadas

Ares, Carlos. *El País*. 31 de marzo de 1986: 4-5.

Gavensky, Marta. *Martín o el juego de la oca*. Buenos Aires: Catálogos, 1986.

Halperin, Tulio. "Argentina's Unmastered Past". *Latin American Research Review 23. 3 (1988): 3-24.*

Jitrik, Noé. "Lo que se dice y lo que se soslaya en 'La historia oficial' ". *Fem* 10. 48 (1986-87): 363-64.

Kociacinch, Vlady. *Los últimos días de William Shakespeare*. Buenos Aires: Emecé, 1984.

Kripe, Saul. *Naming and Necessity*. Cambridge: Harvard UP, 1980.

Lyotard, Jean François. "The Différend, the Referent, and the Proper Name". *Diacritics* 14. 3 (1984): 4-15.

Pavel, Thomas G. *Fictional Worlds*. Cambridge: Harvard UP, 1986.

Pozzi, Edna. *El lento rostro de la inocencia*. Buenos Aires: Emecé, 1986.

White, Hayden. *Metahistory*. Baltimore: Johns Hopkins UP, (1973).

———. *Tropics of Discourse*. Baltimore: Johns Hopkins UP, 1978.

Mario Vargas Llosa y la interpolaridad vida-ficción

Joseph Chrzanowski

California State University, Los Angeles

Pocos escritores han puesto tanto empeño en reconocer y esclarecer sus preocupaciones temáticas y estéticas como Mario Vargas Llosa. Entre las constantes que surgen en sus numerosas entrevistas, conferencias y ensayos, el tema de la relación entre la ficción y la realidad se destaca por la atención que el autor le ha dado. Existe un claro enlace entre el concepto que tiene Vargas Llosa de esta relación y las declaraciones que ha hecho relativas a la capacidad de una obra literaria de modificar las actitudes o las acciones humanas. Aquí nos proponemos sintetizar las ideas del autor peruano con respecto a la interpolaridad vida-ficción, haciendo hincapié en aquéllas que se relacionan directamente con su percepción de la función social de la literatura. Además, examinaremos las implicaciones del interés cada vez más marcado de Vargas Llosa en la dificultad, si no imposibilidad, de descubrir y afirmar la verdad, tema inseparable de sus propios intentos de influir en el proceso histórico.

En la famosa conferencia que dictó en la Universidad de Montevideo en 1966, Vargas Llosa abordó el tema de la estrecha relación entre el mundo real y el ficticio al plantear una definición del género novelesco:

La novela está íntimamente ligada a aquello de lo cual
es representación, que es la realidad. Por eso creo que

si tuviera que definir de alguna manera la novela yo
emplearía una fórmula muy vaga; diría que la novela es
una representación verbal de la realidad. (*La novela* 10)

En su tratamiento subsiguiente de este tema, el autor formuló
su frecuentemente citada teoría de los demonios para ilustrar la
manera en que un escritor se sirve de lo vivido, consciente o
inconscientemente, para crear el mundo artificial de sus novelas.
Como explicó en *García Márquez: historia de un deicidio*, los
demonios son:

hechos, personas, sueños, mitos cuya presencia o cuya
ausencia, cuya vida o cuya muerte lo enemistaron con la
realidad, . . . en el ejercicio de esa vocación que nació y
se nutre de ellos, disfrazados o idénticos, omnipresentes o
secretos, aparecen y reaparecen una y otra vez, convertidos
en temas. (87)

La importancia que este fenómeno tiene para Vargas Llosa
queda confirmada en sus detalladas exposiciones de las fuentes
históricas de cada una de sus novelas. Además, dicho fenómeno
llegó a ser tema principal en dos de ellas, *La tía Julia y el escribidor*
e *Historia de Mayta*. Pedro Camacho, autor de radionovelas, es
uno de los personajes principales de *La tía Julia y el escribidor*.
Con un hábil manejo del recurso del desdoblamiento, Vargas Llosa
concretiza metafóricamente la interrelación entre vida y arte al
hacer que las idiosincrasias personales y las experiencias diarias
de Camacho se transparenten en los melodramas que inventa
(Chrzanowski 22-26). En la metanovela *Historia de Mayta*, el
narrador relata su búsqueda de una verdad histórica para luego
valerse de ella en la creación de su obra de ficción. Esta obra
que se propone, como la misma *Historia de Mayta*, constará de
una amalgama de la realidad y la fantasía: " . . . a estas alturas,
solamente sé que la historia de Mayta es la que quiero conocer e
inventar . . ." (53).

Estas dos obras, junto con su teoría de los demonios, hacen
resaltar la manera en que la realidad se proyecta en la literatura.
Pero, para Vargas Llosa, la relación entre lo vivido y lo creado
es más bien de interdependencia. Quizás el momento decisivo en

la evolución del pensamiento del autor relativo a la reciprocidad de los dos planos ocurrió en 1979, año en el que le mandaron una revista del Brasil donde aparecían fotos y hablaban de ese Hermano Francisco que él había pintado en el plano imaginario en *Pantaleón y las visitadoras*. Su reacción ante el incidente denuncia el carácter consciente que adquiere su instrumentación de la interpolaridad vida-literatura a partir de esa fecha: "Fue realmente algo muy sorprendente y conmovedor, fue como una prolongación que la realidad hubiera hecho de esa novela que yo creía haber terminado hace siete años. Esto me dio una idea de la complicadísima relación existente entre ficción y realidad" ("Cómo nace" 8).

También hay que precisar que en la estética de Vargas Llosa, la relación entre la vida y la literatura no se reduce a un simple mimetismo. Consistente con su preocupación por cuestiones sociales, el novelista siempre ha abogado por el papel activo de la literatura en el proceso histórico. Según él, ese papel no consiste en promulgar o defender un solo punto de vista ideológico, ni tampoco en proponer soluciones fáciles a los problemas sociales. Más bien radica en examinar, poner en tela de juicio y, cuando sea necesario, censurar cualquier aspecto de la vida. Por eso, desde el comienzo de su carrera literaria, Mario Vargas Llosa ha insistido en el derecho del escritor "a la crítica, al enjuiciamiento constante y obsesivo de la realidad" (Oviedo 35). Mediante su propio ejercicio de ese derecho, él espera que sus lectores se percaten de su condición humana: "La representación de la realidad es la mejor manera—creo yo—de hacer que los hombres tomen conciencia de sí mismos, de sus grandezas y también de sus miserias, de sus limitaciones" (*La novela* 37).

En vista de la reciente categórica declaración del autor de que "no se escriben novelas para contar la vida, sino para transformarla" ("El arte" 9), la posibilidad de despertar esa conciencia permite afirmar el papel social de la literatura. También explica la visión negativa que él ha proyectado en sus novelas: " . . . a través de la literatura lo que uno busca . . . no es lo que puede justificar la vida, sino aquello que tiende a condenarla, a ponerla en tela de juicio. A mostrarla en sus deficiencias y en sus limitaciones" ("Historia de una sedición" 26).

Los males sociales que se perfilan en las obras de Vargas Llosa suelen ser clasificados como sus temas principales: la violencia, la corrupción, el engaño, la perversión, el machismo, para nombrar sólo unos pocos. El repetido y variado tratamiento que él ha dado a estos elementos de la experiencia peruana no deja lugar a dudas en cuanto a la conciencia moral que anhela despertar en sus lectores. Por otra parte, la función modificadora de las novelas de nuestro autor no se limita al señalamiento de deficiencias sociales, ya que en su tratamiento de ciertos temas se puede intuir mensajes de clara intención ideológica. Uno de esos temas que nos interesa analizar aquí es lo evasivo si no inaccesible de la verdad absoluta y de la relatividad concomitante inherente a lo humano, sea en cuestiones personales, sociales o ideológicas. Esta preocupación aparece en *La ciudad y los perros*, y sobresale como tema principal en dos obras recientes del autor, que vamos a comentar a continuación. Él la aborda también en varios ensayos y entrevistas.

Los primeros comentaristas de *La ciudad y los perros* buscaron el significado social de los hechos y los personajes retratados en la obra. Algunos también cuestionaron la casualidad algo forzada de que tres cadetes se enamoren de la misma muchacha, o la falta de una explicación definitiva de cómo murió Ricardo Arana. El autor respondió a la segunda objeción en una carta al crítico Wolfgang A. Luchting. Su comentario delata una coincidencia temprana de las limitaciones humanas con respecto a alcanzar la verdad: "Tal vez la ambigüedad que trata de mostrar todo el libro como característica primordial de todos los actos humanos se halla en cierta forma 'simbolizada' en este episodio anfibológico" (Ortega 266).

El interés del autor en la relatividad llega a ser el tema central en *Historia de Mayta*, y también en *¿Quién mató a Palomino Molero?*. El punto de partida de la trama de *Historia de Mayta* es el recuerdo espontáneo del narrador de un compañero de colegio. Desde muy joven, ese amigo, Mayta, había mostrado su humanitarismo al compartir con un ciego harapiento la ración de merienda que recibía en el colegio. Este idealismo lo llevó a ser militante político y participante, si no protagonista, de una malograda insurrección en Jauja en 1958. La obra relata las entrevistas que les hace el narrador a aquéllos que participaron en la intentona o tuvieron conocimiento de las circunstancias que encauzaron a Mayta por el camino de la humillación y la derrota. Con la información obtenida de las entrevistas, él se propone escribir una novela en donde la verdad y la fantasía se entretejan. Pero, los recuerdos distorsionados por el tiempo, las versiones tergiversadas por una necesidad de engañar, y los verdaderos hechos, forman un enredo que obstaculiza, si no niega, la capacidad humana de llegar a la verdad. El mismo narrador acaba por lamentar que "todas las historias son cuentos; que están hechas de verdades y mentiras" (134). Ni siquiera los que tenían conocimiento directo de la rebelión están seguros de lo que sucedió: "no hay manera de saberlo porque ni siquiera los propios autores lo saben" (281).

Cuando el narrador se entrevista con su antiguo amigo, descubre que además del Mayta que él pinta en su propia novela, y el individuo histórico que le está relatando los incidentes de Jauja, hay otro que tal vez tenga una tercera versión de los hechos: "Un tercer Mayta, dolido, lacerado, con la memoria intacta" (339). La verdad, por lo tanto, se relega a una oscuridad ineluctable.

Al escoger el incidente de Jauja como punto de partida de su trama, Vargas Llosa inserta su mensaje de relatividad en un contexto ideológico. Como él explicó al hablar de la obra, le había fascinado la rebelión por ser representativa de la solución simplista y absolutista de los problemas sociales que es tan común hoy en día: la violencia: "En efecto, ése es el tema. La utopía es eso: la revolución imposible. La idea de que existe una solución final definitiva y violenta para los problemas" (Arroyo).

Igual que en *Historia de Mayta*, la trama de *¿Quién mató a Palomino Molero?* se estructura sobre la búsqueda de la verdad. La novela comienza con el descubrimiento del cuerpo mutilado del joven avionero, Palomino Molero. Dos policías, el Teniente Silva y su subordinado Lituma, se comprometen a identificar al autor del crimen truculento. Como el narrador de *Historia de Mayta*, ellos también llevan a cabo una serie de entrevistas, bien con los que conocían a Molero, o con aquéllos que quizás tuvieran motivo de asesinarlo. A cada paso encuentran diferentes opiniones acerca de la personalidad del joven y la naturaleza de la relación con la hija del comandante de la base aérea de donde desapareció. También averiguan que varias personas podrían haberlo querido matar. La creciente complejidad de la situación mueve a Silva a comentar: "Todo era confuso en el mundo, carajo" (163).

Cuando el coronel Mindreau, jefe de la base aérea, admite ser responsable del asesinato, el crimen parece estar resuelto. Pero, Vargas Llosa inmediatamente empieza a sembrar dudas. Primero, pone en tela de juicio la relación entre Mindreau y su hija: o él es culpable de incesto, o ella sufre una demencia que se manifiesta en acusaciones escabrosas contra el padre. Luego, el Coronel aparentemente mata a su hija y se suicida, provocando chismes y conjeturas sobre la complicidad en la muerte de Molero de políticos y extranjeros. Aunque la primera reacción del lector tal vez sea descartar esos rumores, el súbito e inesperado traslado de los dos policías a regiones aisladas e inhóspitas del país pone en duda no sólo lo que averiguaron, sino también la capacidad de cualquiera de alcanzar la verdad. El siguiente comentario de Silva resume muy bien el mensaje filosófico que nos plantea la novela: "Nada es fácil, Lituma. Las verdades que parecen más verdades, si les das muchas vueltas, si las miras de cerquita, lo son a medias o dejan de serlo" (107).

Estas palabras recuerdan el reto de Vargas Llosa a su público durante una conferencia dedicada a su obra que se celebró en Madrid en 1984: "aceptar que no hay verdades absolutas, que las verdades son relativas" (*La semana* 33). Es de notar que Vargas Llosa considera el franco tratamiento de este dilema humano uno de los mayores aportes de la novela hispanoamericana contemporánea:

> In the past, the Latin American novel tended to be very symmetrical . . . Everything was presented in a mechanistic way. Novels became essays disguised as novels. What was missing is what I think are essential elements of reality —ambiguity and complexity. This is why, I believe, the contemporary Latin American novel, which is conscious of not suppressing what is complex and ambiguous in life, is more important than the novel of the past. (Bridges 2)

El autor vuelve a tratar este tema en ensayos y entrevistas publicados recientemente. Por una parte, reitera una consecuencia lógica de la visión del mundo relativista proyectada en sus novelas: "no hay soluciones definitivas . . . la perfección absoluta . . . no existe, aunque nos movamos en una tradición que nos impulsa a lo contrario" (Arroyo). Por otra parte, señala dos factores en la sociedad hispanoamericana que suponen la existencia de soluciones definitivas y, por consiguiente, contradicen el espíritu abierto que él postula en sus novelas. El primero es el de recurrir a la violencia como respuesta a los problemas sociales, posición que estriba en la falsa premisa de que exista una sola percepción válida de cómo organizar la sociedad, y que aquéllos que la poseen pueden utilizar todo medio para realizar sus objetivos:

> Violence has become to be regarded by ever larger segments of the population in Latin America as a legitimate instrument, indeed as the only instrument to change reality and achieve progress and development . . . A good part of this violence proceeds from a political fiction, from the idea that you can capture reality in its entirety and express it, organize it and reform it in a perfectly logical way. (Rohter 28)

El segundo es lo que él considera cierta ceguera ideológica de los intelectuales hispanoamericanos. Otra vez, echa la culpa a una visión absolutista del mundo que la experiencia nos enseña es falsa: "Latin American intellectuals are some of the most powerful agents of Latin American underdevelopment because they keep us locked into schematic formulas and a black-and-white Manichaeism in which there are no gradations. An ideology with no shadings is the worst weapon imaginable" (Solares 352).

Estas declaraciones, extensiones lógicas de las teorías y las preocupaciones temáticas de las novelas comentadas, corroboran el deseo de Vargas Llosa de influir en el proceso histórico mediante una vigilancia constante del *status quo*, cualquiera que sea, deseo expresado por primera vez hace más de veinte años: " . . . la literatura es fuego, . . . significa inconformismo y rebelión . . . la razón de ser del escritor es la protesta, la contradicción y la

crítica . . . La vocación literaria nace del desacuerdo de un hombre
con el mundo, de la intuición de deficiencias, vacíos y escorias a
su alrededor" (Oviedo 53).

Sólo el tiempo demostrará si las ideas de Mario Vargas Llosa
han ejercido alguna influencia fuera del reino literario o académico.
Pero, si la popularidad y la controversia pueden servir de pauta para
medir la potencialidad de un autor para ejercer esa influencia, no
cabe duda de que el autor peruano, al menos, está en una posición
para hacerlo.

Obras citadas

Arroyo, Francesc. "Vargas Llosa afirma que la ficción literaria
'no hace daño', a diferencia de la utopía política". *El País*
[Edición Internacional]. 29 de octubre 1984: n. p.

Bridges, Thomas. "Vargas Llosa, Visionary Realist". *Américas* 29
(1977): 2-5.

Chrzanowski, Joseph. "Consideraciones estructurales y temáticas
en torno a *La tía Julia y el escribidor*". *La Palabra y el Hombre*
45 (1983): 22-26.

La semana del autor: Mario Vargas Llosa. Madrid: Instituto de
Cooperación Iberoamericana, 1985.

Ortega, Julio. "Sobre *Los cachorros*". *Homenaje a Mario Vargas
Llosa*. Ed. Helmy F. Giacoman. New York: Las Américas,
1972. 261-73.

Oviedo, José Miguel. *Mario Vargas Llosa: la invención de una
realidad*. Barcelona: Seix Barral, 1970.

Rohter, Larry. "Fictions that Breed Violence". *The New York
Times*. 2 February 1986: 28.

Solares, Ignacio. "An Interview with Mario Vargas Llosa".
Partisan Review 51.3 (1984): 347-55.

Vargas Llosa, Mario. "Cómo nace una novela". *Américas* 31.3
(1979): 4-8

———. "El arte de mentir". *El País* 25 de julio de 1984: 9-10.

———. *Gabriel García Márquez: historia de un deicidio*. Barcelona: Seix Barral, 1971.

———. *Historia de Mayta*. Barcelona: Seix Barral, 1984.

———. "Historia de una sedición permanente". *Plural* 4.11 (1975): 24-31.

———. *La ciudad y los perros*. Barcelona: Seix Barral, 1967.

———. *La novela*. Conferencia pronunciada en el Paraninfo de la Universidad de Montevideo, el 11 de agosto de 1966. Argentina: América Nueva, 1974.

———. *La tía Julia y el escribidor*. Barcelona: Seix Barral, 1977.

———. *Pantaleón y las visitadoras*. Barcelona: Seix Barral, 1973.

———. *¿Quién mató a Palomino Molero?*. Barcelona: Seix Barral, 1986.

VI. Revisiones y parodias

Manuel Díaz Rodríguez y la ficción modernista (a propósito de *Ídolos rotos*)

Carmen Ruiz Barrionuevo

Universidad de Salamanca

Cuando en 1901 se publicó *Ídolos rotos*, la primera novela de Manuel Díaz Rodríguez, se despertó una reacción violenta contra el autor a quien se acusó de débil patriotismo y de falta de fe en sus conciudadanos. Fue concretamente Gonzalo Picón Febres quien dijo que *Ídolos rotos* "huele a odio en todos sus capítulos, trasciende a desprecio por Caracas, respira cruel venganza" (71), y continuaba juzgando no sólo la obra literaria por factores externos al mismo texto, sino que efectuaba una injusta transposición de los sentimientos del personaje central a los del autor. El mismo Díaz Rodríguez se quejó de lo desacertado del ataque en una "Epístola ingenua" luego incluida en sus "Sermones líricos" (1918)[1].

Pero la novela respondía, a nuestro entender, a otros intereses. Como buen modernista, empapado de la literatura decadentista y finisecular, Díaz Rodríguez intentó una renovación narrativa que, si por algo falla, es por permanecer todavía muy atada a la tradición literaria, y por responder, dentro del modernismo hispanoamericano, a una adecuación de los rasgos esenciales del decadentismo francés a las circunstancias sociales y políticas de su país. En *Ídolos rotos* se seguía utilizando, aunque convenientemente adaptada, la dicotomía sarmientina en un intento reformista que también aparecía en la novela venezolana *Peonía* (1890) de Manuel Vicente Romero García, cuyo "ingenuo alegato contra el atraso" señaló bien Uslar Pietri (256). Por tal razón la novela *Ídolos rotos* brota de un intento a primera vista difícil de conciliar: la pretensión de renovar la novela con arreglo a las pautas modernistas, y a la vez de la imposibilidad de prescindir de ciertos elementos válidos del realismo naturalista, que, con su crítica incisiva, ponían en mayor evidencia la situación de postración del ambiente cultural del país.

En la fecha en que compone *Ídolos rotos*, Díaz Rodríguez no dispone de muchos precedentes, si contamos con que *De sobremesa* (1925) de José Asunción Silva seguía inédita, por lo que su labor se efectuará a través de la adaptación de los elementos constitutivos de la novela decadentista europea.   En esta obra el escritor venezolano se muestra bastante moderado, si la comparamos con su segunda novela *Sangre patricia* (1902), y mucho más si la cotejamos con *De sobremesa* de Silva.   Pero, con todo, existen varios aspectos que aprovecha de manera muy acertada y que suponen un considerable avance dentro de la narrativa: el tratamiento del héroe finisecular que inicia un enconado desajuste con el medio social en que vive a la vez que se debate en forzada introspección; el uso de las transposiciones de arte y de una incipiente simbología; la figura de la mujer concebida como mezcla de divinización y erotismo dentro de las pautas que prerrafaelistas, simbolistas y decadentes habían ido configurando.

Con el modernismo se produce un cambio sustancial en el héroe novelesco. Ahora será poeta, pintor, escultor; siempre será un artista de honda sensibilidad, capaz de intensa vida interior. Surgen así ambientes elitistas, cerrados, de intelectualización enfermiza y de sensibilidad exacerbada que encierran a personajes poco capaces de volcarse al exterior o de luchar contra la incomprensión del medio (Gutiérrez Girardot 33). Si comparamos *Ídolos rotos* con *De sobremesa* [2] nos daremos cuenta de la distancia que media entre ambos héroes. En José Fernández se proyectan mejor los principios de *A rebours* de Huysmans.   No hay en Alberto Soria una tortura interior, una búsqueda de sí mismo tan angustiosa como en el personaje de Silva; y si éste prescinde de la realidad de su país de forma deliberada, en cambio, Díaz Rodríguez colocará al héroe en su propia tierra, y describirá ambiente y

personajes, aunque sus rasgos esenciales sigan siendo los del
artista inadaptado que por encima de todo persigue la belleza.
Por la desmedida importancia que estos héroes alcanzan en el
modernismo, los acontecimientos van a gravitar siempre sobre su
propia individualidad. Así ocurre en el Alberto Soria de *Ídolos
rotos*[3] que en el mismo comienzo de la novela se presenta con
el alma escindida sobre el paisaje contemplado. Surgirán entonces
los dos entornos antagónicos: el espacio propicio identificado con
Europa, París e Italia, y el espacio hostil que remite a la tierra natal,
habitada por gentes condenadas a la prematura fatiga "producto de
la herencia y el medio" (8), efecto de una desastrosa educación
y de un inútil sistema de enseñanza. Toda la Primera parte de
las cuatro que consta la novela, está ceñida a la presentación
de esta dualidad en la relación con el personaje: Alberto Soria
gravitará siempre entre los dos ámbitos, marcando su especial
debilidad por París, aunque acuse también la llamada del deber
para con la patria. Siguiendo el delineamiento del héroe finisecular
presentará "arranques peculiares de los caracteres incompletos,
débiles o enfermizos" (9). La oposición queda así suficientemente
marcada. París es el lugar en que se respira una atmósfera de
arte, en la que domina el reposo, la gracia; en suma, la "belleza
armoniosa" grata al artista, que puede crearse un habitáculo de
ensoñaciones artísticas para su propio placer o para compartirlo
con sus almas gemelas. Díaz Rodríguez marca bien estos espacios
e incluso los hace entrar en conflicto al interferirlos a través de
las murmuraciones pueblerinas que acosan a Soria en París. Del
mismo modo, ante cualquier obstáculo extremo, por ejemplo las
calles estrechas y sucias de su ciudad, el único refugio será el
recuerdo del pasado europeo que se asocia a los libros y objetos
artísticos traídos de Francia. Hay en Soria una secreta rebelión
que le lleva a no trasformar su entorno como sucedía también
en el dandy evolucionado francés a partir de Baudelaire (Hinterhäuser 75 y ss.); pero subsisten la automarginación, la soledad,
como antídotos frente a la hostilidad exterior y, sobre todo, su
continuo vivir por y para la belleza en la que subyace el ansia de
conexión con lo absoluto. Este destino aparece claramente en su
figura cuyas notas, si bien no se ajustan totalmente al ideal del

dandismo, sí aparecen marcadas por las señales fundamentales que
aproximan al dandy al destino del artista finisecular, incluso con
rasgos de heroísmo en su actitud ante el resto del mundo, tal y como
quería Baudelaire. En la novela varios momentos corresponden a
esta postura: la repugnancia del protagonista ante la política local,
la vulgaridad de sus compatriotas, así como su resolución final de
ruptura.

De este modo la dualidad ya marcada continúa en la Segunda
parte pero desplegándose en un más acusado intento de reconocer
y reconocerse en su tierra, para, una vez fracasado el intento—"ni
una palabra buena o indiferente sobre su arte, sobre su gloria y
su porvenir de artista" (40)—proyectarse hacia un mundo interior
creando sobre los espacios contemplados asimilaciones de las villas
de Roma (40), o decorando su taller con bellas estatuas griegas y
exóticos abalorios (41), convencido de que en esa ciudad "el culto
de la belleza y del arte es promesa de dolor, desamparo y olvido"
(46). Se puede afirmar que el contraste establecido por el medio
hostil resulta novelescamente demasiado radical, y que los manejos
políticos y la vulgaridad del ambiente en la novela son poco
sutiles. El autor trabaja escindido entre dos alternativas que no sabe
conciliar: no se decide por la novela decadentista por completo
como lo hizo José Asunción Silva y tampoco se resigna a seguir
atado a la tradición anterior de la novela realista-naturalista. Así,
las conversaciones sobre el arte y el artista que tan importantes son
en *De sobremesa*, no cobran en *Ídolos rotos* un relieve significativo
y en ocasiones se quedan en intento parcialmente frustrado como
el que se produce en el capítulo tres de la Segunda parte (55-
56). Con ello se pierde la oportunidad de desarrollar uno de los
elementos más característicos de la novela decadentista, aunque
en contrapartida se incide más en la marginación del artista en su
medio.

Es así como en el seguimiento de este proceso la novela
alcanza su culminación en la Tercera parte. Aquí entran en conflicto
inconciliable los espacios establecidos, y se desarrolla la imposible
relación amorosa con María Almeida, el amor idealizado, para
desembocar en el comienzo de la unión con Teresa Farias, el amor
sensual. A ello se añade el brusco choque entre el idealismo del

artista y el acomodaticio arribismo de los políticos. En este sentido resultan fundamentales los capítulos tres y cuatro de esta Tercera parte en los que van diseñándose diversos personajes característicos del abandono del artista en todos los ámbitos de la sociedad: el pintor Sandoval, el escritor Romero y el médico intelectual Emazábel. Sus vidas y sus trayectorias nos dibujan el mapa de un mundo en el que no se comprende al intelectual ni al hombre de arte; al contrario, se les margina. La causa reside en la falta de un proyecto educativo, en la envidia y la miseria arraigadas. De sus diálogos brota una pintura terriblemente cáustica de la sociedad de la que no se salva ni siquiera el afán cosmopolita de los jóvenes que abandonan el terruño natal. Sin embargo, va a ser Emazábel quien aportará el único proyecto positivo que intente aglutinar a todos los artistas e intelectuales marginados: la creación del alma nacional—"Guardemos el lujo como ornato personal, como gala y sonrisa de nuestra vida interior; pero esgrimamos las armas para el bien del país, y en nuestra propia defensa" (97)—. Lo que se traduce en una llamada a la actividad para proyectar la cultura sobre el pueblo y convertirse así en una especie de "apóstoles de la patria nueva" (100). Pero tal proyecto quedará frustrado por la incidencia de acontecimientos políticos y personales. En lo que se refiere al protagonista, se observa en un primer momento, con ocasión de la muerte del padre, hecho que le hacer sentir quebradas las cadenas que lo anclan al pasado; luego la revolución marcará el punto final de una decisión casi tomada: "El supremo deber de un artista es poner en salvo un ideal de belleza. Y yo nunca, nunca realizaré mi ideal en mi país. Nunca, nunca podré vivir mi ideal en mi patria" (162).

Se concluye, pues, con una inclinación de la balanza hacia el ideal de lo foráneo conscientemente asumido. Ideal de belleza que además de constituir el objetivo de Alberto Soria ha de identificarse con la propia trayectoria de Díaz Rodríguez que, como parte integrante de la segunda generación modernista, asumió este objetivo como destino personal. No quiere decir esto, como hemos de notar, que Alberto Soria se identifique con el autor, quien lo consideraba "inferior a otros pobres hijos de mi espíritu como ficción de arte . . ." y "algo badulaque y un mucho majadero" (Díaz

Rodríguez, *Obras* 772), sino que la trayectoria que se impone el personaje a lo largo de su vida y que no llega a concluir, corresponde en gran medida a la que el propio Díaz Rodríguez se trazó. Varios años después, en 1908, publica *Camino de perfección y otros ensayos* en donde proclama su fe modernista en un grito de entusiasmo por el arte entendido como una conquista vital, que arrastra los componentes místicos implícitos intencionadamente en el título que toma prestado de Santa Teresa. El libro juega con una supuesta biografía espiritual de Don Perfecto a quien define como "Don Perfecto Nadie, nombre ya conocido universalmente como pseudónimo del ilustre escritor Don Perfecto Beocio y Filisteo, académico de número de todas las academias del país, y miembro correspondiente de muchas academias de Todaspartes" (*Camino* 11).

Don Perfecto encarna el tipo más odiado por el modernista practicante: el burgués metalizado, empapado de positivismo y con absoluta ceguera artística. Frente a él la poética de Díaz Rodríguez se basa en la depuración del estilo que requiere un especial cuidado de la palabra: "Las palabras, en efecto, son individuos organizados, diminutos, leves y armoniosos. Además de su arquitectura, que la llevan en sus formas y líneas, tienen perfume y color, sonido y alma. Se mueven como se mueven los pájaros, con toda la gracia de la vida" (*Camino* 14). Y pensando en Don Perfecto dirá: "Inútil decirle que las palabras que son como casas, o como seres leves y armoniosos. Jamás ha entrado él en una palabra como en un jardín, ni se ha bañado en una palabra como en una fuente, ni ha subido por una palabra como quien trepa un monte, ni se ha asomado a ninguna palabra a vivir un rato siquiera ante la perspectiva de otro mundo" (*Camino* 15). Subyace, pues, un ideal de perfección formal que en el ámbito de la escultura arrastra tambien a Alberto Soria[4]. Por ello es perfectamente congruente que aproveche la personalidad de su protagonista para describir los objetos y los seres a través del procedimiento de las transposiciones de arte: "se detuvo ante un árbol en flor a contemplarlo, como si fuese un modelo soñado por todas las gracias y primores, o un bronce de Rodin, o un mármol perfecto" (27). O cree ver en el paisaje nativo los motivos de Italia:

Ascendiendo a la colina, antes estéril, hoy sembrada de
flores y árboles, lo asaltaron, por analogía de impresiones,
dos recuerdos: el de una tarde romana en el Pincio, y
el de una luminosa tarde florentina en el Viale dei Colli,
donde un veneciano, proscrito en Florencia, hablaba de sus
verdes canales remotos, de sus verdes canales dormidos
en un perpetuo sueño de belleza, con acento quejumbroso
y nostálgico. (27)

En esencia, Díaz Rodríguez infunde a su protagonista rasgos
del dandismo finisecular decadentista pero sin ajustarse de una
manera total a los modelos europeos, Huysmans o D'Annunzio.
Así dio lugar a un tipo de personaje ligado de peculiar modo a su
tierra, anímicamente escindido, aunque no logró captar los rasgos
fundamentales del hombre venezolano como Valle Inclán logró a
través de su Marqués de Bradomín, ridiculizar irónicamente las
peculiaridades del tópico del hombre español.

En la descripción de la mujer, *Ídolos rotos* oscila entre la mujer
frágil del prerrafaelismo y la mujer fatal del decadentismo. Ambas
están representadas por diferentes tipos femeninos pues Alberto
Soria será en este sentido aun más receptivo que el José Fernández
de *De sobremesa*. La novia abandonada es descrita de forma
romántica, temblorosa, ojos llorosos y con "una hermosa cabellera
rubia, llamarada del sol cuajada en finísimas hebras áureas, caída
durante los espasmos del dolor, en cascadas de trenzas y lluvia de
rizos" (7). Julieta es el prototipo de mujer producto de la moda de
París: "fina, delgada, nerviosa, parece que un sorbo de rocío y un
rayo de sol pudieran satisfacerla, y sin embargo nada le satisface"
(14). Se usa también para diseñar a las mujeres el sistema de las
transposiciones de arte; así, describe a Elicita Riguera: "grácil de
formas, rubia de un rubio suave, raro, exquisito, difundido como
luz áurea por cabellos y tez ¡Un Botticelli!" (57). Más adelante
Alberto dirige "disimuladamente los ojos a la cara del Botticelli,
cuya expresión parecía de ordinario exhalar de sí una quintaesencia
de ingenuidad y candidez, y las mejillas del Botticelli, en ese
instante, eran como dos pensiles rosas" (73). Esta descripción de
la mujer frágil, angelical y prerrafaelista culminará en la relación
idealizante con María Almeida "—Tu amor es azul, María"—(63),

y quedará compensado con la descripción de la mujer sensual o fatal en cuyas redes caerá el protagonista en su patético culto a lo bello.

Teresa Farias es el personaje más complejo y también más atractivo. Si al principio se resalta su "pelo abundante y castaño, de reflejos rubios, que ella alisaba a cada minuto por detrás, con un movimiento continuo de la mano izquierda, sutil y blanca" y sus "ojos de un tinte raro, medio verdes, medio azules, como violetas, toda el alma recogida en un punto" (32), su físico terminará equiparado a la "Magdalena de Pitti o la Venus de la tribuna de Ticiano" (32). No hace falta resaltar el carácter sensual del motivo del cabello y el misterio fatal que encierra el color de sus ojos. Por otra parte, erotismo y religión se combinan en ella en una conjunción especialmente atractiva al escritor modernista. Avasallante, ardorosa, voluptuosa, el escritor combina todos los elementos para diseñar con su cuerpo blanquísimo amante de los ritos del mar, un cuadro final que compone el nacimiento de Venus (127).

El autor trabaja también, como ha notado Orlando Araujo (75-77), la simbología de las flores y, aunque es posible que roce la cursilería más de una vez, hay que observar el tratamiento de la rosa vinculado a la mujer con su origen prerrafaelista. Nota Araujo: "En los *Ídolos rotos* las rosas nos van señalando la suerte de las personas" ("Y las rosas, antes blancas, del idilio, eran ya, más que purpúreas, casi negras, como las rosas del Calvario," (111). También la hermana de Soria, Rosa Amelia, ha pasado su vida cultivando rosas, y su aparición está ligada a un jardín de decoración modernista (18) en el que es a la vez dueña y prisionera. Si la rosa es símbolo de perfección, logro de lo absoluto y también de lo bello, aquí la rosa igualmente se vincula a la patria. Mujer, tierra, patria en cuanto representa las posibilidades ocultas del país subyugado por la clase corrupta, como Rosa Amelia es dominada por un marido vicioso y jugador.

Díaz Rodríguez no se ciñe tampoco en esto al modelo exacto de la novela finisecular; adapta las posibilidades que le brindaba el modelo; bifurca y contrasta dos tipos de mujer para hacer triunfar a la mujer sensual y fatal que trae los efluvios parisinos, frente a la pureza de la imagen prerrafaelista dibujada en María, y la sumisión vinculada a la patria de Rosa Amelia. El novelista se recrea en la imagen de Teresa porque en la evolución total del héroe, ella representa también el triunfo del artista. Es la suma de la voluptuosidad modernista en su dualidad piadosa y mundana.

Notas

1. La polémica aparece reflejada en los estudios de Lowell Dunham (30 y ss.) y Alberto Moreno García (68 y ss.)
2. Juan Loveluck ha hecho una interesante valoración de *De sobremesa* desde la perspectiva de la novela del modernismo.
3. Citaremos por Manuel Díaz Rodríguez, *Narrativa y ensayo*. En adelante incluiremos el número de página entre paréntesis.
4. Aníbal González plantea que la idea que explica la novela es el intento de armonizar el fluir del tiempo histórico con la fijeza que encierra la escritura representada por la alegoría de la estatua. Subyacería en la novela un ataque al arielismo y una demostración de que el intelectual y el artista no pueden dedicarse a la política si quieren realizar sus ideales (115-45).

Obras citadas

Araujo, Orlando. *La palabra estéril*. U del Zulia: 1966.

Díaz Rodríguez, Manuel. *Narrativa y ensayo*. Caracas: Biblioteca Ayacucho, 1982.

——. *Obras selectas*. Caracas-Madrid: Edime, 1968.

——. *Camino de perfección y otros ensayos*. Caracas-Madrid: Edime, 1968.

Dunham, Lowell. *Manuel Díaz Rodríguez. Vida y obra*. México: De Andrea, 1959.

González, Aníbal. *La novela modernista hispanoamericana*. Madrid: Gredos, 1987.

Gutiérrez Girardot, Rafael. *Modernismo*. Barcelona: Montesinos, 1983.

Hinterhäuser, Hans. *Fin de siglo. Figuras y mitos*. Madrid: Taurus, 1980.

Loveluck, Juan. "*De sobremesa*, novela desconocida del Modernismo". *Revista Iberoamericana* 31. 59 (1965): 17-32.

Moreno García, Alberto. *Manuel Díaz Rodríguez, o la belleza como imperativo*. Bogotá: Kelly, 1957.

Picón Febres, Gonzalo. *La literatura venezolana en el siglo diez y nueve*. Buenos Aires: Ayacucho, 1947.

Uslar Pietri, Arturo. *Letras y hombres de Venezuela*. 2ª ed. Madrid: Mediterráneo, 1978.

Hombres en soledad y *Vida de Hipólito Yrigoyen* de Manuel Gálvez

Ángela B. Dellepiane

*The City College and Graduate School and
University Center of The City University of New York*

Don Alberto Zum Felde ha afirmado que "Gálvez ha sido
el novelista argentino de la primera mitad de este siglo que
ha abarcado en su numerosa obra un panorama más amplio y
diverso de la vida argentina, mayormente en sus formas civilizadas,
ciudadanas. Podría haber sido el novelista, por antonomasia, de
toda su época. Pero sólo ha logrado serlo hasta cierto punto, en el
cuadro general de las costumbres, de los hechos, de las cosas, en
el cuadro del ambiente" (2: 223). El gran crítico uruguayo tenía
razón. Pero sólo en parte. Ya que ese "cuadro general . . . de los
hechos" a que hace referencia Zum Felde, no ha sido tan general ni
tan abarcador, particularmente en lo tocante a un hecho histórico
de gran trascendencia para la vida política de la Argentina.

Gálvez ha reconocido la importancia que tuvieron para aquel
país, los años que van de 1918 a 1922[1]. Sin embargo, disiento
con Gálvez, pues debemos recordar que en 1916 llega a la
presidencia de la nación Hipólito Yrigoyen, lo cual significó un
cambio total en la estructura política del país, ya que al gobierno
del "Régimen"—como él mismo lo apodó—[2], del "patriciado"
intelectual y "vacuno", le sucedió, por primera vez en la historia
argentina, el gobierno del pueblo, i. e., de las clases media y
baja (pequeña burguesía y clase obrera), de origen mayormente

inmigratorio. Gálvez hace terminar este importante período en 1922, fecha del fin de la primera presidencia de Yrigoyen, aunque creo que, a pesar de lo desastroso que fue su segundo término, iniciado en 1928 y terminado, por obra de la revolución uriburista, a poco menos de dos años de su inicio en 1930, habría que extender la fecha precisamente hasta ese año y escudriñar bien esa revolución setembrista.

Dado, además, el complejo de fuerzas políticas, sociales y económicas en juego en esos años, las fascinantes personalidades (empezando por la de Yrigoyen), es lícito pensar que la novela debería haber registrado contemporáneamente ese sacudimiento de las bases políticas del país ya que, si se revisa la trayectoria de la novela argentina, se patentiza su tradicional tratamiento de los procesos políticos, sociales y económicos que habían conmovido hasta entonces a la República, como lo atestigua *Amalia*—para la tiranía rosista—, las novelas naturalistas de Cambaceres, *Sin rumbo*, *En la sangre*—para los inéditos problemas sociales generados por el crecimiento desmesurado de la ciudad y por la incorporación masiva de los inmigrantes a la vida ciudadana—y por *La Bolsa*—para la fiebre económica del fin del siglo—, amén de otras que pudieran nombrarse de últimos del siglo XIX. Como lo afirma Adolfo Prieto, refiriéndose a los autores del 90, ellos constituyeron "el *sismógrafo* de la gran crisis nacional que comenzaría a demoler la fachada esplendente del país agropecuario" (32).

Sin embargo, he descubierto con sorpresa que no hay "sismógrafo" que registre el acceso del radicalismo al poder ni su subsiguiente caída. Un tema de tanto peso histórico como la saga del nacimiento y casi muerte de la Unión Cívica Radical y de su ideólogo—Yrigoyen—a manos de una revolución militar que va ya, desde entonces, a entronizar su poder político, parece no haber atraído la atención de los novelistas de la época, ni tampoco de los novelistas posteriores[3]. Lo cual significa que no hay una *novela testimonial*—la coetánea a los hechos—, ni una *novela histórica*—la escrita *a posteriori*—sobre el "Yrigoyenismo"[4]. No obstante, hay una excepción: la novela *Hombres en soledad* (1938-39) de Manuel Gálvez[5].

Es interesante detenerse en el tratamiento que de aquel
acontecimiento histórico ha hecho Gálvez—confesado nacionalista
católico y enemigo del sufragio universal—[6], autor que, por lo
demás, tantas polémicas siempre ha despertado. Existe también
otra razón para volverse hacia esa actualmente olvidada novela: el
hecho de que Gálvez, casi inmediatamente después de publicada
HES lanzó al mercado su *Vida de Hipólito Yrigoyen*, la primera
de la serie de sus biografías de personajes históricos argentinos.
Veamos, entonces, si existen vasos comunicantes entre el *discurso
ficcional* y el *histórico* de Manuel Gálvez y de qué índole son.

HES despliega un argumento simple, centrado ostensiblemente
en la soledad en que se encuentran, en una sociedad materialista
y sensual como la de Buenos Aires en la tercera década del siglo,
seres de una aguda espiritualidad y de un intelecto exquisito. Pero
como tal tema demandaba un contexto social y cultural contra el
que esos hombres—y algunas mujeres—se debatieran, amén de
un contexto económico y político (no olvidemos los intereses que
Gálvez ha llevado desde siempre a su ficción), nada más adecuado
al drama de sus personajes que ubicar la acción en los meses
anteriores al golpe militar del 6 de setiembre de 1930.

Pero, en *HES*, lo que realmente se describe es el momento
de crisis que, *en la alta burguesía porteña*, habían venido gestando
los años de gobierno radical, esto es, el divorcio producido entre
la *élite* y la clase responsable por el manejo político del país, con
las consecuencias económicas y políticas que ese divorcio había
traído aparejadas para la alta burguesía, como bien se explicita en
la *Vida* (228).

Tal como la crítica lo ha destacado, *HES* despliega un
numeroso elenco de personajes pero, Gervasio Claraval, el
"[h]ombre de letras —ensayista y crítico severo— . . ." (HES 7),
con prestigio de agresivo y amargado, emerge, para el lector, como
el protagonista indiscutido de la novela y, muy particularmente,
como el observador despiadado de la sociedad porteña de la época
y de la clase en la cual se halla inscrito desde su casamiento con
Andrea Toledo, hija de un estanciero rico y patricio. Aunque
Gálvez insiste continuamente en la soledad del intelectual que,
como su protagonista, no compromete sus principios, el drama

de Claraval reside en su imposibilidad de viajar a Europa, de vivir en Europa, meca soñada—sobre todo París—en la cual, por fin, podrá expandirse libremente su intelecto sometido en Buenos Aires a la coyunda de unas obligaciones sociales y de un medio asfixiante por su mediocridad. Sin embargo, Claraval percibe bien la efervescencia política en la que se está viviendo en Buenos Aires. Y observa lo mismo que Gálvez apunta en la *Vida*: que la corrupción de que se acusaba en aquel momento al radicalismo era "un aspecto de la corrupción general del país" (*V* 390), la cual había ahondado la superficialidad y el materialismo de los argentinos. No era que el gobierno de Yrigoyen fuera tan malo sino que el país moralmente estaba mal, sobre todo Buenos Aires. "Hay un asco de nosotros mismos—dice Gálvez—, un deseo de salir del pantano. Y se confía en que una revolución nos salvará" (*V* 413). Y la misma esperanza anima a los personajes de la novela. Claraval, no obstante despreciar la mediocridad intelectual del ambiente argentino y amar a Europa es, por otra parte y lo mismo que Gálvez-el-hombre y el historiador, un enérgico defensor de la independencia económica e intelectual del país (*HES* 22).

Por esta puerta del ambiente socio-cultural se 'cuela' la revolución del 30 en la novela[7]. Todos los personajes abominan de Yrigoyen y cantan loas a Uriburu y a la necesidad de la revolución. Pero es fundamental en Claraval, en quien se centra el debate, y en Martín Block, personaje interesante por lo contradictorio, visceral y "raro" (*HES* 56), que vive desesperado por el "escepticismo, sibaritismo, sensualidad" de su país. "Somos el país del tango. Lo único que le hemos dado al mundo es la porquería del tango" (*HES* 60). Lo oprime "la estupidez colectiva" de sus compatriotas (*HES* 60) y él, hijo de inmigrantes pero también perteneciente a la alta burguesía porteña (sus padres habían sido estancieros), adopta una desesperada actitud de crítica de su propia clase, del mismo modo que lo hace Claraval. No obstante, hay una diferencia básica entre los dos, y ella reside en las razones por las que ambos adhieren a la próxima revolución. Claraval considera que "[e]n este país *toda persona sensible* tiene que salvarse, liberarse . . . [de] la monotonía y pobreza de la vida" (*HES* 85). Para él la salvación

está en irse a Europa. Por eso la revolución le interesaría por dos
motivos:

> Primero: el gobierno que viniese, *más accesible para mí*
> *que el actual, podría darme una secretaría de legación.*
> Ya ve que no pido mucho. Segundo: nuestra moneda ha
> comenzado a bajar, tal vez por causa del gobierno [de
> Yrigoyen]; y si la revolución mejora nuestra situación
> económica y el peso sube de nuevo, habrá para mí mayor
> posibilidad de ir a Europa. *La baja del peso arruina*
> *mis ilusiones. Por esto he empezado a sentirme opositor.*
> (*HES* 85-86. El subrayado es mío)

Block, por el contrario, sostiene:

> "*yo utilizo la revolución . . . , para un fin noble como es*
> *el de mi salvación moral y la salvación de otros muchos.*
> *Quiero [el] bien [del prójimo] en cuanto su bien me*
> *beneficia . . .*
>   Yo sufro de ese mal horrible de sentirse uno solo
> en medio de la multitud . . . Esta es la ventaja de la
> revolución que se prepara. Ya hemos empezado algunos
> millares de hombres a vibrar de fervor por una causa
> noble. *Tal vez este contacto con otros hombres, aun siendo*
> *en el heroísmo, no disminuya mi soledad. Pero por lo*
> *menos la engañaré. Ya la estoy engañando.* (*HES* 86-87.
> El subrayado es mío)

Y, más adelante, expone esta otra razón para apoyar tan
'altruísticamente' la revolución:

> —El general [Uriburu] me ha ofrecido . . . un ministerio,
> en una de las primeras intervenciones que manden a las
> provincias. Estoy ansiando ese nombramiento. *Deseo el*
> *poder, la fuerza. Tengo necesidad de mandar.* (*HES* 166.
> El subrayado es mío)

Es decir, que los dos hombres persiguen fines oportunistas
al apoyar la revolución que se avecina. Claraval no expresa una
ideología coherente que fundamente su adhesión a una revolución

que, en pocos meses—como en la misma novela se proclama
(*HES* 245 y 291)—habrá desenmascarado sus reales objetivos:
el restablecimiento en el poder de la antigua clase dirigente
(conservadora), su deseo de terminar con el sufragio universal
de la ley Sáenz Peña y, nuevamente, la total entrega de la riqueza
del país a Gran Bretaña. Block, por su parte, se incorporará a
la Legión armada ya que comparte plenamente el fascismo de los
revolucionarios.

En suma: Block, lo que realmente busca, aunque no se
aperciba de ello, es un retorno a los valores que aquella clase
dirigente había perdido en los largos años del ejercicio del poder
político indisputado. No hay en él, como tampoco en Claraval, un
sólido fundamento ideológico divergente de las ideas sustentadas
por la alta burguesía, una verdadera consciencia política, un
genuino interés por el bienestar de *todo* el pueblo argentino.

Los cuarenta y tantos personajes, de la misma extracción social
que la familia Toledo, Claraval y Block, vocean más o menos
idénticas opiniones con respecto a la tan anhelada revolución, y
muestran un profundo odio clasista por Yrigoyen y sus "sucios"
radicales, "la chusma" como ellos los llaman (*HES* 140, 159 y
V 316, 318, 397, 399, 406). El único personaje que escapa a
esta ideología es el escritor Rioja: como siempre ha anhelado
justicia social no podía ser conservador, i. e.   burgués, ni
tampoco podía hacerse radical porque ese era el partido que
detentaba el poder y porque estaba llevando al país a la catástrofe.
Por eso se hace socialista (*HES* 126). Rioja, por lo menos,
muestra un pensamiento consistente. No así Block o Claraval,
como sus flagrantes contradicciones lo prueban. Especialmente
este último que se vuelve contra su clase de labios para afuera
pero que, interiormente no apoya la revolución sino por las
ganancias materiales que pueda traerle. Pero, su posición es más
profundamente falsa ya que él se considera como un ser aparte de
todos, en virtud de su "superior sensibilidad" (*HES* 41).

Junto a esta novela, Gálvez escribió la biografía 'sicológica'
del ex-Presidente Hipólito Yrigoyen, libro en el cual el lector puede
notar admiración y respeto por parte de un hombre que, como
Gálvez, militó siempre en el conservadorismo. La *Vida de Hipólito*

Yrigoyen, vis-à-vis la novela, puede ser considerado como discurso histórico dado que contribuyó, en su momento, al revisionismo a que se sometió el pensamiento y las acciones del ex-presidente e ideólogo del radicalismo (Lichtblau 111 y ss.).

Aunque en la biografía Gálvez ha utilizado una gran cantidad de elementos que se dan en la novela, sin embargo, la diferencia estriba en que en el discurso ficcional no aparece la voz del pueblo, del 'medio pelo', de los verdaderos radicales. En suma, Gálvez con esta *novela social* (o *de sociedad*, como las designa Lukács) no escribió la novela de la clase media, la que realmente hubiera documentado el principio de un cambio fundamental en la estructura del poder político argentino, cambio que determinaría, más tarde, la llegada al poder de Perón y el subsiguiente rumbo de la historia argentina.

Y cuando hace la novela que documenta el peronismo (*Tránsito Guzmán*, 1957), la centra en una mujer de la alta burguesía, extremadamente católica, o sea, la representante más acabada de la oposición peronista después de la quema de las iglesias, dentro de esa clase. Todo esto prueba que, en tanto creador, Gálvez fue el portador de unos valores, de una visión de mundo propia de la clase a la cual él mismo pertenecía. Lo que define esta visión clasista de Gálvez, es, particularmente, la elección de los personajes, su inserción en la alta burguesía, y los valores que se desprenden de sus actitudes, ideología, amistades y hasta de sus peculiaridades lingüísticas.

Como exactamente lo ha observado Alfredo Roggiano, Gálvez "significa un hito, acaso el más importante de la novela argentina de este siglo; pero . . . [p]or desgracia, no abre caminos, y esa imposibilidad de futuro es su mayor deficiencia" (295-96). Imposibilidad de futuro—me gustaría acotar—que nace de la imposibilidad de Gálvez para salirse de sí mismo y de su clase, para no proyectarse en sus criaturas de ficción. En cambio, en su discurso histórico—su biografía de Yrigoyen—, Gálvez se esforzó por ser un observador imparcial[8] de las circunstancias históricas verificables. *HES* es una ficción que no plantea conflictos de clases, en la que no se problematiza la 'revolución' pacífica de Yrigoyen, el nacimiento del partido populista—la Unión Cívica Radical—, el papel del ejército, etc., todo lo cual, por el contrario, aparece en su biografía de Yrigoyen. Los personajes de esta novela sufren de "ajenidad": ellos son los "otros", los superiores frente a una sociedad degradada y caótica, plebeya (Losada 26).

Apuntadas las relaciones (y diferencias) existentes entre los dos tipos de discursos de Gálvez, fuerza es destacar que el sistema de vasos comunicantes existente entre ambos tipos de discursos se revela como *contradictorio* en lo que respecta a Yrigoyen, el radicalismo y la revolución del 30, ya que, en la biografía, la figura del solitario Presidente radical, mostrada imparcialmente, se yergue trágica, incomprendida, pero fundamental para la vida política argentina. No así, en cambio, en la novela aun en los argumentos puestos en boca de aquellos personajes que, como Claraval, Rioja, Roig—los intelectuales del grupo—se reparten la ideología de Gálvez.

Como acertadamente afirma Pagés Larraya, no sorprende que la historia nos sea relatada con "vívida retórica novelesca". La lástima fue que en el esforzado novelista argentino, "el discurso novelesco careció de la intensidad y el riesgo que convierte a la fábula en testimonio que imaginativamente dilata o vence a la historia" (30-31). En este escritor, por el contrario, creo que la vencedora es la historia porque en ella supo Gálvez elegir—con Yrigoyen—la figura del hombre *nuevo* argentino, el representante de todo un segmento inédito de la ciudadanía que, de allí en adelante, conduciría—para bien o para mal—la vida política argentina.

Notas

1. Gálvez dice: "Al sumergirme en el estudio del primer gobierno de Yrigoyen, comprendí que su obra significaba una verdadera revolución social, en lo cual coincidí con Keyserling" (*Entre la novela* 34. Ver Lichtblau 85).
2. Yrigoyen "[usa] la designación, por primera vez, en una polémica periodística de 1909, y con ella designa a todos los

gobiernos nacionales y provinciales habidos desde el 80. Proviene de calificaciones peyorativas: "régimen nefasto", "régimen de oprobio". El Régimen, según Yrigoyen, es la usurpación de la soberanía—que en los Estados democráticos corresponde al pueblo—por un grupo de hombres, por una oligarquía. Es una "conjuración oficial" que todo lo arrasa" (Gálvez, *Vida* 162-63). [Abreviado *V*].

3. Alusiones hay en, por ejemplo, *Los siete locos* de Roberto Arlt; *Film porteño* de Arturo Cancela; *Fin de fiesta* de Beatriz Guido; *Los Robinsones* de Roger Plá, etc., como me lo ha señalado la profesora Nélida Salvador. Pienso que muchos testimonios se encuentran más bien en el teatro, particularmente en el sainete y, en general, en todas las formas paraliterarias (Ciria).

4. Iván Eguez llama novela histórica a "la que se refiere a épocas diferentes a la del novelista. Y si las posibles épocas diferentes a la del novelista son . . . el pasado y el futuro, tenemos que, por este determinante del tiempo, la novela puede ser: *histórica*, cuando la época diferente es la anterior a la del autor; *testimonial*, cuando la época referida no es diferente sino coetánea a él . . . y, *de anticipación*, cuando es posterior. Demás está señalar que la subjetividad o el presente del *lector* no determina que una novela sea histórica o no . . . Lo determinante no es la potencial historicidad del asunto sino la época de éste en relación al novelista" (454-55).

5. Abreviado: *HES*.

6. Ver Manuel Gálvez, *Entre la novela* (23) y *En el mundo* (156-58).

7. Empleo esta expresión porque, por palabras del mismo Gálvez, se nota que la revolución del 6 de setiembre no fue elemento que él considerara fundamental en la novela: "Los críticos han visto muchas cosas, pero ninguno ha advertido que, en lo novelesco, mi novela consiste en choques de almas. En ella vemos cómo se enfrentan el marido y la mujer, el padre y la hija, el padre y el hijo, los amigos íntimos de diferentes ideas" (*Entre la novela* 361). Y ya antes, había consignado en el mismo libro: "Desde hacía tiempo deseaba escribir una novela extensa, que mostrase el espíritu de Buenos Aires. Novela de poca acción, y en la que

hubiese choques de almas y diálogos intensos. Pronto hallé el asunto. Había observado que todo el mundo deseaba ir a Europa, como si allá fuese a encontrar lo que aquí no tenía; y que los seres carecían de auténticos amigos, pues entre ellos sólo existía el lazo de los intereses comunes" (347).

8. Gálvez ha comentado extensamente, con el deseo de justificarse, pienso, acerca de su decisión de escribir biografías de hombres célebres, muy de moda por entonces. Ver *Entre la novela* (170, 175-76) y también su carta a Valery Larbaud citada por Alberto Blasi (10).

Obras citadas

Blasi, Alberto. "Cartas a Valery Larbaud". *Eight Essays on Manuel Gálvez Baluzera (1882-1962)*. Ed. W. W. Megenney. Riverside: U of California, 1982. 1-18.

Ciria, Alberto. "La década del 30 en la historiografía argentina: una introducción". *Revista Interamericana de Bibliografía* 32 (1982): 322-29.

Eguez, Iván."Algunos problemas de la novela histórica". *Cultura* (Quito) 3 (1979): 453-65.

Gálvez, Manuel. *Hombres en soledad*. Buenos Aires: Losada, 1946.

——. *Tránsito Guzmán*. Buenos Aires: Theoría, 1956.

——. *En el mundo de los seres ficticios*. Buenos Aires: Hachette, 1961.

——. *Entre la novela y la historia*. Buenos Aires: Hachette, 1962.

——. *Vida de Hipólito Yrigoyen*. Buenos Aires: Eudeba, 1973.

Lichtblau, Myron I. *Manuel Gálvez*. New York: Twayne, 1972.

Losada, Alfredo. "La literatura marginal en el Río de la Plata (1900-1960). Informe de investigación". *Hispamérica* 13 (1984): 19-28.

Pagés Larraya, Antonio. "La escritura de Manuel Gálvez. Discurso novelesco/discurso de la historia". *Eight Essays*. 19-35.

Prieto, Adolfo. "Boedo y Florida". *Estudios de literatura argentina*. Buenos Aires: Galerna, 1969. 29-55.

Roggiano, Alfredo A. *Diccionario de la literatura latinoamericana. Argentina*. Washington: OEA, 1960. 295-96.

Zum Felde, Alberto. *La narrativa*. México: Guarania, 1959. Vol. 2 de *Índice crítico de la literatura hispanoamericana*. 2 Vols.

Sátira e anti-história em João Ubaldo Ribeiro

Luiz Fernando Valente

Brown University

Críticos como Heloísa Buarque de Hollanda, Marcos Augusto Gonçalves e Silviano Santiago mostraram que grande parte da produção literária brasileira, durante o chamado impasse cultural dos anos setenta, oscila entre os pólos do romance-reportagem e de uma tendência à alegoria, à parábola e ao discurso metafórico, através dos quais, especialmente durante a primeira metade da década, se pretendeu comentar sobre o presente ou o passado recente do Brasil e ao mesmo tempo furar o bloqueio de uma censura cada vez mais implacável.   Publicado em 1974, *Vencecavalo e o outro povo* de João Ubaldo Ribeiro é, sob muitos aspectos, um típico representante da época.   O livro é marcado por uma obsessão com o espectro da censura, ao mesmo tempo que recorre a elementos alegóricos e simbólicos, que o aparentam, entre outras, a obras com *Incidente em Antares*, de Érico Veríssimo, *Cadeiras proibidas*, de Ignácio de Loyola Brandão, *Mês de cães danados*, de Moacyr Scliar e *A casa de vidro*, de Ivan Ângelo.

O livro de João Ubaldo Ribeiro é composto de cinco contos centrados em cinco diferentes personagens de sobrenome Santos Bezerra: Vencecavalo, Tombatudo, Rombaquirica, Sangrador e Abusado.   O estilo dos contos é caracterizado pela insólita combinação da objetividade e referencialidade de um pretenso realismo com os excessos, os exageros, as distorsões e o grotesco do fantástico[1].   O resultado é uma cômica incongruência, que

envolve o leitor, ao mesmo tempo que deixa suficiente espaço para
que se possa avaliar a correspondência entre o irreal do texto e o
real do contexto em que foi produzido. Assuntos de reconhecida
atualidade, tais como o despotismo, a repressão, a corrupção, a
exploração e a desordem econômica são facilmente identificáveis.
Dois dos contos exploram situações explicitamente políticas.
Numa referência bastante óbvia à situação reinante no Brasil no
período imediatamente anterior ao golpe de 1964, o primeiro
conto do volume, "Vencecavalo Santos Bezerra", narra a história
de um personagem, nascido no fantástico país da Borengânia,
"quando havia uma crise ministerial, uma orgia de nepotismo
e vários problemas referentes ao Produto Interno Bruto" (11).
Apaixonado pelo militarismo com tal intensidade que tem
sucessivos orgasmos durante as paradas de Sete de Setembro,
o incompetente, mas tenaz Vencecavalo oferece três soluções
básicas para os problemas econômicos do país: a repressão aos
opositores ("quem falava em inflação tomava três materladas na
cabeça, de forma que pouca gente falou em inflação nos anos
que seguiram" 21), o endividamento ao Eximbak, organização
pela qual, não surpreendentemente, Vencecavalo é contratado após
deixar o governo da Borengânia, e um absoluto, se bem que
corrupto, controle por uma crescente burocratização (Vencecavalo
cria, entre outros órgãos, a "Superintendência Borenganiana de
Represas, Açudes, Barragens e Comportas", que tem por sigla
"SUBOREÇUBACO", e a "Superintendência Borenganiana para a
Derrubada de Represas e Outras Contruções Ridículas", cuja sigla
é "SUBODERRETROCORI"). O resultado é que, como aconteceu
com o Brasil no início da década de 70, "sob tão completo controle,
o país atravessou uma fase de prosperidade nunca vista"(22).
As atividades de Vencecavalo são complementadas pelas de
"Sangrador Santos Bezerra", protagonista do quarto conto, o qual,
como o narrador nos informa, é natural do Kazinguistão, na
península de Escrônia, cujos países, sofrendo de uma megalomania
que lembra o Brasil da época em que o lema "ninguém segura
este país" era a palavra de ordem, "são muito atrasados em todos
os sentidos, alguns, de tal forma que nem têm noção de que são
atrasados e passam o tempo todo fazendo elogios a si mesmos"

(84). Enquanto Vencecavalo era movido por uma fervorosa paixão pelo militarismo, Sangrador é dominado por um intenso moralismo. Como medida primordial do seu governo, Sangrador decide proibir a comercialização do único produto de que dispõe o país, uns "pássaros avermelhados de singular formato", chamados pelo povo de "bicho-pica, pássaro caralho, papacu, manjuba voadora, essas coisas" (85), já que vê tal situação como um acinte à moral nacional. Aspirando à santidade, Sangrador, quer que se realize também um milagre, apesar de admoestado por São Rosivaldo, o santo padroeiro da Escrônia, que "esta coisa de milagres . . . não é tão fácil assim" (93). Informado de que a proibição de comercialização do "bicho-pica" tem causado muita oposição, Sangrador decide "mover uma guerra santa contra os recalcitrantes" (98), com o resultado que "dos opositores morreram sessenta e cinco por cento e ficaram aleijados outros vinte e seis por cento, enquanto o resto foi preso nas masmorras para expiar suas culpas" (99), uma alusão à tortura e à repressão que acompanharam o "milagre" econômico do início dos anos setenta, época em que também se pretendeu criar a felicidade geral por meio de decretos-lei.

Nem todos os contos, todavia, têm como personagens centrais déspotas como Vencecavalo e Sangrador. Duas das histórias tratam de personagens associados com o "povo". A terceira história da coleção, "Rombaquirica Santos Bezerra", conta as aventuras do seu protagonista nordestino com um "bonguedongue", um termômetro de fabricação francesa, cuja função principal era propiciar aos maridos determinar com precisão se estavam sendo traídos por suas esposas. Como o narrador nos informa, isso era possível porque o aumento da temperatura "naquelas acolhedoras partes, quando a mulher entra em conjunção carnal com um homem, ou ersatz compatível" (65) fazia com que o termômetro, após sua inserção "no recesso das partes mais graciosas da senhora" (65), emitisse sons que permitiam precisar "o lapso de tempo decorrido entre o ato ilícito e a averiguação marital" (65). O termômetro em questão, adquirido pela família de Rombaquirica, havia pertencido a um certo M. Lourd, cuja esposa era de tal forma insaciável que, segundo o narrador, se tornou capaz de

tocar no bonguedongue uma variedade de canções populares da
época, entre as quais *Sous les doigts de Paris, Douche France*
e *Connéction Française*. Infelizmente, o termômetro havia sido
contaminado por uma rara e praticamente incurável doença, o
"gúnflio", transmitido por criaturas de aparência inofensiva, os
"glipsos", que supostamente se alojam na genitália dos camelos.
O narrador oferece uma longa lista dos sintomas do "gúnflio",
que vão da sífilis à esquissotomosse, da fome ao analfabetismo,
e que, portanto, é facilmente reconhecível como um sumário de
alguns dos mais graves problemas sanitários e sociais do Brasil.
Graças à sua incessante atividade sexual, Rombaquirica torna-
se quase tão perito quanto Mme. Lourd na arte de tocar o
"bonguedongue", acabando por espalhar o "gúnflio" por toda a
região. Ostensivamente preocupado com a epidemia de "gúnflio",
o governo estabelece uma comissão de estudos, que vem a ser nada
mais que outra organização burocrática, como tantas que se criaram
no passado recente do Brasil, e que pouco faz além de produzir
arcanos trabalhos científicos, tais como *"Etiologia do gúnflio, Viva
com o gúnflio e viva melhor* e *Ruy Barbosa e o gúnflio"*. Todas
estas pesquisas são inúteis porque um requisito para a cura é a
boa alimentação, fato pouco provável no nordeste brasileiro. O
conto termina quando um destacamento do governo, "encarregado
de pacificar a região" (78) mata Rombaquirica "com dois tiros
de bazuca e quatro granadas de mão, além de sessenta rajadas de
metralhadora" (79), numa cena que faz não muito discreta alusão
às mortes dos guerrilheiros Guevara e Marighela.

Invertendo o que geralmente acontece nas relações entre o
Brasil e os Estados Unidos, o quinto conto do livro, "Abusado
Santos Bezerra", relata os sucessos de um detetive brasileiro,
convocado pelo Capitão Godeme, da segurança presidencial
americana e pelos investigadores Jeff Camone e Tenente Ailoviú,
do FBI, para resolver um grande mistério: porque depósitos fecais
estavam aparecendo por onde quer que passasse o presidente
Lukaut, desde seus aposentos particulares até a casa de seu
cachorro de estimação, Goauêi. O conto contrasta a obsessiva, mas
ineficiente organização norte-americana, com o "jeito" brasileiro.
Apesar de surpreso quando, propondo interrogar os dedos-duros

americanos é informado de que estes não existem, Abusado
finalmente soluciona o caso, coagindo o agente de segurança Phil
Guivimi, que nada tinha a ver com a história, a aceitar a culpa
em troca de vantagens monetárias. Antes de partir, Abusado deixa
um conselho ao presidente Lukaut, que contém um sentimento que
certamente muitos brasileiros gostariam de poder exprimir no início
dos anos setenta: "por mais presidente que o sujeito seja, tem
sempre alguém cagando para ele" (133).

O segundo conto do volume, "Tombatudo Santos Bezerra",
nos transporta à gloriosa época dos descobrimentos portugueses. O
personagem-título exerce a profissão de "enrabadiço", que, segundo
o narrador, embora não mencionada nos livros de historia, era
imprescindível para a manutenção da saúde física e moral dos
marinheiros portugueses, afastados de suas mulheres durante as
longas viagens por mares nunca dantes navegados. Pela força do
destino, Tombatudo vai desempenhar um papel central na guerra
entre as tribos dos cuchichas e dos paranaguás, iniciada quando
estes são forçados a defender sua honra ao serem acusados por
aqueles de homossexuais. No exato dia do início da guerra aportam
os portugueses, trazendo em suas naus um enorme carregamento
de lona, que descarregam enquanto os paranaguás combatem
seus inimigos.   Tombatudo decide acompanhar os paranaguás,
não só confirmando assim a acusação feita pelos cuchichas, mas
facilitando eventualmente a derrota dos paranaguás. Esta é causada
não pela inferioridade numérica ou incompetência guerreira dos
paranaguás, mas por um expediente habilmente tramado pelos
cuchichas.   Após cercarem os paranaguás, os cuchichas os
surpreendem com o mesmo desconcertante canto tão comum
nos estádios de futebol brasileiros: "bicha, bicha, bicha" (50).
Vencidos e desmoralizados, os paranaguás voltam à praia para
sofrerem uma nova derrota. Sugerindo ao chefe dos paranaguás
que "a melhor maneira de administrar a sua nação [é] transformá-
la num circo" (53), os portugueses, antes de partirem, obrigam os
nativos a pagar pelo carregamento de lona que estes nunca tinham
encomendado e de que absolutamente não necessitam, situação que,
segundo o narrador foi origem da expressão popular "estou na lona"
(57).   É significativo que Tombatudo, identificando-se com os

nativos, prefira permanecer no Brasil, pois o conto desta forma
sugere que é exatamente como "enrabadiço" para os interesses
estrangeiros que o país tem servido ao longo da sua história.

Em *Literatura e vida literária*, Flora Sussekind alerta para os
perigos desse tipo de correspondência um tanto fácil na produção
cultural dos anos setenta e mostra que a literatura *à clé* constituída
por parábolas e alegorias contém inegáveis cartas marcadas, que
acabam por diminuir o valor literário das obras. Referido-se
especificamente a uma passagem de *A casa de vidro* de Ivan
Ângelo, Flora Sussekind diz o seguinte:

> A armadilha da parábola é, pois, igualmente perigosa.
> Torna o narrado solene, sem humor. Não há susto
> algum possível para quem lê um texto como este de
> Ivan Ângelo. E, discretamente como "A casa de vidro",
> isto o torna esteticamente compatível com o discurso
> autoritário. Em comum, idêntica dificuldade em nomear
> as coisas. Daí, a paixão pela alusão. Em comum, também,
> a rejeição da dubiedade, privilégio do significado único e
> da referencialidade a um real pouco problematizado (62).

É esta a restrição que Flora Sussekind faz também a José J.
Veiga, ao Érico Veríssimo de *Incidente em Antares* e ao Moacyr
Scliar de *Mês de cães danados*. Segundo ela, estes escritores
recalcam a ficcionalidade e o trabalho com a linguagem, repetindo
de certa forma o documentalismo pouco sofisticado da chamada
literatura-verdade produzida na época (61). Sussekind sugere que
os melhores textos do período são exatamente os que conseguem
ir além da alegoria e do simbolismo óbvio, e que "incorporam
a tensão política à sua própria linguagem, ao invés de apenas
descrevê-la de modo mágico ou naturalista" (27). Entre estes,
estariam os romances *Confissões de Ralfo*, de Sérgio Sant'Anna e
Em liberdade, de Silviano Santiago, e o conto "O exterminador"
de Rubem Fonseca.

Vencecavalo e o outro povo merece ser colocado ao lado
destas últimas obras [2]. Apesar dos inúmeros elementos alegóricos
e simbólicos relacionados acima, João Ubaldo Ribeiro cria um
original universo ficcional, que transcende a referencialidade e

estimula o leitor a um trabalho mais ativo e mais profundo. Não resta dúvida que isto se deve, em grande parte, à utilização da sátira. Como Gilbert Highet demonstra em *The Anatomy of Satire*, embora possua a urgência e o imediatismo da vida real, a sátira é um gênero que por definição contém uma mistura de emoções e níveis de linguagem: "The original Latin word *satura* means 'medley', 'hotch-potch' and the best satirists have either known this or divined it" (18) ["A palavra latina *satura* significa 'miscelânia', 'mistura', e os melhores satiristas ou sabiam disso ou o adivinharan."] E Highet continua: "Hate alone may be expressed in other kinds of literature; and so may laughter, or the smile of derision. The satirist aims at combining them" (22). ["O ódio pode ser expresso em outros tipos de literatura, como aliás também o riso e o sorriso da zombaria. O satirista visa e combiná-los."] É exatamente através desta mistura do sério com o cômico que João Ubaldo Ribeiro consegue ir além do maniqueísmo simplificador de grande parte da literatura alegórica da época e envolver o leitor em considerações muito mais complexas.

Highet mostra também que há basicamente duas principais concepções de sátira, às quais correspondem dois diferentes tipos de satirista. De um lado está o satirista que, como Horácio, simpatiza com a humanidade, mas a acha míope e um tanto ingênua. Seu objetivo é curá-la de sua ignorância, apontando-lhe, através do riso, o caminho, da verdade. Do outro lado está o satirista que, como Juvenal ou Swift, odeia ou despreza a humanidade, acreditando que no mundo triunfa a desonestidade (235). Embora Highet não o mencione, ao primeiro grupo pertence também François Rabelais, que, como outros já sugeriram, é o satirista com o qual o autor de *Vencecavalo e o outro povo* mais se aparenta, tanto em estilo quanto em visão do mundo. Como Rabelais, João Ubaldo Ribeiro ao mesmo tempo que ataca com sua mordaz sátira as loucuras nacionais, demonstra um inabalável interesse pela vida em toda a sua variedade e com todas as suas contradições. E também como Rabelais, sabe que só através de uma linguagem calcada em excessos e ambigüidades, poderá representar um mundo concebido daquela maneira.

Um dos melhores exemplos do que estamos sugerindo é a enumeração rabelaisiana de sintomas de "gúnflio" em "Rombaquirica Santos Bezerra" (70), que vai desde dentes podres até à falta de amor à causa pública e à indolência, passando pelo analfabetismo e por um rol das principais doenças que assolam a população brasileira. Embora não reste dúvida que a leitura desta lista provoca o riso, nenhum dos termos da série é intrinsicamente cômico. O cômico nasce da surpresa criada pela inesperada justaposição, exagerada acumulação e incongruente mistura de elementos, bem como da exploração da própria sonoridade dos vocábulos, como na lista de doenças. O cômico é, portanto, resultado de uma manipulação da linguagem. Por exemplo, tocar sanfona não é, em si mesmo, cômico, mas a formulação "uma acentuada propensão para tocar sanfona" o é. Entretanto a presença de elementos intrinsicamente sérios, torna o riso problemático. Assim, a formulação "tendência a não reconhecer comida" contém um inquietante humor negro. É importante ressaltar, contudo, que o autor não permite que o leitor se compraza numa piegas simpatia pelos sofredores de "gúnflio". *Vencecavalo e o outro povo* evita toda e qualquer significação em termos de bons e maus, oprimidos e opressores. Com efeito, a possibilidade de sentimentalismo é esbatida pelo tom crítico com que a lista termina: a falta de caráter e a preguiça celebrizadas no *Macunaíma* de Mário Andrade, e a proverbial falta de seriedade do brasileiro. Ao percorrer essa lista, o leitor passa, portanto, por uma desestabilizadora variedade de respostas, que nunca lhe permite ser totalmente passivo. Highet vê nessa instabilidade uma das principais características da sátira: "In plot, in discourse, in emotional tone, in vocabulary, in sentence-structure, and pattern of phrase, the satirist tries always to produce the unexpected, to keep his hearers and his readers guessing and gasping" (18). ["No enredo, no discurso, no tom emocional, no vocabulário, na estrutura e na forma da frase, o satirista tenta sempre produzir o inesperado, a fim de manter seus ouvintes e leitores na incerteza e na expectativa."]

Resultados semelhantes são conseguidos pelo emprego da paródia. Um dos melhores exemplos é a parodia da literatura

indianista brasileira, mais especificamente de *Iracema*, em
"Tombatudo Santos Bezerra":

> Ainda Tupã era menino como Jaci também era, e esses rios
> não eram mais do que regatos e débeis fios d'água, ainda
> não tinham os homens pisado o solo fértil destas terras,
> e já a bogabóia sagrada dos paranaguás amadurecia no
> cabaceiro, refletindo em sua pele lustrosa os raios do sol
> menino. O raio veio do céu e fendeu a cabaceira, mas a
> bogabóia ficou no ar, sustentada pelo sopro de Tupã. E o
> primeiro pai tirou essa bogabóia e pendurou no beiço e,
> inclusive, inventou o inhame, o ingá e a mandioca. Muito
> me entristece este teu gesto, filho dos cuchichas. Fora eu
> um homem vingativo, não estarias vivo para repensar na
> tua insensatez. Quando eu bater com este tacape na tua
> cabeça e teus miolos escorrerem afogando as tuas lêndeas,
> lembra-te disso (31).

Novamente o riso é provocado pela incongruente justaposição de
elementos díspares, tanto dentro do trecho citado acima, quanto
na sua intertextualidade com o modelo alencariano. Há por toda
a passagem uma mistura do coloquial com o solene, culminando
no período final, que cria o efeito do inesperado, assinalado por
Highet. Por meio da paródia invertem-se os valores associados
com o texto de Alencar, tais como a nobreza do colonizador e do
nativo e seu mútuo respeito, a intrínseca cordialidade brasileira e
a proverbial harmonia de raças. O puro amor entre o branco e a
indígena, produzindo numa harmoniosa miscenegação, "o primeiro
brasileiro", é substituído por um estéril relacionamento entre dois
homens. Vistos não como desbravadores do Novo Mundo, mas
como sórdidos exploradores comerciais, os portugueses perdem
qualquer traço de heroísmo, enquanto os pouco inteligentes nativos
ficam muito distantes da nobreza do "bom selvagem".

Temos aqui, no entanto, uma relação muito mais complexa que
uma simples oposição. Teoristas como Linda Hutcheon e Thomas
M. Greene[3] demonstraram que a paródia inclui freqüentemente
uma apreciação do modelo parodiado. Não há dúvida que,
ao inverter o texto de José de Alencar, João Ubaldo Ribeiro

quer desmistificar a versão da colonizaçao ali apresentada e, sugerindo paralelos entre o colonialismo do século dezesseis pelos portugueses e o neo-colonialismo contemporâneo pelos países industrializados, pretende abrir um debate sobre a própria questão da dependência. Mas este programa está intimamente ligado a um interesse pelas questões das origens históricas do Brasil e da identidade nacional, que remonta a Alencar e do qual participa praticamente toda a obra de João Ubaldo Ribeiro, desde *Sargento Getúlio* ao recente *Viva o povo brasileiro*[4]. Em outras palavras, ao parodiar Alencar, Ribeiro rejeita suas explicações, mas de certa forma lhe presta uma homenagem ao retomar sua problemática. Assim, por mais que rejeite a tradição oficial, *Vencecavalo e o outro povo*, através da paródia, re-establece dialeticamente um produtivo diálogo com aquela tradição. Em *Problemas da poética de Dostoiévski* Mikhail Bakhtin resumiu muito bem esta característica polifonia da paródia: "Introduzir um elemento paródico ou polêmico na narração é fazê-la polifônica, mais disposta à interrupção, não mais gravitando em direção a si própria ou ao seu referente."[5]

Vencecavalo e o outro povo apresenta uma versão do Brasil que contesta a versão oficial que se tentava impor na época em que foi escrito, ao mesmo tempo que vai além do maniqueísmo um tanto catártico que caracteriza um grande segmento da literatura dos anos setenta. No Brasil de João Ubaldo Ribeiro não se distinguem facilmente os "bons" dos "maus" brasileiros. Sob este aspecto, é significativo que os cinco contos representam, como assinalou Malcolm Silverman, "cinco faces do mesmo ridículo e intrépido personagem: Santos Bezerra" (101), que ora é um ignorante chefe político, como Vencecavalo, ora um déspota, como Sangrador, ora um machista nordestino, como Rombaquirica, ora um malandro, como Abusado, ora um antepassado, como Tombatudo. A própria estrutura episódica do livro constrói uma imagem do Brasil como uma agregação de muitas partes, que está longe de ser uma perfeita síntese, como quer o mito nacional da harmonia, mas que é, contudo, singular na sua dissonante variedade.

Abandonando a por vezes sombria seriedade de boa parte da literatura da época, João Ubaldo Ribeiro produz, através da sátira, uma devastadora anti-história, que desmistifica o passado e desmascara o presente. Escrevendo sobre o conceito renascentista do riso em *Rabelais e seu mundo*, Bakhtin nos ensina que alguns dos aspectos mais essenciais do mundo seriam somente accessíveis através do riso e que, portanto, o riso seria uma forma fundamental de se chegar à verdade[6]. Esta é também a lição ensinada por João Ubaldo Ribeiro ao retomar a tradição brasileira do humor subversivo, que remonta a Gregório de Matos, passando por Manuel Antônio de Almeida e Oswald de Andrade. Paradoxalmente, em seu jogo sutil com a censura e em sua contestação da oficialidade, a cômica anti-história de João Ubaldo Ribeiro acaba por se tornar um capítulo indispensável na reconstrução histórica do período. Mas porque estes elementos estão embutidos numa trabalhada linguagem literária que envolve e estimula o leitor, este pode reviver e atualizar a própria experiência de resistência. *Vencecavalo e o outro povo* revela uma confiança nas possibilidades da ficção, tanto enquanto perene afirmação de liberdade, quanto como uma eficaz e singular maneira de se retratar o presente e de se recuperar o passado.

Notas

1. No capítulo "Theory of Myths" em *The Anatomy of Criticism*, Northrop Frye sugere que é exatamente esta presença do fantástico que distingue a sátira da ironia, com a qual é tantas vezes erroneamente confundida: "Irony is consistent both with complete realism of content and with the suppression of attitude on the part of the author. Satire demands at least a token fantasy, a content which the reader recognizes as grotesque, and at least an implicit moral standard, the latter being essential in a militant attitude to experience" (224). ["A ironia é consistente tanto com um completo realismo quanto com a supressão de qualquer atitude por parte do autor. A sátira exige pelo menos um resquício de fantasia, um conteúdo que o leitor reconhece como grotesco e pelo menos um padrão implícito de moral, este sendo essencial a uma atitude militante em relação à experiência"]

2. Flora Sussekind provavelmente não concordaria com nosso julgamento, já que não parece ser uma grande admiradora da obra de João Ubaldo Ribeiro, como sugere seu injusto comentário sobre *Viva o povo brasileiro* em *Literatura e vida literária*, que transcrevemos aqui: "Transformação crítica capaz, por exemplo, de impedi-lo [o leitor] de engolir por 'obra-prima' o surto de 'romances de fundação' que domina, como uma espécie de fundamento ideológico-literário para a noção mesma de 'nova república', as listas de *best sellers* nacionais no 1º semestre de 85. E no qual se incluiriam tanto a utopia comunitária construída por Jorge Amado em *Tocaia Grande* quanto a definição étnica de uma 'alminha' nacional realizada por João Ubaldo Ribeiro em *Viva o povo brasileiro*" (90).

3. Refiro-me aqui aos livros *A Theory of Parody: The Teachings of Twentieth-Century Art Forms* de Linda Hutcheon e *The Light in Troy: Imitation and Discovery in Renaissance Poetry* de Thomas M. Greene. Hutcheon, aliás, fornece alguns interessantes exemplos tirados do campo da pintura, como as recriações modernistas por Picasso de *Las Meninas* de Velázquez.

4. É interessante lembrar que "Santos Bezerra" é também o sobrenome "oficial" do Sargento Getúlio, personagem central do

romance do mesmo nome, e que "povo" re-aparece no título do livro mais recente de João Ubaldo Ribeiro.

5. Esta citação é uma tradução nossa, feita a partir da tradução norte-americana intitulada *Problems of Dostoevsky's Poetics*. A citação em inglês é a seguinte: "To introduce a parodic and polemical element into the narration is to make it more multi-voiced, more interruption-prone, no longer gravitating toward itself or its referential object" (226).

6. Este é o comentário que faz Bakhtin: "O riso tem um profundo significado filosófico, é uma das formas essenciais da verdade no que diz respeito ao mundo como um todo, à história e ao ser humano; é um singular ponto de vista em relação ao mundo; o mundo é visto com uma nova face, não menos (e talvez mais) profundamente que quando pela ótica do sério. Alguns dos aspectos mais essenciais do mundo são somente accessíveis através do riso". Esta tradução é nossa, e foi feita a partir da tradução norte-americana, intitulada *Rabelais and His World*. O texto na tradução norte-americana é o seguinte: "Laughter has a deep philosophical meaning, it is one of the essential forms of the truth concerning the world as a whole, concerning history and man; it is a peculiar point of view relative to the world; the world is seen anew, no less (and perhaps more) profoundly than when seen from the serious standpoint. Therefore, laughter is just as admissible in great literature, posing universal problems, as seriousness. Certain essential aspects of the world are accessible only to laughter" (66).

Obras citadas

Ângelo, Ivan. *A casa de vidro*. São Paulo: Cultura, 1979.

Bakhtin, Mikhail. *Problems of Dostoevsky's Poetics*. Trad. Caryl Emerson. Minneapolis: U of Minnesota P, 1984.

———. *Rabelais and His World*.   Trad.   Hélène Iswolsky. Bloomington: Indiana UP, 1974.

Brandão, Ignácio de Loyola. *Cadeiras Proibidas*. São Paulo: Símbolo, 1976.

Fonseca, Rubem. "O exterminador". *O conto brasileiro contemporâneo*. Org. Alfredo Bosi. São Paulo: Cultrix, 1978. 241-49.

Frye, Northrop. *The Anatomy of Criticism*. Princeton: Princeton UP, 1957.

Greene, Thomas M. *The Light in Troy: Imitation and Discovery in Renaissance Poetry*. New Haven: Yale UP, 1982.

Highet, Gilbert. *The Anatomy of Satire*. Princeton: Princeton UP, 1962.

Hollanda, Heloísa Buarque de e Marcos Augusto Gonçalves. "Política e literatura: a ficção de realidade brasileira". *Anos 70*, 2. Rio de Janeiro: Europa, 1979.

Hutcheon, Linda. *A Theory of Parody: The Teachings of Twentieth-Century Art Forms*. New York: Methuen, 1985.

Ribeiro, João Ubaldo. *Sargento Getúlio*. 1971. 5ª ed. Rio: Nova Fronteira, 1982.

——. *Vencecavalo e o outro povo*. 1974. 2ª ed. Rio de Janeiro: Nova Fronteira, 1984.

——. *Viva o povo brasileiro*. Rio de Janeiro: Nova Fronteira, 1984.

Santiago, Silviano. *Em liberdade*. Rio de Janeiro: Nova Fronteira, 1984.

——. *Vale quanto pesa*. Rio de Janeiro: Paz e Terra, 1982.

Scliar, Moacyr. *Mês de cães danados*. Porto Alegre, L & PM, 1977.

Silverman, Malcolm. *Moderna ficção brasileira 2*. Rio de Janeiro: Civilização Brasileira/INL, 1981.

Sussekind, Flora. *Literatura e vida literária*. Rio de Janeiro: Zahar, 1985.

Veríssimo, Érico. *Incidente em Antares*. Porto Alegre: Globo, 1971.

Guillermo Cabrera Infante y la otra historia de Cuba

Ernesto Gil López

Universidad de la Laguna

A nadie se le oculta que la violencia ha constituido, desde los tiempos más remotos, una constante que ha estado salpicando con su presencia los escritos realizados por el hombre. Basta echar una ojeada a la historia de la literatura universal para salir de dudas. Puede tomarse como punto de partida el matiz sangriento que impregna algunos versos del *Poema de Gilgamesh* y de *La Ilíada* que, significativamente, tampoco falta en algunos pasajes bíblicos. Si nos desplazamos hasta la épica medieval, seguiremos percibiéndolo en el *Cantar de los Infantes de Lara*, en la *Chanson de Roland*, o en *Los Nibelungos*. Este ingrediente no escasea en absoluto en la novela picaresca ya que tanto los protagonistas de *El Lazarillo*, como de *El Buscón*, así como los otros pícaros literarios, son reiteradamente objeto de malos tratos, tanto de carácter físico, como psicológico, por parte de aquellos que, bajo la apariencia de una falsa protección, descargan su crueldad sobre ellos.

Tomando como centro de interés el Nuevo Mundo, es posible advertir la presencia de este fenómeno desde textos prehispánicos como el *Popul Vuh*, aunque es justo señalar que allí son los dioses los que, con afán devastador, desencadenan un diluvio de males sobre los humanos. Ya en la etapa de la conquista, la *Brevísima relación de la destrucción de las Indias*, del padre Bartolomé de las Casas, constituyó una abierta denuncia de los atropellos que, en aquellos días, padecieron los indios. Más tarde, este tema tendría una continuidad muy pormenorizada en una serie de relatos que, por sus características, han merecido el nombre de "novelas de la dictadura". En ellas no resulta difícil tropezarse con derroches de violencia y, por citar algo más concreto, evocaremos las torturas dispuestas por el auditor de guerra en *El señor Presidente* de Miguel Ángel Asturias, o esa larga cadena de suplicios inhumanos que descubrimos en *El otoño del patriarca*, de Gabriel García Márquez.

Pues bien, a este conjunto de obras hay que sumar *Vista del amanecer en el trópico*, del escritor cubano Guillermo Cabrera Infante, libro que, por las diversas razones que expondremos a continuación, merece el calificativo de extraordinario. Y podemos comenzar por el título. No es frecuente que un autor haga uso dos veces del mismo nombre para creaciones distintas, pero lo que en este caso sucedió puede explicarlo. En 1964 Cabrera Infante obtuvo el premio Joan Petit por un relato titulado *Vista del amanecer en el trópico*. Pero las dificultades que puso la censura para la publicación de esta obra, junto con el cambio de actitud ideológica que se operó por aquellas fechas en el escritor, propiciaron una reelaboración del original que saldría más tarde a la luz con el nuevo nombre de *Tres tristes tigres*. La circunstancia de que, en 1974, volviera a emplear para un texto posterior el mismo título de *Vista del amanecer en el trópico*, hizo caer a varios críticos en la sospecha de que tal vez se hubiesen utilizado en este libro algunos de los materiales que fueron desechados a la hora de redactar *Tres tristes tigres*. Ahora se sabe que el propio autor confirmó estas suposiciones en una carta a Isabel Álvarez Borland. Sin embargo, en esta carta aclaraba que las viñetas del manuscrito se limitaban a la etapa de la dictadura de Batista, mientras que en esta última obra esas fronteras cronológicas se ampliaban mucho más, extendiéndose prácticamente a toda la historia cubana.

Otro aspecto que contribuye a esa originalidad que hemos señalado respecto a este libro es su dedicatoria. No deja de ser sorprendente que el narrador haya ofrecido esta obra a dos militares que murieron en circunstancias muy especiales. El primero, Plinio Prieto, fue acusado de rebeldía por haberse refugiado en las montañas con un grupo de estudiantes de la Universidad de Santa Clara, y fusilado en 1960 (Thomas 414). Esta muerte es, a todas luces, un castigo desmedido si se tiene en cuenta que, bajo la dictadura batistiana, el propio Fidel Castro fue condenado por el mismo delito a tan sólo dos años de cárcel (Álvarez Borland, "Entrevista" 581). En cuanto al segundo, el comandante Alberto Mora por un tiempo Ministro de Comercio Exterior, se sabe que se suicidó de un balazo en 1972. Resulta muy significativo que ambas muertes se produjeran tras el triunfo de la Revolución; además, esos doce años que separan una muerte de la otra hacen que la segunda de ellas sea mucho más triste, en cuanto que "al quitarse la vida, señala el empeoramiento de una situación que instiga a sus víctimas al suicidio" (Álvarez Borland, *Discontinuidad* 24).

Dentro de esta misma pauta depresiva cabe incluir, igualmente, el epígrafe inicial, tomado de uno de los *Caprichos* de Goya, en el que puede verse sentadas a un grupo de brujas, una de las cuales, señalando al firmamento dice: "Si amanece; nos vamos". La interpretación que se le ha dado a este "capricho" es que, con la llegada de la luz, que equivale al esplendor de la ciencia o de la verdad, brujas, trasgos y duendes desaparecerán, en cuanto que el suyo es el reino de la oscuridad física e intelectual (Pérez-Sánchez 74). Cabe un posible paralelismo entre la siniestra visión que muestra el grabado y la vista panorámica no menos cruel que de la historia de Cuba ofrece este libro de Cabrera Infante. Sólo que, si en la obra del gran pintor aragonés los protagonistas eran las brujas y sus acompañantes, en la del escritor cubano resulta estremecedor que quienes dan lugar a este contexto lúgubre y espantoso, empapado de violencia, sean precisamente algunos de sus compatriotas. Si en el grabado goyesco lo que podía conseguir que se desvaneciera ese mundo de seres horripilantes era el amanecer físico o intelectual, en el texto que comentamos ese amanecer metafórico no puede ser otro que el de una paz y una concordia que, visto el panorama presentado en el libro, invita a dudar que pueda producirse por ahora.

Una de las aportaciones de esta obra que contribuye, sin duda, a convertirla en un texto excepcional es el certero manejo de los recursos expresivos desplegado por Cabrera Infante. Como se sabe, *Vista del amanecer en el trópico* consta de ciento una viñetas que, de modos diversos, ofrecen una visión muy particular de la historia de Cuba. Las viñetas —término tomado del léxico de la pintura o de los "comics"—son unos textos breves caracterizados por su gran concreción espacio-temporal, a lo que hay que sumar un lenguaje sumamente conciso y concreto. Para escribirlas, Cabrera Infante tomó como modelo las viñetas que aparecen en *La feliz vida breve de Félix Macomber*, de Ernest Hemingway. Pero su mérito ha consistido en presentarlas con tal variedad de fórmulas que Eloy González Argüelles ha llegado a comparar el libro con la famosa "Caja de Pandora". Es obvio que con ello alude no sólo a las connotaciones negativas que poseen las viñetas, sino también a su diversidad. Efectivamente, podemos distinguir entre ellas una serie de relatos narrativos que informan de los atropellos sufridos por los pobladores de la Isla. Hay también un conjunto de descripciones relativas a diversas formas de representación gráfica, entre las que podemos mencionar un mapa, un bando, un "graffitto", unos grabados y varias fotografías. Aunque aparentemente los comentarios que se efectúan sobre estas imágenes pueden ser tomados como imparciales, poco a poco se advierte cómo el narrador, con suma habilidad, ha ido influyendo en la conciencia de los lectores hasta conducirlos al estado de angustia y desolación que se había propuesto conseguir desde el principio.

En contraste con el español "standard" de las narraciones, se destacan sendos monólogos que recogen, en el habla cubana popular, los testimonios de dos víctimas de la revolución castrista. Mientras el primero de ellos da a conocer las confidencias de un hombre al que habían incautado un teatrito con el que se ganaba la vida, el segundo reproduce la transcripción escrita de una charla telefónica que sostuvo la madre de Pedro Luis Boitel con su hija, ya en el exilio. En ella la mujer denuncia las irregularidades que rodearon la muerte de Boitel, junto con la represión que soporta el país la cual se hace evidente cuando al final interrumpen la comunicación. Al escritor le ha sorprendido mucho que esta viñeta haya sido considerada uno de sus mejores textos pues afirma que se limitó a repetir las notas que reproducían por escrito el diálogo entre la madre y la hija. En cambio, ha descubierto que algunas de las fotografías que se comentan en el libro son totalmente irreales, ya que los hechos que presentan tuvieron lugar antes de que se conociera este invento (Álvarez Borland, "Entrevista" 59-60).

Aparte de los que ya hemos apuntado, hay otro aspecto que contribuye al carácter singular de esta obra: su temática. Como anticipábamos en el título de este trabajo, Cabrera Infante presenta en *Vista del amanecer en el trópico* una nueva perspectiva de la historia de Cuba. Nos ofrece una sucesión de etapas salpicadas todas ellas por la sangre de una violencia que se repite periódicamente, hasta el punto de convertirse no sólo en "Leitmotiv", sino en el tema principal de este libro. Así parecen confirmarlo las viñetas que lo componen en las que, de forma fragmentaria y con un tratamiento diverso según el ciclo temporal de que se trate, se pasa revista a los diversos pobladores que han ido dejando sus huellas en la Isla. En este sentido resulta sorprendente la brevedad con que Cabrera Infante ha despachado el primer período de la Isla, sirviéndose sólo de un texto que muestra una cadena de sometimientos sucesivos, desde los primeros siboneyes, taínos y caribes, hasta la llegada del hombre blanco. Siguen unos escasos comentarios alusivos a la fase de colonia y al inhumano trato de esclavos que tan beneficioso fue para Cuba, para hacer luego una mención bastante superficial de los asaltos ingleses a La Habana. Dedica, en cambio, casi treinta viñetas a la cruenta lucha independentista y despliega poco después un nutrido repertorio de anécdotas sangrientas, acaecidas bajo las polémicas dictaduras de Gerardo Machado y Fulgencio Batista. Significativamente, el último tercio de la obra se centra en la Revolución y abarca desde su comienzo en la Sierra Maestra, descrito en la viñeta sesenta y cinco, hasta dos décadas después de la llegada al poder de Fidel Castro.

Uno de los contrastes más llamativos de *Vista del amanecer en el trópico* es el que se da entre el dinamismo de las viñetas que relatan acontecimientos históricos, frente al estatismo de las que describen aspectos geográficos de la Isla. En este sentido resulta muy ilustrativa la conexión entre el primero y el último de los textos: ambos coinciden en exaltar tanto la belleza como el carácter imperecedero que posee la isla de Cuba, antes y después de la cadena de sucesivos abordajes humanos que sufre. Con esto

no sólo se hace patente la estructura circular que posee el libro
en cuanto que al final retoma la imagen con la que comenzaba,
sino que además se destaca el predominio de la naturaleza sobre
el ser humano que en la obra se encarga de su autodestrucción.
Hablamos del ser humano en general porque en este libro, en contra
de lo que sucede habitualmente, los protagonistas permanecen casi
siempre en el anonimato. Una explicación de esto podría ser que
el autor ha dado preferencia a los hechos sobre los personajes, de
manera que para él lo extraordinario, lo digno de tenerse en cuenta,
son las acciones más que quienes las ejecutan. Sin embargo, esa
ausencia de nombres también puede ser interpretada como un afán
generalizador que señalaría a todo el pueblo cubano, a lo largo de
su historia, como el único y auténtico sujeto, agente y paciente a
la vez, de los acontecimientos que relata esta singular obra.

Terminando ya, y a modo de síntesis de los diversos apartados
en los que hemos tratado de destacar el carácter excepcional de
Vista del amanecer en el trópico, diremos que, efectivamente, esto
puede afirmarse por las siguientes razones:

1. Por su forma, basada en la original fragmentación de las
viñetas, sustitutiva de la novela, según David W. Foster;

2. Por su doble estructuración, ya que si bien sigue la
linealidad cronológica de la historia cubana, la conexión que se
da entre las viñetas primera y última, le proporciona un indudable
carácter de circularidad;

3. Por su tema, cronología y localización, en cuanto que el
libro supone una desesperanzada acusación de la violencia como
constante de la historia de Cuba;

4. Recordaremos, por último, la decisiva intervención de un
narrador que, con suma destreza, convierte sus descripciones de
una serie de elementos objetivos en una vía de integración para
ofrecer una visión panorámica de la historia cubana.

Obras citadas

Álvarez Borland, Isabel. *Discontinuidad y ruptura de Guillermo Cabrera Infante*. Gaithersburg: Hispamérica, 1982.

——. "Entrevista a Guillermo Cabrera Infante". *Hispamérica* 31 (1982): 51-68

Cabrera Infante, Guillermo. *Vista del amanecer en el trópico*. Barcelona: Seix Barral, 1974.

Foster, David W. "Hacia una interpretación de la escritura en *Vista del amanecer en el trópico* de Guillermo Cabrera Infante". *Caribe* (Spring 1977): 5-17.

González Argüelles, Eloy. Reseña de *Vista del amanecer en el trópico* de Guillermo Cabrera Infante. *Caribe* 1-2 (1976): 121-23.

Gubern, Román. *El lenguaje de los cómics*. Barcelona: Península, 1981.

Pérez-Sánchez, Alfonso E. "Comentarios". *Goya (Caprichos-Desastres-Tauromaquia-Disparates)*. Madrid: Fundación Juan March, 1982.

Rivers, Elías. "Cabrera Infante's Dialogue with Language". *Modern Language Notes* 92 (1977): 331-35.

Thomas, Hugh. *Historia contemporánea de Cuba*. Trad. Neri Daurella. Barcelona: Grijalbo, 1973.

Radio, "cassettes" y ficción en *D* de José Balza

Lyda Aponte de Zacklin

Consulado General de Venezuela en Nueva York

En la novelística latinoamericana desde sus comienzos hasta nuestros días, el escritor se ha interesado por incluir el acontecer histórico en el discurso como eje temático del relato. No obstante, lo que ha diferenciado a los diversos textos en los que se incluye el hecho histórico ha sido el acercamiento del autor a la realidad presentada, es decir, su actitud frente al lenguaje.

En la narrativa venezolana, como en la narrativa latino-americana en general, predominó durante un gran período de su desarrollo y evolución la tendencia literaria que considera el texto como copia o reflejo de la realidad; el lenguaje como presentación unívoca y absoluta de hechos reales y concretos. Dentro de esta proposición, el discurso histórico se entiende como el referente de hechos reales presentados tal como ocurrieron, para garantizar la verdad de lo narrado. Para el escritor de la llamada nueva novela latinoamericana, por el contrario, tanto el discurso histórico como el discurso de la novela son hechos lingüísticos que adquieren su autonomía, su verdadera realidad en el espacio textual. Como discurso literario, éstos serán siempre discursos secundarios y como tales intentan reflejar su propia imagen más que la imagen de otra realidad fuera del texto. En el discurso literario, se transgrede la oposición verdad-falsedad, realidad-ficción a través de un lenguaje que no intenta representar, sino que significa. El discurso es así,

apertura a una significación abierta, a un espacio en el que la
escritura se cuestiona a sí misma y dramatiza su propia realización.
Ya Carlos Fuentes ha dicho que "la nueva novela
hispanoamericana se presenta como una nueva fundación del
lenguaje contra los prolongamientos calcificados de nuestra
falsa y feudal fundación de origen y su lenguaje igualmente
falso y anacrónico" (31). En definitiva, en la nueva novela
latinoamericana historia y ficción se funden en un discurso que
afirma su verdad mientras se cuestiona, mientras se hace y deshace
en el sistema significante del texto. La novela *D* (1976) del
escritor venezolano José Balza, a la que el autor califica de ejercicio
narrativo, encaja dentro de la concepción literaria que considera la
literatura como reflejo de sí misma, a la historia como realidad que
se afirma en el ámbito poético del texto.

En *D* se presentan momentos resaltantes de la historia
contemporánea venezolana a través del desarrollo de la historia
de la radio y de la televisión en Venezuela. El relato se presenta
como la puesta en escena de esa historia que se desdobla en el
texto para cuestionarse a sí misma, mientras participa en el hallazgo
de su propio desarrollo y realización. En la narración dentro de
la narración, un conocido locutor de la radio decide grabar en
"cassettes" su historia personal: los momentos más significativos
de su vida que le permiten explicarse a sí mismo. Mientras
el locutor habla, discute, comenta su pasado, va engarzando el
panorama histórico de la radio y del país. De este núcleo central
parten las diversas historias que se enlazan y entrecruzan en
el texto. El narrador va presentando en su historia personajes
pertenecientes al mundo político y cultural del país: es decir,
personajes reales reconocibles para el lector, que se mezclan con los
personajes imaginarios del relato. Esta transgresión de los límites
entre lo real y lo imaginario dentro de la narración, entre lo que se
narra y lo narrado, sirve para acentuar la verdad de un discurso que
se afirma mientras se borra, se niega, se tacha. En otras palabras,
la historia y la ficción se funden en este texto que se propone como
verdad estética, como realidad del lenguaje.

Junto a la narración en el presente, al recuerdo inmediato de
lo hablado, el texto vuelca su mirada a un momento del pasado

remoto: el Orinoco visto por el cronista Juan Gumilla en su libro, *El Orinoco ilustrado*. Esta interpolación literaria en el discurso permite al narrador acercarse al pasado desde una perspectiva del presente, cuestionar lo leído y su propia visión de la historia. En el relato, el río Orinoco se convierte en la imagen del texto en cuanto que convergen en él el pasado y el presente, lo real y lo imaginario, lo visible y lo invisible:

> De una costa a otra, kilómetros móviles y relam-
> pagueantes, sexo fluvial, náusea y hechizo. Luego, sólo
> el ansia líquida; una pasión desmesurada en el tiempo,
> incesantemente borrada por sí misma y sin embargo
> duradera, presente, tan inmensa abajo que es sólo una
> orilla. El río posee únicamente uno de sus lados: visible
> más allá del oleaje, apoyado en el barranco verde: su
> otra orilla no existe: porque fue humana: estaba hecha
> por los hombres y los nombres perdidos que apuntaban
> hacia un mismo nombre: el de la selva y el del ser: cifra
> indígena intraducible y remota verdadera jerarquía de la
> tierra. (258)

El texto se apoya en un discurso marcado por la ambivalencia y la ambigüedad en su acercamiento a la historia, mientras se recuerdan los hechos, los narradores van esclareciendo, corroborando o profundizando en los mismos. Es decir, el texto propone un cuestionamiento que a la vez que mantiene el dinamismo del discurso; asegura la pluralidad del sentido. La historia no se presenta así como proposición de una verdad única, sino como apertura a diferentes interpretaciones y acercamientos.

En *D* el sentido siempre está cuestionado, postergado, agujereado, descentrado. En un discurso que mantiene una confrontación dialógica a través de una constante incursión de voces que se funden con el eco de otras voces; de discursos que desvían la linealidad de los enunciados (junto al discurso histórico, se sondea en lo erótico, en lo político y en lo cultural) lo que ayuda a mantener una superposición del sentido. Uno de los personajes del relato comenta: "una anécdota no existe si no se afirma, directa o sutilmente, sobre otra. La evocación de Hebu me llevó a contarle como Edgar Anzola había dicho, también el día de nuestra caminata por la esquina de Pajaritos, una historia muy significativa" (41).

En el relato la voz es el elemento discursivo que señala la traza de ese sentido que se afirma alterándose, borrándose, descontruyéndose. Así, como significante va marcando la ambivalencia del discurso. Por un lado es en el texto, "ese reto prodigioso de la reminiscencia", que permite mantener en el discurso poético "una incesante temporalidad", según Lezama Lima (189). Por otro lado, la voz que irrumpe de la radio puede ser: eufonía, polen propagador de lo bello; convocación de lo importante: "por ese espacio radial no sólo pasa el retrato más viviente del país—sus músicos, poetas, periodistas—sino que abre entre nosotros una noción mcluhaniana de la cultura. Napoleón Bravo instauró también allí un área para lo mejor de la canción latinoamericana, la poesía de todos los grandes nombres" (244). Pero la voz, asimismo, es el chillido estridente, el martilleo incesante en que nos envuelve la mecanización del mundo moderno: "la voz de la radio es un caldo incesante, una viscosa prolongación sonora que rodea, ata y adormece. En las calles de Caracas he visto las viejas azoteas de las pensiones: y desde allí, con abultados audífonos que los aislan, alguien mira hacia ningún lado, concentrado y perdido" (245).

La voz convertida en anuncio comercial ayuda a marcar la desconstrucción que practica la escritura y a señalar la ambivalencia del texto en relación a la historia: "Hebu iba a decirme que únicamente un escritor como Guillermo Meneses hubiera podido repetirme, inventar mi vida de los años cuarenta: la época de la fragilidad y el deterioro, de los humores y los gustos diarios: del espejo gastado o tangencial. Y quizá tenía razón. ¡Sal de frutas ENO, refrescante!" (48).

Este discurso que se opone a toda afirmación, a toda verdad preconcebida, alude a la aproximación a la historia, a sus héroes con mirada amplia, con sentido crítico. Es decir, la historia se propone como una indagación en el pasado que puede servir de punto de partida para comprender el presente:

Bolívar resplandece y se consagra como primera fuente de lucidez; todo cuanto hizo pudo fundir en su pueblo una

historia diferente. Pero a su lado está Páez (que también
es Bolívar, en su expresión recóndita) improvisador y
feliz en un comienzo: avaro, desorbitado luego, hasta
anular al héroe que hay en sí mismo (y en Bolívar).
Es el primer nudo: después hemos sido recorridos por
las posibilidades alternas: pero con destellos para la
conciencia y largos períodos para la retención personal
y el poder desordenado. (224-25)

En *D* la oposición historia-ficción se resuelve a través de lo
poético. El discurso mantiene su dialogismo sostenido por una
estructura que desmantela los límites espaciales y temporales del
relato; por un lenguaje múltiple que se acerca a todas sus fuentes,
a todas sus formas: "cassettes", radio, televisión, léxico de los
anuncios comerciales, la canción popular, el pop. A través de esta
pluralidad de lenguajes y de voces, el texto se convierte en apertura
indefinida al sentido, a la significación.

El texto, en su aproximación a la historia, alude a ese "cuerpo
visible" que según Merleau-Ponty dirige la mirada del pintor; a
la relación que se establece entre esa mirada y el mundo visible
al que se acerca. Por la mirada, dice Ponty "el pintor se abre al
mundo sin apropiárselo, manteniendo un enigma al convertirse en
ojo que mira mientras lo miran, en cuerpo que se reconoce a sí
mismo a través de lo mirado" (25). En *D* a través del mundo
pictórico, de la visión de algunos de los pintores venezolanos más
importantes (cuyas obras comentan los narradores del relato), se
iluminan rasgos esenciales y relevantes de la naturaleza, la historia
y lo que podría entenderse como el ser venezolano. Para uno de los
narradores del relato, la contemplación de un cuadro puede ayudarle
a descubrir su propio poder de percepción: "un cuadro de Jacobo
Borges que miraste alguna vez, sin interés, y que ahora hipnotiza
tu atención, te somete, comenta tu propio ojo. Sin embargo, sabes
que no estás mirando por ti, sino por tu nueva percepción que
advendrá" (142).

El texto convertido en "cuerpo visible" nos va revelando
la historia desde su propia interioridad, desde su propio ser,
comenzando así un circuito interminable donde los hechos de la
historia que el lector y el texto intentan explicar son, al mismo

tiempo, los hechos que permiten reconocernos, definirnos como parte de la historia presentada. Por la mirada del texto, la historia va acercándose a su verdad; verdad paradójica, sin embargo, en tanto que se afirma mientras se cuestiona; historia y ficción se confunden así en esa búsqueda indefinida de afirmación de su existencia, de su verdad.

La novela *D* parecería corroborar la opinión de Roland Barthes, para quien: "la literatura es verdad, pero la verdad de la literatura es a la vez impotencia misma para responder a las preguntas que el mundo hace" (193). En definitiva, *D* es un relato que a través de la brillantez de una prosa poética, de una rigurosa organización estructural, abre un espacio donde la historia y la ficción se confunden en una sola realidad literaria, en una sola realidad poética.

Obras citadas

Balza, José. *D*. 2ª ed. Caracas: Monte Ávila, 1980.
Barthes, Roland. *Ensayos críticos*. Trad. Carlos Pujol. Barcelona: Seix Barral, 1967.
Fuentes, Carlos. *La nueva novela hispanoamericana*. México: Joaquín Mortiz, 1969.
Merleau-Ponty, Maurice. *L'oeil et l'esprit*. Paris: Gallimard, 1964.
Lezama Lima, José. *Algunos tratados en La Habana*. Barcelona: Anagrama, 1971.

¿Texto, *Pretexta* o pre-texto?
Historia y parodia en
la narrativa mexicana contemporánea

Adriana Méndez Rodenas

University of Iowa

La narrativa hispanoamericana del post-boom exhibe la característica constante de subvertir el modelo de novela establecido por los grandes narradores del período anterior. Si García Márquez funda el prototipo de novela épico-mítica en *Cien años de soledad*, enmarcando la narración de la historia en la leyenda y el mito, los nuevos narradores de los años setenta rechazan el impulso totalizador de abarcar la historia entera de nuestro continente en una magna empresa narrativa. Todo lo contrario, la narrativa del post-boom se empeña en crear una novela fragmentada, o un fragmento de novela, en el intento de desvirtuar la herencia del boom, o sea, el postulado de que la ficción mediatice—directa o indirectamente—la historia.

El denominador común del post-boom es, sin lugar a dudas, la parodia, entendida como la agresión textual contra el modelo, la re-escritura consciente de otro texto, la invención de ficciones cuya marca estilística sería la circulación de un discurso ajeno en la voz narrativa dominante (Bakhtin 309, 324-26, 332, 340). La carga paródica de estas ficciones tiene el propósito de señalar el proceso de escritura como el único sustrato del texto para así sustituir al referente real o subtexto histórico. Por supuesto que este referente nunca se elimina del todo, sino que o bien se absorbe a la factura lingüística del texto (Severo Sarduy), o se evoca sugestivamente mediante la intromisión al montaje del relato de otros lenguajes y códigos, algunos de naturaleza no-verbal como el cine y la televisión (Manuel Puig).

En México, el impacto del post-boom recae sobre dos generaciones de narradores que Margo Glantz divide en "onda" (Gustavo Sainz y José Agustín) y "escritura" (Salvador Elizondo y José Emilio Pacheco) (13, 30-33). No obstante las marcadas diferencias de lenguaje y forma entre las dos tendencias, lo cierto es que la llamada nueva narrativa mexicana constituye una reacción plurivalente frente a un mismo fenómeno. Hacer literatura en México significa heredar una gran tradición nacional de novela histórica —la canonizada novela de la Revolución Mexicana. Y también requiere asimilar la re-escritura de esta tradición emprendida por Carlos Fuentes en *La muerte de Artemio Cruz*, míticamente depurada en *Pedro Páramo* de Rulfo. De esta doble y triple herencia, los narradores recientes conservan el espíritu crítico del historiador al escribir novelas alegóricas sobre el pasado y el presente que van más allá del ámbito nacional, como *Morirás lejos* (1967) de José Emilio Pacheco. Otros, como Fernando del Paso en *Palinuro de México* (1977), brindan una interpretación poética de la historia en imitación del barroquismo lezamesco.

Una tercera corriente propone, sin embargo, la alternativa quizás más radical: la fragmentación del formato narrativo al descomponerse la historiografía tradicional en una serie de textos carentes de legitimidad. Herederos de Salvador Elizondo, este grupo de escritores someten la obsesión por la escritura al cuestionamiento de la versión oficial (PRI-ísta) del México moderno. Narradores como Jorge Ibargüengoitia desvirtúan la seriedad del discurso histórico-ficticio por medio del humor y la parodia auto-consciente. *Los relámpagos de agosto* (1964) es una re-escritura satírica de las crónicas escritas por los generales de la Revolución en alarde de sus hazañas heroicas, género que a su vez alimenta la versión ficcionalizada de esta historia, *La sombra del caudillo* y *El águila y la serpiente* de Martín Luis Guzmán. Conforme la definición de Mikhail Bakhtin de la parodia como un estilo a doble voz (348, 363-64), Ibargüengoitia utiliza las memorias de los generales y la novela de la Revolución como pretexto o modelo sobre el cual escribir su propio alegato contra una historia corrompida por la retórica oficial del estado. Si Ibargüengoitia le roba legitimidad al género historiográfico—en sus dos variantes, la crónica real y la ficticia—Gustavo Sainz dará el paso en *Fantasmas aztecas* (1979) de convertir la historia misma en un pretexto, en motivo arbitrario para novelar.

De esta corriente paródica surge la obra de Federico Campbell, un narrador mexicano que ha pasado casi desapercibido por la crítica, a pesar de haber escrito uno de los textos que más agudamente cuestiona los conceptos tradicionales de la historia y la ficción. En 1977, Campbell publica su novela *Pretexta* en la editorial marginal "La máquina de escribir" que él mismo ayudó a fundar (Campbell, "Literatura y poder" 14). Dos años después, Campbell aumenta la novela para la primera edición de 1979 que aparece en el Fondo de Cultura Económica (Duncan 207, 243). Si leemos la primera *Pretexta* como el pre-texto (y pretexto) de la segunda, entonces, por igual, esta última sería un posible pre-texto o fragmento de otra novela aún por escribirse (Duncan 207). Este juego de escrituras altera las convenciones literarias que hacen inteligible el relato historiográfico-ficticio, principalmente, la noción del autor como el origen del texto y la del personaje representativo que protagoniza la historia.

En *Pretexta*, Federico Campbell a la vez repite e invierte el desdoblamiento entre autor y personaje establecido por Borges en "Borges y yo". En este cuento, el Borges-biográfico (que aparece como personaje) dice que existe "para que Borges pueda tramar su literatura y esa literatura me justifica"; pero ocurre que ese primer Borges también asume la función autorial del Borges-literario, al convertirlo en el personaje sobre el cual pretende escribir, aun siendo él mismo. Hacia el final del cuento, tanto Borges como el otro ceden ante el "lenguaje o la tradición", anulándose la distinción entre Autor y personaje, o, mejor dicho, desapareciendo el autor bajo su propia máscara ficticia (Borges, *El hacedor* 50-51). De igual manera, Bruno Medina, el protagonista de *Pretexta*, entabla una relación de doble con el sujeto de su escritura, un experiodista y profesor de teatro llamado Álvaro Ocaranza. Bruno, un escribano mediocre al servicio de la policía secreta, recibe la orden de escribir la biografía falsificada de Ocaranza quien se ha convertido en una amenaza al Estado por su participación en las rebeliones estudiantiles de 1968.

A través de la relación simbiótica entre Bruno y Ocaranza, Campbell pone en duda no sólo la identidad del autor y personaje, sino también la naturaleza misma del texto en nuestras manos: ¿historia o ficción, crónica periodística o literatura? Ya que *Pretexta* se compone de los "pre-textos" con que Bruno re-escribe la vida de Ocaranza, como asimismo de los fragmentos del libelo que Bruno trama contra su víctima, y de sus circulares reflexiones acerca del acto de escribir, la novela de Campbell parodia el efecto verosímil de la literatura al convertir la intención autorial en pretexto de una novela.

Pretexta lleva a cabo, sin embargo, una crítica aun más corrosiva a la noción de autoría, al poner en evidencia la velada pero insidiosa función asignada al escritor en nuestra época. Ya "el autor no precede a sus obras", sino que "él es un cierto principio operativo a través del cual, en nuestra cultura, se limita, se excluye, y se elige; en breve, por medio del cual se impide la libre circulación, la libre manipulación, la libre composición, descomposición, y recomposición de la ficción" (Foucault 159). Si bien Borges juega con la antigua noción del "Autor-Dios" (Barthes, "The Death of the Author" 146) en los demiurgos de "Las ruinas circulares" cuyos poderes asemejan a los del Creador, Campbell, en cambio, situado ya en plena condición post-moderna, vaciará al escritor de su capacidad omnipotente. Campbell mostrará de manera aguda y corrosiva tanto el papel represor asignado a todo autor como su complicidad con el poder. Reducido a un mero "escritor fantasma" o al escribidor-portavoz de las ideas del partido (Barthes, *Writing Degree Zero* 26), el escritor contemporáneo deriva su poder de la maquinaria impersonal del Estado, del poder totalitario que lo somete al usurpar su talento.

Por eso el comienzo de *Pretexta* reside ya no en un autor singular y único, padre de su texto, metáfora con la cual se pensaba la antigua idea del autor como una "fuente inagotable de significaciones que llenan la obra" (Foucault 159). Todo lo contrario, el origen de la literatura se transfiere del individuo o genio creador a un orden impersonal de libros, el Archivo o Biblioteca borgeana a donde Bruno se interna para confeccionar su libelo: "Que nunca fuera a trabajar para el gobierno le había pedido su padre muchos años atrás, por lo menos veinte años antes de que Bruno empujara el portón entreabierto de la antigua iglesia, entrara en la gran nave de la biblioteca abovedada y empezara a [redactar] la amañada historia personal del profesor Ocaranza" (9).

Es mediante un parricidio simbólico que Bruno inicia su función como escritor. Al convertirse en espía, Bruno no sólo viola la Ley del Padre sino que debe su conversión en escritor al poder impersonal de la Biblioteca (99-100). Campbell convierte al Archivo General de la Nación en un arma del Estado mexicano, porque el archivo representa la censura y el orden que toda sociedad impone a la libre circulación y proliferación del sentido (Foucault 158-60). De ahí que la única Autoridad que rige en el universo de Bruno es el Poder de la Letra, eternamente oculto entre los anaqueles del Archivo como la divinidad que se fuga en "La Biblioteca de Babel". Bajo la vigilancia del Poder, Bruno cumple las órdenes de "aniquilar" a Ocaranza, escribiendo "el libelo de su propia vida" (58), un crimen concebido y ejecutado con un solo instrumento mortal: la máquina de escribir[1].

El sometimiento al Poder altera, en consecuencia, la función escriptural de Bruno. Si Borges deja su huella en "el lenguaje y la tradición", Bruno ni siquiera alcanza la categoría de escritor de ficciones, porque es un degradado "redactor fantasma" o "cronista enmascarado" (60) que compone un reportaje falso o, lo que es igual, una sub-literatura. Al entregar su oficio periodístico a una causa política, Bruno se convierte en mero escribidor, quedando "a mitad de camino entre el miembro del partido y el escritor" (Barthes, *Writing Degree Zero* 26). Ya que el estilo es el aspecto más personal de la escritura y el signo de la soledad del escritor (Barthes, *Writing Degree Zero* 10-12), Bruno escapa a toda costa la "paternidad literaria" de su escrito, refugiándose en el anonimato

(47-48) y anhelando redactar un ideal "libro ajeno" sin firma ni autor-idad (15).

En contraste con el "grado cero de la escritura" propuesto por Barthes, cuya superficie lisa indica la ausencia de signos (*Writing Degree Zero* 5), *Pretexta* prolifera las capas de la escritura, narrando el delirio circular de Bruno frente al acto de escribir, así como el recorrido de otro narrador impersonal obsesionado por el nudo entre Bruno y Ocaranza. Si la novela moderna descalifica al narrador omnisciente que se ha considerado el índice de todo relato novelado (Barthes, *Writing Degree Zero* 36), en *Pretexta* el punto de vista neutro del narrador objetivo, junto con la anonimidad de Bruno y su paranoia escriptural, tiene el efecto de engrandecer a grado superlativo la vieja noción de Autor-idad. Cuando Bruno declara que "[a]sí procedería, como una fuerza inatrapable y omnipresente, con la dulce irresponsabilidad infantil de quien se sabe invisible y maléfico, devastador, un diablo, un Dios, un hombre de Estado" (15), re-establece la equivalencia entre autor y demiurgo evocada en los cuentos de Borges y especialmente en "El milagro secreto" y "Las ruinas circulares". Aunque *Pretexta* se ha considerado una parodia de la noción barthesiana de "la muerte del autor" (Duncan 209), en el otro sentido Bruno representa una forma aun más insidiosa de elevar al sujeto de la escritura a una categoría absoluta. Bruno se encubre con la máscara del anonimato para redactar su escrito, que no es más que "un tejido de citas derivadas de los múltiples centros de una cultura (Barthes, "The Death of the Autor" 146). Como muestra Foucault, esta "noción de escritura parece trasponer las características empíricas del autor a una anonimidad trascendental" (144), privilegiando, aunque de manera surrepticia, la función autorial y el poder de la literatura.

Puesto que Ocaranza representa el "padre literario" de Bruno, su modelo o precursor, la escritura del libelo adquiere el mismo significado de violencia simbólica que la anterior transgresión a la palabra del padre. Bruno fue alumno de Ocaranza en la cátedra de historia del teatro que éste dictaba en la universidad. Es más, Ocaranza le inculca a Bruno las primeras nociones acerca de la pretexta romana, "piezas teatrales apócrifas" que representaban un asunto político: "Poco importaba su redondez como pieza de teatro;

su importancia estribaba en la parodia, en el cumplimiento de una
función que ahora sería como la de los periódicos a fin de dirimir
un asunto de la historia local más inmediata" (34)[2].

El texto futuro que el mismo Bruno urdirá contra Ocaranza
está ya concebido, pre-escrito, en las lecciones acerca del antiguo
género que el profesor le dictó en el pasado. En la pretexta
moderna de Bruno, el "asunto" será justificar la renuncia forzada
de Ocaranza a su puesto de subdirector del periódico *El País*
por denunciar los actos de violencia con que la policía reprimió
el levantamiento estudiantil de 1968. Campbell explica en una
entrevista reciente que la anécdota fue motivada por la expulsión
de Julio Scherer de su puesto de director de *Excélsior* ("Literatura
y poder" 14). Ocaranza, quien en su labor periodística rehúsa
falsificar los hechos en conformidad con la versión estatal (113-
14), representa la negativa a escribir "la historia nacional de la
infamia" (69).

Este eco borgeano no es casual, ya que otra serie de "curiosas
asimetrías", reflejos e inversiones traman a Bruno y a Ocaranza
en el "engranaje" o intrincada red textual que es la *Pretexta* que
leemos[3]. Ocaranza llega a convertirse en el "alter ego" del falso
escribano, en un juego infinito de dobles que conduce el ataque de
Campbell contra toda noción de "paternidad literaria". Bruno se
modela en el personaje homónimo de "El perseguidor" de Cortázar,
quien falsifica la biografía de un talentoso jazzista negro, pero
Campbell lo transforma en el doble de sí mismo, en el perseguido
(Duncan 207-08). Como el anónimo protagonista eme de *Morirás
lejos* de José Emilio Pacheco, siempre acosado por la mirada del
Otro, Bruno vive acechado por Ocaranza, ese otro sobre el cual
pretende escribir y que es él mismo[4].

En este espejismo se invierten los papeles tradicionales de
autor y de personaje. Ocaranza, el supuesto hombre de acción que
participa en la política, se vuelve pura invención de Bruno, falso
sujeto de la Historia o, de igual manera, personaje literario. Así
Campbell desmonta la noción de héroe representativo tan común
en la novela histórica, y parodia la actividad de "novelista" que
a Bruno le toca representar (Duncan 207, 209). Éste aparece
no sólo como "objeto pasivo de la historia" (60), sino que su

función de "cronista enmascarado" contradice el papel tradicional del reportero de documentar los hechos, y del historiador quien debe interpretarlos. Es así que Bruno se asemeja al traductor/traidor James Nolan que trama la muerte por traición del líder irlandés Fergus Kilpatrick en "Tema del traidor y del héroe" de Borges, mientras que Ocaranza se modela en el mismo Kilpatrick, traidor y héroe ultimado en un teatro de acuerdo al plan articulado por Nolan (*Ficciones* 141-46). Cuando Ocaranza le advierte a Bruno: "—A usted lo que le perdió fue lo de la pretexta—" (37), le comunica el mismo asombro borgeano al descubrir que la escritura de la historia no es más que una traición textual o el plagio de la verdad. El lector de *Pretexta* cumple el mismo papel de Ryan en el cuento de Borges, el "hombre contemporáneo" que descubre la falsificación de la historia de Kilpatrick y se reconoce como "parte de la trama de Nolan" (*Ficciones* 146).

Esta secuencia de dobles resulta en una confusión de autorías, y en otro (des)doblaje que se va a convertir en emblema de la relación del propio autor (Campbell) con sus personajes y con su propio pre-texto. Dominado por su delirio escritural, Bruno adopta una serie de máscaras con que trata de eludir su identidad: "Je, je, me dije, me llamaré Lucius, Junius, Brutus, Brunus, Brunius . . . y se extraviará mi verdadero nombre. Habré de contar todo esto, seré el cronista enmascarado" (110). Los pseudónimos de Bruno son todos los traidores y delatores que conspiraron contra el poder: Lucius Iunius Brutus fue quien organizó la rebelión en contra del emperador Tarquino para luego fingir "imbecilidad mental", y su hijo Marcus Iunius Brutus adquirió fama como asesino de César (*Dictionary of Classical Literature and Antiquities* 224-26). Como en el caso de Bruno, los héroes de la historia romana entraron a la vida pública mediante la traición al padre, ejemplificada por los hijos de Lucius, quienes se sumaron a la conspiración de Tarquino. Si en la historia romana el mismo Lucius mandó matar a sus hijos una vez que descubrió el acto delator, en *Pretexta* el padre no devuelve la traición sino que se aniquila por la violencia de la escritura, instrumento mortal de la difamación. Ocaranza, como padre simbólico de Bruno, y el padre real del personaje que le dio un mandamiento a cumplir, representan ambos la Autor/idad transgredida.

La referencia a la historia romana contextualiza el temor de Bruno de que se descubra su verdadero nombre o, lo que es igual, su firma autorial. Es así que Bruno se proyecta en otro caso de misteriosa autoría, el pseudónimo de Junius con el que Sir Philip Francis firmaba las cartas satíricas que dirige al rey y al consejo de ministros de Inglaterra en el siglo XVIII (50-51). Si Junius utiliza la escritura como arma política contra un estado corrupto, criticando en sus cartas al consejo de ministros y hasta al mismo rey Jorge III (McCracken 57, 90), Bruno, en cambio, admite la corrupción del gobierno mexicano como hecho incontestable.

La relación entre Sir Philip Francis y Junius va a ser emblemática del nexo textual que une a Bruno con Álvaro Ocaranza, de la traición de la escritura. En su época, Junius celaba su nombre autorial porque revelarlo equivaldría a ser acusado de alta traición (McCracken 23). Por lo mismo, Bruno sabe que de ser descubierto lo procesarían como "el autor del delito" (87). Porque el estilo, efectivamente, sella la individualidad del escritor (*Writing Degree Zero* 11), Bruno teme provocar la búsqueda de una pista autorial, parecida al método de investigación "estiloestadístico" con que el profesor sueco Alvar Ellgard fijó la identidad de Junius con Sir Philip Francis (*Pretexta* 84-85; McCracken 35-37): "Por allí podrían descubrirlo.[. . .] El estilo, ése era el peligro" (85). Si el estilo de Junius/Sir Philip Francis lo comprometió con su tiempo, Bruno se convierte en el doble invertido de Junius al querer eludir su propia identidad: "hacia 1816 ya nadie se preguntaba quién era Junius sino ¿fue Junius realmente Sir Philip Francis?" (88).

Esta misma pregunta se presenta al lector de *Pretexta*. Si, en efecto, Junius es Sir Francis, ¿quién es Bruno? ¿Quién el extraño profesor de literatura Ocaranza? Entre el falso autor y su víctima existen una serie de coincidencias asombrosas. No sólo es Ocaranza quien familiariza a Bruno con la pretexta romana, sino que los dos se enamoran de la misma mujer, Laura la Quebrantacorazones, quien guarda los huesos de su padre en el armario (96, 107). Tanto Ocaranza como Bruno sufren de "una incurable grafomanía" (14), embrujados por la letra y "el olor a

la tinta" (67) de la imprenta. Como uno y otro Borges, tanto
Ocaranza como Bruno ejercen el oficio periodístico y guardan una
obsesión por la letra. Tales paralelos autobiográficos conducen al
lector a resolver el misterio de autor/idad del texto. Si Bruno teme
dejar en su escritura una "impronta inconsciente" de sí mismo que
revelase su rostro de escritor; es decir, la marca de un estilo propio
(85-86), no puede dejar de escribir el texto contra Ocaranza con sus
sueños y reminiscencias pasadas. Como el Borges-real que se "deja
vivir" en el Otro, Bruno, el falso autor, se disuelve a la sombra de su
personaje, delatándo(se), no ya a Ocaranza, sino a sí mismo en la
escritura de su propio inconsciente (61). Es ahí que Bruno termina
escribiendo "el libelo de su propia vida" (131) en vez de la historia
del Otro (Ocaranza). En efecto, la escritura delirante de *Pretexta*
termina por cancelar la diferencia entre delator y víctima, autor y
personaje, puesto que Bruno resulta ser, como Ocaranza, un sujeto
escindido, escrito por el Otro pero también dominado por el miedo
a (des)cubrirse a través del sujeto/objeto de su escritura. Incapaz
de "autorizarse" a sí mismo, Bruno, como todo escritor moderno,
sólo puede "imitar un gesto que es siempre anterior, nunca original"
(Barthes, "The Death of the Author" 146). Como el narrador de
"Las ruinas circulares", quien al hacer un hijo descubre de súbito
"que él también era una apariencia, que otro estaba soñándolo"
(Borges, *Ficciones* 69), Bruno siente que "[s]e puede tener dos
cuerpos pero no dos corazones" (112).

   Tanto Bruno como Ocaranza ocupan un lugar idéntico como
imágenes de la grafía o productos especulares de la escritura de un
Autor desconocido, a tal grado que el ansioso lector de *Pretexta*
diría con Borges, "No sé cuál de los dos escribe esta página" (*El
hacedor* 51). Porque detrás de la "trapacería verbal" (106) que
es la novela Campbell esconde su propia autor/idad. El texto
ausente que Bruno nunca escribe se presenta al lector como la
Pretexta de Campbell, "un folleto más, alto y ancho, de unas 140
páginas de tipo Bodoni de 10 puntos" (76), descripción exacta del
libro en nuestras manos. Si Bruno y Ocaranza, como Junius/Sir
Philip Francis, son intercambiables, lo son también un tal Federico
Campbell y su invisible lector.

Esta ausencia de autor señala otra falta, la indeterminación
genérica del libro en nuestras manos. Si la prensa y el reportaje
repiten la intención documental de la pretexta romana, que
es un género ficticio, entonces la literatura—"el lenguaje o la
tradición" de Borges—terminaría absorbiendo a todos los géneros.
Y en otra vuelta paródica, la ficción serviría como la más
verosímil de las crónicas: "Allí en su escritura enmascarada [la
de Bruno/Campbell] estaba el desparpajo, la absoluta falta de
intenciones literarias, la verdad cruda y cínica y despiadada de la
miseria y corrupción urbanas y, por extensión, nacionales" (74).

   ¿Qué aporta, si acaso, una obra tan radicalmente paródica
como la de Campbell a la convención verosímil de la literatura, a
la aceptada complementariedad entre historia y ficción? *Pretexta*
muestra, justamente, que la historia es, no ya un texto—"objetivo",
serio, escrito a la medida de los hechos—y ni siquiera un pre-
texto—el modelo de la escritura siempre presente al historiador
o novelista—sino simple e irremediablemente una "pretexta", un
texto apócrifo e hipócrita, a la manera de las tragedias romanas
escritas acerca de la historia nacional, muchas veces de dudosa
autoría. El otro significado de pretexta—"especie de toga o ropa
rozagante, orlada por abajo con una lista o tira de púrpura, de
que usaban los magistrados romanos" (*Diccionario enciclopédico
Salvat* 715)—se convierte así en el emblema del texto que
Campbell entrega al "inocente" lector. Como residuo o reducto
de la función-autorial—el Autor-Dios del diecinueve; la sombra
anónima que se asoma tras la red de la escritura; el escribidor—
partidista de las revoluciones actuales—Bruno, en su alucinación
final, nos remite a la noción sarduyana de la escritura/travestismo.
("Rumberas y enmascarados giraban a mi alrededor y yo me decía:
el profesor, el profesor, ya no está [. . .]. Y luego cantaban
todos a coro, en bola, en nudo, en can can: '¡So-mos-u-nas-pu-
tas-so-mos-u-nas-pu-tas-del-Fo-llies-Ber-gè-res!' " [132]). Si
"en el Occidente, al menos, no hay arte que no apunte a su
propia máscara" (Barthes, *Writing Degree Zero* 35), la escritura
post-moderna implica un doble enmascaramiento: el velo sobre el
cadáver del profesor, la esfigie del autor desaparecido.

El juego paródico de la novela rebasa el experimento de Ibargüengoitia en el cual aún subyace un pre-texto o modelo a la narración ficticia de la historia. Todo lo contrario, Campbell logra invertir la relación entre modelo y copia, texto original y paródico, al convertir el texto derivado—un *collage* compuesto de fragmentos, el "engranaje" escritural que es la *Pretexta* que leemos—en una escritura vacía, letras que distorsionan la historia en vez de representarla. Más importante aun, si en *Los relámpagos de agosto* el autor real, Jorge Ibargüengoitia, aparece en el "Prólogo" como "[e]l único responsable del libro", parodiándose a sí mismo bajo la máscara del autor ficticio, "un individuo que se dice escritor mexicano" (9), en *Pretexta* la noción de autoría se somete a la más severa des-autorización. No hay fuente original emisora del texto, ni responsable de la autor/idad; todo lo contrario, el autor cede su poder a la Tradición y a la Escritura, como Borges en "Borges y yo", y sólo le queda el inútil recreo de cotejar textos anteriores, o de inventar(se) como autor al escribir un pretexto de libro (Duncan 209).

Sin percatarse de la ironía, la oficialidad literaria en México le da entrada a la colección "Letras Mexicanas" (título de la serie editorial del Fondo), o sea, al canon de la literatura nacional, a un libro que sistemáticamente agrede la institución de la literatura. La imagen hiperbólica de un Archivo o inmensa bóveda de libros, Biblioteca borgeana donde el autor y el lector, narrador y personaje se con-funden y se pierden, anticipa no sólo el dominio absoluto de la literatura sino, paradójicamente, la imposibilidad de escribirla; de escribir, en una palabra.

Notas

1. Esta puede que sea la alusión irónica a la primera edición de la novela en la editorial marginal "La máquina de escribir" (ver Duncan 207).
2. Puede que el ejemplo dado del antiguo género sea una alusión velada al "parricidio" literario del propio Campbell contra Octavio

Paz: "la *Octavia*, tragedia pretexta que refleja las maquinaciones de Nerón para dar muerte a su esposa" (34). Hipótesis que pudiera comprobarse dado el hecho de que la primera mujer de Paz fue la escritora Elena Garro, borrada del mapa cultural de México y por lo tanto "muerta" metafóricamente en su exilio europeo.

3. El "engranaje" es, claro está, la metáfora de la intertextualidad, la red de letras a punto de atrapar al lector de *Pretexta*, y la imagen del propio texto de Campbell. Tanto el epígrafe de la novela tomado del italiano Leonardo Sciascia (8), y Roland Barthes, "The Death of the Author", comparten la noción del texto como "un tejido de signos, una imitación perdida [e] infinitamente diferida" (147).

4. "Es posible, no obstante, que eme trate de resolver un problema mucho más inmediato: el hombre sentado en la banca del parque, ¿es el perseguidor?" (Pacheco 10).

Obras citadas

Bakhtin, M. M. *The Dialogic Imagination*. Ed. Michael Holquist. Trad. Caryl Emerson y Michael Holquist. Austin: U of Texas P, 1981.

Barthes, Roland. *Writing Degree Zero. Elements of Semiology*. Trads. Annette Lavers y Colin Smith. Boston: Beacon Press, s. f.

——. "The Death of the Author". *Image, Music, Text*. Trad. Stephen Heath. New York: Hill and Wang, 1977. 142-48.

Borges, Jorge Luis. "Borges y yo". *El hacedor*. Buenos Aires: Emecé, 1960. Vol. 9 de *Obras completas*. 9 Vols. 1953-60. 50-51.

——. *Ficciones*. Buenos Aires: Emecé, 1956; re-impr. Madrid: Alianza, 1987.

Campbell, Federico. *Pretexta*. México: Fondo de Cultura Económica, 1979.

——. "Literatura y poder. Una conversación con Gustavo García". *Revista de la UNAM* 34. 8 (abril 1980): 14-19.

Diccionario enciclopédico Salvat. Vol. 10. 2ª ed. Barcelona: Salvat, 1945-46. 12 Vols.

Dictionary of Classical Literature and Antiquities. New York: Harper & Row, 1923. 224-26.

Duncan, J. Ann. *Voices, Visions and a New Reality. Mexican Fiction Since 1970*. Pittsburgh: U of Pittsburgh P, 1986.

Foucault, Michel. "What is an Author?" Ed. Josué V. Harari. *Textual Strategies. Perspectives in Post-Structuralist Criticism*. Ithaca, New York: Cornell UP, 1979. 141-60.

Glantz, Margo. *Onda y escritura en México*. México: Siglo Veintiuno, 1971.

Ibargüengoitia, Jorge. *Los relámpagos de agosto*. México: Joaquín Mortiz, 1979.

McCracken, David. *Junius and Philip Francis*. Ed. Bertram H. Davis. Boston: Twayne, 1979.

Pacheco, José Emilio. *Morirás lejos*. México: Joaquín Mortiz, 1967.

La historia: aparecida en *La casa de los espíritus* de Isabel Allende. Un caso de imaginación dialógica

Elena Reina

Universidad de Leyden

El título, la dedicatoria y el epígrafe de Pablo Neruda en *La casa de los espíritus* son un ejemplo de imaginación dialógica[1], caleidoscopio de voces y visiones que envuelven a todos los tiempos y espacios del discurso y de la historia, dinámica que conduce a un final abierto y a una temática pluridimensional activada por la energía del lenguaje. Observaremos su integración en la estructura de la novela.

En la coordinada macrotextual la dedicatoria, firmada por la autora,—*A mi madre, mi abuela y las otras extraordinarias mujeres de esta historia.* I[sabel] A[llende]—supone una recurrencia de generaciones que viven en la ficción y en la realidad y muestra el proceso cíclico y la reiteración como características primordiales de la estructura novelística[2]. El espacio concreto y material del título contrasta con los seres inmateriales y ubicuos que lo habitan como fuerzas irracionales; observaremos cómo esta oposición se transmite también a la diégesis. El epígrafe de Neruda —*¿Cuánto vive el hombre, por fin? / ¿Vive mil años o uno sólo? / ¿Vive una semana o varios siglos? / ¿Por cuánto tiempo muere el hombre? / ¿Qué quiere decir para siempre?*—remite a una continuidad fuera del tiempo cronológico; de manera que la vida y la muerte sólo adquieren significado más allá del tiempo concreto. La relatividad de los hechos vividos o por vivir se transmite también a la novela como escritura, puesto que no es presente, pasado o futuro, sino todos los tiempos simultáneamente, una novela que, si nos atenemos al epílogo, era y es novela por escribir, pero que se continuará a través de los cuadernos de Clara. Al final de la misma, Alba confiesa que no ha abierto todavía "los cuadernos de escribir la vida" de Clara, su abuela, (los cuadernos son portadores de gran parte de la narración y suponen un trabajo en progreso, sin terminar y una noción específica de tiempo); cuando Alba comienza a desatar las cintas de colores con las que Clara los ató antes de morir, termina la novela con la misma noticia que aparecía en la página primera procedente de los cuadernos: "Barrabás llegó a la familia por vía marítima" (9 y 380). Se establece así una comunicación entre el lector y el narrador-lector de los cuadernos de Clara que es Alba, una doble semiosis de lectura y escritura. Los lectores deberemos volver a la página primera para tomar el hilo de esta retahíla de la saga familiar narrada por distintas voces. Los cuadernos escritos por Clara en el pasado se comunican con el presente y llegan al futuro, pues su propósito era "rescatar las cosas del pasado y sobrevivir mi propio espanto", como narra Alba[3]. De manera que las impresiones infantiles que tuvo "Clara, clarísima, clarividente", reflejan, de forma premonitoria, las experiencias que tendrá su nieta, Alba, prisionera de los militares cincuenta años más tarde. Se confirma así la fuerza del destino que intuye Alba en el epílogo: "sospecho que todo lo ocurrido no es fortuito, sino que corresponde a un destino dibujado antes de mi nacimiento" (379).

Los cuadernos de Clara resultan ser premonitorios tanto para las generaciones de mujeres que aparecen en la novela como para el país; se produce así, como observaremos, un proceso de asimilación del tiempo histórico al tiempo de la ficción. A la vez, se entiende la historia de forma cíclica y no lineal, lo que concuerda con las características primordiales de la estructura. Este proceso de asimilación entre los tiempos histórico y novelístico se da a través de relaciones espaciales y temporales artísticamente expresadas en la novela, como observa Bakhtin en su descripción del cronotopo cuando se refiere a la conexión intrínseca del tiempo y espacio novelísticos al tiempo de la realidad histórica[4]. Observaremos cómo el uso del cronotopo en distintos momentos del discurso enfatiza el proceso cíclico y reiterativo de la estructura, determina la imagen de los personajes y, asimismo, remite al contexto histórico[5].

En el eje espacial la creación de un mundo idílico, urbano o rural, por parte de Esteban Trueba, encuentra su paralelo en el eje temporal a través del paso de las distintas generaciones de Truebas. Impulsado siempre por la mujer como motor de la acción, Trueba construye y reconstruye varias veces "la casa de la esquina" y "Las Tres Marías". Es voluntad transformadora, pero también deseo de superar las deficiencias de un destino individual, enfrentándose a él a través de la materialización que supone la casa. Por otro lado, la destrucción de los espacios se debe a la naturaleza—un terremoto—, a fuerzas del poder—políticas y militares—y a su propia rabia. El poder de Trueba, tanto económico como político, resulta ser decisivo para reconstruir los espacios que se destruyen. La construcción-destrucción-reconstrucción de los espacios sigue el mismo esquema cíclico que observábamos al referirnos a la estructura y supone una simultaneidad conseguida a través de la iteración semántica. Los espacios de Trueba son sólo válidos como referentes externos y reflejan lo que tiene el personaje, no lo que es[6]. Cuando evoluciona en su toma de conciencia, sobre todo al final de la novela, se halla influido por las mujeres[7].

Las mujeres, por el contrario, observan el espacio de forma crítica y, cuando pueden, lo transforman a su imagen y semejanza. Lo observamos en el caso de Clara con "la casa de la esquina" en la que construye galerías, habitaciones y pasillos laberínticos, rompiendo el orden que Esteban Trueba había creado. Como una metáfora barroca, el espacio de la casa se convierte para Clara en el lugar ideal, propio de su fantasía; pero no se trata sólo de un ideal utópico, sino comprometido con la realidad social que también es complicada y laberíntica. "La casa de la esquina" dará cabida a todo tipo de personajes, según las mujeres que la habitan: espíritus, clarividentes, niños mongólicos, perseguidos y víctimas del régimen político. Dicha actitud refleja el compromiso que sienten todas ellas hacia los marginados y la sociedad y también su fuerza interior. De manera que este espacio es opuesto al de

Esteban Trueba y su dinámica se encuentra dirigida hacia el mundo psíquico y afectivo de las mujeres. La acción concreta y dirigida de Trueba contrasta con el impulso e intuición de las mujeres y enfatiza las oposiciones que observamos en el título.

Las transformaciones que se efectúan en los espacios parecen remitir a una significación temática e implican la unión existente entre espacio, personajes e ideología. Lo observaremos en el calco discursivo de tres visiones del espacio por parte de Clara y Alba. Al principio de la novela se presenta la visión que tiene Clara—niña—de la iglesia en Semana Santa:

> la parroquia de San Sebastián . . . los santos estaban tapados con trapos morados . . . de luto . . . los gemidos del órgano . . . se erguían amenazantes bultos oscuros en el lugar de los santos. San Sebastián . . . su cuerpo torcido . . . atravesado por una docena de flechas, chorreando sangre y lágrimas . . . llagas milagrosamente frescas gracias al pincel del padre Restrepo . . . El sacerdote estaba provisto de un largo dedo incriminador para apuntar a los pecadores . . . Sus fieles . . . sudaban oyéndolo describir los tormentos de los pecadores en el infierno, las carnes desgarradas por ingeniosas máquinas de tortura, los fuegos eternos . . . (9-10)

Este fragmento con connotaciones de muerte y tortura, refleja, asimismo, la represión que ejerce la iglesia a través del miedo, puesto que la tarea del padre Restrepo consistía en "sacudir las conciencias de los indolentes criollos" (11). La iglesia no es la única en el ejercicio del poder, sino que, como veremos, está unida a otros estamentos. El padre de Clara, Severo, "era ateo y masón pero tenía ambiciones políticas y no podía darse el lujo de faltar a la misa más concurrida cada domingo" (11); tenía que cubrir las apariencias como forma de vida. Apariencia que le cuesta la vida a su hija Rosa, hermana de Clara, cuando muere envenenada ese mismo día, víctima de las ambiciones políticas del padre. De manera que "ése fue el primero de muchos actos de violencia que marcaron el destino de la familia" (35). Su cuerpo, de una belleza legendaria, será violado esa misma noche al efectuarse la autopsia

en la mesa de mármol de la cocina. La descripción del espacio
presenta iteraciones semánticas con el párrafo que describía la
iglesia:

> El doctor Cuevas . . . se había transformado en
> vampiro . . . A su lado había un joven desconocido . . . con
> la camisa manchada de sangre . . . Clara comenzó a
> temblar . . . pudo ver el horrendo espectáculo de Rosa . . .
> abierta en canal por un tajo profundo . . . Se quedó hasta
> que los hombres terminaron de vaciar a Rosa . . . hasta
> que la cosieron con aguja curva de colchonero . . . hasta
> que el médico desconocido besó a Rosa en los labios, en
> el cuello, en los senos, entre las piernas . . . (40-41)

Clara, testigo de todo el proceso, enmudece durante nueve años:
"sintiendo por dentro todo el silencio del mundo. El silencio la
ocupó enteramente" (41). Este silencio desafiante y transgresor
de Clara es una reacción auténtica y honesta frente al silencio de
la iglesia y de los santos en la primera cita y también el silencio
alienado que supone cubrir las apariencias por parte de su padre
y los demás hombres. Existe, pues, un paralelo entre el cuerpo
de Rosa cuya belleza calla para siempre y el silencio de Clara:
destrucción del cuerpo o la palabra por las fuerzas del poder.

La tercera descripción del espacio que transcribimos relata,
en el útimo capítulo de la novela, los horrores que padece Alba
cuando la torturan los militares. Las flagelaciones y violaciones en
el infierno, producto de una mente obsesionada como la del padre
Restrepo, resultan ser proféticas en la autopsia de Rosa y en el
cuerpo de Alba, cincuenta años después, aquí en la tierra:

> Alba oía los gritos. Los guardas tenían las caras cubiertas
> con pañuelos . . . tenía la camisa desgarrada y manchada
> de sangre seca . . . un bofetón brutal la tiró al suelo,
> manos violentas la volvieron a poner de pie, dedos feroces
> se incrustaron en sus pechos . . . La perrera era una celda
> pequeña y hermética como una tumba sin aire, oscura,
> helada . . . Un siglo después Alba despertó mojada y
> desnuda . . . Dos manos la levantaron, cuatro la acostaron
> en un catre metálico, helado, duro, lleno de resortes que le

herían la espalda, y le ataron las muñecas con correas de cuero ... entonces sintió aquel dolor atroz que le recorrió el cuerpo y la ocupó completamente y que nunca, en los días de su vida, podría llegar a olvidar. Se hundió en la oscuridad. (355-63)

El cuerpo de Alba es destruido en un tiempo y en un espacio de destrucción. Alba pierde la noción de tiempo y espacio, hundida en la oscuridad y en el dolor, como Clara se hundió en el silencio. Sin embargo, el silencio es prueba de conocimiento: Alba, encerrada en la perrera, con los dedos amputados por sus torturadores, sin pluma o papel, es sólo pensamiento, memoria salvada para salvar el mundo de fuerzas destructivas. Empieza, así impelida por Clara que se presenta en espíritu, a escribir con el pensamiento[8].

El discurso de este fragmento debería ser referencial del contexto histórico inmediato, puesto que el narrador mismo se halla inmerso en las acciones que describe y es emisor y receptor de su propio texto[9]. Sin embargo, la narración de estos hechos no es diferente a los horrores causados por las fuerzas del poder en todas las épocas, como hemos observado en los distintos fragmentos. Lo que pudiera ser actualidad para el lector coetáneo, supone la recurrencia del ejercicio del poder a través de la historia y la actividad dinámica de cada lector será la que remita a la contemporaneidad. Dichas estrategias textuales permiten múltiples selecciones por parte de los lectores.

Las fuerzas del poder—iglesia, política, ejército—causan simultáneamente la destrucción del hombre, como observamos en la descripción de los tres espacios: iglesia, mesa de autopsia y prisión. El cronotopo supone entonces una recurrencia en la diégesis de iteraciones significativas e imágenes obsesivas, como las recibidas en las citas, y se halla relacionado a hechos históricos y sociales reiterativos, que remiten a significantes extratextuales[10].

El conocimiento a través del relato de Alba sería insuficiente; puesto que supondría la recolección del pasado procedente de una memoria incierta. No obstante, dicha insuficiencia queda compensada mediante la inmersión en los cuadernos de Clara. De manera que las visiones de ambas mujeres se mezclan en calco discursivo, pluriperspectivismo éste que elude la comprensión unívoca. La memoria colectiva es además la recuperación del yo reflejado en el otro y supone una forma de huir de un destino individual, enfrentándose a él a través del nosotros. Asimismo, el embarazo de Alba, al final de la novela, es síntesis significativa de una apertura al futuro en la que se integran en una misma figura tres formas: la física del cuerpo, la psíquica y la social de la historia.

Se trata de una escritura abierta que requiere la participación del lector[11]. El texto como estructura plurivalente, implica una forma de compromiso con el devenir histórico, por lo que desaparece la referencia a un contexto político-social concreto. De manera que la lectura y reescritura son intertextuales de ese contexto general aunque remitan al poder ejercido en Hispanoamérica por los distintos estamentos: eclesiásticos, políticos y militares. En la diégesis novelística el ejercicio del poder resulta irrisorio; de hecho no importa quién lo ejerza, pues pasa de unos a otros de forma arbitraria (la iglesia, liberales, radicales, marxistas, fascistas). El verdadero poder se halla en la palabra escrita, que resucita lo que hubiera quedado en el olvido. El conocimiento queda recuperado a través de la escritura en todo su dinamismo, como apertura al infinito.

Notas

1. Dialógico sería para Bakhtin: "The characteristic epistemological mode of a world dominated by heteroglossia. Everything means, is understood, as a part of a greater whole. There is a constant interaction between meanings all of which have the potential of conditioning others. Which will affect the other. How it will do so and in what degree is actually settled at the moment of utterance. This dialogic imperative, mandated by the pre-existence of the language world relative to any of its current inhabitants, insures that there can be no actual monologue" (426). "Imaginación dialógica" implica interdependencia de la historia, el texto y el significado. Pluralidad de la poética, puesto que los textos son inherentemente polifónicos: expresan y determinan

simultáneamente el significado del texto y del contexto y su dinámica se transmite al significado extratextual. Según lo expresa Todorov en su exégesis a la obra de Bakhtin.

2. El árbol genealógico de LCE (*línea intermitente = violaciones*):

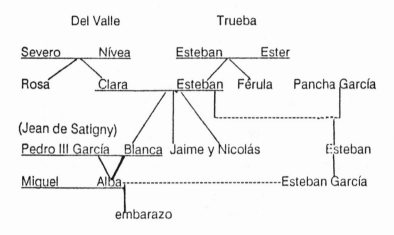

3. Establece así una comunicación simultánea con el lector. Por otra parte, la reescritura de unos cuadernos interroga el género y refleja la función ideológica del narrador. La situación narrativa es la que propone Genette (261-65): el protagonista es, a la vez, narratario presente, ausente o virtual y narrador.

4. Cronotopo (tiempo-espacio) supone para Bakhtin: "A unit of analysis for studying texts according to the ratio and nature of the temporal and spatial categories represented . . . The chronotope is an optic for reading texts as X-rays of the forces at work in the culture system from which they spring" (426).

5. Relación entre la historia y el espacio vital de los personajes.

1914-1918	(Primera) Guerra (Mundial) Trueba reconstruye "Las Tres Marías" / muerte de Rosa.
1920-1924	Elecciones (Alessandri liberal, elegido presidente) Trueba construye "la casa de la esquina" / casamiento con Clara.
1939-1945	(Segunda) Guerra (Mundial) y terremoto (Chile) Trueba reconstruye "Las Tres Marías" para Clara y Blanca.
1946	Elecciones presidenciales (González Videla, radical) Trueba construye su carrera política / elegido senador; Clara construye el laberinto en "la casa de la esquina".
1954	Muerte de Clara y decadencia de "la casa de la esquina".
1970	(Allende), primer presidente marxista elegido (en Hispanoamérica) Decadencia de "Las Tres Marías" por los campesinos.
1973	Golpe militar fascista Trueba destruye "Las Tres Marías" por rabia contra los campesinos.
1974-1975	Víctimas del golpe militar Trueba piensa reconstruir "Las Tres Marías"; Trueba y Alba reconstruyen "la casa de la esquina".

Iteración semántica de los espacios—construcción, reconstrucción, destrucción—y la historia como ciclo iterativo. Los datos entre paréntesis son extratextuales. La cronología de LCE procede de una exposición de Aníbal González en la Universidad de Texas, recinto de Austin, durante el curso académico 1986-87.

6. Estos espacios reflejan la heterogeneidad histórico-social y el antagonismo de las distintas clases sociales. Un ejemplo son los campesinos que viven en "Las Tres Marías" y que sienten la finca como propiedad que les pertenece. Sin embargo, Trueba, narrador en primera persona en ciertas partes de la novela, presenta una visión estática de la lucha de clases, puesto que trata de convencerse a sí mismo de su labor como patrón y político con una visión

puramente paternalista. Su dinámica, su fuerza de voluntad al
construir y reconstruir espacios, sólo está dirigida hacia fuera, como
fuerza centrífuga que se disuelve en el exterior y se debilita.

7. El yo de Trueba es como un proceso de iniciación, búsqueda
de sí mismo en la historia de las luchas de la familia. Su espejo
es siempre la mujer; aunque no tenga ninguna comunicación con
ellas. Tan sólo al final, cuando impelido por el espíritu de Clara
escribe con Alba la historia, se refleja la verdadera razón de su
existencia.

8. Única forma ésta de mantener la memoria, no sólo de la familia
sino también de aquellos que no quieren saber como indica Clara:
" . . . apareció su abuela Clara, a quien había invocado tantas
veces para que la ayudara a morir, con la ocurrencia de que la
gracia no era morirse, puesto que eso llegaba de todos modos, sino
sobrevivir que era un milagro . . . Clara trajo la idea salvadora de
escribir con el pensamiento, sin lápiz ni papel, para mantener la
mente ocupada, evadirse de la perrera y vivir. Le sugirió, además,
que escribiera un testimonio que algún día podría servir para sacar
a la luz el terrible secreto que estaba viviendo, para que el mundo
se enterara del horror que ocurría paralelamente a la existencia
apacible y ordenada de los que no querían saber . . . 'Tienes mucho
que hacer, de modo que deja de compadecerte . . . y empieza a
escribir' " (362-63).

9. El narrador es creador e intérprete de la realidad y construye el
texto como testigo heroico, interpretando esa realidad en su propio
cuerpo y en el reflejo de su cuerpo en la narración.

**10. Estructura Espacio Temporal Simétrica /
El pasado explica el presente / Proyección hacia el futuro**

Pasado (Clara-Rosa)	Presente (Alba)	Futuro (Alba/lector)
Política/iglesia	golpe militar	
Rosa envenenada	prisionera	
autopsia de Rosa	tortura, violación	embarazo
silencio de Clara	laberinto en la conciencia	
cuadernos de Clara	Lectura cuadernos/escribe	
	con el pensamiento	escritura/lector

Futuro abierto a través de la palabra y de la vida.
Doble semiosis de escritura /lectura / reescritura / lectura (Clara / Alba / lector)
11. Dada la doble semiosis de lectura (por parte de Alba y del lector) y escritura reescritura que procura hacer de la memoria un conocimiento fragmentario de recolección. La estructura especular del texto requiere la participación ante la falta de autoridad del discurso. El texto mismo se convierte en objeto que es sujeto y viceversa. Todos son narradores: la memoria, el yo especular de Trueba, los cuadernos; el texto resulta un laberinto discursivo y dialógico.

Obras citadas

Allende, Isabel. *La casa de los espíritus*. Barcelona: Plaza & Janés, 1982.

Bakhtin, M.M. *The Dialogic Imagination*. Ed. Michael Holquist. Trans. Caryl Emerson and Michael Holquist. Austin: U of Texas P, 1981.

Genette, G. *Figures III*. Paris: Ed. de Seuil, 1971.

Todorov, T. *The Dialogical Principle*. Minneapolis: U of Minnesota P, 1984.